파워 멘토링
Power Mentoring

POWER MENTORING
by Ellen A. Ensher & Susan E. Murphy
Copyright ⓒ Ellen A. Ensher & Susan E. Murphy
Original edition was published in English by John Wiley & Sons, Inc.
Korean translation rights arranged with John Wiley & Sons Inc., USA
through Best Literary & Rights Agency, Korea.
All rights reserved.

이 책의 한국어판 저작권은 베스트 에이전시를 통한 원저작자와의 독점 계약으로 도서출판 아카데미북에
있습니다. 저작권법에 의해 보호를 받는 서적이므로 무단전재나 무단복제를 금합니다.

파워 멘토링

엘렌 엔셔 · 수잔 머피 지음 | 한유미 · 송미경 옮김

아카데미북

지은이 엘렌 A. 엔셔(Ellen Ensher)
캘리포니아 주 로스앤젤레스 소재 욜라 메리마운트 대학의 경영학 부교수로 재직 중이다.

수잔 엘레인 머피(Susan Elaine Murphy)
캘리포니아 주 클레어몬트에 있는 클레어몬트 맥케나 대학의 심리학과 부교수이자 헨리 R. 크래비스 지도자 연구소의 부학장으로 재직 중이다.

옮긴이 한유미
한림대학교를 졸업한 뒤 삼성전자에서 번역 업무를 맡아 했다. 삼육대학교와 천안 나사렛대학교, 기업 등에 출강하는 틈틈이 실용·문학 분야의 번역가로 일하면서 영진닷컴, 정보문화사, 에이스미, 나들목 등 여러 출판사에서 도서를 기획하고 번역하는 일을 해 왔다. 옮긴 책으로《일년을 행복하게 사는 마음의 지혜》《탐정 프레디》《북극에 간 프레디》,《우리집 패브릭 인테리어》《우리집 키친 인테리어》《먹으면 젊어지는 최고의 음식 100》《면역력을 높이는 최고의 음식 100》《다이어트에 좋은 최고의 음식 100》 외 다수가 있다.

송미경
성신여대 정치외교학과를 졸업한 뒤 삼성전자에서 번역 업무를 맡아 했다. 현재 SBS에서 리포터로 활동 중이다.

파워 멘토링 Power Mentoring

지은이 엘렌 A. 엔셔 · 수잔 엘레인 머피
옮긴이 한유미 · 송미경
펴낸이 양동현
펴낸곳 도서출판 아카데미북
　　　출판등록 제 13-493호
　　　136-034, 서울 성북구 동소문동4가 124-2
　　　대표전화 02) 927-2345 **팩스** 02) 927-3199

초판 1쇄 인쇄 2010년 1월 15일
초판 1쇄 발행 2010년 1월 25일

ISBN 978-89-5681-101-7 / 13320

＊잘못 만들어진 책은 구입한 곳에서 바꾸어 드립니다.

www.academy-book.co.kr

차례

1장 | 파워 멘토링 소개

누가 우리의 파워 멘토이며 파워 프로테제인가? 15
변화하는 커리어 판도 24
이 책에 관한 개요 39

2장 | 파워 멘토링의 여러 가지 모습

멘토링에 대한 고전적 Vs. 현대적 접근 방식 48
파워 멘토링의 역할 54
파워 멘토링은 어떤 형태를 취하고 있는가 65
파워 멘토링은 어디에 존재하는가 68

파워 멘토링의 다양한 유형 74

IBM의 파워 멘토링 75
실리콘밸리의 파워 멘토링 82
정치계의 파워 멘토링 88
방송 매체의 파워 멘토링 96

결론 104

3장 | 상호 호혜적 관계로서의 멘토링 : 주고 받는 혜택

파워 멘토링 관계에 있어서의 기브 앤 테이크 111
파워 프로테제는 무엇을 얻는가? 112
파워 멘토가 얻는 것은 무엇인가? 114

이 장의 로드맵 115

파워 멘토와 프로테제를 만나자 : 기브 앤 테이크 스토리 117
NBC 유니버설의 CEO이자 GE의 부회장인 밥 라이트와 그의 프로테제 117
미국 재무부 출납국장 로사리오 마린과 그녀의 프로테제 125
시스코 사의 전 최고 재무 책임자 래리 카터와 프로테제 패티 아치벡 128
TV 연출가 마크 버클랜드와 그의 프로테제 로라 J. 메디나 132
디즈니-ABC 텔레비전 회장 앤 스위니와 그의 프로테제들 137
IBM 사의 선임 부사장 린다 샌포드와 그녀의 멘토링 네트워크 142
미 연방 하원 의원 힐다 솔리스와 그녀의 프로테제 주디 추 146
리 버틀러 제독과 그의 프로테제 도널드 페티트 준장 150

프로테제와 멘토의 이익에 관한 요약 154
파워 프로테제가 얻는 것은 무엇인가? 155
파워 멘토가 얻는 것은 무엇인가? 156
조직이 얻는 것은 무엇인가? 157

결론 160

4장 | 멘토의 심리

정신적 모델 : 멘토링의 철학 166
기업 시민(Corporate Citizen) 167
실용적 멘토(Pragmatic Mento) 171
세계 시민(Global Citizen) 175
마스터 멘토(Master Mento) 179
요약 : 멘토의 사고방식 183

멘토가 느끼는 프로테제의 매력 184
실제적 또는 감지된 유사성 185
보완적 능력 또는 사고방식 188
주목할 만한 특징과 능력 189
입증된 잠재력 또는 성과 189
배우고자 하는 의지 190

완벽한 프로테제 192

테스트와 도전 198
최초의 테스트와 도전 과제 199
새로운 멘토링 관계에서 해야 할 질문들 203
멘토링 관계를 심화시키는 테스트와 도전 204
멘토링 관계를 심화시켜 주는 테스트 214

결론 216

5장 | 프로테제의 관점 : 파워 멘토를 만나고 관계를 지속하는 법

관계의 시작과 끌림 222

멘토링 관계에서 신뢰 구축하기 225
신뢰는 공유하는 가치관에 관련된 것 227
신뢰는 어려운 피드백을 주고 받는 것에 관련된 것 229
신뢰란 역경에 처했을 때 나타나는 충성심에 관련된 것 231
신뢰란 개인적인 것 234
신뢰란 상호간의 직무 생산성에 관련된 것 238
요약 : 신뢰의 구축 242

파워 멘토 식별하기 242

좋은 인상을 만드는 기술의 연마 247

목표 지향적 태도의 개발 251

관계 형성 전략 258
가족 258
보스 260
동료 그룹 264
조직 전반에 걸친 기획 266
온라인 커뮤니티 269
경쟁자 271
일시적 멘토 273
영감을 주는 멘토 275

결론 277

6장 | 대단한 파워 멘토링 관계 비법의 열쇠

효과적인 관계들의 기초 원칙 285
  긍정적인 초기 접촉과 연결 288
  잦은 상호 작용 294
  성장하는 친근감과 유대감 297

결정적인 순간 304

멘토링 관계 깊게 만들기 314

결론 334

7장 | 파워 멘토링과 나

관계 발전 계획 337
  시작 : 원하는 것이 무엇인지 알기 340
  관계 맺기 : 필요한 것을 어떻게 얻는지 알기 353
  가까워지기 : 어떻게 관계를 수립하고 심화시킬 것인가 374

결론 387

8장 | 결론 : 현대의 작업(노동) 환경에서 멘토링에 관해 우리가 배운 것들

평범한 멘토링에서 파워 멘토링으로의 변환 391
효과적인 멘토링 관계에 대해 우리가 알고 있는 것들 392
우리가 멘토링 관계에 대해 여전히 배워야 할 것들 398
공식적인 멘토링 프로그램을 위한 파워 멘토링 레슨 402
궤도에 오른 공식적인 멘토링 프로그램 얻기 410
최고 경영층의 지원 411
자발적 참여 411
적절한 미리 보기 411
적절한 짝 지우기 411
훈련과 지원 강화 412
상호 이익 413
테스트와 도전의 확장된 역할 414
적절한 피드백과 프로그램 가치 평가 414
시간 제한 414

결론 415

부록 A – 인터뷰에 참여해 준 유명인과 세부 약력 418
부록 B – 파워 멘토링 관계 연구 455
저자 소개 470
찾아보기 474

1장

파워 멘토링
소개

Introduction to Power Mentoring

1 파워 멘토링 소개

> 인생에 있어서의 가장 큰 사건, 이벤트는 그저 단순한 통찰에 지나지 않는다.—정말 이상한 일이 아닌가? 당신이 사물을 다르게 본다는 것을 제외하고는 결코 아무것도 변하지 않는다. 단지 공포가 덜해지고 조바심을 덜 내며, 그 결과 전반적으로 전보다 더 강한 사람이 되는 것이다. 당신 머릿속에서만 일어나는 전혀 보이지 않는 어떤 일이 이제까지 경험했던 그 어떤 것보다도 더 생생하게 느껴진다는 사실이 정말 놀랍지 않은가?
>
> —조나단 프란젠Jonathan Franzen, 《The Corrections》 중에서

어릴 적, 당신은 어른이 되면 무엇이 되고 싶었는가? 스타급 영화 배우나 올림픽에 출전하는 선수가 되고 싶었던 꿈은 이루어지지 않았을지라도 일을 통해 바랐던 만큼의 큰 기쁨을 발견했는가? 대학에서 전공을 선택할 때, 그 뒤에 전공을 바꿀 때, 아니면 최근에 직업을 얻었거나 직업을 바꿀 때 이유는 무엇이었는가? 어쩌면 갑자기 대단한 직업적 통찰력이 생겼기 때문일지도 모른다. 앞으로 살아가는 동안 당신은 깨어 있는 시간의 대부분을 일을 하며 보내게 될 것이다. 그러니 내가 원하는 만큼 일터에서 행복하지 않다면 인생을 낭비하는 것 아니겠는가! 우리는 인생을 살면서 그 어떤 것보다도 일을 하는 데 많은 시간을 소모한다. 미국인들은 산업화된 다른 나라에 살고 있는 대부분의 사람들보다 초과 근무 시간에 대한 모호한 개념을 갖고 휴가는 적게 쓰면서 살아가고 있다.[1] 미국 근로자의 약 40%가 일주일에 적어도 50시간 이상 근무하

고 있으며, 전문 직업군의 경우 그 정도는 더하다.*2

그렇다면 우리는 왜 이렇게 일을 많이 할까? 미국은, 개인으로서 우리가 누구인가 하는 정체성의 중심을 일에 두고 있기 때문일 것이다. AP통신의 조사 결과에 따르면 응답자의 91%가 삶의 전반적인 만족도에 있어 일이 매우 중요하다고 답했다.*3 많은 시간을 일하는 데 보낸다는 사실을 놓고 볼 때 우리가 일을 어떻게 보느냐 하는 관점은 중요하다. 경우에 따라 일은 즐거움이 될 수도 고역이 될 수도 있는데, 압도적으로 많은 연구 결과들이 그 이유가 직장 내의 사람들과의 관계에 달려 있다는 것을 보여 준다. 이 책《파워 멘토링 Power Mentoring》은 직장에서 다른 사람들과의 관계를 어떻게 발전시키고 개선해 나가는지를 보여 줌으로써 일에 대한 만족도를 높이고, 그로 인해 항상 꿈꿔 왔던 직업적 성공을 얻을 수 있도록 도와줄 것이다.

다음 상황을 생각해 보자. 부패한 당신의 동료들이 남부 캘리포니아의 가장 가난한 도시에서 돈을 횡령하고 있다는 사실을 알았다면 당신은 어떻게 하겠는가? 당신은 젊은 공무원으로, 믿을 사람 하나 없고 이 위기에 대해 물어볼 사람조차 없는 상황이다. 이것은 바로 커다하이 Cudahey 시의 전직 의회 의원이던 아라셀리 곤잘레스 Araceli Gonzalez에게 몇 년 전에 일어난 일이다. 그녀는 자신의 멘토인 로사리오 마린 Rosario Marin, 41대 미국 재무부 출납국장 을 제외하고는 아무도

---

1. 이 주제와 관한 유익한 에세이 시리즈라면, John De Graaf 편집자, Take Back Your Time 샌프란시스코 : Berrett-Koeler 출판사, 2003년; Anders Hayeden 저, "International Work-Time Trends : The Emerging Gap in Work Hours," Just Labour : A Canadian Journal of Work and Society 2(2003년) : 23 - 35쪽.
2. Leslie H. Geary 저, "I quit, Overworked Employees Are Fed Up : A Survey Finds 8 out of 10 Americans Want a New Job," CNNMoney, 2003년 12월 20일, http://money.cnn.com/2003/11/11/pf/q_iquit/index.htm
3. Jane Weaver 저, "Layoffs, Long Hours Taking Their Toll on Workers," MSNBC, September 1, 2003. http://www.msnbc.ms.com/id/3072410/

믿을 사람이 없었다. 이런 상황에서 당신이 멘토였다면 어떻게 했겠는가? 로사리오 마린은 아라셀리에게 "옳은 일을 하라."며 동료들을 고발하라고 했다. 아라셀리는 그대로 했고, '로사리오를 제외한 모든 사람이 자신에게 등을 돌렸음'을 알게 됐다. 로사리오는 어린 프로테제 편에 섰으며, 정치적으로나 경력적으로 아라셀리가 온전히 다시 설 수 있도록 도와주었다. 그 후 아라셀리 곤잘레스는 소규모 사업의 경영주로 성공을 거두고 차세대 리더로서 전국적인 명성을 얻게 되었다.

이 책에서는 미국에서 가장 성공한 50인의 멘토와 주도 산업 분야의 프로테제와 나눈 인터뷰를 통해 얻은 식견과 멘토링에 얽힌 여러 에피소드를 함께 나눌 것이다. 학계의 비밀을 밝히고, 훌륭한 멘토링 관계 네트워크가 당신의 근무 환경과 직업, 경력을 어떻게 더 나은 방향으로 변모시키는지를 보여 주는 조사 결과들을 보게 될 것이다.

《파워 멘토링》은 최상의 경력을 쌓고자 하는 전문직 종사자나 경영자를 위한 책으로, 프로테제^{Protégé, 멘토의 지지와 가르침을 받아 그것을 따르며 본받는 일을 의미—편집자 주}나 멘토를 얻고자 하는 사람들 그리고 현재의 멘토링 관계를 개선하고자 하는 사람들을 위해 쓰여졌다. 차곡차곡 커리어를 쌓아 가고 있는 사람이나 방금 시작한 사람들에게도 도움이 될 것이다. 당신이 경영자든 기술자든 자영업자든 상관없다. 각계 각층에서 경력을 쌓아 가고 있는 사람들에게 도움을 주고자 하는 것이 이 책의 목적이다. 멘토링 프로그램을 관리하거나 멘토링에 관한 트레이닝을 감독하거나 가르치는 사람에게도 도움이 될 것이다.

멘토를 찾거나 멘토가 되려고 생각 중이거나 멘토링을 통해 자신의 경험을 더욱 확장하려는 계획을 고려하고 있는 사람 모두 항상 배워야 할 것이 많다. 우리가 나눈 많은 인터뷰는 좀 더 경험이 많고 나이가 많은 멘토가 젊은 프로테제를 자신의 영향력 아래에 두고 직업적인 난관이나 시련을 극복할 수 있도록 도와주는 전통적인 멘토링 관계 사례를 보여 준다. 그렇지만 우리와 인터뷰한 대부분의 사람들은 한 사람의 전통적인 멘토에게 기대고 있는 것이 아니라 자신들을 지지하는 다양한 멘토들의 네트워크를 가지고 있었다. 우리는 이러한 네트워크 접근 방식을 '파워 멘토링Power Mentoring'이라 부른다. 파워 멘토링에 관련된 모든 사람들이 멘토 또는 프로테제로서 개인의 커리어 성장이나 계발과 관련해 상호 이익이 되는 결과를 얻고 있다는 사실을 알아냈다. 이 책에서 당신은 파워 멘토링의 다양한 형태와 그것이 전통적인 멘토링과 어떻게 다른지 그리고 이러한 관계에서 얻는 이득이 무엇인지를 배우게 될 것이다.

이 장에서는 먼저 파워 멘토와 파워 프로테제에 관해 간략하게 소개하고자 한다. 그런 다음 직업 판도에 있어 무엇이 변화되었는지, 짧지만 주목하지 않을 수 없는 전체상을 보여 주고, 파워 멘토링이 커리어 발전에 있어 가장 현대적인 접근 방법을 어떻게 반영하고 있는지를 보여 주고자 한다. 이 책의 개요를 살펴보자.

■■ 누가 우리의 파워 멘토이며 파워 프로테제인가?

파워 멘토링에 대해 연구하면서 우리는 다양한 산업 분야에 종사하는 최고의 리더 50명을 인터뷰하는 굉장한 행운을 누렸다. 인터뷰 대상을 찾는 데 있어 여성과 유색 인종을 포함하려는 특별한 노력을 해 가며 공인된 거물급 중역 목록에서 대상자를 추려냈다. 우리와 인터뷰한 사람들은 다양한 산업 분야에 포진해 있다. 특히 엔터테인먼트와 기술, 정치 분야의 인물들에 중점을 두었는데, 이는 세계적으로 막강한 영향력을 발휘하는 분야다. 특정 조직보다는 자신이 속한 직업군이나 그룹에 일체감을 갖고 팀을 이루어 일하고 프로젝트에 따라 이동하는 최첨단 커리어를 관리하는 지식 노동자의 비율도 높다.

다음으로 우리는 그들 개개인과 멘토와 프로테제로서의 경험에 대해 광범위한 배경 조사를 했다. 그런 다음 전형적인 리더일 뿐만 아니라 멘토링을 통해 다른 사람들을 계발하는 기술이 탁월해 보이는 사람들의 목록을 작성했다. 마지막으로 파워 멘토링에 포함될 만한 가치가 있는 사람인지 아닌지를 산업 전문가 네트워크를 고용해서 참가자들에 대한 평가를 받았다.

일단 최고의 멘토(어떤 경우에는 프로테제)를 선택한 다음 그들의 과거 멘토와 현재의 프로테제를 포함해 그 사람의 멘토링 관계 네트워크에 관해 가능한 한 많이 배울 수 있도록 했다. 종종 한 사람의 파워 멘토가 한 명 또는 여러 명의 프로테제와 매우 강력한 일 대 일 관계를 맺고 있다는 사실을 발견했는데, 그런 경우 텔레비전 진행자와 리포터로 일하고 있는 리사 링^{Lisa Ling}과 채널 원 텔레비전의 뉴스 제작자인 미치 코스^{Mitch Koss}의 경우처럼 멘토와 프로테제를 짝을 이뤄 인터뷰했다. 때때로 파워 멘토가 자신과 일 대 일 관계에 있는 한 사람의 프로테제뿐 아니라 그 프로테제의 다른 멘토나 연고자들에게도 영향을 미치는 관계로 발전하는 경우도 발견됐다. 그런 경우에는 멘토링 그룹을 인터뷰했는데, 세계적인 네트워킹 기업인 시스코^{Cisco}의 자금관리이사^{CFO}였던 래리 카터^{Larry Carter}와 그의 프로테제인 패티 아치벡^{Patty Archibeck}, 패티의 또 다른 멘토인, 캘리포니아 실리콘밸리 시놉시스에 있는 인포메이션 테크놀로지 사의 부사장 데브라 마르투치^{Debra Martucci} 같은 경우가 그 예다.

우리는 멘토들이 멘토링 관계의 큰 라인에 속하는 경우도 종종 있다는 사실에 매료됐다. 라인 안에서 멘토와 프로테제들 모두 '창립자' 멘토와의 관계를 통해 각기 서로 연결되어 있다. GE 사의 잭 웰치^{Jack Welch} 라인이나 IBM 사의 루이스 거스너^{Lou Gerstner} 라인처럼 말이다. 대부분의 경우 인터뷰는 커플이나 그룹 또는 라인 내에 속한 모두와 이뤄졌지만 몇몇 경우에는 인터뷰 참가자의 시간 제약이나 외부적인 요인(전쟁이나 질병 같은)으로 인해 멘토만 이루어진 경우도 있다. 이 경우 우리는 온전히 멘토링 관계에 대한 멘토의 회상에만 의존했다.

우리는 화려한 이력으로 가득한 책을 볼 때 그렇게 멋진 경험들은 나와 별 상관이 없다고 생각한다. 왜냐하면 그런 책에 나오는 주인공들은 성공의 정점에 있는 사람들이기 때문이다. 하지만 이 책에서는 그런 가정은 하지 않기를 바란다! 《파워 멘토링》에서 우리가 소개한 인물들은 종종 보잘것없이 출발했으며, 많은 사람들이 공감할 수 있는 주목할 만한 '멘토링 스토리'를 갖고 있다. 이들은 운이 좋아 지금의 위치에 선 것이 아니라 뛰어난 전문성과 인간관계에 대한 재능 그리고 끈기로 지금의 자리에 서게 된 것이다. 그들과 일반인들과의 차이는, 도움을 구하는 데 있어 절대 주저하지 않았다는 것뿐이다. 그들은 다른 이들에게서 배우려는 열망으로 가득했다. 다른 이들이 소망하는 훌륭한 장점들을 모두 갖고 있었던 사람도 있지만 출발은 매우 소박했어도 수많은 난관을 극복하고 현재의 성공을 거둔 사람도 있었다.

우리의 인터뷰에는 독특한 점이 더 있다. 첫째, 인터뷰 구성원이 대부분 남성이거나 대부분 여성인 경우가 많은데, 우리는 남성과 여성의 비율이 거의 비슷하다. 우리는 또한 다양한 시각으로 멘토링을 고찰했다. 인터뷰 구성원의 인종적 배경과 연령, 성적 지향, 유년기의 경제적 배경이 다양하다는 것도 특색이다. 이런 다양성 때문에 우리는 멘토링에 대해 독특한 아이디어를 갖게 되었다. 매우 흥미로운 몇몇 파워 멘토를 먼저 살펴보자. 물론 이 책의 뒷부분에 가서는 그들의 프로테제를 최소한 한 명 이상은 만나게 될 것이다. 이들을 소개하기 위해 먼저 3명의 이야기를 하고자 한다.

먼저 시스코의 고객성공엔지니어링 Customer Success Engineering 부분 부사장인 딕시 가 Dixie Garr 의 고무적인 이야기다. 8남매 중 막내로 태어난 딕시는 루이지

애나의 작은 마을에서 성장하여 전국우수성적학생장학회National merit scholarship 장학생으로 고등학교를 졸업했다. 그녀의 가장 큰 강점은 '관계 구축'으로, 세계적 수준의 고객 서비스를 책임지는 팀들을 이끄는 것이 시스코에서 그녀의 역할이다. 딕시를 만나는 사람은 누구나 그녀가 자신감으로 빛나는 것을 알 수 있을 것이다. 그녀의 이러한 자신감은 열심히 일한 결과 지금의 자리에 오르게 되었다는 것과, 다른 이들과 나눌 것이 많다는 것을 잘 알고 있다는 사실에서 비롯된다. 그녀는 종종 다른 이들과 정보를 나누기도 하는데, 일례로 시스코에서의 업무 외에도 그녀는 동기 부여 연설의 인기 강연자로도 활동하고 있다. 그녀의 멘토링 관계는 솔직함과 정직함으로 특징지어진다. 자신의 성공에 관해 딕시는 "단 한순간도 내가 무엇이 될 수 없다고 생각한 적이 없었습니다. 제 부모님은 제가 수동적이어서는 안 되며, 앞을 내다보고 적극적으로 행동해야 한다는 걸 이해하도록 도와주셨습니다."라고 말한다.

딕시는 보이지 않는 장벽인 유리 천장을 깨고 백인 남성이 지배하고 있는 분야에 입성한 흑인 여성이다. 또한 과학 기술이 여성과 소수자에게 평등을 가져온다는 자신의 믿음을 직접 입증하기도 한 주인공이다. 그녀는 종종 "내게 아무것도 주지 말고 그저 문만 열어 줘요. 그 다음에는 나 스스로 할 테니."라고 제임스 브라운의 노래 가사를 바꾸어 부르곤 한다.

우리는 또한 GE 사의 부회장이자 NBC 유니버설의 최고경영자CEO인 大멘토 밥 라이트Bob Wright를 인터뷰하는 큰 행운을 누렸다. 밥은 1969년에 GE에 입사하여 재능을 가진 수많은 비즈니스 리더들에게 영향력 있는 멘토 노릇을 해왔다. 그의 프로테제 중 뛰어난 2명의 프로테제인 CNBC의 전 회장 파멜라 토마스-그레이엄Pamela Thomas - Graham과 KNBC의 전 사장이자 총지배인인 폴라 메디슨Paula Madison은 다음 장에서 소개할 것이다.

밥은 잭 웰치의 프로테제이자 잭 웰치 라인의 일원으로, 그의 경력은 미국 산업계에서 어떻게 성공하는가를 보여 주는 입문서와 같다. 밥은 직업적·개인적으로 빛나는 명성을 얻었고, 그의 리더십 아래서 GE와 NBC는 다양한 사람들을 영입, 고용, 승진시킴으로써 의미 있는 성과들을 거두었다. 지난 2003년 콜롬비아 대학 비즈니스 스쿨에서 행한 연설에서, 밥은 "좋은 리더와 위대한 리더의 차이는 지성이나 경험, 개인적인 카리스마에서 오는 것이 아니라는 것을 배웠습니다. 그것은 열정입니다. 일에 대한 당신의 열정, 자신의 성공이 아니라 보다 큰 사업적 성공을 향한 강렬한 열정 말입니다."[4] 라고 자신의 경험을 청중에게 들려주었다.

이제 매우 독특하고 매력적인 또 다른 멘토 로사리오 마린Rosario Marin을 소개하고자 한다. 그녀는 부시 행정부 내 최고위직에 오른 라틴아메리카 출신의 여성으로, 인터뷰 당시 그녀는 미 정부의 재무부 출납국장으로 재직 중이었다. 로사리오는 14세 때 멕시코에서 미국으로 이민을 왔는데, 당시에는 영어를 할 줄 몰랐다. 그리고 몇 년 뒤 하버드 대학교를 졸업하게 되는데, 그 후의 행보만 보면 그녀가 축복 받은 인생을 살았을 것이라고 생각하기 쉽다. 하지만 실제로는 그렇지 않다. 다운증후군에 걸린 아들 때문에 좌절했고, 장애자들에 대한 주 정부와 연방 정부의 공공 서비스에 절망했다. 결국 그녀는 아들을 돕겠다는 열망으로 정치에 입문하기에 이른다. 처음에는 캘리포니아 전 주지사인 피트 윌슨Pete Wilson을 위해 일했는데, 그 이유는 장애인을 위한 그의 연설을 듣고 그가 '동정심을 가진 사람'이라는 것을 알았기 때문이다. 윌슨은 그녀의 멘토가 되었고, 그녀는 주지사 사무실의 지역 사회 관련 보좌관으로 일했다.

---

4. 밥 라이트가 2003년 1월 22일에 콜롬비아 경영스쿨 학생들에게 했던 말로 Silfen 리더십 시리즈의 한 부분이다. 2003년 3월 12일 출간. http://www6.gsb.columbia.edu/cfmx/web/alumni/features/news/0303/wright.cfm

표 1.1 인터뷰 참가자

이름	조직	직위	역할	이름
프랜시스 알렌	T.J. 왓슨 리서치 센터, IBM	IBM 서비스 수석기술고문 겸 부사장	멘토	아니타 보그
패티 아치벡	시스코 시스템	이사, 홍보 담당 중역	프로테제	래리 카터 데브라 마르투치
릴락 아소프스키	CNBC	부사장, 마케팅/리서치/크리에이티브 서비스	프로테제	파멜라 토마스-그레이엄
아니타 보그 (2003년 4월 6일 작고)	IWT(여성기술인협회)	회장	프로테제	프랜 알렌
마크 버클랜드	NBC, ABC, CBS	TV 연출자	멘토	로라 J. 메디나
리 버틀러	전략핵사령부	전 미국 전략핵사령부 사령관	멘토	도널드 페티트
조앤 부잘리노	IBM 스토리지 시스템	차세대 E-비즈니스, 주문 변환 사업, 인사 관련 분야 부사장	프로테제	린다 샌포드
래리 카터	시스코 시스템	선임 부사장 겸 자금 담당 이사	멘토	패티 아치벡
주디 추	미 하원 의회	하원 의원	프로테제 멘토	힐다 솔리스 샤론 마르티네즈
마사 쿨리지	미국 영화감독협회	영화 감독, 2002~2003 회장	프로테제	프랜시스 포드 코폴라 피터 보그다노비치
바바라 코르데이	USC 영화 학교	영화 TV 전문 학교 학장	프로테제	프랭크 비온디
론 델럼스	캘리포니아주 오클랜드 시	오클랜드 시장	멘토	론 커크 바바라 리
닉 도노프리오	IBM	기술 생산 분야 수석 부사장	멘토	린다 샌포드
데이빗 드라이어	미국 의회	캘리포니아 주 하원 의원 (공화당)	멘토	메리 보노
킴 피셔	프로로그 인터내셔널	이사	프로테제	짐 로빈슨

이름	조직	직위	역할	이름
딕시 가	시스코 시스템	고객 성공 엔지니어링 부문 부사장	멘토	안소니 헤이터
리자 기본스	리자 기본스 엔터프라이즈	TV 진행자 및 제작자	멘토	딕 클라크* 아놀드 샤피로
레슬리 링카 글래터	유니버설 스튜디오	TV 연출자	프로테제	스티븐 스필버그 클린트 이스트우드
아라셀리 곤잘레스	캘리포니아 의회	33대 하원 선거구 전 대표	프로테제	로사리오 마린
주디스 과스메이	과스메이 사	사장, CEO, 설립자	멘토	수많은 대학원생들
안소니 헤이터	크리스털 보이스 커뮤니케이션즈	기술영업 이사	프로테제	딕시 가
게일 앤 허드	발할라 프로덕션	《터미네이터》 1, 2, 3편 제작자, 사장	프로테제	로저 콜먼
론 커크	오바마 정부	무역 대표부 대표	프로테제	앤 리차즈 론 델럼스
케이 코플로비츠	USA 네트워크	사장	멘토	더그 홀러웨이
미치 코스	채널 원 A Primedia Company	제작자	멘토	리사 링
찰스 리켈	IBM 스토리지 시스템	개발 담당 부사장	프로테제	린다 샌포드
리사 링	내셔널 지오그래픽 탐험가	TV 진행자 및 리포터 (ABC방송 The View 전 진행자)	프로테제	미치 코스
폴라 매디슨	사장 겸 총지배인	KNBC NBC/ Telemundo Los Angeles	프로테제	밥 라이트
로사리오 마린	캘리포니아 주 통합 폐기물 관리 위원회	전 미국 재무부 출납국장	멘토	아라셀리 곤잘레스 후안 노케즈
샤론 마르티네즈	캘리포니아 주 몬테레이 파크 시	전 시장, 전 의회 의원	프로테제	힐다 솔리스

표 1.1 인터뷰 참가자

이름	조직	직위	역할	이름
데브라 마르투치	시놉시스	정보 기술 담당 부사장	멘토	패티 아치벡
로라 J. 메디나	DGA 멘토링 프로그램	영화 감독	프로테제	마크 버클랜드
론 메이어	비벤디 유니버설 엔터테인먼트	사장, 총책임자	멘토	니키 로코 리차드 러베트
마사 모리스	IBM	글로벌 서비스 조달 부문 부사장	프로테제	린다 샌포드
후안 노케즈	헌팅턴 파크 시	캘리포니아 헌팅턴 파크 시 부시장	프로테제	로사리오 마린
도널드 페티트	NASA	전 유인 우주선 담당 부국장	프로테제	리 버틀러
짐 로빈스	소프트웨어 비즈니스 클러스터	사장, 창립자	멘토	킴 피셔
다이앤 로비나	TNN(The National Network)	상임 부사장, 총지배인	프로테제	앤 스위니
니키 로코	유니버설 스튜디오	유니버설 픽처 부문 부사장	프로테제	론 메이어
베타니 루니	유니버설 스튜디오	영화 감독	멘토	故 브루스 팰트로*
린다 샌포드	IBM 스토리지 시스템	수석 부사장	프로테제	닉 도노프리오 찰스 리켈 마사 모리스 조앤 잘리이노
힐다 솔리스	오바마 정부	노동부 장관	멘토	샤론 마르티네즈 주디 추
앤 스위니	ABC 케이블 네트워크 그룹 & 디즈니 채널 월드와이드	미디어 네트웍스 사장 겸 공동 의장	멘토	다이앤 로비나 캐슬린 본 더 아
파멜라 토마스-그레이엄	CNBC	사장, 최고경영자(CEO)	프로테제	밥 라이트

이름	조직	직위	역할	이름
캐슬린 폰 더 아	ABC 네트워크	수석 부사장	프로테제	앤 스위니
루이스 웨이니어	엔피시(Enfish, 지식 관리 회사) 동료 멘토	최고경영자(CEO), 창립자	프로테제	헨리 유엔
재클린 E. 우즈	AAUW (미국 여대생 연합)	사장	멘토	에보니 자마니
밥 라이트	GE	부회장 겸 임원 회장, 최고경영자(CEO)	멘토	폴라 매디슨 파멜라 토마스-그레이엄
윌리엄 울프	버지니아 대학	회장, 엔지니어링 국립 아카데미, AT&T	멘토	수많은 대학원생들
헨리 유엔	Gemstar-TV 가이드	전 회장 겸 최고경영자(CEO)	동료 멘토	루이스 웨이니어

* : 멘토가 먼저 관계의 시작을 주도한 경우

　수년 뒤 미국 재무장관으로 일하며 바쁘고 눈에 띄는 활동을 하는 와중에도, 그녀는 주 정부의 젊고 전도 유망한 정치인들에게 멘토링을 함으로써 남부 캘리포니아 정계와 라틴아메리카 출신자들의 지역 사회 활동에 적극적으로 참여했다.

　이들은 우리와 인터뷰를 나눈 뛰어난 사람들 중 3명에 불과하다. 위에 나오는 표에는 우리의 인터뷰에 참여해 준 모든 사람들이 나와 있다. 좀 더 자세한 개인적 경력은 부록에 나와 있다. 부록 A에는 인터뷰한 사람들의 전체 목록과 개인적 경력이 담겨 있고, 부록 B에는 우리의 인터뷰와 분석 과정에 대한 좀 더 자세한 사항을 기록하고 있다.

◼️ 변화하는 커리어 판도

우리는 엄청난 변화의 시대에 살고 있으며, 그 변화가 대부분 지난 20년 사이에 일어난 일이라는 데 동의할 것이다. 단순한 노동 인력의 변화뿐만 아니라 어떤 종류의 일을 하는지 그리고 그 일이 어떻게 이루어지는가 하는 면에서 일하는 미국의 모습은 완전히 변했다. 실제로 2002년 노동 인력의 78%를 맞벌이 커플이 차지하고 있었는데, 1977년에는 66%에 불과했다.[5] 어떤 종류의 일에 종사하는가 하는 것 또한 현격하게 변화했다. 사람들은 이제 무언가를 건설하거나 제조하는 일 대신 서비스를 제공하는 일을 한다.

미국 노동통계국은 2002~2012년 사이 10년 간 생겨나고 또 앞으로 생겨날 새로운 임금 노동직에서 대략 2,080만 개 정도의 자리를 서비스 산업이 차지할 것으로 예상했다.[6] 또 그 어느 때보다 더 많은 일자리가 아웃소싱으로 조달되고 있다.[7] 고용인과 고객이 더 다양해지고, 더 다국적화되고, 더욱 시간에 쫓기고 있다는 점에서 비즈니스 상대 또한 많이 바뀌었다. 이는 익히 들어 알고 있는 사실일 것이다. 경영자들이 오늘날의 근무 환경에서 성공하려면 다양성을 능숙하게 발휘할 수 있어야 하고, 종업원들이 일과 사생활의 균형을 잡을 수 있도록 해야 하며, 변화무쌍한 고객들의 요구에 능숙하게 반응할 수 있어야만 한다.

무슨 일을 하는가 그리고 그 일을 어떤 식으로 하는가 하는 점 또한 변하고 있다. 기술의 진보는 단순한 노동직의 감소와 숙련된 기술을 요하는 보다 수준

---

5. James T. Bond, Cindy A. Thompson, Ellen Galinsky, David Prottas 공저, Highlights of the 2002 National Study of the Changing Workforce New York : Families and Work Institute, 2003.
6. http://www.bls.gov/oco/oco2003.htm
7. 2004년 4월 상공회의소 보고서 http://www.uschamber.com/media/pdfs/outsourcing.pdf

높은 일자리의 증가로 이어진다. 과학 기술의 산물이 소비자의 생활을 조종하고 있는데, 실제로 2004년 소비자들은 정보 기술 분야에 8,670억 달러 이상을 지출했다.[8] 이들 기술 덕분에 우리는 사생활과 일 사이의 경계가 모호해지는 경험을 하고 있다. 우리는 휴대 전화나 PDA, 이메일, 문자 메시지, 메신저 등을 통해 하루 24시간, 일주일 내내 일에 매여 있다. 어림잡아 약 8억 3,900만 명의 사람들이 전 세계적으로 인터넷에 접속하는 것으로 추정된다.[9] 이메일과 인터넷은 우리가 다른 사람들과의 관계를 유지하는 방법을 획기적으로 바꾸어 놓았다.―2003년 한 조사 결과에 따르면 40%의 근로자들이 '이메일 없이는 살 수 없다.'고 대답했다.[10] 일터에서의 이와 같은 변화는 개인의 커리어와 커리어를 관리하는 최상의 방법에까지 강력한 영향을 미친다.

　20년 전만 해도 전문직이 아닌 이상 조합원들에게 어지간한 임금과 특권을 보장해 주는 노동 조합이 있는 직장을 좋은 직장으로 여겼다. 하지만 현재의 노동 조합원 수는 점점 감소하는 추세에 있으며, 민간 분야 고용에 있어서도 1980년대 초반 20.1%에 달하던 것이 지금은 13.2%만을 차지하고 있을 뿐이다.[11] 전문직 종사자의 경우 엄격한 위계 질서 내에서 직장 내 직급이 계속 상승하여 최고 관리자의 자리에 오르는 것이 궁극적인 목표였다. 하지만 이제는 모든 것이 변했다. 오늘날의 근로자들은 보다 다양한 선택권과 보다 다양한 요

---

8. Steve Lohr저, "Luddites Beware : It's a High-Tech Word," International Herald Tribune, 2003년 8월 2일. http://www.iht.com/articles/105014.html.
9. Global Reach, 2004년 12월 1일. http://www.global_reach.biz/globstats/indc.php3.
10. Lisa Hendrickson 저, "Email Outages Rise Significantly in 2003 According to Recent Survey : Email Essention Tool for High Income Earners and Mission-Critical for Business," 2003년 12월 16일. http://www.messageone.com/news/nws_121603_1
11. 미국 노동부의 노동통계국은 노동조합 비율이 최고조였던 1983년 20.1%부터 꾸준히 줄어들고 있다고 보고했다. 2004년 1월 15일. http://www.bls.gov/news.release.union2.nr0.htm

구를 가지고 있다. 비정규직 근로자 (임시직, 파트 타임직, 계약직 등)가 대세를 이루고 있는 것이다. 실제로 월마트와 연방 정부를 제외한 미국 내 최대 고용자는 임시직 중개 에이전시인 맨 파워 플러스Man Power Plus이다.[12] 그리고 이 비중은 점점 커져 2010년에는 근로자의 50%가 비정규직 근로자일 것으로 예상된다.

오늘날, 직업은 개별 프로젝트나 일시적 연구 과제 등에 중점을 둔, 경계선이 없고 변화무쌍한 것처럼 보인다.─근로자들이 자신의 커리어를 능숙하게 관리하고, 변화에 대처하는 방법을 배워야 하는 상황이다.[13] 그런 만큼 보통 사람이 일생 동안 대략 5~7회 정도 직업을 바꾼다는 사실은 놀라운 일도 아니다. 노동통계국의 조사 결과에 따르면 베이비붐 세대의 경우 18~38세 사이의 근로 기간 동안 평균 10개의 직업을 가졌던 것으로 드러났다.[14] 이런 양상은 2가지 의문점을 불러일으킨다. 첫째, 이러한 직업 판도의 변화가 당신에게 어떤 영향을 미치는가 하는 것이고, 다른 하나는 직업적 조언이 이러한 변화를 따라

---

12. 월마트는 유럽에서 가장 큰 고용주다. http://www.manpower.co.uk/news/articles/article54_mainpage.asp=110만 종업원이 있는 월마트는 미국 미 연방 정부에 이어 총 2위 에서 가장 큰 개인 고용주다. Lorrie Grant 저, "Retail Giant Wal-Mart Faces Challenges on Many Fronts," USA 투데이, 2003년 11월 10일. http://www.usatoday.com/money/industries/retail/2003-11-10-walmart_x.htm

13. Michael B. Arthur, Douglas T. Hall, and Barbara S. Lawrence편집자, Handbook of Career Theory New York : Cambridge University Press, 1989년; in the preceding volume, see especially Michael B. Arthur, Douglas T. Hall, and Barbara S. Lawrence, "Generating New Directions in Career Theory : The Case for a Transdisciplinary Approach," 7~25쪽.

14. 노동통계국에서 온라인으로 볼 수 있는 정보; Number of Jobs Held, Labor Market Activity, and Earnings Growth among Younger Baby Boomers : Results from More Than Two Decades of a Longitudinal Survey, vol. USDL 04-1829, 2004년 9월 21일. 내용을 보라. http://www.bls.gov/cps. http://www.bls.gov/cps/home. htm/cps 에서 현재 인구 조사에서 직업 전환에 관한 보고서를 볼 수도 있다. 이것뿐만 아니라 Karen Hofferber, Kim Isaacs 저, The Career Change Resume New York : McGraw-Hill 출판사, 2003년 에서도 관련 내용을 볼 수 있다.

가고 있는가 하는 것이다.

이제까지 넓은 의미의 직업 판도에 대해 얘기했다면 이제부터는 이것이 개인적으로 당신과 어떤 관련이 있는지에 관해 얘기할 것이다. 최근의 변화를 고려할 때, 당신은 일에 만족하는가? 칼릴 지브란Kahlil Gibran, 1883~1031의 시에 나온 '일이란 사랑이 눈에 볼 수 있게 나타난 것'[*15]이라는 말에 공명하는가 아니면 날마다 과도한 업무에 치이고 과소평가 당한다고 느끼는 딜버트 미국의 유명 카툰의 주인공-역자 주에 가깝다고 느끼는 편인가? 둘 다 아니면 일에 대한 생각이 날마다 또는 일 외적인 상황에 따라 달라지는 편인가?

이제 다른 사람들, 당신의 직업이나 조직에 있는 다른 사람들에 대해 생각해 보자. 특히 직장 동료나 관리자라면 부하 직원들이 이 질문에 어떻게 대답할 것인지를 생각해 보라. 이 직업이나 조직에 계속 남아 있을 것인지 아닌지에 따라 대답이 달라질 확률이 높다. 이미 직원의 마음이 떠나 일에 대한 열정과 흥미가 덜하거나 장기 결근과 이직률의 증가로 실제로 일을 그만둔다면 당신의 조직은 손해를 보게 될 것이다.

베스트셀러 작가이자 직업 컨설턴트인 비벌리 케이Beverly Kaye는 진행 중인 갤럽 조사에서 흥미로운 발견, 분석을 했다.[*16] 갤럽에 따르면 미국 인구의 26%는 성실하고 생산적으로 일하는 반면 55%는 그저 시간만 보내며 적극적으로 일하지 않고, 19%는 일에 만족하지 못하고 불만을 터뜨림으로써 적극적으로 일에서 벗어난다는 것이었다. 그러면서 갤럽은 이렇게 광범위한 일에서

---

15. 칼릴 지브란, 예언자 The Prophet, New York, Random House, 1923.
16. 이 정보는 2004년 10월 21일, "Los Angeles Chapter of the American Society of Training and Development"에 관해 비벌리 케이 Beverly Kaye가 프레젠테이션 했던 내용이다. http://www.careersystemsintl.com 에 요청하면 원고를 받아볼 수 있다.

의 유리가 미국 산업에 연간 3,500억 달러의 생산성 손실을 가져온다고 예측했다.

같은 맥락에서, 이런 경우를 한번 생각해 보자. 전국적 유통망을 가진 한 의류 업체가 중간에 그만두는 판매원을 교체하는 데 드는 비용을 메우려면 35달러짜리 면바지 3,000벌을 팔아야 하는데, 이는 신규 직원을 채용하고 교육하는 것은 물론 생산성 손실까지 포함한 비용이다. 중간 관리직을 대체하는 데 드는 비용은 10만 달러에 달하고, 조직 내에서 지위가 높은 사람을 고용할수록 그 비용은 더욱 증가한다.[*17] 그러나 이직의 직접 비용보다 더 문제가 되는 것은 간접적이면서도 비용이 더 많이 드는 생산성의 손실이다.

이러한 비용에 대해 염려하고 있는 것은 당신만이 아니다. 오늘날 많은 CEO들과 관리자들이 재능 있는 직원을 끌어오고 또 남아 있도록 하는 것이 무엇인가 하는 문제에 대해 깊이 고민하고 있다. 비벌리 케이와 샤론 조던 에반스 Sharon Jordan-Evans는 최근 다양한 산업에 종사하고 있는 1만5,000 명의 근로자를 대상으로 한 가지 조사를 실시했다. 여기에서 직원들을 남아 있게 하는 주요 요인이 무엇인지를 확인할 수 있다.[*18] 가장 중요한 5가지를 순위별로 나열해 보았다.

1. 신나는 일과 도전
2. 커리어의 성장과 습득, 개발

---

17. Geary, "I Quit." 역자 주—CNN/Money 소속 작가, Leslie Haggin Geary가 쓴 기사 "I Quit"의 내용
18. Beverly Kaye, Sharon Jordan-Evans 저, The Retention and Engagement Drivers Report 2004년 8월 12일 완료 는 HQ@csibka.com 이나 http://www.careersystemsintl.com 에 요청하면 내용을 볼 수 있다.

3. 좋은 사람들과 친밀한 관계를 이루어 함께 일하는 것
4. 적절한 임금
5. 직원을 지원해 주는 경영 관리 / 훌륭한 보스

임금이 첫째도 둘째도, 심지어 세 번째 요인도 아니라는 것이 그리 놀라운 일은 아니다(물론 급여를 적게 주어도 직원들이 행복할 것이라는 얘기는 아니다.). 동기를 유발하는 좋은 일터를 만드는 요소가 무엇이라고 생각하는지에 관한 관리자들의 견해와 근로자들의 견해가 어떻게 다른지 궁금할 것이다. 실제로 마커스 버킹엄Marcus Buckingham과 커트 코프맨Curt Coffman은 《포천Fortune》지가 선정한 500대 기업 8만 명의 관리자를 대상으로 한 갤럽의 인터뷰와 조사를 바탕으로 책을 썼다.[19] 관리자 대상의 조사에서 회사를 일하기 좋은 장소로 만드는 12가지 핵심 요소를 발견한 것이다. 이 목록을 잘 살펴보고, 여기 나와 있는 항목들이 당신의 근무 환경에 얼마나 적용되는지 자문해 보도록 하라.

1. 직장에서 나에게 기대하는 것이 무엇인지 알고 있는가?
2. 일을 제대로 수행하는 데 있어 필요한 재료와 기기가 나에게 있는가?
3. 직장에서 매일 최선을 다할 수 있는 기회가 주어지는가?
4. 최근 일주일 동안 잘했다고 인정받거나 칭찬 받은 일이 있는가?
5. 나의 발전에 대해 상사나 직장 내 누군가가 관심을 갖고 있는 것처럼 보이는가?
6. 나의 성장과 계발에 신경 써 주는 사람이 직장에 있는가?

---

19. Marcus Buckingham, Curt Coffman 저, First, Break All the Rules, What the World's Greatest Managers Do Differently New York : Simon & Schuster, 1999년.

7. 나의 의견을 회사에서 높이 사는 것처럼 보이는가?
8. 회사의 목적과 사명이 나의 일을 중요하게 느끼게끔 만드는가?
9. 나의 동료들은 일을 훌륭하게 해내고 있는가?
10. 직장 내에 친한 친구가 있는가?
11. 최근 6개월간 직장 내 누군가가 나의 성장에 대해 얘기한 적이 있는가?
12. 지난 한 해 동안 직장 내에서 무언가를 배우고 성장할 기회가 나에게 있었는가?

직장 내에서 이루어진 이 2가지 조사 결과에서 다른 사람들과의 관계가 얼마나 중요한지를 눈치챘는가? 이러한 사실은 멘토링 관계라고 하는 이 책의 목적을 되돌아보게 한다. 간단히 말해, 근로자와 관리자들을 직장에 붙잡아 놓을 수 있는가 없는가를 결정하는 요인들은 멘토링 관계 하나만으로도 영향을 받을 수 있다. 조사 결과가 궁극적으로 보여 주는 것은, 훌륭한 멘토는 그들의 프로테제에게 2가지 중요한 형태로 도움을 준다는 것이다. 감정적 지원과 직업적 도움이 바로 그것인데, 여기에는 긍정적인 커리어 롤 모델의 예를 보여 주는 것도 포함된다.[20] 멘토는 직업적 조언이나 해 볼 만한 일, 성장 기회를 제시하고 배움의 기회와 자원에 접근할 수 있도록 도와줌으로써 다양한 직업적 지원을 제공한다. 멘토는 또한 격려와 인정, 피드백, 코칭을 통해 감정적인 지원

---

20. Kathy E. Kram 저, Mentoring at Work: Developmental Relationships in Organizational Life Glenview, IL: Scott, Foresman, 1985년; Belle Rose Ragins, "Mentor Functions and Outcomes: A Comparison of Men and Women in Formal and Informal Mentoring Relationships," Journal of Applied Psychology 84(1999년): 529~550쪽; Terri A. Scandura 저, "Mentorship and Career Mobility: An Empirical Investigation," Behavior 13(1992년): 169~174쪽; Raymond A. Noe 저, "An Investigation of the Determinants of Successful Assigned Mentoring Relationships," Personnel Psychology 41(1988년): 457~479쪽.

도 제공한다. 그리고 맞다! 연구 결과들은 멘토를 가진 사람이 멘토를 갖지 못한 사람보다 더 많은 수입을 올린다는 것도 보여 준다.[*21]

멘토는 또 무슨 일을 할 수 있는가? 업무 기대치를 명확히 파악하도록 도울 수 있고, 최선을 다할 수 있는 기회를 주며, 인정과 칭찬을 받을 수 있도록 하고, 당신에게 신경 써 주고 있는 사람이 있다는 것을 느끼게 하며, 당신의 발전을 격려하고, 당신의 의견에 귀 기울이며, 직장 내에서 우정을 나누고, 당신의 성장에 대해 대화를 나누며, 당신이 배우고 성장할 기회를 준다. 이미 언급했듯이 과거의 연구들 또한 멘토를 가진 사람들이 그렇지 않은 사람들보다 승진 기회도 많고 일의 만족도도 높다는 것을 보여 준다.[*22] 물론 이런 목록을 보면 마치 프로테제만이 혜택을 받는 것처럼 보일 수도 있다. ─파워 멘토링에서는 그렇지 않다! 멘토 역시 멘토링을 통해 얻는 혜택이 많다는 사실을 알게 되면 놀라우면서도 반가울 것이다. 이러한 혜택에는 멘토 자신의 피드백과 코칭 기술의 발전, 높아진 명성 그리고 개인적 만족감이 더 커지는 것 등이 포함되어 있다.[*23]

---

21. George F. Dreher, Ronald A. Ash 저, "A Comparative Study of Mentoring among Men and Women in Managerial, Professional, and Technical Positions," Journal of Applied Psychology 75(1990년): 539~546쪽; George F. Dreher and Taylor H. Cox Jr., "Race, Gender, and Opportunity: A Study of Compensation Attainment and the Establishment of Mentoring Relationships," Journal of Applied Psychology 81(1996년): 297~308쪽; Tammy D. Allen, Lillian T. Eby, Mark L. Poteet, Elizabeth Lentz, Lizzette Lima 저, "Career Benefits Associated with Mentoring for Protégés: A Meta-Analysis," Journal of Applied Psychology 89(2004년): 127~136쪽.
22. Allen 외, "Career Benefits Associated with Mentoring for Protégés."
23. 다음의 훌륭한 멘토링 리뷰 문헌을 보라. Raymond A. Noe, David B. Greenberger, Sheng Wang 저, "Mentoring: What We Know and Where We Might Go," Research in Personnel and Human Resource Management 21(2002년): 129~173쪽; Connie R. Wanberg, Elizabeth T. Welsh, Sarah A. Hezlett 저, "Mentoring Research: A Review and Dynamic Process Model," Research in Personnel and Human Resource Management 22(2003년): 39~124쪽.

인터뷰를 통해 얻은 이와 관련된 이야기와 아이디어들은 3장에서 자세히 살펴볼 것이다. 요컨대, 지난 연구 결과는 좋은 멘토링 관계가 당신의 직장 생활과 일에 대한 만족도 그리고 직장 내 행복 지수를 개선할 수 있다는 것을 보여준다.

'최고에게서 배운다' 는 정신에 입각해 우리는 GE의 현 CEO인 제프리 이멜트Jeffrey Immelt의 말을 인용해 결론을 내리고자 한다. 멘토인 잭 웰치Jack Welch에게서 배운 가장 중요한 교훈이 무엇이냐는 질문에 그는 이렇게 대답했다. "사람의 중요성입니다. 사람을 매혹시키고, 사람에게 영감을 주는 것이죠. 나는 내 시간의 50%를 다른 사람에게 할애하고 있습니다. 가르치고, 개발하고, 격려하고, 보상하며, 도전합니다. 나는 사람들에게 동기를 유발하기 위해 이런 일들을 합니다."[24]

이제 앞에서 제기했던 두 번째 의문점으로 돌아가 보자. 변화하는 직업 판도에 대해 우리가 알고 있는 것을 직업적 조언이 따라가고 있는가 하는 것이다. 어떤 면에서는 맞지만 또 어떤 면에서는 그렇지 못하다. 오늘날 전문직들은 네트워크를 형성하라고, 휴대용 기술 포트폴리오를 개발하라고, 예기치 않은 잦은 변화에 대비하라고 권유받고 있다. 대부분의 커리어 관련 책과 전문가들은 멘토를 갖는 것의 중요성을 크게 선전하고 있고, 심지어 어떤 경우에는 어떻게 멘토를 얻는가 하는 조언까지 곁들이고 있다. 하지만 멘토링에 관한 조언의 대부분은 직업에 대해 시대에 뒤떨어진 가정을 하고 단언하고 있는 것으로 보인다. 이런 가정 중의 하나는 대부분의 전문직들이 위계 조직 내에서 출세를 추구하고 있다는 것인데, 근래에는 오히려 위로 높이 올라가기보다 옆으로 빠져 다른 활동 무대에서 기술을 습득하는 전문가들의 수평적 경력 이동을 그에 못

---

24. Julie Connelly 저, "Jack Moves On," NYSE Magazine, 2002년 겨울호, 30.

지 않게 많이 볼 수 있다. 또한 오늘날 대다수의 전문직은 그들이 속한 조직보다는 그들의 직업 자체에 더 충실함을 보이는 것 같다. 따라서 같은 조직에 속하는 멘토를 갖는 것(또는 다른 곳에서라도 하나의 멘토를 갖는 경우)만으로는 더 이상 충분치가 않다. 오늘날의 지식은 시대에 금방 뒤떨어지기 때문에 파워 멘토 형태의 믿을 만한 친구들로 이루어진 다양한 그룹과 교류를 갖는 것은 변화를 헤아려 앞서가는 데 도움이 될 것이다.

지난 20년 간 직업 판도가 극적으로 변화했음에도 불구하고 멘토링에 대해 우리가 접할 수 있는 대부분의 충고들은 아직까지 이러한 변화를 반영하지 않고 있다. 이젠 더 이상 20년 전과 같은 방법으로 일하거나 커리어를 관리하지 않는다. 심지어 사람들과의 관계도 달라졌건만(이메일이나 온라인을 통한 관계를 생각해 보라.) 어째서 멘토링 관계만 같은 방법으로 작동하고 있다고 가정해야 하는가? 그럴 수는 없다. 이미 우리는 전통적 멘토링 관계를 나이와 경험이 좀 더 풍부하고 고위직에 있는 멘토가 나이 어린 프로테제를 자신의 영향력 아래 두고 직업적 변화나 난관을 헤쳐 나가도록 지도해 주는 관계라고 정의했다. 대개 전통적인 멘토링 관계라고 하면 멘토와 프로테제간의 독점적인 관계라는 의미가 함축되어 있다. 관례적으로, 이 관계에서의 혜택은 일방적, 즉 멘토는 베풀고 프로테제는 받는 것처럼 보인다. 하지만 최근의 연구 결과, 특히 지난 10년 간의 연구 결과는 멘토링에 대한 이런 낡은 통념을 타파했다. 오늘날의 멘토링 관계는 그와 다르며, 파워 멘토링은 새로운 근무 환경과 직업적 변화를 반영하고 있다.

그렇다고 해서 전통적인 멘토가 더 이상 유용하지 않다는 것은 아니다. 만약 훌륭한 전통적 멘토를 가지고 있다면 그를 소중히 대하라. 또한 1명 이상, 또는 우리가 네트워크라고 부르는 여러 명의 멘토를 가지고 있다면 당신은 이미 파워 멘토링 학습법의 혜택을 일부 누리고 있는 것이다. 파워 멘토링은 하나 이상 또는 여러 가지 다른 형태의 멘토를 갖는 것이다. 시대는 변했으며, 우리와 같은 많은 사람들은 전통적인 멘토에 다가갈 수 없을 수도 있다. 그래서 이 책을 통해 당신으로 하여금 멘토링에 대한 사고의 폭을 넓히도록 하려는 것이다.

멘토링의 중요성에 비추어 볼 때 《포천》지가 선정한 100대 최고 기관 중 60곳에서 정규 멘토링 프로그램을 지원하고 있다는 사실은 그리 놀라운 일이 아니다.[25] 미국 하원은 연방 정부 차원에서 정규 청소년 멘토링 프로그램에 사용할 멘토링 관련 연방 기금을 1억 달러로 늘리는 예산안을 승인했다.[26] 멘토링은 종종 여러 가지 사회적·조직적 근로자들의 직업적 딜레마에 대한 해답으로도 평가받고 있다.

하지만 불행히도 최근의 연구 결과는 정규 멘토링 프로그램들이 장밋빛 약속을 실현하는 데 종종 실패하고 있으며, 그 참가자들은 아무런 도움을 받지 못한 채 프로그램에 환멸을 느낄 수도 있음을 보여 주었다.[27] 이렇게 된 데에는 겉만 번지르르한 정규 멘토링 프로그램 구조와 상대를 전혀 모르고 만나는 소개팅과 비슷한 짝짓기 시스템 그리고 이 프로그램을 지원하기에 적절치 않은 재원이나 보상이 포함되어 있기 때문이다. 정규 멘토링 프로그램에 대해 학계 연구자와 프로그램 기획자들 사이에 묘한 단절이 있음도 알게 되었다. 조직

---

25. Shelly Branch 저, "The 100 Best Companies to Work for the America," Fortune, 1999년 1월 11일, 118~130쪽.
26. Mentoring Organization's Mentor, 2003년. http://www.mentoring.org/take_action/leg_alerts/legalert_12_12_03 에서 2004년 3월 5일 검색.
27. Belle R. Ragins, John L. Cotton, Janice S. Miller 저, "Marginal Mentoring : The Effects of Type of Mentor, Quality of Relationship, and Program Design on Work and Career Attitudes," Academy of Management Journal 43(2000년) : 1177~1194쪽; Regina D. Langhout, Jean E. Rhodes, Lori N. Osborne 저, "An Exploratory Study of Youth Mentoring in an Urban Context : Adolescents' Perceptions of Relationship Styles," Journal of Youth & Adolescence 33(2004) : 293~306쪽.

의 정책 결정권자들이 정규 프로그램에 더 많은 재원을 계속 투자하는데도 불구하고 연구자들은 정규 멘토링 프로그램이 자발적으로 발전된 관계보다 덜 효과적이라는 것을 계속해서 발견하게 되었다. 조직이나 비영리 단체들은 정규 멘토링 프로그램에 많은 재원을 사용하고 있는데, 그보다는 멘토링 관계가 유기적으로 성장하고 번성하도록 하는 하부 구조를 만드는 데 이러한 재원을 할애하는 것이 더 나을 것이다.

학계 인사들과 프로그램 기획자들이 과연 서로에 대한 좌절로 이쯤에서 손을 놓아야 할 것인가? 그렇지 않다! 이러한 단절이 바로 이 책이 존재해야 하는 이유 가운데 하나다. 학계와 프로그램 기획자들 간의 갭을 넘어 서로 소통해야 하며, 알고 있는 것을 서로 나누고, 파트너가 되어야 한다.

우리는 정규 멘토링 프로그램들이 비공식적 관계처럼 될 수 있다면 훨씬 나아질 것이며, 심지어 비공식적 관계와 맞먹을 만큼 개선될 수 있음을 믿고 있다. 이 책은 공식적 · 비공식적 관계 양쪽 모두에서 장점을 끌어 냄으로써 어떻게 이런 일들을 해낼 것인가 하는 아이디어들을 제공한다. 파워 멘토링 학습법을 정규 멘토링에 적용하는 아이디어는 8장에서 자세히 다룰 것이다.

자연 발생적이거나 비공식적인 멘토링 관계가 전체적으로 볼 때 정규 프로그램의 찬조 하에 개발된 프로그램보다 훨씬 효과적임을 연구 결과가 명확하게 보여 준다. 하지만 비공식적인 멘토링 관계 역시 모든 이에게 해답이 될 수는 없을 것이다.

사실 우리가 알고 있는 성공한 고위 경영자 중 많은 이들이 자신의 일만으로도 너무 바빠서 우리 모두를 성장할 수 있게 해 줄 멘토링에 시간을 할애할 수 없을지도 모른다. 그러므로 정규 프로그램에 들어 있거나 또는 비공식적 관계 중의 일부로서 전통적인 멘토링은 훌륭하기는 하지만 큰 결점을 갖고 있다. 다음과 같은 이유 때문에 전통적 멘토링은 한계가 있다.

그림 1.1 파워 멘토링의 특징

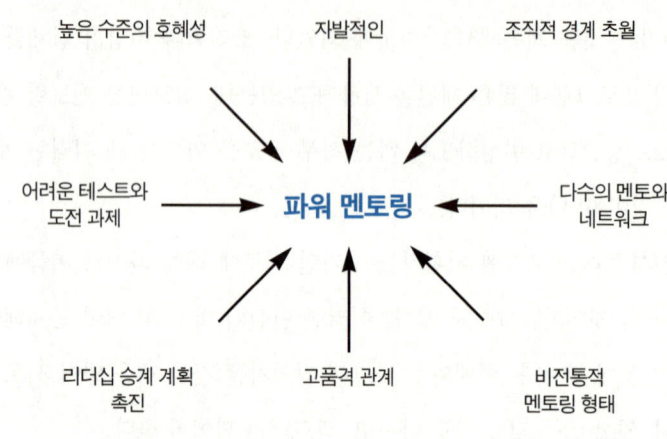

1. 시대에 뒤떨어진 직업적 가정을 바탕에 두고 있다.
2. 일반적으로 자연 발생적인 관계에 비해 조금 덜 효과적으로 여겨지는 정규 멘토링 프로그램의 일부인 경우가 많다.
3. 멘토에 대한 수요에 비해 공급이 부족하기 때문에 멘토를 구하기가 힘들다.
4. 여성이나 유색 인종의 경우 멘토를 구하기가 더 힘들 수 있다. 유유상종이라는 말처럼, 연구 결과 멘토는 자신과 비슷한 이미지를 가진 사람에게 더 끌리는 것으로 밝혀졌다. 따라서 권력 구조 안에 포함되어 있는 사람들과 비슷한 점이 없다면 전통적 의미의 멘토를 얻는 데 불리한 입장에 서게 될지도 모른다.[*28]

이러한 결점에 대한 구제책으로서 파워 멘토링이 많은 점에서 전통적인 멘토링과 다르다는 것을 고려해 보고, 어떻게 이런 관계에 참여할 수 있는지를 생각해 보기 바란다. 물론 이런 생각들은 뒤에서 자세히 다뤄지겠지만 일단 그 개념에 관해서 살짝 살펴보기로 한다.

파워 멘토링은 전통적 의미의 멘토링을 포함하고 있으며, 나아가 그 개념을 더욱 확장하고, 가끔은 우리가 생각하는 전통적 멘토링 개념에서 크게 벗어나는 경우도 있다(그림 1.1 참조).

- 파워 멘토링은 네트워크에 관한 것이며, 단순히 두 사람 사이의 관계보다는 여러 명, 나아가 멘토의 라인 전체에 접근하는 것을 다룰 수도 있다.
- 프로테제만이 혜택을 받는 것이 아니라 멘토 또한 보상을 받는다.
- 전통적 멘토링은 유유상종의 법칙에 따라 파트너를 이룬 멘토와 프로테제에 관한 것일 가능성이 높다. 파워 멘토링은 종종 서로 비슷한 점은 없지만 상호 보완적 기술과 니즈needs를 가진 사람들 사이의 관계에 관한 것이다.
- 전통적인 멘토링에서는 멘토가 프로테제를 고르는 경우가 많다. 하지만 파워 멘토링에서는 프로테제 쪽에서 먼저 접근하는 경우도 종종 있다.
- 파워 멘토링은 독점적인 일 대 일 관계라기보다는 개방적이며, 심지어는 다자간 관계까지도 포함한다.

---

28. Ellen A. Ensher, Susan Elaine Murphy 저, "Effects of Race, Gender, Perceived Similarity, and Contact on Mentor Relationships," Journal of Vocational Vehavior 50 (1997년): 460~481쪽; Audrey, J. Murrell과 Faye J. Crosby가 편집한 책 Mentoring Dilemmas : Developmental Relationships within Multicultural Organizations, 83~104쪽Mahwah, NJ : Lawrence Erlbaum Associates, 1999년에 있는 글로 Stacey D. Blake-Beard가 쓴 "At the Crossroads of Race and Gender : Lessons from the Mentoring Experiences of Professional Black Women." : Belle R. Ragins 저, "Power and Gender Congruency Effects in Evaluations of Male and Female Managers," Journal of Management 15 (1989년): 65~76쪽.

- 전통적 멘토링의 목적이 조직적 승계 계획과 직원 개발에 관련된 경우가 많은 데 비해 파워 멘토링은 그 이상의 것을 포함한다. 파워 멘토링은 모든 직업군을 위한 재능 있는 인재 풀을 발전시키기 위한 것이기 때문이다.
- 전통적 멘토링이 종종 조직의 인원이나 구조 내에서 이뤄지고 또 한정되는 데 반해 파워 멘토링은 그 경계가 희미하고 직관으로 이해 가능한 논리를 뛰어넘는 경우도 많다. 심지어 어떤 경우에는 경쟁자가 멘토가 되는 상황도 있는데, 오늘날의 환경에서는 사람들의 충성도라는 것이 일시적으로 속해 있는 회사라는 조직보다는 직업 자체와 연관된 경우가 많기 때문이다.

요컨대, 오늘날의 직업적 딜레마를 해결하기 위한 최선의 방법은 다양한 멘토들로 이루어진 네트워크를 갖는 것이라고 학계 동료들은 권하고 있다.[*29] 만약 당신이 프로테제라면 멘토에게 선택 당하기를 기다리기보다 멘토를 얻기 위해 적극적으로 접근하기를 권한다. 누구를 목표로 삼을 것인가에 대해 전형적인 경계선을 넘어 넓은 시각으로 바라보라. 만약 당신이 이미 멘토 역할을 하고 있거나 앞으로 멘토가 될 사람이라면 이 책을 통해 당신이 줄 수 있는 것뿐만 아니라 얻을 수 있는 많은 혜택에 관해서도 배울 수 있을 것이다. 이런 생각들과 나머지 다른 아이디어들은 성공을 향한 파워 멘토링 처방전의 중요한 부분을 차지한다.

---

29. Monica C. Higgins, Kathy E. Kram 저, "Reconceptualizing Mentoring at Work : A Developmental Network Perspective," Academy of Management Review 26, no 2(2001년) : 264~288쪽; Richard L. Daft, Organization Theory and Design Minneapolis/St. Paul : West Educational Publishing, 1995년.

■ 이 책에 관한 개요

이 책《파워 멘토링》은 약 3가지 질문으로 구성되어 있다.

(1) 파워 멘토링이란 무엇인가?
(2) 파워 멘토링 관계에서 당신을 위한 것은 무엇이 있는가?
(3) 커리어와 직업적 행복을 향상시키기 위해 파워 멘토링 관계를 발전시킬 수 있는 방법은 무엇인가?

2장 : 파워 멘토링의 여러 가지 모습

2장은 흥미를 불러일으키는 질문으로 시작된다. 멘토 없이도 당신의 경력을 만들어 갈 수 있는가? 우리는 파워 멘토가 아닌 전통적인 멘토 없이 할 수 있는 예들을 증거로 보여 줄 것이다. 2장에서는 참가자들에게서 얻은 확실한 예를 들어 파워 멘토링의 정의를 확장하고, 어떤 역할을 하고 어떤 모습으로 보여지며 어디에 존재하는가 하는 점에서 파워 멘토링과 전통적인 멘토링이 어떻게 다른지를 설명할 것이다. 특히 2장에서는

- '앞으로 발전해 나가기 위해 멘토가 필요한가?' 라는 질문에 답을 준다.
- 전통적인 멘토링과 파워 멘토링의 비슷한 면과 다른 면을 설명한다.
- 사례를 통해 10가지 새로운 형태의 멘토링 관계와 그들이 도전 그리고 혜택을 소개한다.
- 당신에게 열려 있는 엄청난 기회를 강조함으로써 파워 멘토링 관계를 개발하도록 고무한다.

3장 : 양방향 멘토링 : 기브 & 테이크(give & take)의 혜택

이 장에서는 파워 멘토링 관계의 한 부분이 됨으로써 당신과 조직이 얻을 수 있는 엄청난 혜택에 열광하기 바란다. 서로 간의 관계를 통해 주고 받은 것이 무엇인지에 관한 파워 멘토와 파워 프로테제의 이야기를 소개하는 형식을 취했다. 멘토인 리 버틀러 퇴역 제독 전 미국 전략군 사령부 사령관 과 그의 프로테제인 도널드 페티트 퇴역 준장의 이야기를 통해 멘토와 프로테제 모두가 얻은 혜택을 특히 강조한다. 그리하여 호혜성, 이익의 상호 교환이 파워 멘토링 관계를 꽃피우는 중요한 요소라는 것을 보여 줄 것이다. 결론은 프로테제와 멘토, 조직이 얻는 혜택에 관한 요점으로 맺었다. 그러므로 3장은

- '파워 멘토링으로 나는 무엇을 얻을 수 있는가?' 라는 질문에 답을 준다.
- 인물들과 그들의 멘토링 성공에 관해 소개한다.
- 전통적인 멘토링과 파워 멘토링에서 얻을 수 있는 보상과 혜택을 비교한다.
- 파워 멘토링은 양방향이며, 양쪽 모두에게 가치 있는 것을 교환하는 것임을 보여 준다.
- 멘토와 프로테제가 주고 받는 것이 무엇인지에 대한 양쪽의 생각을 집중 조명한다.

4장 : 멘토의 심리

이 장의 목적은 파워 멘토링 관계에서 멘토의 심리를 조명하는 것이다. 사람들이 어떤 사람을 멘토로 선택하는지 그 이유를 판별하는 것이 멘토링 관계를 이해하는 중요한 열쇠가 된다. 우리의 연구에 참여한 멘토들이 갖고 있는 멘토

링 관계에 대한 전형적인 철학 중 몇 가지를 예로 들어 멘토의 기질에 대해 탐구한다. 우리는 또한 (1) 멘토의 눈으로 본 완벽한 프로테제의 특징 (2) 멘토가 프로테제들에게 시도할 가능성이 높은 테스트나 도전 과제의 목적과 특징 (3) 멘토링 관계를 성공적으로 개발할 수 있는 방법들을 살폈다. 이런 주제들은 프로테제나 멘토가 되려는 사람들로 하여금 자신의 잠재적 관계의 질을 높이게 할 수 있다. 좀 더 명확하게 말하자면, 4장은 당신을 이렇게 도울 것이다.

- '파워 멘토가 되는 데 필요한 것은 무엇이며, 파워 멘토에게 무엇을 배울 수 있는가?'라는 질문에 답을 준다.
- 멘탈 모델과 멘토링 철학에 관해 배움으로써 멘토의 속내로 들어가 본다.
- 멘토가 처음에 자신의 프로테제에게 끌리게 된 이유가 무엇인지, '완벽한 프로테제'를 만드는 것은 무엇인지에 관한 비밀을 파헤친다.
- 파워풀 멘토링 커플 테스트와 도전 과제는 물론 테스트를 통과하는 데 필요한 기술을 이해한다.

5장 : 프로테제의 관점 – 파워 멘토를 만나고 관계를 지속하는 법

5장에서는 프로테제의 관점에서 본 관계의 시작과 상대에 대한 이끌림을 검토해 본다. 파워 멘토링의 기본이 되는 신뢰의 개념을 완전히 밝혀 내고, 신뢰와 관련하여 구체적인 범주와 결과물을 제시할 것이다. 이와 함께 목표 설정에 관해서도 논의한다. 왜냐하면 성공적인 프로테제들은 구체적인 기리이 목표 설정 행위에 참여하여 어떤 유형의 멘토가 자신과 잘 어울릴지를 결정한다는 사실이 우리의 인터뷰 결과를 통해 밝혀졌기 때문이다. 다양한 형태의 파워 멘토링 관계(예를 들면 동료 멘토나 경계를 넘어서는 멘토 등)에 참여하고 있는 프로

테제들이 파워 멘토를 얻기 위해 활용할 수 있는 구체적인 전략도 제공한다. 요약하자면

- '멘토를 만나고 관계를 지속하려면 어떻게 해야 할까?' 라는 질문에 답을 준다.
- 10가지 다른 유형의 파워 멘토를 찾는 데 필요한 구체적 전략을 제공한다.
- 파워 멘토를 구하고 관계를 유지하는 데 필요한 타깃을 정하는 기술과 상대에게 구애하는 기술을 밝힌다.
- 당신이 파워 멘토링을 통해 원하는 것을 얻기 위한 목표를 설정하도록 돕는다.
- 신뢰와 충성심이 파워 멘토링의 힘을 얼마나 증가시킬 수 있는지를 보여준다.

6장 : 대단한 파워 멘토링 관계 비법의 열쇠

6장에서는 멘토와 프로테제 모두에게 좋은 결과를 가져온 멘토링 관계의 예를 들어 멘토링 관계를 심화하기 위해 사용한 구체적인 전략들을 밝힌다. 훌륭한 대인 관계 능력, 커뮤니케이션, 지속적인 신뢰 쌓기에 특히 중점을 두었다. 성공적인 멘토링 관계의 비밀을 이해하기 위해 우리는 대인 관계에 관한 중요한 연구의 틀에 우리가 알아낸 내용들을 맞춰 넣었다. 특히 6장에서는

- '멘토와 프로테제 모두의 시각에서 살펴본, 파워 멘토링 관계에서 잠재력을 최대로 이끌어 내는 방법은 무엇인가?' 라는 질문에 답한다.
- 다른 관계(예를 들어 우정이나 결혼)의 기본 원칙들을 소개하고, 이런 관계

를 파워 멘토링에 응용하는 방법을 알려 준다.
- 파워 멘토링 관계에서 결정적인 순간의 중요성에 관해 자세히 설명한다.
- 멘토링 관계에서 감성적 지능의 역할과 우리의 파워 멘토링 커플과 그룹이 채용한 중요한 여러 가지 커뮤니케이션 전략을 조명한다.
- 거미줄처럼 얽혀 있는 멘토링 관계, 특히 관계가 역기능을 일으킨 경우 그 상황에서 우아하게 벗어나는 여러 가지 전략을 공유한다.
- 멘토링 네트워크에 다른 이들을 참여시켜야 할 때가 언제인지를 알 수 있게 해 준다.

7장 : 파워 멘토링과 나

7장의 목적은 앞에서 배운 것들을 통합, 완성하고, 파워 멘토링을 통해 자신의 커리어를 향상시키는 구체적이고 즉각적으로 적용 가능한 방법을 제공한다. 관계 발전 계획$^{RDP : Relationship Development Plan}$을 만드는 독자들에게 필요한 체계를 제공함으로써 파워 멘토링 관계를 시작하는 데 필요한 로드맵을 소개한다. 7장은

- '지금 당장 나(또는 나의 조직)를 위한 파워 멘토링 작업을 하는 데 필요한 활동 계획은 무엇인가?' 라는 질문에 답을 준다.
- 이전에 나온 주요 개념들을 통합하여 파워 멘토링에 필요한 개인적인 관계 발전 계획^{RDP}을 만들어 낸다.

8장 : 결론—현대의 작업(노동) 환경에서 멘토링에 관해 우리가 배운 것들

2장에서는 정규 멘토링 프로그램의 결점에 대해 논했다. 마지막 장에서는 파워 멘토링 전략을 정규 멘토링 프로그램에 주입하여 프로그램을 향상시키는 제안을 함으로써 이 문제들을 되짚어 본다. 정규 멘토링 프로그램 중 최고의 경우들을 간략하게 살펴보고, 현재의 직장 구조와 조직의 보상 체계에 파워 멘토링이 어떤 식으로 통합될 수 있는지를 평가한다. 8장에서는

- '파워 멘토링을 정규 멘토링 프로그램에 어떻게 적용할 수 있는가?' 라는 질문에 답한다.
- 파워 멘토링 개념을 조직 내 정규 멘토링 프로그램에 주입하여 향상시키는 전략들을 제공한다.

2장에서는 당신이 알고 있는 멘토링 개념을 확장함으로써 파워 멘토링을 소개하며 파워 멘토링의 여러 가지 유형에 관한 개념을 제공했다. 어떤 역할을 하고, 어떤 모습으로 보여지며, 어디에 존재하는가 하는 점에서 특히 현대적인 파워 멘토링과 전통적인 멘토링이 얼마나 다른지를 인터뷰 실례를 들어가며 설명한다.

2장
파워 멘토링의 여러 가지 모습

The Many Faces of Power Mentoring

2 파워 멘토링의 여러 가지 모습

> 조직 생활을 시작하는 젊은이에게는 성공적으로 시작할 수 있도록 돌봐줄 연장자가 있을 것이다. 이러한 관계에서 젊은이들은 위험을 무릅쓰는 방법을 배우고, 나눔에 대한 철학적인 의무를 받아들이며, 직관적인 감정 이입의 방법으로 타인과 관계하는 방법을 습득하기 바란다.
>
> -《하버드 비즈니스 리뷰(HAVARD BUSINESS REVIEW)》, 1978

> 성공은 형편없는 선생이다. 성공은 영리한 사람들에게 자신은 실패할 리 없다고 생각하게 만든다.
>
> — 빌 게이츠(Bill Gates)

"성공한 모든 사람들에게는 멘토가 있다 Everyone Who Makes It Has a Mentor"

전통 있는 잡지 《하버드 비즈니스 리뷰 Harvard Business Review》의 1978년도 판 기사의 제목으로, 위의 내용은 그 기사 중 일부를 발췌한 것이다. 이 기사는 주얼 컴퍼니즈 Jewel Companies 에서 연이어 중역을 맡은 3명의 간부 사이에 있었던 멘토링 관계를 자세히 설명하고 있다. 사람들이 직업적 성과를 이루어 내는 과정에 멘토가 필요한가 그렇지 않은가에 관한 논쟁은 지금도 한창 진행 중이다. 당신은 멘토 없이도 당신의 일에서 성공할 수 있다고 생각하는가? 자수성가했다는 사람들의 과장된 이야기는 과연 진짜일까? 빌 게이츠 같은 사람들은 어떨까? 그는 단정치 못한 차림의 아이비리그 중퇴자에서 혼자 힘으로 정상에 오른 세계 최고의 지배자로 그려지곤 한다. 하지만 빌 게이츠가 진정 자신만의 힘으로 성공했을까? 절대 그렇지 않다.

전통적인 멘토를 만나 본 적 없는 빌 게이츠는 파워 멘토링에서 많은 것을 얻어냈다. 사실 빌 게이츠는 고등학교 시절 자신의 선생님이었던 프레드 라이트 Fred Write 의 지도와 추천을 통해 처음으로 컴퓨터 산업 분야에서 일하게 되었다. 라이트 선생님은 빌 게이츠와, 마이크로소프트 사의 창업 동료인 폴 알렌 Paul Allen 그리고 컴퓨터 지식이 해박한 그의 친구들의 멘토였다(흥미로운 점은 마이크로소프트 사의 최초 프로그래머들 중 3명이 레이크 사이드 고등학교의 컴퓨터 동아리 회원이었던 마크 맥도널드 리차드 웨일랜드 크리스 라슨이라는 것이다.). 라이트 선생님은 동아리의 중심이자 원동력이었고, 컴퓨터를 탐구하는 모든 회원들에게 힘을 실어 주었으며, 그들을 CCC Computer Center Corporation, 시애틀에 본부를 둔 과학 기술 단체 와 연결시켜 주었다. 세계에서 가장 성공한 사람 가운데 한 명인 빌 게이츠는 지금까지도 이 기관에서 뽑은 사람들로 구성된 고문단을 두고 있다. 이 고문단에는 마이크로소프트 사의 CEO인 스티브 발머 Steven Anthony Ballmer 와 억만장자 동료인 워렌 버핏 Warren Edward Buffett 도 있다.

성공한 사람들의 경력과 삶을 면밀히 살펴보면, 그들 중 많은 이들이 자신의 성공 가도에 도움이 되어 준 '전통적' 멘토를 만나는 행운을 누렸다는 사실을 알게 될 것이다. 유명인과 정치인, 사업계 리더들과 그들이 존경하는 멘토들을 알려 주는 멘토에 관한 명예의 전당 웹사이트 Mentor Hall of Fame Web site 도 있다. 멘토와 프로테제 커플 중에는 마돈나와 기네스 팰트로, 윌리엄 풀브라이트와 빌 클린턴도 있다. 하지만 자신의 힘만으로 성공을 이루어 낸 것이라고 강력히 주장하는 다른 사람들은 어떨까? 그들의 경력을 훑어 가며 조사한 결과, 이런 사람들은 비록 전통적인 멘토의 도움을 누릴 만한 행운은 없었지만 파워 멘토의 네트워크에 어느 정도 의지했었다는 사실이 밝혀졌다. 사람들은 멘토 없이 성공할 수 있을까? 전통적인 멘토 없이는 가능할지 몰라도 파워 멘토 없이는 불가능하다!

1장에서 우리는 전통적 멘토링traditional mentoring이라고 알려져 있는 멘토링에 대한 고전적 접근법을 간단한 소개함과 동시에 파워 멘토링power mentoring이라고 알려진 한층 현대적인 멘토링을 소개했다. 구체적으로 우리는 다음 사항들을 간략하게 다루어 보았다.

- 멘토링 관계에 새로운 요구를 하고 있는 변화하는 직업 환경
- 고전적인 멘토링 접근 방식의 한계
- 파워 멘토링으로 구현된 새로운 형태를 갖춘 멘토링의 장점

자, 이제 우리는 파워 멘토링 관계에 관한 에피소드를 들려준 참가자들의 주목할 만한 실례들을 엮어 이러한 아이디어들을 확장시킬 것이다. 인터뷰를 통해 얻은 실례를 제공함으로써 '파워 멘토링이 어떤 역할을 하는가?', '어떤 모습으로 보여지는가?' 그리고 '어디에 존재하는가?' 라는 질문을 통해서 현대적 파워 멘토링이 전통적 멘토링과 얼마나 다른지를 설명하겠다. 자세한 차이점을 논하기 전에 우리가 뜻하는 전통적 멘토링이 무엇인지에 대한 개요를 제공하고, 우리가 파워 멘토링이라고 부르는 좀 더 현대적인 접근법에 대한 필요성을 논해 보기로 한다.

■◆ 멘토링에 대한 고전적 Vs. 현대적 접근 방식

멘토링에 대한 고전적 접근법에 관련된 대부분의 논쟁은 호머의 작품《오디세이Odyssey》와 다른 작품들의 주인공인 오디세우스의 이야기를 회상하는 것으로 시작된다. 트로이 전쟁을 준비하고 있을 때, 오디세우스는 나이가 많은 한

현인에게 자신의 아들 텔레마커스^{Telemachus}의 교육을 맡겼다(이설에는 이 멘토가 변장한 아테네 여신이었는데 추후에 그 사실이 밝혀지는 것으로 나오기도 한다). 보다 나이가 많고 지식이 풍부한 사람이 젊은 프로테제를 자신의 보호 아래 둔다는 의미로서의 멘토링 관계에 대한 관점은 그리스 신화의 시초부터 그다지 많이 바뀌지 않았다. 지난 10년 간 멘토링에 대한 기사를 쓰고, 강연을 하고, 멘토링 프로그램을 계획하는 등 멘토링에 몰두하는 과정에서 우리는 멘토링에 관한 현대적인 접근법과 관련하여 몇몇 새로운 아이디어를 파악하기 시작했다. 뿐만 아니라 우리는 멘토링을 연구하는 동료 대학 교수들에게 감사한 마음을 전하고자 한다. 불행히도 그들의 훌륭한 아이디어 중 상당 부분이 여전히 상아탑 속에 감추어져 있다.[*1] 이 모든 아이디어들은 50인의 중역과 나눈 우리의 대화의 기초를 마련해 주었고, 그 사실은 우리로 하여금 우리가 파워 멘토링이라고 부르는 멘토링에 관한 접근 방식을 식별할 수 있도록 해 주었다.

과거의 멘토링은 오직 한 가지 형태만을 취했다. 전통적인 멘토링이 바로 그것이다. 수년 간 미국 실업계에서 이 유형의 멘토링은 다음과 같은 기본 패턴을 따라왔다. 보다 나이가 많고 현명한 중역 간부가 젊은 시절의 자신을 연상시키거나 또는 자신과 같은 대학을 다닌 젊은이를 선택하는 것이었다. 중역은

---

1. 이 책의 1장에서 우리는 모니카 히긴스와 케시 크램이 그들의 논문 "Reconceptualizing Mentoring at Work: A Developmental Network Perspective," Academy of Management Review 26, no.2(2001년): 264~288쪽에서 나타난 멘토링 관계의 새로운 네트워킹 형태에 대한 몇몇 학술적인 생각을 살펴보았다. 그리고 David A. Thomas 저, "Racial Dynamics in Cross Race Developmental Relationships," Administrative Science Quarterly 38 (1993년): 169~194쪽, Elizabeth Wolfe 저, "Newcomers' Relationships: The Role of Social Network Ties during Socialization," Academy of Management Journal 45, no. 6 (2002년): 1149~1162쪽, Monica C. Higgins, David A. Thomas 저, "Constellations and Careers: Toward Understanding the Effects of Multiple Developmental Relationships," Journal of Organizational Behavior 22(2001년): 223~247쪽.

자신의 이미지에 따라 젊은이를 훈련시키고, 직업과 관련된 지식 또는 그보다 더 중요하다고 할 수 있는 조직의 비밀을 전해 준다. 전통적 멘토링에 있어서의 초점은 같은 조직 내의 핵심 직위에 걸맞도록 프로테제를 단련시키는 데 맞춰지며, 그 관계는 일 대 일 관계로 인식된다. 앞으로 보게 되겠지만 이러한 동태는 파워 멘토링 관계에 있어서는 상당히 다르다.

전통적인 멘토링 관계에 대한 학문적 관심은(전통적 멘토링의 보급이나 기능 이점에 있어서) 1980년대 초반에 시작되었고, 캐시 크램Kathy Kram의 《직장에서의 멘토링Mentoring at Work》이나 마이클 제이Michael Zey의 《멘토 커넥션Mentor Connection》과 같은 영향력 있는 저서에 반영되었다.[*2] 지난 20년 간 다양한 연구 논문들은 프로테제의 승진 가능성이나 직업 만족도, 또는 연봉을 높여 주는 이러한 전통적 일 대 일 관계의 이점을 확인시켜 주었다. 1장에서 언급했듯이 많은 회사들은 고용인들의 직업적 성공에 대한 멘토링의 긍정적 효과를 상당히 긍정적으로 보고 있기 때문에 정규 프로그램을 신설함으로써 자연 발생적 양상을 보이는 멘토링 관계를 복제하는 시도를 해 왔다. 멘토와 프로테제가 일 대 일의 관계를 갖고 정기적으로 만날 수 있도록 조직이 멘토와 프로테제를 짝지어 주는(종종 한 번도 만나 본 적이 없는 사람들끼리), 이와 같은 정규 멘토링 프로그램은 일반적으로 효과가 저조하다고 입증되었다. 이러한 관계는 단기간에 이루어진 중매 결혼이나 다름없다. 어떤 경우는 성공적이지만 대개는 부적절하게 짝지어진 관계로 첫발을 내딛게 된다. 관련자들 사이에 전혀 공통점이 없거나 함께 해결해 나갈 공동의 목표가 없다면 그 관계는 상호 간의 매력과 유사한 기대치에 근거하는 자발적 관계만큼 발전할 수 없을 것이다. 파워 멘토링

---

2. Kathy Kram 저, Mentoring at Work : Developmental Relationships in Organizational Life Glenview, IL : Scott, Foresman, 1985 : Michael Zey, The Mentor Connection Homewood, IL : Dow Jones-Irwin, 1984.

은 조직과 투자자들에게 좀 더 나은 투자 이익을 주기 위해서 정규 멘토링 프로그램이 향상될 수 있는 혁신적인 방법을 제시한다.

관계가 공식적이든 자발적이든 상관없이 전통적인 멘토링 관계에서 멘토가 프로테제를 지원하는 방법에는 3가지가 있다.[3] 첫째, 멘토들은 직업적 지침을 제시한다. ─예를 들면 프로테제가 할당받게 될 과제에 관련된 제안을 하거나 어떤 직업적 경로가 가장 이득이 될 것인지에 관한 제안을 하는 것이다. 두 번째, 멘토들은 직장과 가족 사이에 기본적으로 존재하는 대립 등의 이슈에 관해 감정적인 지지를 할 수도 있고, 또 다른 직장 상사나 직업에서 오는 스트레스에 대처하는 방법 등을 추천해 주기도 한다. 세 번째, 멘토는 여러 가지 상황에서 취할 수 있는 적절한 행동 양식을 보여 줌으로써 효과적인 모델 역할을 하여 프로테제의 힘을 북돋워 줄 수도 있다. 예를 들어 프로테제는 자신의 멘토가 미팅 중에 어떤 아이디어의 장점을 상급 관리자에게 효과적으로 확신시킬 때 설득 기술을 사용하는 것을 관찰할 수 있다. 그게 아니라면 멘토가 까다로운 고용인을 어떻게 다루는지를 보여 줄 수도 있다.

요약하자면, 전통적인 멘토링 관계에는 많은 장점이 있으며, 그런 이유로 우리는 전통적 멘토링이 사장되어서는 안 된다고 확신한다. 사실 우리는 전통적 멘토링이 파워 멘토링 시스템의 한 부분으로서 고려되어야 한다고 생각한다. 멘토링에 관한 '한 경우가 모든 상황에 다 들어맞는' 전통적 접근 방식이 모든

---

3. Kram 저, Mentoring at Work. 레이몬드 노Raymond Noe와 테리 스캔듀라Terri Scandura를 포함한 다른 사람들은 한도를 측정하는 계량기를 개발했다. 이런 기능들은 관계에 통합시킨다. Raymond Noe 저, "Investigation of the Determinants of Successful Assigned Mentoring Relationships," Personnel Psychology 41(1988년) : 457~479쪽 : Terri Scandura, Ralph J Katerberg 저, "Much Ado about Mentors and Little Ado about Measurements : Development of an Instrument." 1988년 8월 캘리포니아 주 애너하임 소재 국립경영학술원National Academy of Management 연례 회의에 제출된 논문.

사람에게 항상 적용되는 것은 아니라는 점에서 오늘날의 조직이나 직업들이 과거의 그것과는 다르기 때문이다. 그러므로 여러 가지 선택 사항을 제시해 주는 파워 멘토링이 변화하는 직업 환경에 더 적절하다고 할 수 있다.

그렇다면 당신이 현재 행하고 있거나 또는 기대하고 있는 멘토링 관계가 전통적 멘토링 관계인지 파워 멘토링 관계인지 어떻게 알 수 있을까? 그리고 그 둘 사이의 중요한 차이점은 무엇일까? 먼저 파워 멘토링이 단지 이름만 근사한 것이 아니라는 점을 보증한다.

여기서 파워^{Power}라는 말은 구체적인 함축성을 가지고 있다. 첫째, 파워 멘토링은 관련된 사람들이 단 한 명의 멘토가 아닌 여러 명의 멘토에 의존하므로 그들이 선택권을 가질 수 있다는 점에서 독특하다. 둘째, 멘토링에 대한 이러한 접근 방식은 사람들로 하여금 더 많은 경제적 혜택을 얻고, 승진하고, 그들이 가지고 있는 직업적 목표나 꿈을 실현할 수 있게 해 준다. 셋째, 파워 멘토링은 사람들이 보다 나은 직업적 관계를 갖도록 도와주고, 궁극적으로는 그들이 직업에서 더 나은 만족과 의미를 얻을 수 있도록 해 준다.

파워 멘토링을 다양한 유형의 많은 멘토—전통적인 멘토뿐만 아니라 e-멘토, 역 멘토, 동료 멘토 그리고 우리가 이 장에서 추후에 언급하게 될 다른 여러 가지 유형의 멘토까지 모두 포함—가 함께 받치고 있는 우산이라고 가정해 보자. 간략하게 말해서 파워 멘토링은 관련된 사람들 모두에게 커리어의 성장과 발전에 관련된 혜택을 안겨 주는, 멘토링에 대한 네트워크 접근 방식으로 정의된다. 표 2.1은 전통적 멘토링의 고전적 형식과 파워 멘토링의 현대적 접근 방식 사이의 주된 차이점을 비교 요약하여 보여 준다.

많은 사람들이 파워 멘토링에 이미 참여하고 있을 것이다. 전형적인 시나리오는 다음과 같다. 아마도 같은 직업에 종사하는 사람들 중에 비록 잘 알지는 못하지만 그들의 성과를 보고 배움으로써 영감을 얻고 싶은 영향력 있는 사람들이 있을 것이다(예를 들어 만약 당신이 방송 매체에서 일하고 있다면 바바라 월터스 Barbara Walters 같은 사람일 수 있다). 당신이 곤란한 상황에 처했을 때 당신은 스스로에게 이렇게 물을지도 모른다. "바바라라면 이럴 때 어떻게 할까?" 동시에 직업적 조언이나 직무 관련 피드백을 주는 상사를 갖고 있다면 당신은 정말 행운아라 할 수 있다. 이 모두가 잘된 일임에도 불구하고 당신은 그것만으론 부족하다고 느낄 것이다. 바바라 월터스는 훌륭한 역할 모델일지는 모르지만 당신이 겪는 일상의 고민을 그녀와 전화 통화로 해결할 수 있는 것은 아니다. 마찬가지로 당신이 가진 질문이 직업적인 것이라면 상사가 훌륭한 상담 대상이 되겠지만 만약 당신이 필요로 하는 것이 직무와 가정사의 경계에 모호하게 걸쳐 있거나 그저 불평을 늘어놓고 싶을 뿐이라면 어떻게 할 것인가? 당신은 여전히 무언가를 더 필요로 할 것이고, 따라서 감정적이거나 또는 좀 더 개인적인 지지를 위하여 동료 멘토 peer mentor에게 눈을 돌리게 될 것이다. 개개인의 다양한 욕구를 채우기 위하여 일단의 서로 다른 멘토에게 의존하는 이와 같은 네트워크 접근 방식은 파워 멘토링이 사람들에게 어떤 도움이 되는지를 보여 주는 실례 중 하나에 지나지 않는다.

우리는 사람들이 부가적인 멘토링 접근 방식을 취하도록 권하고 싶다. 만약 당신이 매우 운이 좋아서 현명하고 성공적인 대부나 대모와 같은 멘토를 가지고 있다면 모든 의미에서 그 관계의 장점을 마음껏 누리고 그 관계를 꼭 붙잡으라고 말하고 싶다! 그러나 당신도 우리처럼 그다지 운이 좋은 편이 아니어서 그런 완벽한 전통적 멘토를 만나지 못했거나 그럭저럭 괜찮은 일을 좀 더 좋게 만들기를 원하고 있다면 파워 멘토링이 당신에게 제공할 수 있는 많은 선택 사항들을 고려해 보라. 자신이 필요로 하는 것과 원하는 것이 무엇인지 그리고 당신의 잠재적 멘토에게 도움과 지지에 대한 대가로 줄 수 있는 것이 무엇인지를 생각하는 것부터 시작하라. 그런 다음에는 이 장의 다음 섹션에서 토의하게 될 다양한 유형의 멘토를 살펴보고, 현재 알고 있는 사람 중에 또는 앞으로 알고자 하는 사람 중에 당신을 위해 이러한 역할을 해 줄 수 있는 사람들을 생각해 보라. 이 책의 나머지 장들에서는 정확히 어떻게 이런 일들을 할 수 있는지에 관한 구체적 아이디어와 전략들을 알려 줄 것이다. 자신이 가진 모든 직업적 가능성을 발휘하기 위해 사람들이 필요로 하는 것이 바로 파워 멘토가 될 수 있는 자신의 잠재력을 계발하는 것일 듯하다.

파워 멘토링의 역할

이 섹션에서는 파워 멘토링이 어떤 역할을 하는지 전통적 멘토링과 비교해 독특한 5가지 구성 요소를 설명하기로 한다.

조직의 목적

조직이 전통적 멘토링 관계를 지원하는 가장 중요한 이유 중 하나는 핵심 직위의 단기적인 업무 승계 계획을 용이하게 만들어 주기 때문이다. 파워 멘토링은 조직 내 여러 직위의 장기적인 업무 승계 계획에도 초점을 맞추고 있으므로 이런 제한적 접근에서 한 발 더 앞서 있다. 뿐만 아니라 파워 멘토링은 전통적 멘토링이 과거에 해 왔던 것보다 더욱더 다양성을 강조하고 있다. 잘 알려져 있는 두 기업체의 예를 들어 이러한 견해를 보여 주기로 하겠다.

디즈니 사는 디즈니랜드를 '지구상에서 가장 행복한 곳'이라고 광고한다. 그런데 디즈니랜드를 방문하는 사람들은 행복하다고 느끼는 데 반해 주주나 직원들은 그다지 행복하다고 느끼지 않는다는 여러 증거들이 있다. 정규 멘토링 프로그램이 있는 만큼 디즈니 사에는 전통적인 멘토링이 확실히 존재한다. 사실 마이클 아이스너 Michael Eisner, 전 디즈니 사 CEO는 전 디즈니 사장이었던 프랭

표 2.1 멘토링에 대한 고전적 Vs. 현대적 접근 방식 비교

	고전적 접근 방식 : 전통적 멘토링	현대적 접근 방식 : 파워 멘토링
파워 멘토링의 역할은 무엇인가?		
조직의 목적	주요 직위에 대한 단기적 업무 인수인계 계획	장기적 업무 인수 인계 계획과 조직적 다양성
관계의 시작과 유지	멘토의 바람이나 필요성의 의해 관계가 시작되고 추진되는 경우가 많음	의욕적인 프로테제에 의해 관계가 시작되고 추진되는 경우가 많음
테스트와 도전 과제	덜 명백하지만 잘 문서화되어 있음	대개의 경우 관계 발전에 의미 있고 중요한 역할을 함
상호 이익	혜택이 한쪽에만 주어진다고 간주됨 —멘토는 주고 프로테제는 받는 식을 의미	프로테제와 멘토가, 서로 다르지만 중요한 혜택들을 주고받는 식의 상호 보완적인 능력에 초점을 맞춤
생식성 (다음 세대에 물려주는 것)	경력의 후반부에 나타남	경력 전반에 걸쳐 나타남
파워 멘토링은 어떤 형태를 취하고 있는가?		
형식	일부일처제와 같은 관계 (배타적인 1대1의 관계)	일부다처제와 같은 관계 (개방적인 관계)
멘토의 소속	조직 내부적 (관계는 주로 동일한 조직 내에서 발생)	조직 외부적 (관계는 주로 조직 외부에서 발생)
다양성	인구 통계학적 유사성의 측면에서 비슷한 유형의 사람에게 끌림	보다 덜한 인구 통계학적 유사성 —대신 멘토와 프로테제는 다양한 관계를 분별력 있게 추구함
파워 멘토링은 어디에 존재하는가?		
충성심의 기반	조직	직업
어디에 작용하는가?	직업적 경로가 명백하게 한정되어 있거나 계통지어진 조직이나 직업	모든 형태의 조직
멘토의 중심적 역할	다양함 (멘토는 대단히 숙련되어 있을 수 있지만 파워의 주류에는 들어가지 않음)	멘토는 강력한 멘토 라인에 속해 있으면서 자신이 속한 라인에 접근할 수 있도록 함

크 웰스Frank Wells와의 친밀한 전통적 멘토링 관계를 좋아했다. 그러나 그는 경영 과정에서 여러 가지 실수를 저질렀고, 자신의 뒤를 이을 확실한 CEO 후계자를 키우는 데도 실패했기 때문에 언론의 호된 비난을 받았다. 많은 사람들은 이를 아이스너가 자신의 필수불가결성과 강력한 지위를 유지하기 위해 의도적으로 택한 전략이라고 보고 있다.[4] 아이스너는 파워 멘토가 아니었으며, 전통적인 멘토 역할조차도 하지 않았다. 비록 마이클 오비츠Michael Ovitz를 디즈니 사에 끌어오고 그의 멘토가 되려고 했음에도 불구하고 이 관계는 양쪽 모두가 서로를 신랄하게 비난하는 걸로 끝이 났는데, 아마도 이 때문에 아이스너는 멘토가 되는 것을 꺼리게 된 것 같다. 그러나 많은 전문가들은 장기 승계 계획과 중역 개발에 관한 능력 부족 때문에 아이스너가 직위와 권위를 잃었으며, 궁극적으로 자리에서 물러날 수밖에 없었다고 보고 있다.

이와는 대조적으로 GE의 CEO였던 잭 웰치는 리더십이 자연스럽게 이행되고 GE가 장기간 존속할 수 있도록 후계자가 될 만한 사람들을 개발하는 데 많은 시간을 쏟았다. 잭 웰치는 전통적 멘토의 대가이자 유능한 파워 멘토이다. 이 사실은 리더십 지위를 계승해 왔던 잭 웰치의 전 프로테제들을 통해 확인할 수 있다. 여기에는 GE의 현 CEO인 제프리 이멜트뿐만 아니라 그레이트 레이크스 케미컬Great Lakes Chemical의 CEO인 마크 벌리스Mark Bulriss, 스코트 테크놀

---

4. Michael D. Eisner, Tony Schwartz 저, Work in Progress : Risking Failure, Surviving Success Westport. 코네티컷 주 : Hyperion 출판사, 1999년 ; Ronald Grover 저, "An Eisner Exit Strategy? Don't Be Surprised If Disney's Board Announces Plan Soon to Start Searching for a Successor for Embattled CEO," Business Week Online, 2004년 4월 22일. http://www.businessweek.com/ bwdaily/dnflash/ apr2004/nf20040422_6834_db035.htm ; Sally Hofmeister 저, "Dealing for Disney : If Eisner Goes, Who Takes His Job?" Los Angeles Times, 2004년 3월 1일 ; Bruce Orwall 저, "Disney Says It Is Addressing Issue of Eisner Succession Plan," Wall Street Journal, 2004년 2월 11일.

로지Scott Technologies의 회장인 로버트 콜린스Robert Collins 그리고 타파웨어 Tupperware의 회장인 데이비드 코트David Cote 같은 유명 기업의 경영진들이 포함되어 있다.*5 우리는 NBC의 CEO 밥 라이트Bob Wright와 그의 프로테제이자 CNBC의 전 CEO인 파멜라 토마스-그레이엄Pamela Thomas-Graham 그리고 KNBC의 전 사장인 폴라 매디슨Paula Madison처럼 커다란 성공을 거둔 잭 웰치의 전 프로테제 3명과 인터뷰를 하여 그들의 이야기를 들었다. 잭 웰치의 전설적 멘토링에 관한 면밀한 고찰을 통해 그는 자신의 다음 후계자뿐만 아니라 미래의 인재를 공급받는 경로 개발에도 관심을 기울이고 있다는 사실을 알 수 있었다. 또한 그는 일을 제대로 하지 않는 사람을 가차없이 쫓아내고, 무능력자를 참아주는 일은 없었다는 사실도 알게 되었다. 잭은 GE의 미래가 다양한 인재 풀(새롭고 다양한 기술을 가진 사람들뿐만 아니라 인종이나 성별에 있어서 다양한 사람들)을 개발하는 데 있다는 것을 알고 있다. 잭 웰치는 계승 방안의 목적을 위해 멘토 역할을 했을 뿐만 아니라 다양성을 확보함으로써 GE의 지속적인 성공을 공고히 하는 데까지 초점을 맞췄다.

파워 멘토링은 조직의 목적 외에도 4가지 다른 중요한 면에 있어서 전통적 멘토링과 대비된다. 파워 멘토링은 (1) 관계를 누가 시작하는가(파워 멘토링에서는 종종 프로테제에 의해서 관계가 시작된다.), (2) 테스트와 도전 과제의 광범위한 역할(테스트와 도전 과제가 전통적인 멘토링에서도 나타나지만 지금까지는 제대로 문서화되거나 광범위하게 연구되지 않았다.), (3) 진정한 상호 이익의 보급(파워 멘토링에서는 프로테제뿐만 아니라 멘토 또한 혜택을 본다.) 그리고 (4) 생식성의 초점(전통적 멘토링의 경우처럼 인생의 후빈기보다는 파워 멘토의 커리어 전반에 걸쳐 다음

---

5. Jack Welch, John A. Byrne, Jack : Straight from the Gut New York : Warner Books, 2001년 : Janet Lowe, Welch : An American Icon New York : Wiley, 2001년.

세대에 돌려주는)에 있어서 다르다.

우리는 AG 비즈니스 서비스^AG Business Services^의 경영자이자 소유주였던 프로테제 아라셀리 곤잘레스^Araceli Gonzalez^와 그녀의 멘토이면서 미국 재무부의 41대 출납국장을 지낸 로사리오 마린^Rosario Marin^의 일화를 통해 파워 멘토링 관계의 역할에 관해 이러한 4가지 양상을 보여 주는 주목할 만한 실례를 제공한다.

아라셀리 곤잘레스는 남부 캘리포니아 공화당 정계에서 주목받기 시작한 멕시코계 여성이다. 그녀는 전통적으로 민주당세가 강한 캘리포니아 주 상원 의원에 입후보하는 동안 조지 W. 부시^George W. Bush^의 백악관을 기꺼이 지지했다. 지역 정치계에 몸담고 있던 한 여성이 어떻게 워싱턴 D.C.의 막강한 엘리트들과 관계를 맺을 수 있었을까? 그것은 로사리오 마린의 현명한 멘토링 덕분이라고 할 수 있다. 첫 만남에서 아라셀리는 로사리오의 위엄에 압도당했다고 고백했다. 아라셀리가 보기에 로사리오는, 캘리포니아 남부 인근 지역에서 정치 지도자 역할을 하며 자신과 같은 신념을 갖고 있던, 놀라우리만치 침착한 여성이었다. 그녀는 로사리오가 자신의 멘토가 될 것이라는 기대는 물론이고, 자신이 그녀의 친구가 될 수 있으리라는 생각은 꿈에도 하지 못했다.

어쩌면 로사리오가 자신을 도와줄 수 있을지도 모른다는 생각이 처음 들었을 때의 감정을 그녀는 이렇게 표현한다. "그녀는 저만큼 높은 곳에 있는 사람이었고 나는 한참 아래에 있었기 때문에 우리가 어떤 관계를 맺을 수 있으리라고는 생각해 본 적도 없었습니다." 그녀는 로사리오의 진로를 계속해서 주시함으로써 두 사람의 배경에 비슷한 점이 많다는 사실을 발견했을 뿐 아니라 로사리오에게 많은 것을 배울 수 있다는 사실을 깨달았다. 그들은 여러 회의에서 우연히 만났고, 결국 아라셀리는 LA 카운티의 소도시 커다하이^Cudahy^의 시의회 멤버로써 부딪치게 된 몇몇 까다로운 이슈들에 대한 직업적 조언을 로사리오에게 구하게 되었다.

관계의 시작과 유지

5장에서 다루겠지만 우리는 파워 멘토링 관계에 있어서 프로테제가 멘토와의 관계를 먼저 시작하는 경우가 그 반대의 경우보다 더 많다는 것을 알게 되었다. 자신에게 도움을 줄 만한 멘토를 먼저 선택한 프로테제들의 이야기도 많이 들었다. 프로테제들은 구체적인 목표와 계획을 가지고 자신들이 원하는 멘토에게 접근한다. 이러한 유형의 접근 방식은 프로테제의 입장에서 멘토가 먼저 의견을 타진해 오기를 기다리는 전통적인 멘토링 관계와는 상당히 다르다. 파워 멘토링에서는 프로테제가 종종 멘토를 선택하거나 모집하기 위해서 의도적인 노력을 한다. 전통적인 멘토링 관계의 규약과는 대조적으로 로사리오가 아라셀리를 선택한 것이 아니었다. 아라셀리는 자신이 무엇을 원하는지 알고 있었고, 자신이 존경하던 여성을 발견했으며, 로사리오에게 직업적 조언을 구한 것이었다.

테스트와 도전 과제

파워 멘토링을 전통적 멘토링과 구분지어 주는 또 다른 중요한 요소는 테스트와 도전 과제들의 광범위한 보급에 있다. 고전적 멘토링에 있어서 프로테제들은 때때로 그들 자신과 멘토와의 관계를 개선시키기 위한 한 가지 방안으로 테스트와 도전 과제를 접하기도 한다는 연구 결과들이 있다. 멘토링에 관한 초기 연구에 있어 캐시 크램 Kathy Kram 은 멘토와 프로테제가 서로를 알아 감에 따라 멘토는 프로테제에게 복잡한 직업적 과제의 형태로서 테스트를 제시한다고 했다.[6] 그러나 크램의 초기 연구를 제외하고 테스트와 도전 과제 현상에 대한 연구 조사는 부족한 실정이다. 우리는 보다 현대적인 유형의 멘토링 연구에서뿐만 아니라 전통적 멘토링에 있어서도 테스트와 도전 과제들은 중요했지만 포괄적인 연구가 진행되지는 않았던 것이 아닐까 하고 생각한다. 대조적으로 우리가 연구한 파워 멘토링 관계에 있어서 테스트와 도전 과제들은 관계의 발전에 상당히 중요한 역할을 했음을 발견했다. 더욱이, 대개의 경우 테스트는 프로테제가 멘토를 테스트함과 동시에 멘토 또한 프로테제를 테스트하는 식으로 양방향에 모두 작용하게 되었다. 그리고 제시된 테스트와 도전 과제들은 이전의 멘토링 연구에서 논의되었던 것들보다 훨씬 복잡하고 다양한 형태를 취했다.

다시 우리의 예로 돌아가 보면 테스트와 도전 과제는 아라셀리가 로사리오에게 주었다. 그녀는 까다로운 자신의 상황에 관한 도움을 요청함으로써 로사리오를 테스트한 것이었다. 아라셀리는 자신이 일하는 도시와 이웃 도시 사이에 이해 관계가 상충되는 비밀스러운 거래를 목격하게 되었다. 그녀는 그러한 문제들을 공개적으로 드러내서는 안 된다는 것을 직감했다. 그녀는 자신의 비판이 그 일에 연루된 사람들과 그녀와 같은 정치권에 있는 사람들에게 돌아가는 것을 염려했다. 아라셀리는 그때의 상황을 다음과 같이 설명했다. "매우 난처한 상황이었죠. 재선에 출마하여 그 사람들이 나를 망치도록 하여 이런 이해 상반 비용과 부패 행위를 고발하지 말아야 할까? 아니면 이번 임기를 끝내고 그들을 고발해야 할까? 하는 선택의 문제였습니다." 궁지에 몰린 자신의 상황을 터놓고 얘기할 만한 사람이라고는 로사리오뿐이었다. 아라셀리는 이렇게 말한다. "로사리오는 내게 '옳은 일을 하십시오.' 라고 말했고…, 나는 그들을 고발했습니다."

아라셀리는 그 다음 상황을 이렇게 전했다. "나의 모든 동료들, 내가 친구라고 생각했던 모든 사람들이 다 떠났습니다. 내게 등을 돌리지 않았던 유일한 존재라곤 법과 로사리오 마린뿐이었죠. 물론 나는 매우 두려웠고, 걱정했습니

---

6. Kram, Mentoring at Work.

다. 그러나 내가 한 행동은 공무를 시행하는 사람이 해야만 하는 일이라고 느꼈습니다.-옳다고 생각하는 것을 말하고 두려워하지 말자는 것이었죠. 로사리오는 나를 지지해 주었고, 이렇게 말했습니다. '보세요, 아라셀리, 당신은 옳은 일을 하고 있습니다. 마음속에서 옳다고 느낀다면 그대로 행동하세요. 내가 도와줄 수 있는 일이 무엇인지 알아볼게요." 아라셀리에게는 그 일을 담당해 줄 도시 내 고위층 인사라고는 아무도 없었다. 그녀는 자신에게 로사리오가 없었다면 아마도 위협에 겁을 먹고 그 도시를 떠나야 하는 사태가 발생했을 것이라고 시인한다.

대배심이 증언을 하기 전에 모든 시의회 의원들이 소집되었다. 아라셀리가 말했듯이 그녀는 자신이 한 일에 대해 여전히 고민하고 있었다. 그녀는 "이해상반과 부패 혐의로 동료들을 고발한다는 것은 매우 어려운 일입니다. 그런 일은 잘 일어나지 않지요. 나는 그 이유를 알고 있습니다. 실제로 법에 따라 행동했음에도 사람들은 혹시 내가 잘못하고 있는 게 아닌가 하는 생각이 들 정도로 당신에게 압력을 가할 것이기 때문입니다."

그런 어려운 과정을 버텨 낼 수 있도록 도와준 것은 로사리오의 조언이었다. "그저 옳은 일을 하십시오. 그러면 걱정할 일이 전혀 없을 것입니다." 아라셀리는 로사리오와의 관계의 깊이를 테스트하고 있었다. 반대로 로사리오는 아라셀리에게 "옳은 일을 하십시오."라고 말함으로써 그녀에게 도전 과제를 준 것이다. 로사리오와 아라셀리 사이에 있었던 테스트와 도전 과제는 멘토링 역학의 양방향 모두에서 나온 것이었다.-파워 멘토링을 전통적 멘토링 관계와 다르게 만들어 주는 또 다른 히니의 요소가 바로 이것이다.

상호 이익

전통적 멘토링은 대부분의 경우 멘토는 주고 프로테제는 받는 식의 상당히 이타적인 관계로 여겨진다. 그러나 연구자들은 이러한 개념에 반대 의견을 제시하기 시작했고, 그 관계에서 멘토가 어떤 이득을 얻게 되는지에 관한 흥미로운 연구들이 서서히 전개되고 있다.[7] 이 새로운 사고방식에 따라 우리는 파워 멘토링이 지닌 가장 흥미로운 특징 중의 하나는 그 본질적 상호 이익에 있다고 본다. 관계의 양측에 있어서 서로 간에 교환되는 것은 다를지 모르지만 그 사실 자체는 가치 있다고 여겨진다. 사실 우리는 멘토가 유사한 능력을 가진 프로테제를 찾아서 자신들이 지니고 있는 이미지에 따라 그들을 만들어 가는 것이 아니라 상호 보완적인 또는 서로 다른 능력을 가진 사람들과의 멘토링 관계를 의도적으로 발전시키는 모습에 상당히 놀랐다. 파워 멘토들은 자신들이 줄 수 있는 것과 얻을 수 있는 것을 의도적으로 찾아본다.―이에 관해서는 다음 장에서 좀 더 자세히 논할 것이다. 우리가 인터뷰한 다수의 개인과 커플들은 프로테제를 가지고 있다는 사실이 그들로 하여금 자신들의 조직에 대해 더 많은 것을 알게 해 주고, 그들의 직업에 필요한 최신 과학 기술을 습득하게 만들어 준다고 말한다.

아라셀리와 로사리오의 경우를 보면, 로사리오는 워싱턴 DC에 거주하고 있었지만 아라셀리로 인해 남부 캘리포니아의 정치적 커넥션을 유지할 수 있었

---

7. Tammy D. Allen, Marc L. Poteet, Susan M. Burroughs, "The Mentor's Perspective : A Qualitative Inquiry and Future Research Agenda," Journal of Vocational Behavior 51, no. 1 (1997년) : 70~89쪽. 멘토의 시각이 필요하다면, Gerald R. Ferris와 Joseph J. Martocchio가 편집한 책, Research in Personnel and Human Resources Management, 129~173쪽 Greenwich, 코네티컷 주: Elsevier Science/JAI Press, 2002년 에 나오는 Raymond A. Noe, David B. Greenberger, Sheng Wang이 쓴 평론 "Mentoring : What We Know and Where We Might Go," 를 보라.

다. 실제로 로사리오가 미 상원 의원 출마에 관심을 표명했을 때 그녀는 아라셀리가 충성스럽고 최선을 다해 도와주는 지지자라는 것을 알게 되었다.

생식성 후진 양성 욕구 본능

파워 멘토링이 전통적 멘토링과 다른 점에 있어 우리가 마지막으로 다룰 것은 한 개인이 멘토 역할을 담당하는 삶의 단계와 관련이 있다. 파워 멘토들은 누군가를 멘토링함으로써 나타나는 생식성(다음 세대의 직업인들에게 돌려주는)이 전통적 멘토링 관계에서 다분히 전형적으로 발견되는 시기인 인생의 후반기까지 기다릴 것이 아니라 좀 더 이른 시기에 시작되어야만 한다는 것을 알고 있다.

생식성이라는 용어는 심리학자 에릭 에릭슨 Erik Erikson의 인간의 삶의 단계에 관한 연구에서 나온 것이다.[8] 생식성은 에릭슨의 7번째 발달 단계를 상징하고 있는데, 그것은 개개인이 유용한 삶을 개발하고 이끄는 데 있어 보다 젊은 세대를 도와준다는 것이다. 만약 개개인들이 중년이라 불리는 시기 동안 생식성에 관여하지 않는다면 그 시기는 삶의 정체기가 된다고 에릭슨은 말한다. 생식성은 멘토링 관계에서 어떤 의미를 지니고 있을까? 인생의 초창기에 멘토가 되고자 하는 생각을 따라 행동하게 되면 그 멘토는 다른 사람들이 경력 전반에 걸쳐 이룬 성취를 즐길 수 있게 된다. 이타적인 이점 외에도 자신이 경력 초반기에 다른 사람에게 되돌려 줄 것을 선택하는 것은 현재 많은 조직들이 관리자 업적 평가의 한 부분으로 사용하는 멘토의 고용인 개발 능력을 연마하는 데 도움이 된다. 아라셀리의 경우에 있어서 로사리오 마린은 멘토링에 관해 자신이

---

8. Erik H. Erikson 저, Identity and the Life Cycle New York : Norton [처음 출판은 New York International University Press에서 1959년에 했음]. 재발간 1994년.

무엇을 즐기고 있는지를 깨달았고, 자신의 프로테제의 성공이 자신에게도 득이 될 것이라는 것을 믿었다. 그녀는 "그들이 자신의 목표를 달성하거나, 어떤 시도가 되었든 자신이 추구하던 부분에서 성공하는 것을 볼 때 당신이 돌려받는 것은 바로 엄청난 기쁨이라고 생각합니다. 프로테제의 성공이 당신 자신의 성공이 되는 것이지요."라고 말했다.

뿐만 아니라 멘토는 다른 사람들에게서 배운 내용들을 널리 알려 준다. 그 내용들은 다른 이들의 커리어 전반에 걸쳐서 배운 것들이다. 로사리오 마린은 멘토링을 통해서 아라셀리에게 제공한 도움의 생성적 중요성을 언급했다. 로사리오는 다음과 같이 말한다.

> 상원 의원 출마를 결심하는 것은 쉬운 일이 아닙니다(아라셀리는 캘리포니아 주 상원 의원 선거에 출마했다). 내 말은 당신이 현직 의원에 대적하게 되리라는 것을 안다는 것이지요. 어려운 일입니다. 아라셀리는 출마를 할지 말지를 묻기 위해 내게 전화를 했습니다. 나는 그녀에게 출마하라거나 하지 말라는 말을 하지 않을 생각이었습니다. 나의 멘토들이 내게 사용했던 방법을 쓸 생각이었습니다. 그들은 나를 대신해서 결정을 내려 주지 않았습니다. 그러나 그들은 내가 답해야 하는 질문이 무엇인지 명확히 알 수 있도록 도와주었습니다. 원컨대 나도 그녀를 위해서 그렇게 할 수 있기를 원했습니다. 당신도 질문하기와 해답 제시하기를 비교해서 지도할 수 있다고 생각합니다.

로사리오 마린은 훗날까지 기다리지 않고 자신의 커리어가 전성기에 있을 때 아라셀리를 도왔다. 좀 더 젊은 나이와 경력 초기에 생식성을 갖는 멘토들은 여유가 거의 없기 때문에 자신의 시간을 상당히 많이 희생한다. 그러나 많은 파워 멘토들의 경우 이러한 희생은 충분한 가치를 증명했다. 그런 파워 멘토들은 상당한 이점이 있음을 언급했는데, 그것은 젊은 세대와 소통을 하고, 믿을 만한 자신의 편을 얻고, 다음 세대를 발전시키는 사람으로서의 명성이 높아지는 것이다. 로사리오는 재무부 출납국장이 될 때까지 기다리지 않고 경력 초기부터 다른 사람들의 경력을 발전시키는 데 관심을 두었으며, 그 결과 다른 사람들에게 투자한 것에 상응하는 많은 보상을 받았다. 로사리오가 정치계에서 상승세를 이어가고 있을 때 자신이 발전시킨 프로테제들이 이제는 충성스런 지지자 그룹을 이루어 그녀를 도왔다.

파워 멘토링은 어떤 형태를 취하고 있는가

파워 멘토링은 다음과 같은 범위에서 전통적 멘토링과 다르다.

- 관계 속에 멘토 1명과 프로테제 1명이 포함되는가(일부일처) 또는 한 명의 프로테제와 다수의 멘토가 포함되는가(일부다처)?
- 멘토의 소속이 어디인가?—다시 말해 대개의 전통적 멘토링의 경우와 마찬가지로 프로테제가 속한 조직 내부의 사람인가 아니면 파워 멘토링의 경우에서처럼 조직 외부의 사람인가?
- 멘토–프로테제 2개 군에 있어서 다양성(인종이나 성별의 유사성 등의 관점에서)은 어느 정도인가?

다음의 경우는 이러한 점들에 대한 실례가 된다.

언뜻 보기에 패티 아치벡 Patty Archibeck, Executive Communications 사와 시스코 사의 중역은 래리 카터 시스코 사의 전 자금관리이사와 전통적인 멘토링 관계를 맺고 있는 것처럼 보였다. 왜냐하면 그는 훨씬 연장자였고, 시스코에서 서열상 훨씬 높은 지위에 있었으며, 그 분야에 있어 오랫동안 아이콘(패티의 말로는 '거물'이라고 표현한다. 패티는 빅 도그 big dog 라고 표현한다) 역할을 해 왔기 때문이다. 그러나 그들의 관계는 파워 멘토링이 지니는 모든 특징을 다 가지고 있었다. 래리의 스타일에는 위압적이거나 배타적인 면이 없었으며, 질투심 같은 것도 찾아볼 수 없었다. 사실 래리는 패티에게 다른 멘토를 찾아볼 것을 권유했다. 그는 자신의 한계를 공개적으로 인정했다. 예를 들면 그는 그녀에게 직장과 가정 사이의 균형에 대한 여성적 견해를 제시할 수 없을 것이 확실했기 때문이다. 그래서 그는 패티에게 다른 여성 멘토들과의 관계나 가능하면 정상에 오른 여성들과 관계를 발전시키라고 격려했다. 래리는 패티에게 시스코를 벗어나 다른 다양한 장소들에서 멘토를 찾아보라고도 독려했다. 패티는 그의 조언을 따라 그녀가 매우 좋아하던 새벽 6시의 스텝 에어로빅 강사인 데브라 마루투치 Debra Martucci에게 도움을 구했다. 데브라는 시놉시스 사 반도체 디자인에 쓰이는 EDA S/W분야에서 세계적인 선도자의 정보 시스템 부문 부회장으로서도 널리 존경받고 있는 인물이었다. 래리와 패티의 관계는 파워 멘토링의 색다른 특징을 많이 보여 준다.

형식

전통적인 멘토링 관계에서는 프로테제 한 사람당 단 1명의 멘토가 예상되었다. 그 전형적인 모델은 좀 더 나이가 많고 현명한 멘토가, 비록 유능하긴 하지만 자신보다 젊고 경험이 많지 않은 프로테제를 자신의 보호 아래 둔다는 개념을 가지고 있다. 과거에는 일 대 일의 관계에 대해 대체로 암시적인 기대치가 존재했고, 어떤 프로테제가 다른 멘토들과 멘토링 관계를 발전시키는 것은 일종의 배신처럼 여겨졌다. 다시 말해서 독점성에 대한 기대치가 있었던 것이다. 하지만 파워 멘토링은 이와 달리 래리와 패티 그리고 데브라의 상황에서 본 것처럼 다른 멘토링 관계를 시샘하지도 않고 배타적이지도 않다.

멘토의 소속

이러한 관계에서 중요한 두 번째 특징은 패티의 멘토들 중 1명은 그녀가 몸 담고 있는 조직인 시스코 사에 있고, 다른 1명은 다른 회사인 시놉시스 사에 있다는 사실이다. 자신이 몸담고 있는 조직의 내부와 외부에 각각의 멘토를 가지고 있다는 사실은 많은 장점을 지닌다. 조직 내부의 멘토들은 프로테제들에게 누가 일을 용이하게 할 수 있도록 도와줄 수 있는지 또는 누가 특별한 재능을 가지고 있는지를 말해 줌으로써 조직 내의 권력 구조를 파악할 수 있게 해 준다. 내부의 멘토는 또한 조직적인 결정과 정책을 이해할 수 있게 도와준다. 반면 조직 외부의 멘토는 그들의 조직 내에서 자신이 직접 보게 되는 상황에 대해서 뿐만 아니라 프로테제의 경력과 직업에 대해 다른 관점을 제시할 수 있다. 지나칠 정도로 한 조직에만 둘러싸여 있다 보면 혁신적인 의사 결정을 하기 어렵게 되고, 오직 특정한 스타일의 경영법만 받아들이게 되며, 결국에는 그 조직 외부의 일에 대해 상상한다는 것 자체가 불가능해져 버린다. 파워 멘토링에 관련되어 있는 개인들은 외부 멘토의 장점을 깨닫고 자신의 일을 수행함에 있어서 이익이 되도록 그들을 이용한다.

다양성

파워 멘토링에서 좀 더 전형적으로 드러나는 멘토와 프로테제의 관계 중 세 번째 특징은 다양성에 있다. 과거의 전통적 멘토링 관계는 '비슷한 대상을 좋아하는' 것이었다. 비슷함like이라는 것은 성별이나 인종, 사회적 지위, 조직적 제휴, 교육 그리고 직업 등을 말한다. 오늘날에조차 대다수의 멘토링 커플들은 동질의 특성을 보인다. 이것이 반드시 나쁘다는 것은 아니다. 그것은 아마도 우리가 자신과 비슷한 사람들과 함께 있을 때 편안하다고 느끼는 사실을 반영하므로 인간 본성의 일부분이라고도 할 수 있다. 그러나 많은 멘토링 연구 결과들을 통해 특히 성별이나 인종에 있어서 다양한 멘토링 관계가 양쪽 모두에게 엄청난 이익을 가져온다는 사실을 알 수 있었다. 다양한 멘토링 관계는 프로테제들로 하여금 자신들을 지지해 주고, 또한 자신들의 조직적 시야를 넓혀 주는 중요한 위치에 있는 사람들에게로 통하는 길을 열어 준다.[9] 또한 연구 결과를 통해서 우세한 그룹(수적인 면에서)에 속해 있지 않은 사람들이 종종 독특한 의견을 제시하고 창조적인 의사 결정을 내리도록 북돋워 준다는 것을 알 수 있다.[10] 인터뷰 참가자들의 30%는 패티와 래리의 경우처럼 인종이나 성별이 다른 커플이었으므로 우리는 그들을 통해서 이러한 예를 많이 보았다고 할 수 있다.

파워 멘토링은 어디에 존재하는가

파워 멘토링은 21세기의 일터를 특징짓는 상황 속에 존재하는 듯하다. 오늘날의 조직들, 특히 대대적인 인원 삭감을 겪어 온 조직의 고용인들에게서는 과거에 비해 회사에 대한 충성심을 찾아보기가 어렵다. 사람들이 조직에 대해 지니고 있던 충성심은 그 대신 개인의 직업에 대해 증가하는 충성심으로 대체되

---

9. 1997년 Belle Rose Ragins는 마이너리티 고용인들에게 필요한 다양화된 멘토링 관계의 중요성과 이익에 초점을 맞춘 수많은 연구 결과에서 찾아낸 내용들을 요약 정리했다. 그녀가 쓴 "Diversified Mentoring Relationships in Organizations : A Power Perspective," Academy of Management Review 21, no 2(1997년) : 482~521쪽을 보라.
10. 예를 들면 Steve Worchel, Wendy Wood, Jeffry A. Simpson이 편집한 Group Prcess and Productivity, 138~173쪽Thousand Oaks, 캘리포니아 주 : Sage, 1992년)에 Susan E. Jackson이 쓴 "Team Composition in Organizational Settings : Issues in Managing an Increasingly Diverse Work Force," 를 보라.

어 왔다. 다운사이징이나 기업 혁신 전략restructuring, 발전 가능성이 있는 방향으로 사업 구조를 바꾸거나 비교 우위에 있는 사업에 투자 재원을 집중적으로 투입하는 경영 전략—역자 주과 관련된 또 다른 변화는 과거에 비해 많은 회사들에서 수직적인 구조가 점점 사라져 가고 있다는 것이다. 이렇게 보다 수평적인 조직 구조는 한층 더 유동적인 업무 배치를 갖게 할 뿐만 아니라 고용인으로 하여금 종종 불확실한 직업적 진로에 서게도 한다.

파워 멘토링은 다소 독특한 고용인들의 그룹을 위한 독특한 유형의 조직 속에 존재한다. 이 사실은 파워 멘토링이 반드시 선택된 소수만을 위한 것이라는 뜻은 아니다. 그렇다기보다는 조직 속에서 새로운 고용 계약 하에 일하고 있는 개개인들의 필요성을 충족시킨다고 할 수 있다. 이러한 조직들은 그들의 직업적 발전이 바로 자신들의 손에 달려 있다는 사실을 이해하고 있는 사람들을 고용한다. 이러한 고용인들은 성공하기 위해서는 그 조직을 움직이고 흔드는 사람들과 결합할 필요가 있다는 것을 알고 있다.

베타니 루니Bethany Rooney의 예를 들어 보자. 베타니 루니는 할리우드 최고의 TV 연출가들과 함께 작업했던 유능한 TV연출가다. 함께 일한 최고의 TV 연출가 중에는 이미 타계한 브루스 팰트로Bruce Paltrow, 기네스 팰트로의 아버지—역자 주도 있었는데, 그와 함께 일할 때 베타니 루니는 감독도 하고 부제작자 역할도 담당했다. 경력 초기에는 주로 브루스와 함께 《세인트 엘스웨어St. Elsewhere》와 같은 히트작을 만드는 일을 담당했다. 그녀는 자신이 브루스에게서 배운 것에 관해 다음과 같이 말했다.

그에게는 철저한 직업 윤리가 있었습니다. 그는 텔레비전 연출가의 일은 주어진 시간과 재정적 여건 내에서 자신이 할 수 있는 최상의 것을 만들어 내는 것이며, 그것이 TV방송의 한 부분이라고 믿었습니다. 그런 만큼 그는 하루 일을 미리 계획하고 하루 동안 자신이 할 수 있는 최선의 일을 하는 것이 자신의 의무라고 믿었지만, 그렇다고 해서 일을 여러 번 반복한다거나 자기 멋대로 해도 된다거나 아니면 자신의 스태프들에게 초과 근무를 시켜도 된다고 생각하지는 않았습니다. 단지 미리 준비되어 있어야 한다는 것을 의미했습니다. 스토리를 위해서 중요한 순간에 시간을 배당하고, 조정할 수 있는 부분은 시간을 줄여서 했습니다. 그것은 예산에 책임을 져야 한다는 뜻이기도 합니다. 그러한 행동들은 지난 몇 년 간의 할리우드에서는 그다지 일반적으로 행해지지 않는 구시대적 방식이었습니다.

브루스와의 관계는 전통적인 고용주 - 고용인의 관계로 시작되었지만 베타니의 표현에 따르면 자신이 '둥지 밖으로 내쫓김'으로써 끝났다. 그녀는 그 사건을 이렇게 설명한다. "두 번째 해부터 에피소드 한 편을 감독했습니다. 나는 그에게 조연출이 아닌 연출자로 승진시켜 달라고 말했죠. 그 시리즈를 시작한 지 5년이 지난 뒤에 그 말을 한 것입니다. 그는 대단히 구식의 사고방식을 가진 사람이었습니다. 그는 이렇게 말했죠. '내가 왜 그래야 합니까? 내게는 이미 연출자가 있고, 집필 담당자도 두 명이나 있는데 말입니다.' 그래서 나는 이렇게 말했습니다. '좋아요, 그렇다면 아무래도 그만둬야 할 것 같군요.' 그는 내게 '우리가 당신을 좋아한다는 사실을 모든 사람들이 알 수 있도록 내년에는 당신에게 제작자의 자리를 주기로 하지요. 안녕히 가십시오. 행운을 빕니다.' 라고 말했습니다."

돌이켜보면 베타니가 조연출의 자리에서 다음 단계로 넘어가도록 그녀를 밀어붙임으로써 브루스는 그녀에게 커다란 직업적 충고를 해 준 셈이었다. 동시에 그녀에게 연출 자리의 고리를 던짐으로써 진실성과 신빙성 그리고 안전망을 안겨준 것이다. 그녀가 그 위치에서 프로그램을 계속했다면 그녀는 결코 앞으로 나아가지 못했을 수 있다.

할리우드에서 일하는 사람들은 승진을 하기 위해 몇 번이고 회사나 직업을 바꾼다. 한 고용주에 대한 충성심은 자신의 경력을 지체시킬 뿐이다. 자리를 옮긴 뒤 베타니는 여러 연출자와 제작자들과 일하면서 일에 관한 다른 많은 것들을 배웠다. 그녀는 멘토링 관계를 가졌지만 우리가 생각하는 것처럼 전통적인 형태는 아니었다. 유수한 상을 몇 번씩 수상한 데이비드 E. 켈리^{David E. Kelly},《The Practice》,《Ally McBeal》,《Boston Public》,《Chicago Hope》 등의 제작자가 쓰고 프로듀싱한 작품의 공동 연출자인 알리스 웨스트^{Alice West}에 관해 다음과 같이 말했다. "그녀는 수년 간 자신이 제작하고 있던 프로그램들의 연출자로 나를 끌어 주었습니다. 비록 우리는 한 번도 자리를 같이 하거나 공식적인 멘토링의 대화를 나눈 적은 없지만 그녀가 나의 작품을 좋아하고, 그것이 어떤 일이 되었든 당시 자신이 하고 있는 작품에 나를 함께 하게 해 주려고 노력하는 것이 나를 멘토링하는 그녀의 방식이었습니다."

충성심의 기반

엔터테인먼트 분야, 특히 TV나 영화 같은 창조적인 분야에서 일하는 사람들은 특정 직장의 한계를 뛰어넘는 기술을 갖고 있다. 달리 표현하자면 그들은 자신이 속한 조직의 경계를 넘어서는 시장성 높은 기술을 가지고 있다는 말이다. 많은 직업군에 속한 개인들은 그들의 조직과 이런 유형의 관계를 갖는다. 우리의 연구에서 보면 이러한 직업 형태는 엔터테인먼트나 방송 매체 분야뿐만 아니라 과학 기술 분야에 종사하는 사람들 사이에도 널리 퍼져 있다. 그러나 그러한 패턴이 이들 업계에만 한정되어 있는 것은 아니다. 많은 전문 직업인들이 그들의 회사와 독립적으로 일하고 있다. 예를 들면 베타니는 특정한 사람들과 자신의 직업에 충성심을 가지고 있었지만 그녀가 속한 기업 내의 다른 사람들이 그러하듯이 그녀에게도 자신에 대해서만큼은 자신의 기술을 따르는 것이 가장 중요했다.

어디에 작용하는가

변화하는 충성심의 반향 이외에도 오늘날의 조직들은 여러 층의 관리 단계와 엄격한 직업적 책임감이 존재하는 관료주의와는 상당히 다르다. 또한 새로운 조직들에서는 조직의 경계 내에서만 엄격히 운영되는 일이 훨씬 적다. 그 대신 서로 다른 기업이나 문화와 같은 다른 조직들과 함께 운영되곤 한다.[*11] 조직적 형태의 이러한 변화들을 따라서 개개인의 직업적 형태에도 이에 상응하는 변화들이 일어나고 있다. 보다 계급적이고 관료주의적인 조직에서 흔히 볼 수 있는 것처럼 선형적인 진로를 계통 직업 경로를 따라 조직에서 상위 계급으로 올라선다기보다는, 오늘날의 직업들은 훨씬 유동적이어서 다른 조직들, 심지어는 다른 기업들에 이르기까지 자유자재로 넘나든다. 앞에서 언급했듯이 엔터테인먼트 분야, 과학 기술 분야 그리고 정치라는 분야는 경계가 없는 직업으로 가득한 분야의 주된 예가 된다. 경계가 없는 직업을 가진 사람으로서 베타니 루니는, 그녀가 한 프로젝트에서 다른 프로젝트로 옮겨감에 따라서 다양하면서도 다른 많은 멘토를 가져야 할 필요가 있음을 깨달았다. 강한 동맹 관계를 형성하고, 또 다른 새로운 관계를 형성하는 것이 엔터테인먼트 업계의 본질이라고도 할 수 있다.

---

11. 서로 다른 산업 계통과 가상 조직처럼 그들이 택할 수 있는 다른 형태에서 경계 없는 커리어에 대해 더 알고 싶다면 Micheal B. Arthur와 Denise M. Rousseau가 편집한 The Boundaryless Career : A New Employment Principle for a New Organizational Era New York : Oxford University Press, 1996년을 읽어 보라.

멘토의 중심적 역할

전통적 멘토링이 조직 내 어디에나 존재할 수 있고 누구나 멘토링 관계를 시작할 수 있는 반면 파워 멘토링 관계는 그 관계의 참여자들이 조직의 계통이나 직업의 최고 지도권에 연결되어 있기 때문에—우리는 이 개념을 멘토의 중심적 역할mentor centrality이라고 부른다.—전통적 멘토링과는 상당히 다르고 훨씬 강력하다고 할 수 있다. 베타니 루니는 이른바 'A급'이라 불리는 부류와 일을 시작했고, 계속해서 그 범주 안에 머무를 수 있었기 때문에 강력한 멘토링 관계의 성공적인 계통에 소속되어 자신의 경력을 시작했다고 할 수 있다. 베타니 루니는 저예산 영화를 연출하거나 케이블 방송의 감독 일을 해냄으로써 자신을 증명해 보일 필요가 없었다. 소속 집단의 사람들 덕분에 그녀는 'A급'의 세계로 들어갈 수 있었다. 보다 계급적이고 전통적인 조직에서라면 파워 멘토가 전달하는 교훈은 대개의 경우 조직 내의 뛰어난 지도자들이 형성하는 층층의 라인을 거쳐서 전해진다. 조직 문화에 대한 지식—가장 영향력이 큰 개인들에 의해서 결정이 내려지는 방식—은 이러한 관계에 다가서는 사람들에게 생긴다. 따라서 멘토의 중심적 역할은 파워 멘토링에 관여하는 사람들에게는 상당히 큰 도움이 된다.

요약 : 고전적 멘토링과 현대적 멘토링

파워 멘토링은 여러 가지 중요한 점에서 고전적 멘토링과는 다른 현대적 접근 방식이다. 우리는 파워 멘토링이 멘토링의 새로운 형태로서—전통적 멘토링과 어떻게 다른 목표를 가지고 있고, 어떻게 다르게 보이며, 어떠한 형태의 조직 안에 존재하는지에 대해 약술했다. 우리는 전통적 멘토링이 여전히 개인에게 이익이 될 만한 점들을 가지고 있다고 반복하고 있지만 현재의 급변하는 경쟁적 조직이나 여러 분야의 고용인들을 위해 강화된 멘토링 형태는 파워 멘토링이라고 할 수 있다. 파워 멘토링은 현대적이고 융통성이 있으며 역동적인 동시에 여러 가지 형태를 취하고 있다. 다음 섹션에서 우리는 파워 멘토링의 독특한 특성이 어떻게 10가지의 새롭고 흥미진진한 멘토링의 유형으로 이어지는지를 설명할 것이다.

■◆ 파워 멘토링의 다양한 유형

앞에서 다룬 파워 멘토링의 독특한 특성들을 합쳐 파워 멘토링 관계의 10가지 혁신적인 유형을 만들어 냈다. 이 10가지 유형을 전통적인 멘토링에 부가하면 유용할 것이다. 이러한 형태의 파워 멘토링 관계를 식별해내는 것은 오늘날의 직업 환경이나 딜레마에 대한 해결책을 제시해 주기 때문에 중요하다. 예를 들어 지리적 제한 때문에 적절한 멘토를 찾기 어려운 상황이라면 인터넷상에서 프로테제가 잠재적 멘토와 짝지어질 수 있는 e-멘토링이 유용할 수 있다. 여러 형태의 파워 멘토링을 깊이 있게 이해하기 위해 우리는 연구에 참여한 다양한 기업(예를 들면 과학 기술 방송 매체 비영리 교육 등)과 회사 그리고 중역들의 차원에서 파워 멘토링 형태를 소개하겠다. 이 장은 단지 우리 면접자들의 몇몇 경우만 다루고 있으며, 나머지에 관해서는 이 책 전체에 걸쳐서 다루게 될 것이다. 당신이 비록 이러한 기업 계통에서 일하고 있지 않더라도 직업적 난관이나 열망은 모든 사람에게 적용되는 것이므로 멘토링에 관해 여기서 얻을 수 있는 교훈들은 여전히 적용될 것이다.

IBM의 파워 멘토링

IBM이 'International Business Machines'의 약자라는 것은 사람들이 잘 알고 있는 사실이다. 하지만 IBM이 행하는 직원들의 빈번한 배치 전환 때문에 IBM에서 일하는 사람들은 농담 삼아 자신들의 회사명은 'I've Been Moved(나는 옮겨졌습니다).'를 의미한다고 말한다. 그러나 우리는 IBM이 'Innovative Business Mentoring(혁신적인 비즈니스 멘토링)'의 약어가 아닐까 한다. 왜냐하면 IBM 조직은 여러 가지 독특한 멘토링 풍습 중 가장 중요한 것들만 뽑아 갖고 있으며, IBM 조직 문화의 일상적인 틀에 멘토링 풍습을 엮어 넣었기 때문이다. 기술과 생산Technology and Manufacturing 부문의 수석 부사장senior vice president인 닉 도노프리오Nick Donofrio는 말한다. "나는 100명 정도 되는 사람의 멘토였고, 300명 정도의 사람들은 나를 자신의 멘토라고 생각할 것입니다." 우리는 IBM의 멘토와 프로테제들로 이루어진 집단과 인터뷰를 했으며, 파워 멘토링의 3가지 유형인 '보스 멘토링', '역 멘토링', 'e-멘토링'을 설명하기 위해 그들의 이야기를 빌려 사용했다.

한꺼번에 여러 가지 일을 처리하는 데 있어 달인이자 파워 멘토인 린다 샌포드Linda Sanford를 보자. 그녀는 고도의 기술적 환경 관리 분야에서뿐만 아니라 영업 분야에 있어서도 매우 뛰어난 실적을 쌓음으로써 카멜레온 같은 자신의 기질을 보여 주었다. 그녀는 IBM의 최고위급 여성 고위 간부 가운데 1명이자 2001년 《포천》지가 선정한 '파워 50인 기업에서 일하는 최고의 여성들에 대해 잡지가 선정한 순위' 중 1명이며, 국제여성기술인협회WITI: Women in Technology International Hall of Fame의 멤버이기도 하다.

그녀는 매우 편안한 모습으로 IBM의 CEO와 전략에 대한 토론을 하는데, 그 모습이 마치 아들과의 저녁 약속에 가기 위해 맨해튼을 가로질러 가면서 아들의 야구 장비를 챙겨들고 가는 것과 같다. 린다는 지도자와 강연자로서는 물론이고 특히 멘토로서 인기가 높다. 실제로 린다는 자신이 40개 이상의 멘토링 관계를 갖고 있을지 모른다고 추정하고 있다.—그녀가 맡고 있는 경영 관리 책임 수준에 비하면 특별한 위업인 셈이다.

멘토링과 관련된 린다 샌포드의 경험은 파워 멘토링의 전형이라 할 수 있는데, 그녀는 다양한 멘토링 관계들에게 멘토로서의 역할로는 물론 프로테제로서의 역할로도 참여하고 있기 때문이다.

먼저 파워 프로테제로서의 그녀의 역할을 한 번 살펴보자. 그녀가 잭 쿠엘러 Jack Kuehler, IBM의 전 회장 나 닉 도노프리오 Nick Donofrio, 전 수석부사장 그리고 루이스 거스너 Lou Gerstner, IBM의 전 CEO 와 같은 IBM의 유명 인사들과 보스 멘토의 관계를 발전시킴으로써 강력한 멘토 라인을 개척할 수 있었던 것은 결코 우연이 아니다. 린다는 자신의 경력 초반에 젊은 중역 보좌관으로서 잭 쿠엘러 밑에서 일했고, 그녀의 잠재력을 발견한 잭 쿠엘러는 그녀가 자신의 능력을 계발할 수 있도록 격려해 주었다. 린다는 또한 닉 도노프리오와도 오랫동안 함께 일했는데, 그 이유는 쿠엘러가 그들을 서로 소개시켜 주었고, 1980년대에 도노프리오가 그녀를 고용하기를 원했기 때문이다. 그러나 린다가 뉴욕 주 파우킵시 Poughkeepsie 에 있는 IBM의 메인프레임 mainframe, 다양한 데이터 처리용 대형 컴퓨터—역자 주 을 운영하면서 닉 밑에서 일하게 된 것은 1990년대 초반에 들어서였다. 흥미로운 것은 2004년에 그들이 다시 팀을 이루었다는 것이다. 거스너는 1993년 IBM이 어려움을 겪고 있을 때 같은 팀에 합류하여 솜씨 좋게 상황을 180도 바꾸어 놓았다. 린다는 정통한 리더인 루이스 거스너에게 깊은 인상을 받고 엄청나게 변화하는 IBM의 기업 문화 속에서 힘든 시기 동안 자신의 근성을 증명해 보였다.

보스 멘토

보스 멘토boss mentor는 공식적 또는 비공식적 관계에서 자신보다 하위직에 있는 프로테제에게 감성적이거나 직업적인 지지를 보내 주는 사람이다.*12 우리는 자신의 보스를 멘토로 이용하는 많은 사람들이 연속 단혼 일정 기간마다 배우자를 바꾸는 결혼 형태-역자 주과 유사한 순차적인 방식을 쓰고 있다는 사실을 깨달았다. 프로테제가 자신의 보스 밑에서 일하는 기간 동안 프로테제의 직업적인 성공은 보스 멘토의 실적에 상당 부분을 의존하게 된다. 마찬가지로 보스 멘토 역시 자신의 부하 직원인 프로테제에게 친밀한 충성심을 가지고 있어야 하고 또한 그를 신뢰해야만 하는데, 그 이유는 보스가 종종 그의 부하 직원과 독점적이고 개인적인 정보를 공유해야만 하기 때문이다. 그러나 프로테제가 종종 다른 지위로 이동하게 되면 양쪽 모두의 시간과 에너지가 새로이 형성된 관계 속으로 곧바로 옮겨지기 때문에 그들 사이의 멘토링 관계 양상은 친교 관계로 지속되거나 우호적으로 끝맺게 된다.

린다 샌포드는 루이스 거스너에게 얻은 교훈에 관해 다음과 같이 말한다. "그는, '나가서 영업을 하십시오.' 라고 말하는 사람이었습니다. 그 말에 대해 나는 이렇게 생각했던 것 같습니다. '영업이라고? 이런, 나는 카톨릭 학교에서 교육받으며 자랐고, 사탕 하나라도 남에게 판다는 것은 상상할 수 없어. 아버

---

12. Terri A. Scandura와 Chester Schriescheim이 멘토처럼 행동하는 상관의 행동 양식을 조사한 다음의 연구를 보라 : "Leader Member Exchange and Supervisor Career Mentoring : Mentoring as a Complementary Construct in Leadership Research," Academy of Management Journal 37, no 6 (1994년) : 1588~1602쪽. John J. Sosik과 Veronica M. Godshalk이 쓴 "Leadership Styles, Mentoring Functions Received, and Job Related Stress : A Conceptual Model and Preliminary Study," Journal of Organizational Behavior 21 (2000년) : 365~390쪽 그리고 Terri A. Scandura와 Ethlyn A. Williams, "Mentoring and Transformational Leadership : The Role of Supervisory Career Mentoring," Journal of Vocational Behavior 65, no 3 (2004년) : 448~468쪽도 읽어 보라.

지한테 전부 사 달라고 부탁해야겠어.' 그러나 루는, '있는 힘껏 다해 보십시오.' 라고 말했습니다. 자, 가서 새로운 것을 배워 보십시오. 가서 색다른 기술이나 사람들의 흥미를 끄는 것이 무엇인지를 배우십시오."

린다는 그의 충고를 받아들였고, 1998년에 IBM의 영업팀장이 되었다. 그리고 그녀는 장장 22년 간의 IBM 재직 기간 동안 타자기나 프린터 같은 제품을 개발하는 데 온 힘을 쏟아 부었다. 《월스트리트 저널 Wall Street Journal》은 그런 그녀의 행동에 대해 '믿기 어려운 선택'이라고 표현했다. 그녀는 IBM의 연간 수입인 800억 달러의 70% 정도를 산출하는, 직원 수만 1만 7,000명에 이르는 부서를 인계받았다. 영업 부문의 경험 부족과 남성이 우위를 차지하고 있는 IBM 환경 속의 여성이라는 불리한 여건에도 불구하고 그녀는 야심찬 여성 중역으로서 혁신적인 역할을 담당했다. 그래서 우리는 그녀를 면밀히 살펴보았다.

린다는 자신이 IBM 스토리지 시스템 그룹 IBM Storage Systems Group의 수석 부사장이자 그룹의 중역으로 있던 2년 동안 스토리지 시장의 총 점유율을 5위에서 2위로 끌어올리는 데 일조했다. 그녀는 자신의 성공을 자신의 멘토들과 IBM의 중역팀들에게 그리고 조직 전체에 잘 반영되게 만든 활동적인 프로테제였으므로 성공적인 파워 프로테제라고 할 수 있다.

과거 보스 멘토들과 린다가 가졌던 경험들은 이러한 유형의 멘토링에서 발견되는 몇몇 독특한 도전과 기회를 보여 준다. 첫째, 양쪽의 명성이 꼼짝없이 맞물려 돌아간다.—거스너는 샌포드에게 새 분야로 진출하라고 말하는 위험 부담을 감수했고, 그 시도는 양쪽 모두에게 성공이었다. 그러나 우리는 이러한 일이 실패로 끝날 수 있음을 생각해 볼 수 있고, 그 경우의 마지막은 전혀 만족스럽지 않으리라는 것도 알고 있다. 예를 들면 1999년에 타임즈-미러 합작 회사 Times-Mirror Corporation의 전 최고 경영자였던 마크 윌리스 Mark Willis는 당시 그의 프로테제였고 지금은 《LA 타임즈 Los Angeles Times》의 최고 경영자이자 편집자로 있는 캐스린 다우닝Kathryn Downing에게 새롭게 건축된 스테이플즈 센터Staples Center와 위험 부담을 감수하고라도 이윤 분배를 거래해 보게끔 했다. 이 거래는 마치 회오리바람처럼 신문 잡지 특유의 윤리에 관련된 비평을 몰고 왔고, 그들 모두가 직위에서 물러나는 결과를 가져왔다.[*13] 그보다 더한 손실은 보스 멘토에게서 벗어난다는 것은 어려운 문제이며, 반드시 충분한 능력과 기지를 가지고 다루어져야 한다는 사실이다.

그러나 여기에는 손실보다는 이점이 훨씬 많다고 할 수 있는데, 그것은 보스 멘토의 입장에서는 충실하고 능력 있는 후계자를 얻게 되고, 프로테제의 입장에서는 진보와 더불어 빠른 배움의 기회를 얻을 수 있기 때문이다. 일반적으로 보스가 프로테제를 멘토링할 때 프로테제는 강한 직업적 만족감과 훌륭한 성과 그리고 낮은 이직률을 보인다.[*14] 사실 이러한 많은 장점 때문에 다수의 조직들은 현재의 보스들로 하여금 멘토의 기능을 하도록 격려하며, 그렇게 할 경우 성과 관리 과정에서 포상을 하기도 한다.

역 멘토링

린다 샌포드와 닉 도노프리오는 둘 다 IBM에서 유명한 사람들이다. 하지만 그들은 자신들이 모든 것을 다 알지는 못한다는 점을 충분히 알고 있고, 따라서 그들은 IBM의 공식적인 역 멘토링 reverse mentoring에 참여했다. 이 프로그램

---

13. David Shaw 저, "Special Report/Crossing the Line : A Los Angeles Times Profit-Sharing Arrangement with Staples Center Fuels a Firestorm of Protest in the Newsroom and a Debate about Journalistic Ethics; Preface : A Business Deal Done–A Controversy Born," Los Angeles Times, 1999년 12월 20일.
14. Belle Rose Ragins, John Cotton 저, "Mentor Functions and Outcomes : A Comparison of Men and Women in Formal and Informal Mentoring Relationships," Journal of Applied Psychology 84, no. 4 (1999년) : 529~550쪽.

에서 수석 중역들은 다음 세대의 IBM 리더들과 짝지어진다. 이것은 처음에는 반직관적인 것으로 보였다. 그러나 그것은 상대적으로 젊고 경험이 부족한 직원들이 좀 더 나이가 많고 경험이 많은 사람들을 멘토링하는 GE의 멘토링 프로그램에 따라 만들어진 것이다. 이상적으로 역 멘토링에 관여된 양쪽 모두가 혜택을 얻는다. 고위 중역들은 하급 직원들에 의해서 새로운 시각을 얻거나 그들과 의사 소통할 수 있는 통로를 갖게 되고, 하급 역 멘토들은 귀중한 직업적 조언과 함께 절대적인 역할 모델을 갖게 되는 것이다.

닉은 역 멘토와 일하면서 갖게 된 독특한 도전과 교훈들을 말해 주었다. 그는 자신의 역 멘토와 가진 첫 번째 미팅에 관해 이야기하면서 미소지었다. "그가 처음 내게로 다가왔을 때, 그는 마치 IBM에서 보낸 첫 6개월 동안 자신이 해 온 모든 일을 다 설명해 주려는 사람처럼 팔에 책을 잔뜩 안고 있었습니다. 나는 그에게 말했지요. '아니지, 여보게, 우리가 원하는 것은 그게 아닌 것 같네. 나는 그저 자네가 그 일들이 어떤 것인지에 대해 말하는 것을 듣고 싶을 뿐이라네. 자네의 문제점이 무엇인지, 현재 자네의 위치에서 무슨 일이 진행되고 있는지에 관해 내가 좀 더 나은 관점을 가질 수 있도록 말이지.'"

이것이 몇 번의 미팅 중 첫 번째 미팅이었다. 이러한 만남은 그로 하여금 다음 세대 지도자를 새 환경에 적응시키고 완성시키기 위한 5개년 발전 계획이었기 때문에 닉은 그의 역 멘토와의 미팅에서 많은 것을 얻었다고 느꼈다. 닉은 말하기를, 처음에는 역 멘토링이 어려운 과제로 느껴졌으나 시간이 지남에 때라 자신의 고유한 생각이 입증되는 동시에 다른 방식으로 생각하는 것도 가능해졌기 때문에 궁극적으로는 자신에게 득이 되었음을 알았다고 했다.

e-멘토

린다 샌포드나 닉 도노프리오 같은 파워 멘토들은 어떻게 그렇게 많은 사람들에게 훌륭한 멘토 역할을 수행할 수 있을까? 여러 가지 일을 동시에 해내는 그들의 능력이 엄청난 재능인 것만은 확실하지만 그 외에도 그들은 과학 기술의 도움을 많이 받고 있으며, 전자 수단의 도움을 받아 자신들의 네트워크에 존재하는 멘토링에 적극적으로 관여하고 있다. e-멘토링 e-mentoring은 이메일이나 메신저, 문자 그리고 어떤 경우에는 멘토링 관계를 시작하고 유지해 나가기 위해 나누는 채팅처럼 컴퓨터에 의해 전달되는 의사 소통 방법을 수반한다.

과거의 연구들은 e-멘토링이 대단히 파급적인 반면 과장되고 부적절한 자아 노출과 같은 온라인 관계가 독특하게 지니고 있는 점들 때문에 오해의 희생양으로 전락하기 쉽다고 보았다.[*15] 그러나 e-멘토링은 대면 관계에 의한 멘토링이 지니고 있는 장점들도 가지고 있고, 그 밖의 독특한 이점도 가지고 있으므로 지속적으로 중요한 성장세를 보일 것이다. 예를 들어 린다는 뉴욕에 거주하면서 일하고 있지만 그녀의 프로테제는 지구를 빙 돌아서 먼 곳에 거주하고 일한다. 그녀의 멘토링 관계 웹은 40명 이상의 프로테제를 포함하고 있는데, 그녀의 프로테제들은 다수가 IBM에 남아 있으면서 빈번히 승진을 해 왔으므로 그 방법은 매우 효과적이다.

e-멘토링은 대면 관계 멘토링의 상호 작용에서 제한되는 시간과 지리적 굴레를 제거함으로써 멘토링 관계의 범주를 넓힌다. 더욱이 e-멘토링은 외견상의 특징에 의해 영향을 받기보다는 멘토와 프로테제가 그들 사이의 메시지 내

---

15. Jayne Gackenbach 저, Psychology and the Interest San Diego, 캘리포니아 주 : Academic Press, 1998년
16. Ellen A. Ensher, Christian Heun, Anita Blanchard 저, "Online Mentoring and Computer-Mediated Communication : New Directions in Research," Journal of Vocational Behavior 63(2003년) : 264~288쪽. Betti A. Hamilton, Terri A. Scandura 저, "Implcation for Organizational Learning and Development in a Wired World," Organizational Dynamics 31, no. 4 (2003년) : 388~402쪽.

용에 반응하게 하므로 지위나 인구 통계학적 기록을 필요 없게 만든다. 이러한 이유로 e-멘토링은 개인이 가지고 있는 능력보다 자신들의 외모나 그룹 멤버십에 의해 판단된다고 생각하는 사람들에게 특히 도움이 된다고 할 수 있다.[*16]

실리콘밸리의 파워 멘토링

캘리포니아에 위치한 실리콘밸리는 그곳의 기술 골드 러시로 하나의 전설이 되었다. 이와 더불어 20대의 젊은 백만장자들이 급격한 흥망성쇠를 겪으며 열심히 일하고 또 열심히 일하는 것에 관한 평판으로도 전설이 되었다. 비록 많은 인터넷 관련 벤처 기업들의 꿈이 단기간 내에 허황된 꿈으로 끝나고 말았지만 그 이면에는 다른 벤처 기업들이 급격히 붕괴되는 것을 보면서 그것을 버텨 내고 성공을 거둔 많은 기업 벤처들이 있다. 시스코는 벤처 기업들이 몰락하는 동안 당시 CFO(자금관리이사)였던 래리 카터의 탁월한 리더십에 힘입어 정상의 자리에 오른 조직의 좋은 예다.

시스코는 2003년에 총 189억 달러의 연간 수입을 거두어들였고, 《포천》지가 선정한 '미국 내에서 가장 존경받는 기업' 2위에 올랐을 뿐만 아니라 《포천》지의 500 리스트 가운데 95위를 차지하기도 했다.

우리는 또한 실리콘밸리의 기술 관련 인큐베이터incubators, 벤처 기업의 창업을 지원하거나 육성하는 회사—역자 주의 관리직을 담당하고 있으면서 이미 눈에 띄는 많은 성공을 거둔 두 사람과 인터뷰를 했다. 우리가 인터뷰한 사람은 당시 여성 기술 단체Women's Technology Cluster의 전무 이사였던 킴 피셔Kim Fisher와 그녀의 동료 멘토이자 파나소닉 인터넷 인큐베이터Panasonic Internet Incubator 및 그 외 다수 인큐베이터의 전무 이사인 짐 로빈스Jim Robbins였다.

여성 기술 단체의 전무 이사가 되기 전 킴 피셔는 여러 웹사이트와 무선 기기들이 개별화되거나 방송될 수 있는 음향 프로그램을 만드는 회사인 오디오 배스킷 주식회사 Audio Basket, Inc.의 최고 경영자이자 공동 창립자였다. 킴은 주요한 벤처 기업들에게 오디오 배스킷에 2,500만 달러 이상을 벌어들였고, AOL/Time Warner and Panasonic과 같은 회사들과 전략적 제휴를 맺었다.

짐 로빈스는 킴의 이사회에 합류했고, 회사와 관련된 이슈에 대한 훌륭한 홍보 담당자가 되었다. 짐은 파나소닉 인터넷 인큐베이터의 전무 이사인 동시에 파나소닉 벤처 펀드 Panasonic Venture Fund의 사장이었고, 소프트웨어 비즈니스 클러스터 SBC, Software Business Cluster의 창립자였다. 또한 그는 창업과 관련한 인기 강연자이자 《월스트리트 저널 Wall Street Journal》이나 《CNNfn》, 《비즈니스 위크 Business Week》 같은 잡지를 비롯한 많은 출판물에 꾸준히 이름이 오르고 있다. 우리는 이러한 조직 내의 멘토링이 그들의 제품만큼이나 획기적으로 실행되고 있다는 사실을 알아냈다. 그들의 멘토링 방법은 그룹 멘토링 group mentoring과 고용된 멘토링 for-hire mentoring이다.

그룹 멘토링

그룹 멘토링은 연장자 계층의 멘토들이 소규모 그룹의 신참 고용인들에게 진행되고 있는 지도를 하는 방식을 말한다. 래리 카터의 스케줄은 한 달 뒤까지 가득 차 있는 경우가 많아서 시스코의 자금관리이사와 미팅을 성사시킨다는 것은 쉬운 일이 아니다. 그는 CFO 잡지에서 선정한 2000년 최고상 수상의 'virtual close'로 유명세를 타서 이미 업계의 아이콘이 되어 있는 만큼 이러한 사실이 그리 놀랄 일은 아니다. 래리는 또한 시스코가 잡지 《Treasury》기 주는 투자 관련자들을 위한 알렉산더 해밀턴상 Alexander Hamilton award for Investor Relations을 수상할 수 있게 도와주었다. 래리는 시간을 내기가 어려울 뿐더러 너무나 많은 사람들이 자신의 프로테제가 되기를 원하므로 그는 혁신적인 접근 방식을 이용한다. 그것은 바로 그룹 멘토링이다. 이 접근 방식은 현재까지 상당한 성공을 거두어 왔으며, 이 방식은 효율적이면서도 인간적인 그의 성향을 요약해서 보여 준다고 할 수 있다.

그룹 멘토링은 중역 한 사람이 소그룹의 고용인들에게 멘토가 되어 주는 방식이다. 카터는 그의 그룹 멘토링 세션을 '래리와의 점심 식사' 미팅이라고 칭한다. 이 모임은 보통 10~12명의 신임 중역들로 구성된다. 래리는 "일정 같은 것은 없습니다. 그저 나와 사람들이 함께 하는 것이지요. 그들은 보통 조직의 다른 분야에서 온 사람들입니다. 게다가 그들은 비슷한 레벨의 사람들로 매니저이거나 관리자이거나 아니면 개인적 기부자들입니다." 라고 말한다.

래리가 특징지었듯이 이것은 양방향으로 피드백을 얻기에 훌륭한 미팅이다. 그는 자신이 대답할 수 있는 만큼 많은 질문을 던진다. 그는 이러한 세션은 개인들이 조직 내에서 요령을 파악하고 조직의 결정 뒤에 존재하는 이유를 배우는 데 커다란 도움이 된다고 느낀다. 그는 또한 이러한 유형의 개방된 대화 방식이 신뢰를 쌓아 나가는 데 있어서도 매우 중요하다고 생각한다. 거기에 대해 그는 이렇게 말한다. "앉아서 사람들의 눈을 들여다보고 그들에게 좋은 점과 좋지 않은 점, 싫은 점을 이야기하는 것보다 더 좋은 방법은 없습니다. 그들과의 관계를 개선하고, 그들이 편안하게 느끼도록 하십시오. 그렇게 함으로써 그들이 우려하지 않도록, 말하자면 그들의 직업이 위험하지 않다는 것을 느끼게 해 주십시오."

요약하자면, 그룹 멘토링은 고참 중역들에게 다가설 경로가 제한되어 있거나 잠재적 프로테제들의 수가 가능한 멘토의 수보다 월등히 많을 경우에 특히 유리하다. 또한 그룹 멘토링은 프로테제들로 하여금 그들 사이에 동지애적 감성을 육성하는 데 훌륭한 방법이 될 수 있으며, 나아가 동료 멘토링의 중요한 원천이 될 수도 있다. 그러나 주의 깊게 다루어지지 않을 경우 발생할 수 있는 부정적인 요소라면, 관심을 얻기 위한 프로테제들의 경쟁을 들 수 있겠다. 더욱이 그룹 멘토링 상황에서는 프로테제가 멘토에게서 기밀한 안건이나 민감한 이슈들에 대해 안전하게 조언을 받아들이기 어렵다. 그룹 멘토링은 많은 잠재적 이점을 가지고 있긴 하지만 이 형태의 멘토링에만 전적으로 의지하지는 말라고 충고하고 싶다.

고용된 멘토

멘토를 고용한다는 것은 장기간 지속되는 관계에서 요구되는 재능을 투자할 수 없거나 그렇게 하기를 원하지 않는 사람들이 관심을 가질 만한 멘토링 형식으로 보여진다. 이 형태의 멘토링에 있어서 멘토는 주로 실재적인(보통 경제적인 면에서) 보수의 대가로 직업이나 경력에 관련된 구체적인 충고를 해 주거나 도움을 준다. 우리는 이러한 유형의 멘토링이 1990년대의 인큐베이터에 관한 새로운 방식으로 발전하면서 과학 기술 산업계에 널리 보급되어 있다는 것을 알게 되었다. 이 관계는 단기적이며, 소량의 한정된 목표 달성을 지향한다.

실리콘밸리의 많은 인큐베이터와 일해 온 경력을 가지고 있는 짐 로빈스는 이렇게 말한다. "우리는, 사람들이 일반적으로 생각할 때 상담자들이 하리라고 예측하는 그런 일을 합니다. 다른 점이 있다면 우리는 사람들과 하루하루 기준으로 관계를 맺는다는 데 있습니다. 상황에 따라 회사들은 코칭을 원할 수도 있고, 멘토링을 원할 수도 있으며, 다른 멘토에게 추천해 주기를 원할 수도 있고, 트레이닝을 원할 수도 있으며, 때로는 네트워크의 편리화를 요구할 수도 있습니다. 그래서 우리는 그러한 모든 일을 합니다."

다시 말해서 사람들은 그들의 비즈니스 계획에 관련된 특정 양상들을 전문가들과 함께 하도록 인큐베이터에 받아들여졌을 때 계약서에 서명하고 참가한다. 짐은 더욱 구체적으로 다음과 같이 말한다.

인큐베이터 내에서 우리가 이야기하는 종류의 멘토링은 이렇습니다 ….
내가 하는 일은, 그들이 책임지고 준비하는 위시 리스트, 다시 말해서 그들
이 도움을 받기 원하는 항목에 따라 그 과정을 설명하는 일입니다. 나는 그
리스트에 따라 그들을 도와주는 일에 책임을 질 것입니다. 그들이 내게 네
가지 항목이 적혀진 리스트를 준다면 두 가지 항목에 대해서는 개인적으로
도와줄 것입니다. 그리고 세 번째 항목에 대해서는 도움을 줄 수 있는 다른
사람을 소개해 줄 것입니다. 그리고 나서, 네 번째 사항에 관해서는 나는 도
와줄 수 없으니 스스로 해결해야 한다고 말할 것입니다.

나는 사람들이 자신이 무엇을 하는 데 도움이 필요한지, 또한 그들을 어
떻게 도와주어야 하는지 이야기함에 있어 책임을 지도록 하려고 노력합니
다. 멘토링은 그 도움의 일부입니다. 이 말이 멘토링을 그대로 따라하지 않
는 회사들을 무시한다는 의미가 아닙니다. 비록 우리가 매우 다양한 범주
의 서비스를 제공하고 있기는 하지만 내가 볼 때 인큐베이터가 돌아가는
가장 이상적인 방법은 당신이 인큐베이터에서 일하고 있는 경우에 나에게
"오늘 나는 X를 원합니다."라고 당신이 원하는 바를 말해 주는 것입니다.

고용된 멘토와의 관계 또한 온라인상에서 발전해 왔고, e-멘토링의 형태를
취하고 있다. 킴의 회사인 프롤로그 인터내셔널^{Prologue International}은 기업가와
온라인 멘토들의 네트워크를 연결해 주는 e-멘토링 시스템을 갖추고 있는 인큐
베이터를 제공한다. 프롤로그 인큐베이터들은 기업가들이 온라인상에서 선택
할 수 있는 멘토들의 리스트를 가지고 있을 뿐만 아니라 기업가와 멘토들을 함
께 모을 수 있는 이벤트를 개최한다. 킴 피셔는 여기에 대해서 이렇게 말했다.

우리는 멘토로 하여금 여기서 네트워크를 가지게 하려고 노력합니다. 그래서 일 년에 두 번 멘토와 회사들이 함께 할 수 있는 행사를 개최하여 그들이 상호 작용하며 서로 간의 네트워크를 가져 사람들이 그러한 커뮤니티의 일부가 되는 것을 즐기도록 합니다. 우리가 개최한 가장 최근의 이벤트는 스피드 데이트를 본딴 것이었습니다. 우리는 호텔의 한 객실에 참여한 모든 회사들을 소그룹으로 나누어 모이게 한 뒤 멘토로 하여금 각각의 회사를 상대로 5분씩 이야기하도록 했습니다. 내가 그 관계의 중심에 서기를 원치는 않았으므로 우리는 모든 멘토가 모든 회사와 상호 작용할 수 있는 기회를 갖도록 하고 관계가 확실히 형성될 수 있도록 하였습니다. 나는 관계가 발생하기를 원했고, 그 다음에는 그들 모두 각자 자신이 원하는 방식대로 하도록 하였습니다.

미래의 프로테제들을 미래의 멘토들에게 이어 주는 사람들은 고용된 멘토가 자신에게 요구되는 전문적 지식을 가지고 있다는 사실을 보증하기 위해 짝짓기 과정의 중요성에 대해 말한다. 이처럼 특화된 멘토링 관계 안에서는 특수한 필요성을 충족시키기 위해서 관계가 만들어진다는 점이 강조된다. 우리가 제시한 예들에서 볼 수 있듯이 그러한 기대치가 일단 명백해지고 나면 이러한 관계에 관련된 프로테제들은 고용된 멘토들이 자신들로 하여금 성공적인 기업 벤처 사업을 시작하고 유지하는 것에 관련된 무수한 도전 과제들을 극복할 수 있도록 상당히 큰 도움을 준다고 말한다. 또는, 그들은 다른 일에 있어서도 필요할 때마다 관계를 지속할 수 있다.

정치계의 파워 멘토링

정치계라는 말은 역사상 대단히 고무적인 몇몇 지도자들과 또한 대단히 실망스러운 몇몇을 떠올리게 만든다. 지역적인 단계에서 전 세계적인 단계에 이르기까지 영향력을 미칠 수 있는 정치가들은 흥미진진한 사람들의 그룹이다. 그러나 정치가들의 인상적인 면에 비해 본질적으로 그들은 임시 고급 노동자들이다. 엔터테인먼트 분야에서 일하는 사람들과 마찬가지로 정치가들 역시 그들이 다음에 할 일을 찾는 것에 관해 끊임없이 우려해야 한다. 자신들의 직업적 안전성이 시장과 소비자의 변덕스러운 기질에 달려 있는 과학 기술 분야 종사자들처럼 정치가들의 일은 또한 파악하기 어려운 선거권자들의 관심사에 달려 있다.

우리는 정치계 참여자들에게서 파워 멘토링의 3가지 독특한 유형에 관한 대단히 흥미로운 예들을 발견했다. 영감을 주는 멘토 inspirational mentors, 가족 관계 멘토 family mentors 그리고 경계를 넘어서는 멘토 barrier-busting mentors 가 그것이다.

영감을 주는 멘토

역할 모델과 영감의 원천으로서 멘토의 중요성은 참여자들과 나눈 우리의 대화에서 반복적으로 언급된다. 영감을 주는 멘토 inspirational mentor 는 프로테제와의 직접적인 관계를 갖지 않은 채 최상의 모델을 제공하는 사람이다. 이것은 아마도 우리가 멘토링에 관해 전통적으로 이해하고 있는 사실에 역행하는 것일 듯하다. 결국 영감을 주는 멘토링에는 실제적인 관계란 없다는 말이다. 그러나 멘토링의 주된 기능은 역할 모델링이기 때문에 사람들은 때때로 직접적인 관계 없이도 역할 모델이 될 수 있다. 이것은 특별한 형태의 파워 멘토링이다. 한 개인은 자신이 신봉하는 철학적 덕목에 의해서 자신의 소명을 수행하는 방법이나 단순히 자신의 삶을 살아가는 방법을 통해 영감을 주는 멘토가 될 수 있다. 마틴 루터 킹 주니어$^{Martin\ Luther\ King\ Jr.}$는 우리의 몇몇 참여자들에게 고무적인 멘토로 간주되었다.

전 캘리포니아 연방 의회의 하원 의원이자 사회적 행동주의자인 론 델럼스$^{Ron\ Dellums}$는 자신에게 영감을 주는 멘토였던 마틴 루터 킹 주니어에 대해 능변을 토했다. 델럼스는 자신의 평생에 걸친 업적과 사회 봉사적 측면에서의 목표를 명백하게 킹의 공로로 인정했다. 론은 1970년 미 의회에 선출되었고, 1998년 은퇴하기까지 하원 의원으로 일했다. 평화와 군비 축소를 위해 지속적으로 애썼던 론 델럼스는 남아프리카공화국의 인종 차별 정책을 지지하는 미국의 정책을 종결시키기 위해 노력한 연방 의회의 지도자였다. 현재 델럼스는 캘리포니아 주 오클랜드의 시장이다. 그는 마틴 루터 킹 주니어에 관해 이렇게 회상한다.

나는 단 한 번도 마틴 루터 킹 주니어를 만난 적은 없지만, 그럼에도 불구하고 그는 나의 멘토였습니다. 그는 나에게 직접적인 감동을 주었습니다. 예를 들면 그는 평화라는 것이 단지 전쟁의 부재에 그치는 것이 아니라 정의의 실존이라고 말했습니다. 매우 다양한 샌프란시스코만 지역 내 나의 지역구에서 평화 운동은 궁극적으로 정의를 위한 운동이었으므로—단순히 총기나 폭탄 사용을 금지하자는 운동이 아니라—나는 그 말을 전적으로 이해할 수 있었습니다. 진정한 평화란 정의를 찾는 것이었습니다. 민권 운동$^{civil\ rights\ movement,\ 1950\sim60년대의\ 흑인\ 차별\ 철폐\ 운동—역자\ 주}$이나 여성 해방 운동$^{women's\ liberation\ movement}$ 그리고 동성애자 해방 운동$^{gay\ liberation\ movement}$ 등이 모두 정의의 문제였습니다. 정의에 관한 의미로서의 평화 운동이 나의 정치적 소견을 명백하게 만들어 주었습니다.

마틴 루터 킹은 또한 세상에는 두 종류의 지도자가 있는데, 하나는 여론이 형성될 때까지 기다렸다가 그제서야 사람들 앞에 나서서 "내가 지도자입니다."라고 말하는 사람이고, 다른 하나는 여론을 형성할 수 있는 대담함을 가진 사람이라고 말했습니다. 그가 "나는 후자에 속하는 사람입니다."라고 말한 바로 그 사실 때문에 나 또한 그런 행동의 위험 부담을 기꺼이 감수할 수 있게 되었던 것입니다.

마틴 루터 킹이 나에게 멘토였던 또 다른 이유는, 사람들이 할 수 있는 가장 급진적인 일은 우리가 가진 시민권의 모든 법안을 강력히 옹호하는 것이라고 말했다는 사실이었습니다. 마틴 루터 킹은 당신이 진정 급진적인 행동을 하고 싶다면 "나는 한 사람의 시민입니다."라고 말하라고 했습니다. 나는 권한과 특권을 가지고 있습니다. 당신의 의무 또한 생각하십시오. 나의 정치학은 항상 이 사실에 기반을 두고 형성되었습니다. 이는 어떤 이슈에 관해서는 훌륭하고 다른 이슈에 관해서는 엉망인 일부 연방 의회 의원들과는 다릅니다. 그들은 유능한 환경 보호론자일 수 있지만 외교 정책이나 그 밖의 다른 사항들에 대해서는 제대로 대처하지 못할 수도 있습니다. 마틴 루터 킹 덕분에 일관적인 신념 체계와 전체론적인 것들을 체계적으로 분류하는 방법을 알게 되었습니다. 그래서 나는 그로 인해 일련의 정치 철학을 갖게 되었던 것입니다.

영감을 주는 멘토는 프로테제에게 주체성과 목표 그리고 비전을 제공한다는 점에서 중요하다. 종종 우리의 참여자들은 중요한 결정을 할 때 자신들의 영감을 주는 멘토가 주된 요인이 된다고 말한다. 말하자면 그들은 자기 자신에게 이렇게 질문하는 것이다. "이러한 상황에서 나에게 영감을 주는 멘토는 어떻게 할 것인가?" 물론 대개의 경우 영감을 주는 멘토만으로는 충분하지 않다. 종종 되풀이되는 이야기 중에 엄마 아빠에게 자신의 방에 숨어 있는 괴물이 무섭다고 말하는 한 어린 소년에 관한 이야기가 있다. 그의 부모는 "하나님께서 너를 지켜 주신단다."라는 말로 아이를 달랜다. 그러면 아이는 "그건 알아요. 하지만 가끔은 진짜 기댈 수 있는 사람이 나를 지켜줬으면 좋겠어요."라고 말했다. 말하자면 우리들 대부분은 우리가 누군가를 필요로 할 때 단순히 영감을 주는 멘토뿐만 아니라 우리에게 실질적인 지지를 보내 줄 수 있는, 즉 '기댈 수 있는' 누군가를 필요로 하는 것이다.

가족 구성원 멘토

우리의 참여자들 가운데 20% 가까이는 그들에게 중요한 멘토로서 구체적인 가족 구성원을 언급했다. 가족 구성원 멘토 family-member mentor는 프로테제가 어렸을 때부터 감정적·직업적 또는 역할 모델로서의 지지를 보내 준 친인척들로 구성된 사람들이다. 가족 구성원 멘토는 종종 자신의 가족 내에서 또는 그가 속한 집단에서 상당한 영향력을 미치거나 성과를 이룬 사람이다. 가족 구성원을 중요한 존재로 언급한 대부분의 연구 참가자들은 여성이거나 유색 인종인 경우였다. 아마도 이러한 사실은 조직의 최고층에 랭크된 사람들이 주로 백인 남성이고, 그들은 자신과 같은 백인 남성의 멘토가 되기를 원하는 경향이 있었으므로 여성이나 소수 인종의 베이비붐 시대에 태어난 사람들이 멘토를 만나기 어려웠다는 사실에 근거할 것이다. 그리고 많은 멘토링 관련 문헌을 살펴보면 실제로도 백인 남성들에 비해 여성이나 유색 인종이 멘토를 만나기 훨씬 어렵다.

론 델럼스는 가족 구성원 멘토에 관해 주목할 만한 예를 제공한다. 델럼스는 그의 부모뿐만 아니라 삼촌과 할머니를 포함한 친인척들에게 얻은 많은 중요한 교훈을 자신의 삶에 직접적으로 적용한 전설적인 사회 활동가였다.

우리 어머니는 나를 낳기 위해 고등학교를 중퇴하고 후에 다시 학교로 돌아가 고등학교를 졸업했습니다. 그런 만큼 그녀는 내게 매우 중요한 멘토였습니다. 부모님은 어머니가 고등학생일 때 결혼했습니다. 하지만 어머니는 언제나 지식에 목말라 했고 진정으로 배우기를 원했습니다.

내가 중학생일 때의 일입니다. 집으로 돌아와 어머니께 나를 더러운 검둥이 아프리카인이라고 놀린 아이를 때려 주었다고 말했습니다. 어머니는 그때 나의 분노와 폭력을 지지해 줄 수도 있었을 것입니다. 하지만 어머니는 그렇게 하지 않았습니다. 그 대신에 내 옆에 앉아 이야기를 들려주셨습니다. "그 아이가 너를 더럽다고 했다면 그 아이와 싸울지 아닐지는 네가 판단해서 결정하거라. 그러나 그 아이가 너를 흑인이라거나 아프리카인이라고 불렀다는 이유로 싸워서는 안 된다. 왜냐하면 너는 흑인이고 아프리카인이기 때문이란다. 너를 묘사할 수 있는 말은 매우 많단다. 그중 두 가지가 네가 흑인이고 아프리카인의 후예라는 것이다. 네가 앞으로 인생을 살아가면서 어디를 가서도 누군가가 너를 검은 아프리카인이라고 부른다면 너는 자부심을 가져야 한다."

어머니는 흑인이거나 아프리카인인 것이 아무런 문제도 아니라고 말해 줌으로써 내 인생을 중재해 주셨습니다. 또한 그 아이에게 주먹을 날린 것은 내가 거울을 향해 벽돌을 던진 것과 같다는 말씀도 해 주셨습니다. 나는 그 아이에게 주먹을 휘두른 것이 아니라 내 안의 증오심에 얽매여 있었던 것입니다. 이 일은 나의 인간성을 강하게 만들어 주었고, 나의 정치 철학에 핵심적인 부분이 되었습니다. 어머니는 내가 무언가 의미 있는 일을 할 수 있는 사람임을 깨닫도록 도와주었고, 그 덕분에 나는 연합 운동의 지도자가 될 수 있었습니다.

이 교훈은 훗날 당시 뉴욕 시장이었던 에드 코크^{Ed1Koch}가 나를 '줄루 전사와 와투시 왕자^{Zulu warrior and Watusi prince}'라고 불렀을 때 도움이 되었습니다. 모든 사람들이 "저런, 에드 코크가 실수했군요."라고 말했습니다. 나는 뉴욕 출신인 흑인 전당 대회 동료들을 만났습니다. 그들은 "론, 그와 싸워서 코를 납작하게 해 주라고."라고 했습니다. 나는 이렇게 말했지요. "코크 시장을 전혀 두려워하지 않는데 그와 싸워야 할 이유가 도대체 어디 있나? 내가 그에게 도전해야 할 이유를 말해 보게. 줄루 족은 남아프리카공화국에서 산업 군대에 응하지 않고 그들과 싸워 이겼던 토착 부족이었다네. 와투시는 우아하고 영리한 부족이야. 그런데 싸워야 할 이유가 도대체 뭐란 말인가?"

코크는 나에게 전화를 걸어와 이렇게 말했습니다. "내가 말하고자 했던 것은 당신이 투사이며 능변가라는 뜻이었습니다." 그래서 나는 이렇게 말했습니다. "에드, 만약 당신이 나에게 달변인 거리의 투사라고 말했던 거라면, 좋아요, 아무 문제 없습니다. 나는 그와 관련해 싸울 마음이 없소." 만약 에드 코크가 멸시적인 의미로 그런 말을 한 것이 아니라면 나는 에드 코크의 발언을 받아들입니다.

델럼스와 다른 참가자들이 언급했듯이 인생의 초기에 중요한 가족 구성원 멘토를 갖는다는 사실은 사람들에게 그들이 다른 사람의 멘토가 되는 것에 대해 책임감을 가져야 한다는 중요한 견해를 서서히 주입시키는 계기가 될 수 있다. 그러나 가족 구성원 멘토의 경우에는 문제가 있는 가족 관계가 멘토링 관계를 좀먹을 수 있다는 불리한 점도 갖고 있다는 것이다. 게다가 족벌주의에 대한 다른 사람들의 견해가 프로테제의 자기 평가에 손실이 될 수도 있다. 그러나 우리가 대화를 나눈 사람들의 경우 가족 구성원 멘토를 갖는다는 것은 그들로 하여금 일찌감치 유리한 입장에 서게 해 준 요인으로 보인다. 특히 성차별주의자나 인종차별 주의자로 둘러싸인 사회적 환경 속에서 성장할 때, 또는 사회적 환경이 단순히 그들의 잠재력을 전적으로 개발시킬 수 있도록 지지해 주지 않을 경우에 도움이 된다고 보인다. 사실 오늘날의 많은 청소년-멘토링 프로그램들은(예를 들면 빅 브라더스 Big Brothers 나 빅 시스터즈 Big Sisters 같은 오빠 형 누나 언니 같은) 멘토가 가족 구성원의 대리 역할을 한다. 이러한 프로그램들은 풍부한 성장 잠재력을 가지고 있지만 기회를 별로 갖지 못한 젊은이들이 노력하도록 하는 데 중요한 역할을 해 왔다. 가족 구성원 멘토들은 깊은 애정으로 인한 신뢰의 멘토링 관계일 때 최상의 결과를 제공하지만 가족 간의 비난이나 불만 위험을 감수해야 한다. 이런 관계는 다른 의미 깊은 관계들의 단단한 토대가 될 수 있다.

경계를 넘어서는 멘토

전통적인 멘토링은 대개의 경우 비슷한 배경이나 조직에 몸담고 있는 사람들의 유사성에 기반을 둔다. 특히 정치적인 경우라면 민족이나 당파의 유사성에 근거해서 성립된다. 그러나 우리는 친밀한 관계를 유지하는 성공적 멘토링 관계들이 경쟁 관계에 있는 조직이나 정치적 당파와 같은 장벽들을 넘어서 형성되는 독특한 멘토링 관계의 예를 많이 보았다.

현재 오바마 행정부의 노동부 장관으로 재직 중인 힐다 솔리스 Hilda Solis 와 캘리포니아 하원 의원인 주디 추 Judy Chu, 민주당원 는 우리에게 인종의 경계를 넘어서는 멘토링의 흥미진진한 예를 제공해 주었다(주디 추는 힐다 솔리스가 노동부 장관이 되면서 생긴 연방 하원 의원 보궐 선거에서 승리하여 멘토의 결석을 메웠다.). 이 사례는 힐다 솔리스가 미 연방 하원 의원으로 있고, 주디 추가 캘리포니아 주 하원 의원으로 있을 때의 사례로서, 당시 인종은 그들의 선거권자들에게 있어 매우 중요했다.

힐다 솔리스는 라틴계 미국인이고, 그녀의 프로테제인 주디 추는 중국계 미국인이다. 이 두 여성은 여러 번에 걸쳐 인종 문제에 관련된 테스트를 거쳤지만 몇 년 간 함께 일하면서 형성한 신뢰감과 친밀감으로 이러한 도전 과제들을 풀어 나갈 수 있었다.

첫 번째 경우는 주디 추가 대표로 있는 도시와 솔리스 의원의 지역구인 도시를 재구획하는 것과 관련된 문제였다. 과거 이 지역은 후보자의 인종에 따라 득표율이 결정되는 명확한 결과를 보여 주었다. 추와 솔리스는 서로 경쟁 상대가 되기보다는 선거구 재구획 개발 계획에 동참하면서 둘 다 자신들과 연관된 지역 사회가 원하는 바를 얻을 수 있었다. 그들의 관계에 대한 또 다른 도전 과제는 솔리스가 라틴계 남성 경쟁자 대신 추를 승인했을 때 발생했다. 자신의 지역구 내에서 평화를 유지하기 위해 솔리스는 당연히 그 라틴계 남성을 택해야 했고, 사실상 그녀는 라틴계 지역 사회로부터 그를 지지하도록 많은 압력을 받았다. 그러나 그때까지 솔리스와 추는 몇 년 간에 걸쳐 끈끈한 관계를 형성해 왔고, 솔리스는 지역 사회보다는 추에 대해 자신의 의리를 지켰다. 그에 대해서 추는 이렇게 말했다. "그때가 바로 내가 그녀를 진정으로 신뢰할 수 있다는 사실을 깨달은 순간이있습니다."

이 행동은 그들의 관계와 작업—그들이 자신의 지역구에서 새로운 단계에 이르기까지 함께 했던 작업—을 가능하게 한 신뢰 구축의 중심적인 순간이 되었다. 라틴계와 동양계가 뭉쳐 인종을 뛰어넘어 함께 일한 이 사례는 그들로 하여금 지역 사회의 이슈에 대해 눈부신 발전을 일으킬 수 있게 만들었고, 정치계의 많은 관심을 받았다.

경계를 넘어서는 멘토링barrier-busting mentoring의 경우 그에 관련된 사람이 자신이 속해 있던 고유 그룹의 멤버들에게 상당한 사회적 비난을 받기 쉬운 만큼 위험 부담이 있는 멘토링 관계라고 할 수 있다. 위험 부담을 감수하고 시작했는데 어떤 이유에 의해 그 관계가 실패로 끝난다면 그들의 명성은 더욱 타격을 입을 것이고 장기간에 걸친 그들의 직업적 전망은 불투명해질 것이다. 그러나 이러한 경계를 뛰어넘어 성공적인 관계를 이루어 낸 사람들은 자신이 그 위험을 능가하는 보상을 받는다는 것을 알고 있다.

경계를 넘어서는 멘토링은 신선한 시각을 제공하고 당신의 견해나 관심사와 근본적으로 다른 경향을 가지고 있는 사람들로 하여금 공감을 불러일으키는 데 궁극적이다. 더욱이 동맹 관계나 관심사가 종종 예기치 못한 변화를 보여주곤 하는 역동적이면서도 급속도로 변해 가는 오늘날의 직업 환경 속에서 실상 또는 가상의 정책 노선을 넘나드는 관계를 가진다는 것은 첨예한 경쟁력이 될 수 있다.

방송 매체의 파워 멘토링

엔터테인먼트 업계는 이 계통에 있는 대부분의 직업들이 본질적으로 대단히 창조적이고 일시적으로는 높은 연봉을 받는 직업이기 때문에 이직률이 높거나 경계가 없는 직업에 대한 주목할 만한 예들을 제시해 준다. 엔터테인먼트 전문가들은 자신이 현재 담당하고 있는 일을 성공적으로 해내기 위한 책임감과 더불어 다음에 자신이 할 일을 찾는 데 균형을 맞춰야만 한다. 엔터테인먼트 업계 종사자들은 자신들의 일에 대해 열정적이고 직업이나 조직에 대해서도 충성적이다. 사실 전체로서의 연합 멤버십이 감소되고 동맹이라는 것이 종종 약하고 무기력한 것으로 비난받고 있는 상황에서 엔터테인먼트 업계 동맹이(예를 들면 영화배우조합the Screen Actors Guild이나 미국영화감독조합Directors Guild of America 등) 그 어느 때보다 강한 영향력을 가지고 있다는 사실은 상당히 흥미롭다. 우리가 언급할 혁신적인 유형의 멘토링 중 마지막 2가지는 이러한 경쟁적 요구를 다룬다. 동료이면서 한 발 앞선 멘토링peer and step-ahead mentoring과 일시적 멘토mentors of the moment가 그것이다. 동료이면서 한 발 앞선 멘토들은 프로테제들과 같은 지위에서 또는 그들보다 한 발 정도 앞서 나가는 동시에 보완적인 기술이나 경험을 가지고 있는 멘토들이다. 일시적 멘토는 상황에 따라 강력한 영구적 관계를 수반하기도 하고 때로는 충고의 힘으로 인생을 뒤바꿀 만한 영향력을 가지기도 하며 역할 모델이 되어 줄 수 있는 동시에 단순한 제휴 관계를 성립시키기도 한다.

동료이자 한 발 앞선 멘토

USC남부 캘리포니아 대학교 내에서 유명한 방송영화학 제작부의 전 학장이자 교수인 바바라 코르데이Barbara Corday는 엔터테인먼트 업계에서 성공을 거둔 경력의 소유자다. 그녀는《아메리칸 드림American Dream》이라는 드라마 시리즈로 1981년 에미Emmy상 후보에 오르기도 했다.

바바라에게 있어 가장 큰 영향력을 지니면서 오랫동안 지속된 멘토링 관계의 주인공은 전 집필 파트너이자 지금은 작고한 바바라 아베든Barbara Avedon이다. 바바리 코르데이는 그녀와 함께 잘 알려진 성공작 TV 프로그램인《캐그니 앤 레이시Cagney and Lacey》를 만들었다. 코르데이와 아베든이 처음으로 함께 일한 것은 코르데이가 자신들의 홍보 활동의 일환으로 비영리 단체인〈평화를 위한 어머니들의 모임Another Mother for Peace〉이라는 조직에 자원했을 때이다. 바바라 아베든과의 관계는 자원 봉사와 관련된 일에서 동등한 친구로서의 우정에서 시작되었다. 그러나 텔레비전 극본이라는 전문적인 직업 세계에서 아베든은 명백한 전문가였고 코르데이는 신참이었다. 집필에 관해서 말하자면, 아베든은 코르데이에게 있어서 한 발 앞선 멘토였던 것이다. 후에 코르데이가 자신의 능력을 인정받고 신용을 얻게 되면서 그들의 관계는 다시 발전된 양상을 보였고, 그들은 자신들의 출발점인 동료이자 친구로서의 관계로 되돌아갔다.

바바라는 직업 작가였고 수년 간 텔레비전 극본을 써 왔습니다.—그녀와 내가 공동 집필을 하기로 결정했을 때 그녀는 《Bewitched》와 《Father Knows Best》 같은 작품을 쓰고 있었습니다. 그녀는 경력이라고는 없는 신출내기인 나를 기꺼이 받아 주었는데, 여기에는 우리가 〈평화를 위한 어머니들의 모임〉에서 함께 일하는 동안 많이 친해졌다는 것을 제외하면 아무런 이유가 없었습니다. 내가 텔레비전 쇼에 관한 아이디어를 가지고 말했을 때 그녀는 내게 이렇게 말했습니다. "혼자서는 이 일을 하고 싶지 않군요. 당신과 함께 일한다면 흥미가 생길 것 같아요. 이건 당신의 아이디어고, 이 일에 열정을 갖고 있는 건 바로 당신이지요.—어디 한번 함께 해 봅시다."

2명의 바바라는 정치적 견해나 가족 상황 그리고 그에 따르는 개인적 또는 직업적인 인생의 변화(결혼이라든가 아이에 관한 것. 또는 이혼을 하게 된 상황이라든가 등등에 관해)에 대해 중요한 공통점을 가지고 있다는 사실을 알았다. 코르데이는 그들의 관계가 어떻게 동료인 동시에 친구 관계로 발전했는지에 관해 다음과 같이 말했다.

우리는 9년 동안 공동 집필을 해 왔습니다. 자신과 친밀한 관계를 유지하고 있고, 수년 간에 걸쳐 더욱 가까워진 누군가와 파트너가 된다는 것은 대단히 특별한 일입니다. 매일 아침 눈을 뜨면 우리는 삶과, 아이들과, 남편과, 세상에 대해 이야기하리라는 것을 알고 있었습니다. 그 모든 것들이 우리의 작품 속에 드러나리라 생각합니다. 《캐그니 앤 레이시》는 여성 파트너에 관한 작품을 쓰고 싶어서 만들었습니다. 그리고 그들의 직업을 경찰로 정한 것은 드라마에 맞춰 조정한 것입니다. 말하자면, 우리는 화장실에서 하루 종일 수다를 떠는 두 여인에 관한 이야기를 썼어도 똑같이 만족했을 것입니다. 우리는 우리가 하고자 하는 이야기들을 했는데, 그것이 바로 우리가 흥미롭다고 느끼는 것이었기 때문이지요.

나보다 연장자인 그녀가 절친한 친구였다는 것뿐만 아니라 내게 방송 시나리오를 쓰는 방법을 가르쳐 준 사람이었기 때문에 이 관계는 나에게 있어 대단히 중요했습니다. 영화나 텔레비전용 시나리오를 쓰는 데 있어 당신이 얻을 수 있는 가장 큰 교훈은 이야기를 늘어놓는 것이 아니라 보여 줘야 한다는 것입니다.

바바라는 어떤 조직에서 일을 하든 그 조직 내에 항상 멘토를 가지고 있었다는 점에서 자신의 직업을 다루는 데 상당히 뛰어난 감이 있었다고 할 수 있다. 그녀는 동료이자 한 발 앞선 멘토로서의 바바라 아베든과 관계를 시작했고, 그들은 동료이자 친구가 되었다. 그녀는 그 후에 만난 자신의 몇몇 직장 상사들 또한 자신에게 영향력 있는 멘토였다는 사실을 깨달았다. 여러 가지 서로 다른 유형의 광범위한 멘토 네트워크를 가지고 있었던 만큼—《That 70's Show》, 《로잔》, 《코스비 가족》 등의 총제작자였던 마시 카시 Marcy Carsey나 유니버설의 전 최고경영자였던 프랭크 비온디 Frank Biondi 등 바바라 코르데이는 파워 멘토링을 사용한 사람의 뛰어난 예라고 할 수 있다. 더욱이 그녀는 다른 조직으로 직장을 옮긴 뒤에도 전 멘토들과 계속해서 연락하며 지내기를 원했고, 그래서 자신의 네트워크에 추가적인 접근 방식을 사용했다. 전 멘토들과의 지속적인 연락 관계는 USC에서 영향력 있는 그녀의 지위에 도움이 되어 주었다. 그녀는 자신이 가지고 있는 관계들에 의존하여 USC 내에서 인정받고 있는 영화학과에 도움이 되도록 영향력을 행사할 수 있었다.

동료이자 한 발 앞선 멘토링 관계에 대해서는 상당수의 중요한 이점과 도전 과제가 존재한다. 가장 큰 장점 가운데 하나는 한 발 앞선 멘토나 동료 멘토들은 최근에 직면했거나 또는 현재 직면하고 있는 같은 종류의 직업적 도전 내지는 이슈에 대해 효과적으로 자신들의 프로테제에게 공감할 수 있다는 점이다. 또한 이들은 동등한 지위를 가지고 있는 만큼 그들의 멘토링 관계는 높은 신뢰나 친밀감으로 특징이 있는 장기간의 우정으로 발전되어 갈 수 있는 잠재력을 가지고 있다. 그러나 이러한 유형의 관계는 동료로서의 멘토와 프로테제가 가끔 연속적으로 발생하는 자신들의 직업적 이동에 대하여 서로 경쟁하게 될 수도 있기 때문에 어려운 면도 있다. 따라서 동료 멘토링에만 의존하는 개인은 코르데이의 예를 따라서 자신의 멘토로 다른 동료나 상사를 찾는다면 도움이 될 것이다.

일시적 멘토

이것은 상황에 따른 우정과 유사한 점이 있다. 우리 중 다수는 이웃과 함께 살면서 그들과 친구가 되어 본 경험이 있을 것이다. 이웃과 가까이 사는 동안 그 관계는 중요하고 당신은 상당한 시간을 그들과 함께 보내게 된다. 집 열쇠를 맡길 수도 있고, 서로의 애완 동물이나 아이를 돌봐주기도 하는 등 가까이 살면서 서로의 삶 속에 관여하게 되는 만큼 그 관계에는 어느 정도의 신뢰와 친밀감이 존재한다. 그러나 당신이 그 이웃에게서 떠나게 되면 우정은 와해되게 마련이다. 물론 적대적으로 돌아서는 것은 아니지만 단순히 양쪽 모두에게 해당하는 공통의 관심사나 시간이 부족하다는 이유로 그 우정은 사라진다. 일시적 멘토mentors of the moment는 이러한 이웃과 상당히 비슷하다.

일시적 멘토들은 종종 자신들의 프로테제에게 상당한 영향력을 안겨 주지만 그것은 주로 상황에 따라서 발생한다. 그들은 영화의 개발이나 제작에서처럼 일시적인 프로젝트에 기반을 둔 직업적 상황 속에서 발견된다. 그들은 대개의 경우 상황에 따라 다르고, 개인이 한 프로젝트에 함께 참여한 시간에 따라 한계지어지기도 한다.

미 영화감독조합DGA-Director's Guild of America 사상 첫 번째 여성 회장을 지내고, 줄리아 스타일스Julia Stiles가 출연한 영화 《프린스 앤 미The Prince & Me, 2004년》의 감독이었던 마사 쿨리지Martha Coolidge는 자신의 연출 경력에 많은 도움을 주었던 사람들을 '일시적 멘토'라고 표현했다. 그러한 사람들로는 피터 보그다노비치Peter Bogdanovich, 여러 영화 가운데서도 특히 1971년 작 《마지막 영화관The Last Picture Show》이나 2001년 작 《캣츠The Cat's Meow》와 같은 작품을 만들었다. 나 프랜시스 포드 코폴라Francis Ford Coppola, 여러 영화들 가운데 특히 1972년, 1974년, 1990년에 만든 《대부》 3부작과 1997년 작 《레인 메이커The Rain Maker》가 유명하다. 그리고 로버트 와이즈Robert Wise, 여러 영화 가운데 특히 1965년 《사운드 오브 뮤직 The Sound of Music》 1979년 《스타트렉 Star Trec》을 만들었다. 등을 들 수 있다. 이들 모두는 구체적인 영화 작업 도중 마사에게 큰 도움이 되었다. 그러나 그녀는 그들과 지속적인 관계를 유지하고 있음에도 불구하고 그들이 더 이상 자신의 멘토라고는 생각하지 않는다. 쿨리지는 자신이 일시적 멘토 중 1명이었던 프랜시스 포드 코폴라에게 배웠던 것에 관해 다음과 같이 회상한다.

나는 결코 재능을 두려워해서는 안 된다는 것과 재능 있는 사람을 고용하는 것을 두려워해서는 안 된다는 것을 배웠습니다. 심지어는 당신 자신보다 더 재능 있는 사람을 고용하는 것을 두려워해서는 안 될 것입니다. 누군가가 당신을 놀라게 만들고 당신이 생각하기에 그가 당신을 능가할 것이라는 불안감 때문에 그를 고용하지 않는다는 것은 잘못입니다. 프랜시스는 단 한 번도 그것을 두려워 한 적이 없습니다. 그가 쌓아 온 엄청난 업적들을 보십시오.—언제나 최상을 향해 달려가십시오.

당신이 작가든 그 밖의 어떤 사람이든 그를 고용할 때는 당신의 지위를 보장하려는 이유에서 눈을 낮추지 마십시오. 당신이 고용하려는 그 사람으에게 오싹하리만큼 긴장을 느껴야 한다는 사실은 대단히 중요합니다. 그러한 사람들은 당신이 단 한 번도 생각해내지 못한 아이디어를 떠올리게 될 것입니다.

마사는 로버트 와이즈가 자신으로 하여금 다른 사람들에게 받은 만큼 돌려주도록 자극했으며, 따라서 그녀는 자신의 경력 전체에 걸쳐 다른 사람의 멘토가 되어 주거나 미 영화감독조합 멘토링 프로그램을 지지함으로써 적극적으로 그의 조언을 따랐다고 말했다. 그녀는 자신을 의도적인 역할 모델인 동시에 다른 여성 영화 제작자들의 용기를 북돋우기 위해 강의를 하는 강연자라고 말한다.

또 다른 영화 감독 레슬리 링카 글래터Lesli Linka Glatter는 그녀의 경력 전반에 걸쳐서 자신의 일시적 멘토와 관련된 비슷한 가치 있는 경험을 한 행운아다. 그녀의 경력은 1984년 그녀가 감독한 단편 영화 《Tales of Meeting and Painting》으로 아카데미상 후보에 오르면서 시작되었다. 경력 초반 텔레비전 연출가로서 엄청난 성공을 거둔 그녀는 스티븐 스필버그[1993년 《쉰들러 리스트》, 1981년 《레이더스》, 1975년 《죠스》 등을 포함한 50여 편의 영화를 감독]나 클린트 이스트우드[2004년 《밀리언 달러 베이비》, 2003년 《미스틱 리버》, 1992년 《용서받지 못한 자》 등 30여 편의 영화를 감독 그리고 데이비드 린치 2001년 《멀홀랜드 드라이브》와 1980년대의 인기 텔레비전 프로그램이었던 《트윈 픽스》 등 약 25편의 작품을 만듦 와 같은 거장들과 함께 일할 수 있는 기회를 가졌다. 레슬리는 두 명의 멘토에게 얻은 중요한 교훈에 관해 다음과 같이 말한다.

스티븐 스필버그는 그 당시 《어메이징 스토리 Amazing Story》라는 제목의 프로그램을 하고 있었습니다. 나는 그와 회의를 하게 되었지요. 그는 나에게 자신의 프로그램 가운데 하나를 맡으라고 했고, 나는 그에게 이렇게 말했습니다. "저는 지금껏 단 한 작품밖에 해 본 경험이 없습니다. 제 방송을 맡기 전에 여기 와서 당신이 하는 것을 보면서 일을 배워도 되겠습니까?" 당시 나는 이미 고용되어 있는 상태였음에도 불구하고 나는 내가 알고 있는 것과 알지 못하는 것이 무엇인지를 파악하고 있었습니다. 그래서 그와 멘토 관계를 맺을 수 있는지 물어보았던 것입니다.

나에게 있어 그 과정은 영화 학교와 같은, 대단한 경험이었습니다. 나는 스필버그 밑에서 일을 배웠고, 그 다음에는 클린트 이스트우드 밑에서 배우는 굉장한 경험을 했습니다. 그들을 대단히 성실한 동시에 훌륭한 감독이었습니다. 하지만 그들의 일하는 방식과 소재에 접근하는 방식은 매우 달랐습니다. 그것은 나처럼 젊은 감독에게는 중요한 경험이었습니다. 나는 모든 사람이 어떻게 자신만의 독특한 방법으로 소재에 접근해 들어가고, 세상을 어떻게 다르게 바라볼 수 있는지를 배웠습니다. 그 어느 누구도 다른 사람과 같은 방법으로 같은 이야기를 할 수는 없습니다.

일시적 멘토는 프로테제들이 여러 가지 기회에 개방적인 태도를 취함으로써 예리한 감각을 개발할 것을 요구한다. 비록 프랜시스 포드 코폴라처럼 일시적 멘토와의 만남이 우연에 의해서 이루어진 것일지라도 자신이 배울 수 있는 것에 대해 개방되어 있다면—비록 상호 관계는 단순할지라도—인생을 뒤바꿀 수 있을 정도의 영향력을 가진 일시적 멘토링과 놓쳐 버린 기회 사이의 차이점을 만들어 낼 수 있는 것이다. 당신이 시간이나 물자가 넉넉하지 않은 경쟁적 환경 속에 있을 때도 일시적 멘토는 당신에 귀중한 지원을 해 줄 수 있다. 비록 그 관계가 영원히 지속되지는 않을지라도 좋은 이웃이 이사를 가기 전까지는 결정적인 도움이나 우정을 보여 주듯이 말이다.

◼︎ 결론

이 장에서 우리는 파워 멘토링의 다양한 형태를 소개하면서 다음과 같은 사실을 부연 설명했다.

- 파워 멘토링은 어떤 역할을 하는가?
- 파워 멘토링은 어떤 형태를 띠고 있는가?
- 파워 멘토링은 어디에 존재하는가?

우리는 또한 이 책에서 연구 대상으로 선택되어진 세 분야에서 행해지고 있는 파워 멘토링의 다양한 유형을 소개했다. 멘토링에 대한 다수의 혁신적인 접근 방법과 그들이 지닌 장단점은 멘토와 프로테제 모두에게 자신의 경력 계발과 관련된 새로운 선택권을 줄 수 있다. 나아가 구체적 파워 멘토링의 미묘한 차이를 이해하는 것은 이러한 유형의 관계를 갖고자 하는 사람들에게 매우 중요하다.

우리는 각각의 독특한 멘토링 유형과 관련된 주요 장점을 요약하면서 이 장을 끝맺고자 한다. 우리는 사람들이 다음의 요약 사항을 따라 어떤 새로운 형태의 멘토링 관계를 발전시킬 때 자신에게 가장 큰 도움이 될 것인지를 고려하기 바란다.

- 전통적인 멘토 traditionl mentors 는 할 수 있다.

  특정한 조직 내에서 당신의 관심사가 장기적인 것일 때 성공을 위한 훈련에 유용하다.

  차세대 지도자를 개발하는 데 유용한 방법을 제시해 줄 수 있다.

- 보스 멘토 boss mentor 는 다음과 같은 것을 제공할 수 있다.

  후계자로서 훈련을 하거나 훈련될 기회를 제공할 수 있다(직장 상사에게는 자신을 지지해 주는 충실한 지도자 집단을 얻는 좋은 기회가 되고 프로테제에게는 다음 단계로 넘어가는 가장 쉬운 방법이 될 수 있다.).

  계속적인 배움의 기회를 가지고 양쪽 모두가 즐겁게 일할 수 있는 경험을 제공할 수 있다.

- 역 멘토 reverse mentors 는 다음과 같은 일을 할 수 있다.

  과학 기술과 관련된 지식처럼 일의 정황상 특수한 도움을 제공할 수 있다.

  젊은 세대에게는 정치적 지식과 직업적 지식을 제공하고, 연장자에게는 신선한 시각과 새로운 기술을 제공할 수 있다

- c 멘토 e-mentor 는 다음과 같은 점에서 유리할 수 있다.

  시간과 공간에 제한을 받지 않기 때문에 새벽 2시에 런던과 LA라는 다른 공간에 있더라도 연락할 수 있다.

  외모나 그룹 멤버십에 대한 판단이 다른 관계에서보다 두드러지지 않기

때문에 그러한 부분에 대한 판단은 보류될 수 있다

- 그룹 멘토 group mentor 는 다음과 같은 것을 제공한다.

  만나기 어려운 바쁜 중역들과 접촉할 기회를 제공하고, 효율적인 시간 관리를 제공한다.

  동료들과의 귀중한 관계를 개발할 기회를 제공한다.

- 고용된 멘토 mentor for hire 는 유용할 수 있는데, 그 이유는

  지불한 만큼 얻을 수 있고, 그 과정에서 효율적인 관계가 되고 구체적인 일을 부과할 수 있기 때문이다.

  직업과 관련된 네트워크를 개발하는 훌륭한 방법이 될 수 있기 때문이다.

- 영감을 주는 멘토 inspirational mentor 는 다음과 같은 것을 제공한다.

  미래에 대한 비전과 정체성, 목적 의식을 제시할 수 있다.

  바라보고 나아갈 최고의 기준을 세워 주고 '이러한 상황에서 ○○○라면 어떻게 할까?'에 대한 리트머스 시험지가 될 수 있다.

- 가족 구성원 멘토 family-member mentor 는 다음과 같은 것을 제공할 수 있다.

  인생의 초창기에 자아에 대한 평가를 할 수 있도록 도와준다.

  가족애와 신뢰 속에서 최상의 결과를 낳게 할 수 있다.

- 경계를 넘어서는 멘토 barrier-busting mentor 는 다음과 같은 것을 제공할 수 있다.

  당신의 기업이나 제휴 관계에 신선한 시각을 제시해 줄 수 있다.

  종래와는 다른 동맹 관계를 형성할 기회를 제공한다. 이것은 당신의 경력을 쌓는 기회를 전폭적으로 강화해 준다.

- 동료이자 한 발 앞선 멘토 peer and step-ahead mentors 는 유용한데, 그 이유는

  멘토 관계를 갖기에 가장 쉽고 가장 부담이 덜한 상대이기 때문이다.

  그들은 당신의 삶과 일에 공감할 수 있고, 이 점을 동등하게 즉시 교환할

수도 있기 때문이다.

- 일시적 멘토^{mentor of the moment}는 굉장할 수도 있는데, 그 이유는 이 유형의 멘토는 종종 당신이 그들을 가장 필요로 할 때 나타나지만 관계를 발전시켜 나갈 수 있는 시간적 여유는 가장 부족하기 때문이다. 비록 만족스러운 관계의 존속 기간은 짧지만 이 유형의 멘토링은 대단한 영향력을 갖기 때문이다.

다음 장에서 우리는 파워 멘토링 관계의 가장 중요한 특징 가운데 하나인 상호 이익^{reciprocity}에 대해 깊이 있게 다루어 볼 것이다. 간단히 말해서 이것은 멘토와 프로테제 양쪽 모두가 서로에게 귀중한 장점들을 교환하는 것이다. 우리는 '그는 이렇게 말했고, 그녀는 이렇게 말했다.' 식의 접근 방법을 택해 그들의 파워 멘토링 관계에서 드러나는 멘토와 프로테제 모두의 의견을 제공할 것이다. 우리는 또한 조직이 파워 멘토링 관계를 활성화했을 때 어떤 이익을 보게 되는지도 중점적으로 다룰 것이다.

3장

상호 호혜적 관계로서의 멘토링

: 주고 받는 혜택

Mentoring as a Two-Way Street
: Benefits of Giving and Receiving

3 상호 호혜적 관계로서의 멘토링
: 주고 받는 혜택

> 옛날 옛적 어느 매우 먼 나라에 살던 알라딘은 우연히 낡은 램프를 손에 넣게 되었다. 램프에는 "구하라, 그리하면 얻을 것이다." 라고 새겨져 있었다. 알라딘이 램프를 문지르자 램프의 요정이 나타나 쩌렁쩌렁한 소리로 말했다. "당신의 모든 궁금증에 답하고 원하는 모든 것을 얻게 해 드리겠습니다. 분부만 내리십시오."
> — 잭 캔필드(Jack Canfield), 마크 한센(Mark Hansen) 저,
> 《부탁 좀 합시다(THE ALADDIN FACTOR)》 중에서

<u>멘토</u>를 갖는 일이 알라딘의 램프를 갖는 것과 같다면 정말 멋지지 않겠는가? 램프를 문지르기만 하면 자기의 멘토와 요정이 나타나 최소한 3가지의 직업적 소원을 들어준다면 말이다. 무슨 소원을 말할 것인가? 더 많은 돈? 마음이 척척 맞는 동료? 당신이 마땅히 받아야 할 인정과 감사? 아니면 그저 당신의 일이 세상을 변하게 만든다고 느끼게 한다는 점에서 좀 더 큰 의미를 찾을 수 있기를? 갤럽 조사 결과에 따르면 오늘날 다양한 산업 분야의 경영자들에게 가장 중요한 문제는 이런 것들이라고 한다.[1]

요정이 들어 있는 마법 램프를 약속할 수는 없을지라도 지난 20년 간 많은 연

---

1. Marcus Buckingham와 Curt Coffman이 쓴 First, Break all the Rules : What the World's Greatest Managers Do Differently New York : Simon & Schuster, 1999년을 보라.

구자들이 프로테제가 멘토링에서 얻는 다양한 혜택들에 관해 꾸준한 연구를 해 왔다는 것은 밝힐 수 있다. 사실 위에서 밝힌 모든 직업적 소망이라는 것들은 실제 멘토링 관계와 모두 관련이 있다. 과거에는 프로테제가 멘토링을 통해 얻는 것이 정확하게 무엇인지 알려고 하는 데 중점을 두었다. 하지만 근래에는 경향이 바뀌어서 멘토는 물론이고, 심지어는 조직 역시 무엇을 얻는가 하는 점에 더 큰 관심을 기울인다. 멘토 노릇을 하는 것이 순전히 이타적인 행동은 아니라는 것이다. 파워 멘토와 프로테제들과 행한 인터뷰에서 우리는 혜택을 서로 교환한다는 아이디어 호혜주의라고도 알려진 이것이 엄청나게 강조되고 있다는 사실을 발견했다. 파워 멘토링 관계 네트워크를 지탱하는 가장 중요한 요소는 거기에 연루된 사람들이 반드시 이 관계가 쌍방에 이익이 되는 윈-윈$^{win\ win}$ 상황으로 이끌어 준다고 느껴야만 한다는 것이다. 요컨대, 파워 멘토링 관계는 으레 멘토와 프로테제 그리고 그들의 조직 모두에 확실한 혜택을 제공한다.

◼️ 파워 멘토링 관계에 있어서의 기브 앤 테이크

굳이 인간 행위에 대한 심리학적 설명을 상세히 곁들이지 않더라도 멘토링에 있어 기브 앤 테이크나 호혜주의가 어째서 타당한지를 추측할 수 있을 것이다. 호혜주의의 개념—사회적 교환이라 부르는 행위 이론의 일부로서—은 상사와 부하 직원, 심지어는 친구 관계처럼 서로 다른 두 사람 사이의 관계를 이해하는 데 사용되어 있다. 멘토링에 적용할 경우, 사회적 교환이라는 개념은 단순히 멘토와 프로테제가 비록 다르긴 하지만 서로에게 이득이 되는 귀중한 것을 서로 교환하는 것이다. 서로 교환하는 것이 매우 다를지라도 이러한 교환은 양쪽 모두에게 똑같이 귀중하고 호혜적인 것으로 보여져야 한다.

중간급 간부가 고위 간부의 멘토가 되는 역 멘토링 관계를 예로 들어 보자. 잭 웰치가 GE에서 이를 처음 개념화했을 때, 어떤 이들은 부자연스럽다고 생각했고 어떤 이들은 혁명적이라고 생각했다. 역 멘토링 상황에서 중간 간부는 자신의 기술적 노하우를 조직적 문제에 있어 정치적으로 노련한 고위 간부의 지식과 교환할 수 있다. 이런 상황이 점점 더 관습화되어 가면서 멘토와 프로테제 사이의 교환이라는 개념은 멘토링 관계를 지속시키는 접착제 역할을 하게 된다. 그러므로 비록 서로 교환하는 것이 많이 다를지라도 양쪽 모두 교환 과정을 중요하게 여기게 된다. 교환과 호혜의 개념은 우리의 파워 멘토와 프로테제들이 여러 차례 반복해 강조해 온 개념이다. 이 장의 다음 부분에서는 파워 멘토와 프로테제가 서로 교환하는 이익의 종류가 무엇인지를 총체적으로 살펴보고, 각 그룹이 궁극적으로 얻는 것이 무엇인지에 관해 논의할 것이다.

파워 프로테제는 무엇을 얻는가?

멘토링 관계를 통해 프로테제가 얻는 것이 무엇인가에 대해서는 수많은 연구가 이루어졌다. 사실 멘토링 관계를 생각할 때는 으레 프로테제를 위한 것이 무엇인가만을 생각하는 것이 보통이다. 학계에 있는 우리 동료들은 각고의 노력을 통해 엄청난 양의 연구 결과를 내놓았다. 재미 삼아 1장에서 논의했던 것을 다시 떠올리면서 다음의 참/거짓 테스트를 해 보자.

- 멘토를 가진 사람들은 그렇지 않은 사람들에 비해 돈을 더 많이 번다.
  참 / 거짓
- 멘토를 가진 사람들은 그렇지 않은 사람들에 비해 더 훌륭한 직업을 갖고 직업적 만족을 얻는다.
  참 / 거짓

- 멘토를 가진 사람들은 그렇지 않은 사람들에 비해 승진을 더 많이 한다.

  참 / 거짓

- 멘토를 가진 사람들은 그렇지 않은 사람들에 비해 직업 이동성이 더 높다.

  참 / 거짓

- 멘토를 가진 사람들은 그렇지 않은 사람들에 비해 일과 가정 사이 균형을 더 잘 유지한다.[*2]

  참 / 거짓

결과가 어떻게 나왔는가? 모든 질문에 '참'이라고 대답했다면 당신은 멘토링이 커리어 개발과 성공에 있어 얼마나 중요한지를 이해한 것으로, 이미 한 발을 내디딘 것이다. 이러한 연구 결과 중 많은 것들이 전통적인 멘토링 관계에서 비롯된 것이기 때문에 다음과 같은 질문이 남는다. 이런 결과는 어느 정

---

2. 더 많은 돈에 관한 증거 : George F. Dreher and Josephine A. Chargois 저, "Gender, Mentooring Experiences, and Salary Attainment among Graduates of an Historically Black University," Journal of Vocational Behavior 53(1998년) : 401~416쪽; 그리고 백인 멘토를 가진 프로테제들에게는 : George F. Dreher and Taylor H. Cox Jr. 저, "Race, Gender, and Opportunity : A Study of Compensation Attainment and the Establishment of Mentoring Relationships," Journal of Applied Psychology 81(1996년) : 297~308쪽; 그리고 Georgia T. Chao, Pat M. Walz, Phillip D. Gardner 저, "Formal and Informal Mentorships : A Comparison of Mentoring Functions and Contrast with Nonmentored Counterparts," Personnel Psychology 45(1992년) : 619~636쪽. 이 내용들은 커리어 만족감이 증가되었다는 증거를 포함한다. 긍정적인 커리어와 일에 대한 경험의 증거가 보고 싶다면 다음 예를 보라. Ellen A. Fagenson 저, "The Mentor Advantage : Perceived Career/Job Experiences of Protégés versus Non-Protégés," Journal of Organizational Behavior 10(1989년) : 309~320쪽; Terri A. Scandura, "Mentorship and Career Mobility : An Empirical Investigation," Journal of Organizational Behavior 13(1992년) : 169~174쪽; 그리고 William Whitely, Thomas W. Dougherty, and George F. Dreher, "Relationshiip of Career Mentoring and Socioeconomic Origin to Managers; and Professionals' Early Career Progress," Academy of Management Journal 34(1991년) : 331~351쪽. 그리고 좀 더 나은 일과 가정 사이의 균형은 Troy R. Nielson, Dawn S. Carlson, Melanie J. Lankau가 쓴 "The supportive Mentor as a Means of Reducing Work-Family Conflict," Journal of Vocational Behavior 59, no.3(2001년) : 364~381쪽에서 찾아볼 수 있다.

도까지 파워 멘토링에 적용되는가? 좋은 소식은 앞에 소개된 다양한 형태의 파워 멘토들 총괄하여 파워 멘토라고 알려진―역시 같은 종류의 혜택을 제공한다는 것이다. 그러므로 전통적인 멘토를 찾지 못하더라도 자신만의 파워 멘토 네트워크를 개발함으로서 여전히 이러한 혜택을 누릴 수 있다.

멘토링 관계에서 프로테제가 얻는 것이 많은 게 사실이라고 해도 반대 입장을 살펴보는 것 역시 중요하다. 그것은 바로, 멘토는 어떻게 혜택을 보는가 하는 것이다.

파워 멘토가 얻는 것은 무엇인가?

많은 사람들이 다른 사람을 돕기 위한 방편으로 멘토링을 한다. 하지만 오늘날과 같은 경쟁적인 업무 환경에서는 단순히 이타주의만으로 그 이유를 설명하는 것은 충분하지 않다. 멘토들은 종종 그들이 관계에 쏟아 붓는 것보다 많은 것을 얻는다.

몇 년 전 타미 알렌Tammy Allen과 그의 동료들이 실시한 흥미로운 연구 결과에 따르면, 멘토링을 하는 이유는 자기 지향적 이유와 타자 지향적 이유의 2가지로 나누어질 수 있다.[3] 타자 지향적 이유에는 다른 사람에게 정보를 전달하기를 원한다거나 유능한 노동력을 구축하는 것, 다른 이들이 일반적으로 또는 직업적으로 성공하고 조직에 이익을 안기도록 돕는 것, 또는 여성이나 소수자처럼 대표자가 적어 과소 표시된 그룹이 조직 내에서 고위직으로 이동하는 것

---

3. Tammy D. Allen, Marc L. Poteet, Susan M. Burroughs 저, "The Mentor's Perspective : A Qualitative Inquiry and Future Research Agenda," Journal of Vocational Behavior 51, no.1(1997년) : 70~89쪽.

을 돕는 것 등이 포함된다. 자기 지향적 관점에서 멘토링을 하는 이유에는 다음과 같은 것들이 있다.

- 다른 이들의 성공과 성장을 보면서 느끼는 만족
- 멘토링을 통해 프로테제들이 프로젝트를 떠맡도록 함으로써 늘어나는 시간적 여유
- 다른 사람들과 함께 일하고자 하는 일반적인 욕구의 충족
- 새로운 지식과 통찰력의 습득
- 자부심 향유
- 다른 이들에게 영향력을 행사함으로써 파생되는 만족감
- 프로테제의 존경 획득
- 지원 네트워크의 구축
- 언젠가 프로테제가 되갚게 될 보답
- 프로테제의 충성심 향유

이런 아이디어들을 생생하게 느낄 수 있도록 우리가 인터뷰한 파워 멘토와 프로테제들의 경험담을 예로 들어 이야기하기로 하겠다.

■◆ 이 장의 로드맵

앞의 1장과 2장에서 우리가 인터뷰한 사람을 몇 명 소개했다. 이 장에서는 이미 소개한 몇몇 뿐만 아니라 새로운 파워 멘토와 프로테제들을 만나게 될 것이다. 우리는 인터뷰한 사람들에게 멘토링 관계에 투자한 것이 무엇이며, 그

보답으로 무엇을 얻게 되었는지를 곰곰이 생각해 보라고 요청했다. 이 장을 통해 당신은 파워 멘토링을 특징짓는 특유의 기브 앤 테이크(give & take)에 대해 알게 될 것이다. 참가자들의 견해에서도 공통점과 차이점이 발견된다는 것은 놀라운 일이다. 때때로 멘토들은 자신이 충분한 멘토링이나 직업적 조언을 주지 않았다고 느끼는 데 반해 프로테제들은 그들의 멘토가 자신을 위해 해 준 일이 수 없이 많았다고 예를 들어 보이는 경우가 있다. 서로에게 무엇을 제공했느냐보다 자신이 무엇을 얻었는지에 대해 콕 집어 말하는 것이 멘토나 프로테제 모두에게 훨씬 쉬운 일이다.-관계에 있어 양쪽 모두의 이야기를 듣는 것이 얼마나 중요한지를 일깨워 주는 대목이다. 참가자 쪽에서는 멘토링 관계에서 일어나는 많은 부분은 의식하지 못하는 경우가 있다. 하지만 그 혜택은 이미 서로에게 명백하게 나타난다. 우리는 멘토와 프로테제 그리고 조직이 얻는 이득을 개괄적으로 정리함으로써 이 장의 결론을 내리고자 한다.

 파워 멘토링 관계에 대해 곰곰이 생각할 때 멘토에게 무엇을 얻을 수 있는가 하는 것뿐만 아니라 당신이 무엇을 제공할 수 있는지 본인이 속한 관계에 대해 생각하기를 권한다. 지금 멘토-프로테제 관계에 놓여 있지 않다면 직업적 발전을 위해 멘토에게 필요로 하는 것이 무엇인지, 그 대가로 멘토에게 당신이 제공할 수 있는 것은 무엇인지도 미리 생각해 놓기 바란다. 이미 멘토라 해도 현재의 관계에 대해 생각해 보자. 프로테제에게 더 많은 것을 요구함으로써 멘토링 관계에서 더 많은 이득을 얻을 수 있는가? 현재 관계에서 호혜적 이득에 대해 확신이 없다면 이 책을 계속 주시하도록 하자. 우리의 파워 멘토와 프로테제들이 훌륭한 아이디어들을 많이 제공할 것이다.

■ 파워 멘토와 프로테제를 만나자 : 기브 앤 테이크 스토리

여기서 파워 멘토와 프로테제 몇 명을 소개하고자 한다.

NBC 유니버설의 CEO이자 GE의 부회장인 밥 라이트와 그의 프로테제

1장에서 밥 라이트를 잠깐 소개한 적이 있다. 미국 산업계, 특히 모든 일이 엄청나게 빨리 돌아가고 경쟁이 치열한 미디어 계에서 그의 이름은 하나의 아이콘이다. 1986년, 밥 라이트는 NBC의 사장 겸 CEO로 선출되었다. 2001년에는 회장 및 CEO로 임명되었고, 2004년에는 NBC 유니버설의 회장이자 CEO가 되었다. 여러 해에 걸쳐 밥 라이트는 《포천》이나 《할리우드 리포터Hollywood Reporter》, 《프리미어Premiere》, 《배니티 페어Vanity Fair》와 같은 잡지로부터 미디어 업계에서 가장 영향력 있고 유력한 리더로 선정되었는데, 이는 그가 지위에 올라 있던 기간이나 성공 정도를 고려할 때 조금도 놀랄 일이 아니다.

밥 라이트는 전국 네트워크 방송사에 불과했던 NBC를 방송사와 케이블 TV업계의 지도적 위치, 즉 TV 프로그램의 제작 및 배급, 영화 산업, 스페인어 방송 TV 그리고 테마 파크 등을 아우르는 글로벌 미디어의 최강자로 올려놓았다.

밥 라이트는 NBC와 GE를 대신해서 2001년 내셔널 멘토링 파트너십 액트National Mentoring Partnership Act가 수여하는 멘토링 어워드Mentoring Award에서 단체 지도우수상을 수상했다. 그는 GE의 전설적인 CEO였던 잭 웰치Jack Welch의 프로테제였다. 그런 그가 멘토링 관계를 통해 재능을 개발하는 데 탁월한 능력을 보인 것은 당연한 일이다.

밥 라이트의 프로테제들은 라이트에 의존하지 않더라도 자신의 힘만으로도 충분히 저명하고 성공한 인물들인데, 그중 한 사람이 바로 CNBC의 전 회장인 파멜라 토마스-그레이엄 Pamela Thomas-Graham이다. 파멜라는 슈퍼우먼이라는 것은 존재하지 않는다는 사회적 통념을 깨는 인물처럼 보인다. 그녀는 최고의 명문 교육 과정을 거쳐(하버드-래드클리프대를 우등으로 졸업했으며《Harvard Law Review》지의 편집장을 지냈다.) 흑인 여성으로서는 처음으로 세계 굴지의 컨설팅 회사인 맥킨지 사의 사업 파트너가 된 것을 비롯해 개인적·직업적으로 괄목할 만한 이력을 보유하고 있다. 파멜라는 직업적 영역에서 탁월한 능력을 발휘했을 뿐만 아니라 사생활과의 조화를 유지하는 동시에 미스터리 소설의 베스트셀러 작가로도 활약하고 있다.《Orange Crushed : 아이비리그 미스터리》라는 제목의 시리즈 최종편을 출간하기도 했다. 2000년도에는《포천》지가 뽑은 '미국 최고의 흑인 경영자 50인'에 선정되기도 했으며, 2001년에는《글래머 Glamour》지가 뽑은 '올해의 여성'으로 선정되었다.

다음 장에서는 밥 라이트가 어떻게 자신의 프로테제들과 끈끈하게 연결되어 있는지를 자세히 알려 줄 것이고, 여기서는 이런 관계에 본래 내재되어 있는 호혜성에 초점을 맞출 것이다. 밥 라이트는 멘토로서 얻는 것 중 가장 중요한 것이 다른 사람들의 발전을 지켜보며 얻는 만족감이라고 했다. "내 생각에는 주는 것보다 받는 것이 더 많습니다. 엄청난 만족을 얻죠. 최소한 나의 경우는 그렇습니다. 사람들 그리고 그 사람들의 능력이 자라는 것을 보게 됩니다. 재능이 개발되거나 재능이 좀 더 드러나는 것이 매우 만족스럽습니다. 멘토링을 해 주고 싶은 사람들, 또 재능과 장래성이 있다고 생각하는 사람들과 함께 하는 경우가 일반적이기 때문에 더욱 기분이 좋습니다. 그들이 잘해 나가는 모습을 보면 매우 흥분됩니다."

밥은 자신의 프로테제들이 험난한 도전에 직면하는 것을 지켜보는 데서 만족을 느끼는 것이 확실하다. 왜냐하면 그는 파멜라에게 CNBC.com 조직의 인력을 충원하는 엄청난 직무를 맡겼기 때문이다. 그리고 1년 6개월 뒤, 파멜라는 그 일을 완벽하게 해냈다. 파멜라는 이 기간 동안 밥 라이트에게 받은 최고의 지도와 지원에 대해 생각했으며, 밥은 파멜라에 대한 감탄을 토했다. 파멜라가 밥에게 반대급부로 제공한 것은 무엇일까? 자신의 견지에서, 그녀와 같은 입장에 서 있는 사람들에게 파멜라는 독특한 통찰을 제공한다.

내가 여기 CNBC에서 해낸 일 중 하나는 다양한 배경을 가진 젊은 기자들을 찾아내 앵커 역을 맡기는 것이었습니다. 만약 다른 사람이 내 자리에 있었다면 주어지지 않았을 기회를 준 것이죠. 그 젊은 기자들 중 한 사람이 졸업을 하고 NBC 네트워크에서 일을 하게 됐습니다. 그런 훌륭한 젊은이와 함께 일하게 됐다는 사실이 기분 좋습니다. 그 기자는 라틴계입니다. 다른 사람이 내 역할을 했다면 이런 일은 일어나지 않았을지도 모릅니다. 나는 젊은 흑인 여성이라는 정체성 때문에 어떤 일에 대해서 남과 다른 시각을 갖고 있다고 생각합니다. 그리고 그런 사실이 재능이라는 것이 어디에서 비롯되는지를 밥이나 NBC에 알려 주고, 그들이 다른 시각을 갖도록 해 준다고 생각합니다.

이 파워 멘토링 라인은 파멜라가 그녀의 프로테제, 릴락 에소프스키$^{Lilach\ Asofsky}$와 귀중한—달리 표현하자면 다른— 종류의 지원을 주고받도록 이어진다. 현재는 리즈 클레이본$^{Liz\ Claiborne}$ 그룹 마케팅 부분의 부사장으로 있는 릴락 에소프스키는 CNBC에서 마케팅·리서치를 담당하는 상임 부사장으로서 활약했다. 릴락은 고객 경험과 마케팅 노력에 관한 모든 부분을 책임졌는데, 그녀가 지휘하는 동안 가입자 수는 8개월간 무려 220%나 증가했다.[*4] 릴락이 파멜라에게 제공한 것은 무엇일까? 파멜라에게 충성을 다하고 비밀을 털어놓을 수 있는 믿음직한 친구가 되어 준 것이다. 그 대가로 릴락은 파멜라 특유의 일에 대한 노련함과 스타일에 대한 식견을 얻었다. 릴락의 말을 들어 보자.

나는 그녀와 함께 했던 모든 회의에서 그녀를 지켜봤으며 또 그녀에게서 많은 것을 배웠습니다. 만족스러울 만큼 많은 것을 배웠습니다. 파멜라는 정치나 엔터테인먼트, 시사에 정통해 있어서 나를 더욱 똑똑하게 만들었죠. 파멜라의 스타일에서 나는 정말 많은 것을 얻었습니다. 그녀는 자기 자신만의 고유한 무엇인가를 가지고 있습니다. 매우 노련하고 침착한 동시에 너무나 소탈해서 누구라도 개인적으로 만나면 말을 건넬 수 있을 것입니다. 파멜라의 의사 결정 방식에 나는 정말 많은 감명을 받았습니다. 그녀는 강철 심장이 아니라면 내릴 수 없을 것 같은, 대부분의 사람들이라면 할 수 없을 그런 결정을 내립니다. 사람들이 의문을 제기하지만 파멜라는 물러서지 않죠. 그리고 내가 본 바에 의하면 그러한 결정들이 거의 대부분 옳다는 것—시간이 좀 걸릴 수도 있지만—입니다. 파멜라는 또한 영감을 주는 사람입니다. 나는 그녀가 대의에 관해 말하는 것을 여러 차례 들었고, 멘토링에 관해 말하는 것도 들었습니다. 또한 여성과 소수자들의 커리어를 향상시키기 위해 노력하겠다는 약속도 들었습니다. 매번 연설을 들을 때마다 파멜라가 얼마나 영감을 주는 존재이며, 얼마나 정력적인 사람인지에 대해 느끼고, 그녀에게 압도당하게 됩니다.

내가 파멜라에게 준 것에 대해 얘기하자면, 두 가지라고 생각합니다. 하나

---

4. "CNBC Ups Asofsky to Sr. VP," Variety online, 2001년 7월 17일. http://Print.google.com/print/doc?articleid =56aJqucvdb6

는 에너지와 아이디어를 불어넣어 주었다는 것이고, 또 한 가지는 위안과 신뢰를 주었다는 것입니다. 내가 충직하다는 것 그리고 무언가 염려할 만한 일을 안 뒤에는 즉각 그녀에게 문제를 알린다는 사실을 그녀도 알고 있습니다. 내가 알고 있는 한 자기가 깜짝 놀랄 만한 일은 없을 거라는 것을 파멜라는 알고 있습니다. 고위 간부라고 해도 주변에 함께 있음으로써 편안하고 믿을 만한 사람을 둘 필요가 있다고 생각합니다. 바로 내가 그 점을 충족시켜 주었다고 생각합니다.

밥 라이트의 두 번째 프로테제는 NBC가 소유하고 관리하는 LA 소재 방송국인 KNBC의 전 사장이자 총지배인이었던 또 1명의 수퍼스타 폴라 매디슨Paula Madison이다. 성공이 최고의 복수라고 말하곤 하는데, 역경을 딛고 이루어 낸 폴라의 성공은 "너는 할 수 없어." 또는 "아니, 너는 자격이 안 돼." 라는 말을 들어본 사람 누구에게나 달콤한 영감이 되어 준다.

자메이카 이민 가정의 세 자녀 중 막내로 태어난 폴라에게 그녀의 부모는 성공해야 한다는 이민자로서의 결심을 주입시켰다. 고교 시절 폴라가 생활 지도 카운슬러에게 래드클리프Radcliffe, 하버드 대학과 120년 간 자매결연을 맺었던 미국의 명문 여자 대학교-역자 주나 베이사Vassar, 뉴욕에 위치한 명문 여자 대학교-역자 주에 가고 싶다고 말하자 카운슬러가 웃으며 말했다.

"킬킬 웃는 정도가 아니라 미친 듯 웃어 댔죠. '폴라, 너 같은 사람은 그런 학교에 가지 않는단다.' 라고 말하면서 말이에요."

폴라는 장학금을 받고 베이사에 진학했으며, 출세기도를 달리게 될 그녀의 첫 커리어를 지면 기자로서 내디뎠다. 그녀의 삶은 수많은 '최초'와 '최고'로 수식된다. 일례로 상위 5개의 마켓 내 네트워크를 소유한 방송국에서 흑인 여성으로서는 최초로 총괄 매니저가 되었으며, LA에 있는 2개의 NBC-텔레문도

TV 방송국(KVEA와 KWHY)의 지역 총지배인으로서 이중 임무를 맡았다. 이런 공을 인정받아 폴라는 1999년 엘리스 아일랜드 명예 메달$^{\text{Ellis Island Medal of Honor}}$을 수상했으며, 1998년에는 크레인의 뉴욕$^{\text{Crain's New York}}$이 수여하는 '뉴욕의 소수 인종 경영자 최고 100인' 중 한 명으로 선정되었다.

폴라는 밥이 다양화에 관한 태스크 포스팀을 소집했을 때의 인상적인 만남에 대해 회상한다. 폴라 역시 그들의 관계에 내재되어 있는 기브 앤 테이크에 관해 이야기했다. 밥은 폴라가 자신만의 목소리를 내는 것과 그녀의 일하는 방식을 특히 높이 평가했다. 다음에 주고 받은 이야기는 정직함의 중요성 그리고 자신의 기대를 분명히 밝히고 본인이 제공할 수 있는 것이 무엇인지를 솔직하게 말하는 것이 얼마나 중요한지를 강조하고 있다. 폴라는 이렇게 회상한다.

이 태스크 포스팀이 제기하려고 하는 문제에 대해 준비가 됐는지 밥에게 물었을 때가 기억나는군요. 나는 이렇게 말했어요. "저기 바위가 있다고 가정해 봅시다. 바위 아래에는 구더기가 있고요. 저 바위는 늘 제자리에 있기 때문에 아무도 바위 아래에 구더기가 있는지 모릅니다. 위에서 보면 모든 것이 괜찮지요. 하지만 그 바위를 들어 조금만 옆으로 굴려 보면 그 아래 있는 구더기를 보게 됩니다. 당신에게는 선택권이 있습니다. 하나는 깨끗이 치우는 겁니다. 구더기를 들어내고 그 자리를 깨끗하고 비옥한 토양으로 채우는 겁니다. 그러면 바위를 다시 놓아도 지면 아래 모든 것이 제대로라는 것을 위에서도 알게 되는 거죠. 아니면 이렇게 할 수도 있습니다. 바위를 들어 구더기를 발견하지만 그 자리에 다시 바위를 두는 겁니다. 하지만 문제는 이미 한 번 들어냈기 때문에 사실은 원래 있던 그대로 돌아가진 않는다는 거죠." 그리고 말했습니다. "내가 알고 싶은 건 이겁니다. 밥. 이 태스크 포스팀이 바위를 들어올릴 만한 힘을 갖고 있느냐 없느냐. 난 바위 아래를 보고 난 뒤에 다시 제자리에 돌려놓고는 '좋아. 이제 그만 움직이자. 모든 것이 잘되겠지.'라고 하고 싶지는 않아요." 그러자 밥이 내게 미소를 띠며 말했어요. "바위를 들어올렸을 때 우리가 하고 싶은 일을 당신이 해내기를 바란다네." 그 말에 나는 이렇게 말했죠. "좋아요, 밥. 당신 팀에 합류하겠어요."

밥 또한 첫 만남에서 느꼈던 폴라의 자신감에 대해 회상한다. 두 사람의 멘토링 과정에 있어서 폴라가 리더로서 자신을 각인시키고 LA 내 라틴계 공동체 때문에 어려움을 겪고 있는 밥을 도왔던 시기를 그들 둘 다 잘 기억하고 있다. 폴라는 이렇게 회상한다.

1999년 가을, NAACP^{전미유색인지위향상협회, National Association for the Advancement of Colored People}의 CEO 겸 사장이었던 콰이시 음후메^{Kweisi Mfume}는 프라임 타임 대에 다양한 프로그램을 방송하지 않는다고 네 개의 방송국을 비난했습니다. 비밀리에 회의가 진행되고 있었지만 그다지 주목할 만한 결과를 만들어 내지 못하고 있었는데, 그때까지는 NAACP 측에서 정치적 제휴를 원하는 방향으로 입장을 정했죠.

그들은 라틴계, 아프리카계 흑인, 아시아계 미국인, 아메리칸 원주민 등이었습니다. 밥은 협상을 이끌어 내는 일을 나에게 위임했어요. 그 당시 나는 신임 이사였습니다. 나는 생각했어요. '좋아. 이것은 회사 전체를 대표하는 일이다.' 그래서 밥에게 말했어요. "협상을 시작하겠어요, 하지만 당신의 승인을 얻기 위해 당신과 연락이 닿아야만 해요." 그는 "안 돼. 무엇을 할지 알고 있잖아. 당신이 해내리라 믿어."라고 했죠. 그때는 거의 기진맥진한 상태였습니다. 물론 한편으로는 자신이 있었지만 다른 한편으로는 내가 미처 경험해 보지 못한 무대인데다 상사가 나에게 '당신이 특명 대사'라고 말했으니……. "만약 도움을 필요로 한다면 도와주겠지만 당신은 할 수 있어."라고 밥이 말했어요."

밥은 폴라가 상황을 제대로 처리했으며, 그에게 있어 반드시 도와줘야 할 만한 사람이 되었다고 회고한다. 밥은 이렇게 말한다. "나는 그녀를 돕기 위해 최선을 다했습니다. 폴라는 여기 뉴욕의 뉴스 수장에서 로스앤젤레스의 본부장이 되었죠. 그녀는 뭐든 빨리 배우는 사람이고, 내가 함께 하고자 하는 사람입니다."

이 멘토링 관계에 있어서 우리는 관계 내의 두 사람 사이뿐만 아니라 조직 전체를 관통하는 호혜성이라는 중요한 교훈을 얻을 수 있다. 비록 밥 라이트의 멘토링 가운데 일부만을 살펴보았지만 이 관계에 연루되어있는 모든 이들이 비할 데 없이 중요한 이득을 얻고 있다는 점만은 명백하다.

조직 내의 주요 멘토링 관계를 이해하는 것은 수많은 조직에서 실제로 작동 중인 비공식적 네트워크에 접근하는 좋은 방법이다. 때때로 이러한 네트워크를 이해하려고 노력하는 것만으로도 비록 멘토링 관계에 속해 있지는 않지만 조직에 관한 귀중한 정보와 당신의 커리어를 발전시킬 수 있는 방법을 얻을 수 있다. 어떤 면에서 보면 이러한 멘토링 라인은 공식적 보고 라인 밖에 있는 사람들 사이의 연관을 통해 조직의 목적을 달성케 하는 사회 자본의 중요 부분으로 보여질 수도 있다. 조직 내에서 효과적으로 네트워킹을 하는 사회 자본의 수준이 높은 사람들은 더 많은 돈을 벌고, 가장 효율적으로 일을 수행한다.[5]

---

5. Laurence Prusak and Don Cohen, "How to Invest in Social Capital," Havard Business Review, 2001년 6월호, 86~93쪽.

밥 라이트는 자신의 멘토링 관계를 통해 NBC의 성공에 기여하는 직원들과 중요한 안목이라는 2가지를 얻었다. 그런 다음에는 밥의 수많은 프로테제들이 NBC에 가져온 다양한 견해와 혁신적인 아이디어들이 조직과 고객 전체를 통해 다른 사람들의 커리어에 영향을 미쳤다. 결과적으로 밥 라이트와 그의 프로테제들이 가져온 이득은 다음과 같다.

- 다른 사람의 발전을 보며 얻는 만족
- 인구 통계학적으로 다른 그룹에 대한 식견, 정치적 세련됨이나 개인적 스타일에 대한 식견과 같은 새로운 안목
- 신뢰와 충성
- 비밀을 털어놓을 수 있을 만한 절친한 사이 개발
- 탁월한 업무 수행 능력

미국 재무부 출납국장 로사리오 마린과 그녀의 프로테제

앞의 1장과 2장에서 로사리오 마린을 소개한 바 있다. 우리가 인터뷰할 당시 그녀는 조지 W. 부시 행정부에서 41대 미국 재무부 출납국장을 지내고 있었다. 또한 마린의 프로테제인 소규모 기업 컨설팅 서비스업의 사업자이자 공화당원인 아라셀리 곤잘레스에 대해서도 알고 있을 것이다.

2장에서 곤잘레스가 캘리포니아 주 커다하이 시의회 동료들의 부패를 발견하게 된 위기 상황에서 로사리오 마린이 그녀에게 베푼 확고부동하고 무조건적인 지원에 대해 이야기한 바 있다. 나중에 아라셀리 곤잘레스가 캘리포니아 주 상원에 출마할 것인지를 놓고 고민할 때도 로사리오는 큰 도움을 주었다. 출마를 놓고 아라셀리가 진지하게 고민하고 있을 때 마린은 자신의 멘토가 자

기에게 해 주었던 것과 똑같은 방법을 사용했다. "그녀가 알고자 하는 것이 무엇인지를 명확하게 알 수 있도록 도우려고 했습니다. 해답을 제공하는 것과 비교해 가며 질문을 이끌어 낼 수 있었죠. 아라셀리는 용감합니다. 그녀는 지역사회의 안녕을 위해 기꺼이 골리앗에게 맞설 태세죠." 아라셀리가 출마를 결심하자 로사리오는 막후에서 그녀를 돕기 위해 노력했다.

그렇다면 그 대가로 아라셀리가 로사리오에게 제공한 것은 무엇일까? 아라셀리는 로사리오에 대한 자신의 도움을 평가하는 데 있어 상당히 겸손한 태도를 취했지만 말보다 행동이 앞섰다. 아라셀리는 전국여성기업주협회가 수여하는 주목할 만한 여성상에 로사리오가 지명되도록 도왔다. 또한 로사리오의 충성스런 지지자였으며, 로사리오가 워싱턴에 있을 때는 정보 누설을 막는 역할을 해 주었다. 그녀는 로사리오의 개인 전화 번호와 휴대 전화 번호를 갖고 중요한 정보가 로사리오에게 직접 전해질 수 있도록 했다. 2004년 현역 상원 의원인 민주당의 바바라 박서 Barbara Boxer에 맞서 로사리오가 출마 캠페인을 벌였을 때 아라셀리는 막후에서 그녀를 지지한 주요 발기인 중 한 명이었다.

지방 정부나 주 정부, 연방 정부를 막론하고 공직에 오르고 그 직위를 유지하는 일이 어렵다는 것은 누구나 알고 있을 것이다. 현직에 있는 사람에게 공식적인 지지를 받는 프로테제에게 멘토링은 분명히 이득이다. 또한 프로테제가 승리하게 될 경우 멘토는 연습법을 입수하기 어려운 직업에 있어서의 성공 방법을 함께 나누는 절친한 사이로 남을 수 있다. 정치적인 멘토링은 주마다 조금씩 다를지 몰라도 정치적이거나 비정치적인 커리어 모두에 매우 중요한 교훈이 여기에 있다고 생각한다. 이러한 종류의 멘토링에는 위험성이 내재되어 있으며, 특히 프로테제나 멘토가 공식적으로 지지를 천명하는 경우에 더 그렇다는 증거가 있다. 자신이 지지했던 후보자 때문에 공공 스캔들에 휘말렸던 하원 의원인 데이빗 드라이어 David Dreier, 캘리포니아 주 공화당 의원 의 경우가 그렇다.

그 정치인에 대한 확고한 지지 때문에 데이빗의 명성은 일시적으로 해를 입었다. 이는 공식적으로 다른 사람을 지지한다는 것이 얼마나 위험한 일인지를 알려 준다. 다른 한편으로는 훈련과 발전이라는 것이 현실적으로 존재하지 않는 직업에 있어서는 멘토링이 특히 중요하다는 것도 알려 준다. 이런 상황에서는 그 길을 앞서 간 사람의 도움이 헤아릴 수 없을 만큼 귀중한 가치를 발휘한다.

정치적 멘토링의 또 한 가지 고유한 특성은 당의 계보를 통한 멘토링이라는 개념이다. 마린과 드라이어의 2가지 경우 모두 당의 계보를 통한 멘토링이라는 점에서 우리는 특히 깊은 인상을 받았다. 왜냐하면 어떤 대가를 치르든 간에 자신의 선거구민을 정치적으로 가장 잘 대표하는 것이야말로 그들의 궁극적 목표였기 때문이다. 콘돌리자 라이스$^{Condoleezza\ Rice}$처럼 정치적 임명직과 관련된 멘토링 관계(조지 부시 전 대통령의 국가안보보좌관인 브렌트 스카우크로프트 $^{Brent\ Scowcroft}$에게 멘토링을 받은 것으로 알려져 있다.)는 조직적 멘토링 관계와 더 많은 유사성을 가질지 모르지만 역시 멘토와 프로테제 모두가 얻을 수 있는 막대한 이득에 대해 중요한 교훈을 가르쳐 준다.

로사리오 마린과 그녀의 프로테제는 상호 보완적 기술의 중요성과 경계를 넘어서는 멘토링이 양쪽 모두에게 얼마나 큰 이득이 될 수 있는지를 보여 주는 좋은 예다. 당신의 직업 또는 조직에 존재하는 경계들에 대해 그리고 어떤 종류의 결연 또는 거리낌 없이 내뱉은 단순한 견해조차도 이러한 경계를 가로지르는 데 얼마나 도움이 되는지 생각해 보자. 요컨대, 마린과 그녀의 프로테제 관계에서 얻은 중요한 이득들은 이런 것이다.

- 다른 이들이 자신의 목표를 달성하는 것을 돕는 데서 오는 엄청난 기쁨
- 새로운 연고의 획득
- 캠페인 전개처럼 업무 목표를 정하는 데 도움이 됨

- 비밀을 지켜줄 수 있는 신뢰할 만한 관계 개발
- 인정
- 새로운 환경에서 어떻게 행동하고, 어떤 옷을 입으며, 어떻게 자신을 주장할 것인지에 대한 구체적 전략

시스코 사의 전 최고 재무책임자 래리 카터와 프로테제 패티 아치벡

2장에서 이그제큐티브 커뮤니케이션즈Executive Communications의 전무인 패티 아치벡과 그녀의 상사이자 멘토인 시스코 사의 전 CFO최고 재무 책임자 래리 카터 그리고 상급 멘토인 시놉시스 사의 IT부문 부사장 데브라 마르투치Debra Martucci를 소개한 바 있다. 패티는 래리와 데브라와의 관계(매우 다른 2개의 관계)에서 그녀가 얻은 것이 무엇이고 제공한 것이 무엇인지에 대해 많은 얘기를 하고 있다. 상사이자 멘토인 래리는 시스코 사에서의 패티의 미래에 대해 직접적인 얘기를 해 준다. 이에 반해 데브라는 패티에게 절실한 시스코 사 바깥 세상의 견해를 알려 주고 다른 테크놀로지 기업을 살펴볼 수 있는 기회를 준다.

두 관계의 이러한 차이점 때문에 패티가 래리에게 제공하는 것과 데브라에게 제공하는 것은 매우 다르다. 패티는 래리에게 믿음직한 조언자이자 비밀을 털어놓을 수 있는 절친한 사이로서 가차없이 솔직하게 피드백한다. 패티는 래리가 자신과 함께 있으면 편안하고 유머 감각도 맘껏 뽐낼 수 있다고 느끼며, 래리 또한 그렇다고 인정한다. 요컨대 그들은 서로를 전적으로 신뢰한다. 반면 데브라의 경우는 신중하게 그녀의 조언을 따르고 감사해하며 자신이 데브라의 지도를 받을 만한 가치가 있도록 한다. 패티는 데브라에게 기술 산업 분야에서 걸출한 여성 지도자라는 자신의 역할을 되돌아볼 기회를 주고, 또한 자신이 패티의 인생에 변화를 가져오는 사람이라는 것을 알게 한다. 패티는 래리와의 관

계에 있어 자신이 무엇을 제공하는지 이렇게 돌아보고 있다.

래리에게 있어 나는 여러 방면에서 믿을 만한 조언자라고 생각합니다. 그는 여러 가지 생각들에 대한 나의 반응을 살피고, 나의 대답이 진실할 것이라는 것을 알고 있습니다. 내가 래리에게 정직한 피드백을 하는 것이 우리 관계의 많은 부분을 차지하고 있죠. 그가 어느 장소에 있을 경우를 가정해 본다면 그는 매우 존경받는 사람이기 때문에 청중 가운데 누군가가 그가 거기 있는 것이 좋지 않다고 이야기하는 일은 일어나지 않습니다. 사람들은 "당신이 여기 와 줘서 기쁩니다. 당신은 최고예요."라고 말하죠. 그러면 그가 나를 쳐다보며 진실한 조언을 구합니다. 나는 그가 자신을 드러내는 것을 항상 보아 왔기 때문에 어느 부분이 나아지고 있고 어느 부분이 나아지지 않는지를 알고 있고, 그래서 솔직하게 반응을 전합니다.

패티는 자신이 데브라에게 제공하는 것은 다른 것이라고 추측한다. "데브라에게 있어서 저는 데브라 자신이 강한 영향을 미치는 사람이라고 느낍니다. 성공을 갈망하는 나 같은 여성을 곁에 둔다는 것 그리고 나에게 강력한 영향을 미칠 수 있다는 것은 기분 좋은 일이라고 생각합니다. 데브라는 나를 만나는 일을 매우 좋아합니다. 함께 에어로빅 강좌를 들을 때면 데브라는 우리가 아침을 함께 먹으며 멘토링 이야기를 할 것이라고 모든 사람들에게 이야기하죠."
양자 관계의 반대편을 바라본다고 할 때, 래리는 이 관계에서 패티에게 얻는 것이 무엇이라고 생각할까? 래리 카터는 조직 전체에 적용 가능한 개선 전략을 배운다고 생각한다. 여기 래리의 이야기를 들어 보자.

조직 전체나 특정 그룹에 사용할 필요가 있는 개선책에 대해 많이 배우고 있습니다. 때때로 어떤 분야에서 훈련이 부족하다는 것을 깨닫거나 또는 조직의 특정 분야를 너무 심하게 몰아치고 있는데 인원 배치가 적절하지 않다는 것을 깨닫게 되는 일이 발생하곤 하죠. 인력 충원이 충분치 않아 사람들이 시간 외 근무를 해도 전혀 알지 못하는 경우도 있습니다. 아니면 자신의 상급자에게 불만이 많은 사람들이 조직 내에 산재해 있는 문제가 있을 수도 있습니다. 누군가 나에게 이 점을 상기시켜 주었다는 것을 아무도 눈치 채지 못하도록 좋게 해결해야 할 경영상의 문제입니다. 그래서 어떻게 이런 일들을 좀 더 효과적으로 수행할 수 있을 것인지에 대해 패티에게 훌륭한 피드백을 얻고 있습니다. 또한 다른 이들이 자신의 커리어를 발전시켜 나가는 것을 보는 것도 개인적으로 보람 있는 일입니다.

래리는 자신이 패티에게 제공하는 것이 무엇이라고 생각할까? 그는 다음과 같이 얘기한다. "임원으로서의 풍모를 개발하도록 코치합니다. 그것은 단순히 어떤 옷을 입고 어떻게 보이느냐 하는 문제가 아니라 스스로 개발할 수 있는 마음의 상태이기도 합니다. 자신이 마치 임원인 것처럼 생각하고, 임원인 듯 행동합니다. 존 챔버스 시스코 사의 CEO 같은 거물급 인사를 관찰하고, 마치 그와 동등한 위치에 있는 것처럼 그에게 이야기합니다. 스스로 자신감을 발전시키고 높은 사람들 앞에서도 편안함을 느낄 수 있도록 하는 것입니다."

패티는 2가지 멘토링 관계에서 자신이 얻는 것이 무엇이라고 생각할까? 래리와 데브라에게 그녀가 봉착한 딜레마에 대해 이야기했을 때 그 둘의 조언이 비슷하면서도 서로 다르다는 점에 놀랐던 경험에 대해 이야기했다. 그녀가 래리에게 받은 충고는 이러했다.

동료들 사이에서 일어나고 있던 변화에 대해 래리에게 이야기했을 때가 기억납니다. 래리가 연루된 일은 아니었지만 나는 바깥에서 그가 문제를 어떻게 인식하고 있으며 어떻게 행동하는 것이 좋은지에 대해 그의 머리를 빌린 셈이었죠. 그는 문제에 대한 현실적인 견해를 밝히고, 나에게 직업적 목적이 무엇인지를 기억하고, 논란에서 벗어나 리더가 되라고 말했습니다. 그는 나의 시각을 완전히 바꾸어 놓았습니다. 리더는 정신 못 차리거나 동요하지 않는다는 것을 래리에게 배웠죠. 당신 주변 상황이 어떻게 돌아가는지 상관없이 무엇이 옳고 그른가 하는 기본은 변하지 않는다는 겁니다. 래리는 마치 오리 같아요. 물 아래서는 죽도록 물을 휘젓고 있을지 몰라도 겉으로 보기에는 순항하는 것처럼 보이기 때문이죠.

데브라는 같은 상황에 대해 약간 다른 견해를 제시했다. 패티의 이야기를 들어 보자.

동료들 사이에 일어나고 있던 일은 나를 당황하게 했어요. 왜냐하면 내가 일하고 있던 팀 내에 균열이 생기고 있었기 때문이죠. 데브라에게도 이 상황을 이야기했습니다. 그녀의 견해는 래리와 매우 비슷했지만 한 가지 여성적 특성을 좀 더 드러낸다고 할 만한 견해를 가지고 있었습니다. 데브라는 존경하는 동료가 있고, 상황을 함께 헤쳐 나갈 수만 있다면 시간과 노력을 들일 만한 가치가 있는 일이라고 했습니다. 동료들과 함께 뭉친다는 것이 좀 더 여성적인 특성을 띠는 것이라고 생각합니다. 둘 다 비슷하기는 하지만 약간의 시각 차가 있었고, 양쪽 모두 저에게 큰 도움이 됐습니다.

데브라와의 관계나 래리와의 관계 모두 패티의 커리어에 이익이 되었지만 그 방식은 약간 다르다. 패티가 멘토들에게 얻은 견해와 조언의 차이점은 멘토링에 대한 네트워크적 접근의 중요성을 강조해 준다. 데브라는 자매간의 우애와 같은 여성적 견해를 제시하고, 시스코 바깥 세상의 새로운 시각과 감정적인 지원을 제공한다. 여성이라는 공통점과 건강이라는 공동의 관심사 때문에 탈의실을 함께 쓰며 느낄 수 있는 동질성은 래리와는 결코 함께 나눌 수 없는 것이다. 이에 반해 래리는 회사 내에서의 높은 지위와 시스코 사의 CEO, 존 챔버스와의 가까운 관계 등을 이용해 패티가 도약하는 것을 막는 유리 천장을 부수고 최상류층으로 진입하는 것을 도울 수 있다. 데브라와 래리는 자신들이 패티의 커리어에 있어 없어서는 안 될 사람이라는 것을 기쁘게 생각하고 있다. 둘 다 패티가 얻는 것만큼 자신들에게 주는 것도 많다고 언급했기 때문이다. 요컨대, 이 관계를 통해 얻어지는 이익은 다음과 같다.

- 충고
- 솔직한 피드백
- 인정
- 자기 반성
- 개선 가능한 조직 영역에 대한 지식 습득
- 고위직다운 풍모 등에 대한 코칭

TV 연출가 마크 버클랜드와 그의 프로테제 로라 J. 메디나

TV 연출가인 마크 버클랜드Marc Buckland 와 그의 프로테제인 신진 연출가 로라 J. 메디나Laura J. Medina 사이의 기브 앤 테이크에 대해 살펴보자. 로라는 미국 감독조합DGA의 싱글 카메라 디렉터 예비 프로그램에서 12명의 가장 전도 유망한 여성 및 소수 민족 출신 감독의 한 명으로 선정된 인물이다. 이 프로그램의 참가자들은 그 분야에서 가장 격찬받고 있는 1시간짜리 드라마 연출가들에게 멘토링과 지도를 받는다. 로라는 여성 문제를 다룬 초기작들로 인정을 받아 제작 쪽에 탄탄한 경험을 갖고 연출직을 맡게 되었다.

프로그램의 일환으로 로라에게 멘토를 고를 수 있는 기회가 주어졌다. 첫째로, 로드 홀콤Rod Holcomb은 《ER》, 《차이나 비치》, 《The Education of Max Bickford》 등의 유명한 TV 파일럿 프로그램(쇼와 영화도)을 만든 잘 나가는 TV 연출가이다. 멘토로서의 그는 믿을 수 없을 만큼 관대하고 자신의 시간과 지식, 나아가 자기 자신을 주는 데 헌신적이다. 그녀는 훌륭한 작품들과 명성에 이끌려 마크 버클랜드를 선택했다. 《NYPD Blue 뉴욕 경찰 24시》, 《The West Wing 웨스트 윙》, 《Felicity 펠리시티》를 비롯해 다수의 히트작을 내 TV 산업계에서 높이 평가받고 있는 마크는 자신의 이름으로 연출한 TV 시리즈 리스트를 갖고 있다. 저명한 제작자인 스티븐 보치코 Steven Bochco의 보조 제작자이자 프로테제였던 마크는 최고에게 배웠다. 그는 《스크럽스 Scrubs》로 2002년 에미상 코미디 시리즈 부문 감독상 후보로 오르는 영예를 누렸고, 2001년에는 《피플즈 초이스 어워드 People's Choice Award》에서 인기 코미디상을 수상했다. 그 후에는 《Medical Investigation》라는 TV 시리즈의 파일럿 프로그램을 감독하고 책임 제작했다. 화를 많이 내고 소리를 질러대는 것으로 유명한 TV 산업 분야에서 마크는 세트장을 일하기 즐겁고 전문적인 분위기로 만드는 능력과 유머로 유명하다.

2000년 《아름다운 세상을 위하여 원제: Pay It Forward》라는 제목의 가슴 훈훈한 영화가 개봉되었다. 어린 소년 트레버 할리 조엘 오스먼드 Haley Joel Osment는 사회 선생님 케빈 스페이시 Kevin Spacey에게 영감을 받아 사람들에게 친절을 베푸는데, 호의를 받은 사람이 직접적으로 보답을 할 수는 없지만 대신 도움이 필요한 다른 사람에게 호의를 전달해야만 한다는 내용의 영화이다. 트레버는 노숙자들이 잠을 자고 샤워할 수 있는 공간을 마련해 주고, 그 남자는 노숙자 여인에게 친절을 베풀어 트레버의 은혜를 갚으며, 노숙자 여인은 젊은 기자에게 호의를 전달하는 식으로 친절을 베푸는 일은 곧 전국으로 퍼지게 된다.

이렇게 친절을 전달하는 일은 완전한 카르마를 생기게 한다는 힌두의 아이디어와 비슷한데, 우리가 멘토와 프로테제들과 나눈 대화에도 종종 등장한다. 우리는 파워 멘토들이 그들의 커리어에 있어서 많은 도움을 받아 왔기 때문에, 다른 사람들에게 그 도움을 돌려줘야 한다는 의무와 책임감을 느낀다는 사실을 알게 됐다. 다시 말해 친절을 전달하는 일 말이다. 마크 버클랜드는 로라와 같은 다른 사람을 돕는 일에서 만족감을 얻으며, 자신의 그러한 도움이 자신에게 도움을 주었던 사람들에게 감사의 표시인 동시에 받은 친절을 돌려주는 일이라 생각한다고 말했다. 다시 말해 많은 것을 받은 사람에게는 많은 것을 기대할 수 있는 것이다. 마크의 회고를 들어 보자.

그냥 따라할 수만 있다면(세트장에서 연출 일을 하는 그에게는 일을 의미한다.) 무의미한 것에서도 무언가를 얻을 수 있다는 것이 정말 좋습니다. 그런 생각이 나를 기분 좋게 만들죠. 많은 사람들이 나에게 문을 열어 주었기 때문에 나도 그렇게 하는 것이 좋습니다. 내가 이타적인 사람이라고 말하는 게 아닙니다(왜냐하면 TV쇼를 연출하는 일은 우리가 그 일을 하는 동안에는 정말이지 매우 절실한 일이기 때문입니다.). 하지만 어느 정도까지는 다른 사람에게 문을 열어 줄 수 있다는 것은 매우 좋은 일이죠. 보기에 따라서는 모든 이에게 골고루 돌아갈 만큼 충분하다고 믿습니다. 내가 행운아였기에 그런 기회를 누릴 수 있었다는 것을 알고 있습니다. 쇼 한 편을 연출할 기회가 로라에게 주어지도록 그녀를 도울 수 있는 일이 있다면 나는 정말 기쁠 것입니다. 당신의 인생이 정말 행운이라고 생각한다면 다른 이들을 돕지 않는 것은 끔찍할 일이 될 겁니다. 나는 정말 행운아였습니다. 남을 돕지 않았더라면 정말 얼간이가 되었겠죠.

다른 이에게 베푸는 것을 의무로 여기는 전 지구적 공감대라는 측면에서 마크는 로라를 돕는 일에 기쁨을 느낀다. 하지만 이 관계에서 그 또한 이득을 보고 있는 것이 확실하다. 마크는 세트장에서 일할 때 로라가 전해 주는 편견 없는 조언이 자신에게 얼마나 도움이 되었는지에 대해 이야기했다.

세트장에서 일하는 사람들이나 여러 이해 관계자들이 감독에게 바라는 것이 매우 다른 경우가 종종 있다. 배우들은 멋지게 보이기를 원하고, 제작자들은 이윤이 많이 남고 예산 내에서 작품이 해결되기를 원하며, 현장 지휘자들은 시간 내에 촬영이 진행되기를 바란다. 이런 점에서 볼 때 마크 같은 연출가들은 영상을 찍고 창의성을 유지해야 할 뿐만 아니라 엄청나게 많은 요구와 기대를 충족시켜야만 한다. 그런 까닭에 로라가 세트장에서 마크를 그림자처럼 따라다니며 자신의 견해를 밝히는 것이 마크에게는 자신이 가장 알고 싶은 의견을 얻는 소중한 기회가 된 것이다. 그런 점에서 로라는 자신이 마크에게 도움이 된다는 것을 잘 알고 있다. 그녀의 말에 따르면 "그가 무엇을 하고 있는지(매일매일 촬영이 어떻게 진행되고 자신이 감독 일을 어떻게 하는지)에 대해 나는 내 의견을 솔직하게 밝힙니다. 내 의견은 참된 것이며, 그런 말을 해 주는 사람이 그에게도 필요하다고 생각합니다. 그래서 내 생각을 말합니다. 다른 사람들은 모두 어떤 방식으로든 제작에 참여하고 있는 상태인 데 반해 나는 완벽하게 제작 과정 바깥에 있는 사람이죠."

이 관계에서 로라가 얻는 것은 무엇일까? 그녀는 마크에게서 배운 전문적인 기술들에 대해 길게 늘어놓았다. 20년 가까이 영화계에서 일해 온 그녀는 전도 유망한 TV쇼 연출 쪽으로 자리를 옮겼다. "마크는 내가 지금까지 본 감독들 중에 가장 집중력이 강하고 계획적인 사람입니다. 영화보다는 TV가 시간적 압박이 훨씬 더 강하죠. 마크는 자신이 무엇을 원하는지 정확히 알고 있고, 그것을 잘 이끌어 냅니다. 그가 사람들을 대하는 태도를 지켜보는 건 매우 즐거운 일입니다. 리드를 잘하면서도 매우 쉽게 해내기 때문에 모든 이들이 마크를 좋아하죠. 게다가 그는 매우 재미있는 사람입니다." 라고 로라는 말했다.

마크와 로라의 관계는 TV 프로그램 연출처럼 그다지 많은 사람들에게 알려지지 않은 산업 분야에서 공식적인 멘토링 프로그램이 어떻게 작동하는지에 대한 식견을 제시해 준다. 외부에서 볼 때 연출이란 원래부터 전문적 기술이 필요한 것으로 보일지 모르지만 우리는 인터뷰를 통해 이 직업에 대인 관계적 측면이 얼마나 많이 필요한지를 알 수 있었다. 이 직업에 있어 비기술적 부분이 차지하는 엄청난 중요성이 다른 직업, 즉 대인 관계 기술이 보통 추가적인 것이라 여겨지는 표면상 전문적인 직업에 암시하는 바는 크다. 로라는 배후에서 촬영 현장을 지켜볼 수 있었으며, 기술적으로 훌륭한 연출가와 제작자, 출연진 그리고 스태프 모두를 감동시키는 방법으로 계속해서 감독직을 요청받는 연출가 사이의 차이점을 관찰했다.

마크에게는 놀라운 일일지 모르지만 미국영화감독조합[DGA]을 통한 공식적인 멘토 짝짓기 프로그램이었음에도 불구하고, 그들의 관계는 일방적이거나 단일지향적 관계가 아니었다. 세트장에서 로라의 존재가 그에게도 역시 도움이 되었다고 마크는 생각한다. 특히 로라가 외부의 견해를 알려 주었기 때문에 여러 가지 다른 각도에서의 장면들을 생각할 때 그렇다. 우리는 다른 프로젝트에 참여하고 있는 TV 연출가들과도 인터뷰를 가졌는데, 그때 던진 많은 질문들 때문에 그들은 다른 이들에게 동기를 부여하기 위해 세트장에서 사용하는 기술에 대해 좀 더 신중하게 생각하게 되었다. 자신의 방법을 다른 사람에게 똑똑히 밝히는 행위를 통한 자기 학습은 중요한 성과이다.[*6]

자기 학습뿐만 아니라 이 관계에서 가장 두드러진 이익이면서 다른 멘토링 관계에도 적용 가능한 것들은 다음과 같다.

- 남에게 받은 호의를 다른 이들에게 다시 전할 기회
- 솔직한 피드백
- 공동의 목표와 이해 관계
- 내용과 과정에 대한 새로운 전문 지식

디즈니-ABC 텔레비전 회장 앤 스위니와 그의 프로테제들

지금부터는 앤 스위니$^{\text{Anne Sweeney}}$를 만나 볼 것이다. 그녀는 2004년에 《할리우드 리포터$^{\text{The Hollywood Reporter}}$》지가 선정한 '엔터테인먼트 분야에서 가장 영향력 있는 여성'으로 지명되었고, 《포천》지가 선정한 '가장 영향력 있는 여성 기업인 50인' 중 한 명으로도 뽑혔으며, 《포브스^{Forbes}》지 선정 '세계에서 가장 영향력 있는 여성 100인'의 1명으로도 꼽혔다.

그녀는 극도로 경쟁이 치열하고 변덕스러운 연예 미디어 업계에서 단순히 역경에 굴하지 않고 살아남은 생존자가 아니라 매우 잘 나가는 주인공이다. 앤은 1996년 디즈니 채널의 사장이자 디즈니-ABC 케이블 네트워크의 상임 부사장으로 월트 디즈니 사에 합류했다. 2004년, 이미 적지 않은 책무를 가지고 있었음에도 그녀는 미디어 네트웍스와 월트 디즈니 컴퍼니의 공동 회장이자 디

---

6. Susan Elaine Murphy, Ellen A. Ensher, A Qualitative Analysis of Charismatic Leadership in Teams : The Case of Television Directors. Paper presented at annual Academy of Management Meeting, New Orleans, LA, 2004년 8월.

즈니-ABC 텔레비전 그룹의 사장으로 임명되었다. 디즈니의 비스포츠, 케이블, 위성 그리고 보도 분야를 총괄하는 업무와 ABC 텔레비전 네트워크의 프로그램 편성을 감독하는 역할까지 맡게 된 것이다. 앤처럼 바쁘고 일에 집중하는 사람이 어떻게 멘토 역할을 할 시간과 의향을 가질 수 있을까? 멘토링 관계를 통해 많은 것을 베풀긴 하지만 주기만 하는 것이 아니라 얻는 것 또한 많다는 멘토링 관계에 대한 그녀의 인식 때문이다.

앤에게는 2명의 프로테제가 있다. 먼저 앤과 캐슬린 본 더 아Kathleen Von der Ahe 사이의 관계를 살펴보자. 여성과 유색 인종을 위한 디즈니 사의 차세대 멘토링 프로그램의 일환으로 앤이 캐슬린의 공식적 멘토 역할을 하도록 지정되었다. 캐슬린은 1999년부터 ABC의 제휴관계담당부사장으로 재직하면서 ABC와 그 계열사간의 관계를 관리하고 조정하는 업무를 했다. 앤이 캐슬린에게 제공한 것은 꽤 많았다. 앤은 여성 역할 모델로서 중요한 역할을 하고, 고위층에 견해를 제시하며, 캐슬린이 일과 가정 사이의 균형 문제로 위기를 맞은 중요한 시점에서 결정적인 충고를 해 주었다. 앤은 캐슬린과의 멘토링 관계에 있어 호혜성에 대해 회고하면서 캐슬린에게서 새로운 아이디어와 영감은 물론 격려까지 받았다고 말했다. 앤의 말을 들어 보자.

우리가 주고 받은 최고의 가치는 격려라고 생각합니다. 지금 우리가 속해 있는 회사는 다른 모든 미디어 회사와 마찬가지로 힘든 곳이고, 우리는 그 사실을 매우 잘 알고 있죠. 우린 둘 다 문제를 해결하고 개선하며, 주가를 올리고, 주주 가치를 창출하는 데 매우 관심이 많습니다.

내가 멘토 역할을 하는 사람이 여기에서 중요한 아이디어에 관심을 갖고 있는 사람이라는 것을 아는 것, 내게는 그것이 매우 중요합니다. 만약 내가 다음 단계로 도약하는 데 도움이 되는 것이 전부라면 흥미가 훨씬 덜 했을 테지요.

하루는 캐슬린이 면담을 하러 왔습니다. 그때 마침 나는 최악의 시간을 보내고 있었는데, 5개년 계획 때문이었는지 아니면 어떤 회사의 문제 때문이었는지는 정확히 기억나지 않지만 어쨌든 그 문제로 허우적대고 있었습니다. 캐슬린은 방송 네트워크에서 무슨 일이 일어나고 있는지, 그녀가 무슨 일을 했는지 사람들에게 알리기 위해 자신이 한 일에 대해 이야기했습니다. 앉아서 그녀의 이야기를 듣던 나는 완전히 고무되었습니다. 나는 깨달았죠.-거기서 벗어나, 앤. 캐슬린의 말을 들어. 이것이 그녀가 사람들을 움직이게 하는 방법입니다. 멘토의 역할과 멘토링 프로그램을 진심으로 받아들인다면 호혜적 관계로서 그것을 받아들이고, 어떤 정보가 어떤 형태로 전달되든 열린 마음으로 그것을 받아들여야만 한다는 것을 깨달을 수 있습니다. 나는 해묵은 문제에 대해 그녀가 신선한 시각을 갖고 있다고 결론을 내렸고, 나도 같은 방법을 택하기로 용기를 내게 되었습니다.

캐슬린 역시 자신이 돌려준 것뿐만 아니라 앤에게 얻은 것에 대해 이야기했다. 자신이 앤에게 다른 사업 분야에 대한 식견을 제시할 수 있었다는 것이 캐슬린의 생각이다. 실제로, 이런 식견이 큰 도움이 된 것만은 확실하다. 왜냐하면 앤은 ABC의 모든 것을 감독하는 디즈니-ABC 텔레비전 그룹의 사장으로 승진했기 때문이다. "일이 어떻게 이루어지는가, 어쩌면 여기 제휴 관계 부서에서 우리가 다루는 일들이 어떻게 돌아가는가 하는 관점에서 ABC 텔레비전 네트워크에 대한 약간의 통찰을 앤에게 제공할 수 있었다고 생각합니다. 아마도 앤은 나의 입장과 네트워크를 진정으로 이해하는 일의 중요성을 이해하고 있었던 것 같아요. 왜냐하면 나는 ABC 뉴스, ABC 스포츠, ABC 프라임 타임, ABC 세일즈 그리고 보상과 법률 문제를 맡고 있었기 때문이죠. 아마 앤이 우리 부서에 대한 이해의 폭을 넓혀 준 것 같습니다."

캐슬린은 자신이 앤에게 얻은 것에 대해 회고를 계속했다. "앤이 나에게 무엇을 주었는가에 대해 말하자면, 정말로 나 자신에 대한 확신을 주었다고 생각합니다. 또 언젠가 내가 진짜로 되고 싶은 사람으로서 훌륭한 모범을 보여 주었죠. 앤은 매우 다재다능하고, 또 도덕적인 경영자입니다. 그녀 덕분에 세상을 다르게 만들 수 있다고 믿게 되었죠."

이제 앤과 그녀의 비공식적 프로테제인 다이앤 로비나$^{Diane\ Robina}$ 사이의 관계를 살펴보도록 하자. 다이앤 로비나는 The New TNN 사의 부사장 겸 총지배인으로서 네트워크 브랜드의 재정비 사업을 이끌고 있으며, 프로그램 편성과 마케팅, 판촉 전략을 포함한 일상의 경영을 책임지고 있다. 둘은 앤이 니켈로디언^{Nickelodeon} 채널에 다이앤을 채용하면서 만나게 되었는데, 조직적 제휴 관계 때문에 경쟁자적 위치에 놓여 있었음에도 불구하고 둘 사이는 지리적·시간적 제약을 뛰어넘는 것이었다.

앤은 원래 다이앤의 보스 멘토였다. 하지만 시간이 흐르면서 둘은 친구 사이로 발전했는데, 서로 멀리 떨어져 사는데도 그렇게 되었다. 앤과 다이앤이 주고받은 혜택은 무엇인가? 다이앤은 앤과의 관계에서 얻은 것에 대해 이렇게 회상한다. "앤을 통해 내가 처해 있는 상황과 비슷한 위치에 있는 사람에게서 우정을 얻었습니다. 비슷한 점이 많았기에 우리는 인생에 있어서 일반적인 기복과 부침에 대해 이해할 수 있었죠. 내가 얻은 것 중 가장 중요한 것은 우정이라고 생각해요. 함께 앉아 '어쩜 좋아. 어떻게 하지?'라고 말할 수 있는 사람 말이지요."

다이앤은 그 보답으로 자신이 앤에게 제공한 것에 대해 생각했다. "같은 또

래의 아이들이 있기 때문에 서로 비슷한 압박을 받고 있죠. 내가 성공하는 데 앤이 협력하고, 또 거기에서 만족감을 얻기를 바라고 있답니다. 비록 회사끼리는 지극히 경쟁적인 관계지만 우리는 여전히 우정을 유지할 수 있어요."

앤 스위니는 훌륭한 멘토이며 프로테제에게 그녀가 돌려받은 것을 의심할 여지없이 그녀의 커리어에 유용하게 써 왔으며, 앞으로도 그럴 것이다. 앤은 이러한 관계를 계발해 온 것이 지금의 그녀를 이 자리에 있게 해 주었다는 것을 알고 있다. 일례로, 그녀는 공식적인 멘토링 프로그램에 참여하고, 그렇게 함으로써 조직 내 다른 부분에 대해 프로테제에게서 많은 것을 배웠다. 앤 또한 루퍼트 머독Keith Rupert Murdoch, 뉴스코퍼레이션 회장이나 제랄딘 레이본Geraldyne Laybourne, Oxygen Media의 CEO 그리고 3대 네트워크 모두에서 일한 경력이 있는 프로그래밍의 천재 프레드 실버만Fred Silverman 같은 업계 최고들에게 멘토링을 받는 엄청난 행운을 누렸다. 게다가 막강한 밥 라이트 라인의 사람들이 NBC에 포진해 있는 것처럼 앤의 프로테제들 그리고 그 프로테제의 프로테제들이 강력한 하나의 라인으로 연결되어 있다. 막강한 사람들의 성공 전략을 활용하는 것은 프로테제가 되고자 하는 이들에게 있어 가늠할 수 없을 만큼 값진 혜택이며, 또한 앤과 같은 멘토들로서는 자신이 멘토 역할을 한 사람이 조직이나 업계에서 성취를 거두는 것에서 자부심을 느낄 수 있다. 결과적으로 앤과 그녀의 프로테제 사이의 경험을 통해 살펴본 멘토링의 이익은 다음과 같다.

- 훌륭한 역할 모델 체험
- 우정
- 자신감 강화
- 업계나 조직 내의 다른 분야, 다른 계층에 대한 새로운 식견
- 일과 가정에 대한 결정적인 충고

- 격려와 고무
- 새로운 아이디어와 신선한 견해
- 에너지 확산

IBM 사의 선임 부사장 린다 샌포드와 그녀의 멘토링 네트워크

2장에서 IBM의 부사장인 린다 샌포드$^{Linda\ Sanford}$와 수석 부사장 닉 도노프리오를 포함한 과거와 현재의 멘토들을 소개한 바 있다. 앤 스위니와 마찬가지로 린다 역시 업계에서 가장 영향력 있는 사람들에게 멘토링을 받았으며, 따라서 그녀가 다른 이들에게 훌륭한 멘토가 된다는 것은 매우 자연스러운 일이다. 린다는 공식적·비공식적으로 활발한 멘토링 관계를 여럿 유지하고 있는데, 그중에서도 가장 가까운 사이로 특별히 셋을 꼽았다. 여기에서 다룰 세 명의 프로테제는 모두 IBM에 속해 있으며, 그 주인공은 인사 담당 부사장인 조앤 부잘리노$^{Joan\ Buzzalino}$, 글로벌 서비스 조달 담당 부사장인 마사 J. 모리스$^{Martha\ J.\ Morris}$, 소프트웨어 및 스토리지 개발 담당자인 찰스 리켈$^{Charles\ Lickel}$이다.

마사 모리스는 오랫동안 IBM에서 근무해 왔다. 그녀의 지위 상승은 단계별로 꾸준히 이루어졌다. 1981년 IBM에 입사한 그녀는 전 세계를 돌며 IBM의 최고경영관리직을 두루 거쳤다. 그녀가 특히 강점을 보이는 분야는 제조 경쟁력, 다양화, 교육 그리고 세계 시장에서 IBM의 리더십을 강화하는 것이다. 조앤 부잘리노는 IBM 직원의 전형적인 승진 패턴을 잘 보여 준다. 무려 36년 간 IBM에서 근무했고 성공적으로 승진했으며, 자신만의 경영 기법으로 찬사를 받았다. 2003년부터는 E-비즈니스의 다음 단계인 기업의 온 디맨드 전환$^{Enterprise\ on\ Demand\ Transformation}$의 인사 담당 부사장으로 재직하다 지난 2005년에 은퇴했다. 마사나 조앤과 나눈 혜택은 여기에서 다루도록 하고, 찰스와의 경우는 조직상의 이익에 대해 논할 이 장의 뒷부분에서 다루기로 한다.

　3명의 프로테제 모두가 린다에게 배운 것에 대해 비슷한 이야기를 했다. 그녀는 훌륭한 교사인 동시에 사람과 사람 사이를 연결시키고 관계를 양성하며, 다른 사람의 이야기를 잘 들어주는 사람이라는 것이다. 마사는 자기가 린다에게서 얻은 것 중 최고는 개인적으로 린다에게 접근할 수 있는 권한, 린다처럼 높은 지위에 있는 사람을 지켜보고 배울 수 있는 접근권이라고 말했다. 마사에 따르면 "전국에서 가장 영향력 있는 여성 20인에 든 사람에게 접근할 수 있는 권한을 얻었습니다. 정말 멋진 일이죠. 사람들을 짓밟고 올라서지 않고도 수많은 유리 천장을 깨고 그 자리에 오른 당신이 존경하는 사람 말이에요. 나는 린다를 지켜보고 질문을 던집니다. 린다는 내가 멘토 역할을 하는 친구들에게 이야기를 하거나 원탁 회의 같은 걸 열 때, 특히 여성들끼리 원탁 회외를 할 때 거론할 만한 역할 모델이죠."

　마사는 반대급부로 자신이 린다에게 제공한 것에 대해서도 되짚어 봤다. "린다는 충직한 직원을 얻었습니다. 만약 린다가 나에게 '마사, 여기 와서 이걸 다시 해 줘.' 라고 한다면 나는 바로 그렇게 합니다. 나와 함께 보낸 시간 덕분에 린다는 좀 더 나은 IBM인을 한 사람 얻은 거죠. 그리고 린다는 그렇게 나를 더 나은 사람으로 만들어 줍니다."

　조앤 부잘리노는 고위 경영진과 함께 일하면서 얻는 이익에 대해 이야기했다. 조앤과 린다는 또한 동료로서 멘토링 관계에 있다. 조앤이 린다와의 관계에서 얻은 것에 대해 느낀 바는 다음과 같다.

　　고위급 임원과의 관계에 대한 린다의 경험과 기술을 통해 이익을 얻습니다. 나에게 있어 그것은 매우 중요한 일이죠. 린다는 고위 경영진과의 관계를 다루는 일을 많이 하기 때문에 직관적으로 처리합니다. 멘토로서의 린다는 반응을 알아볼 수 있게 해 주는 역할을 합니다. 내가 어떤 일을 진전시키고자 할 때 아니면 어떤 아이디어가 떠올랐을 때 린다는 나에게 자신의 견해를 더해 줍니다. 그것이 바로 지금 내가 비즈니스적인 관점에서 필요로 하는 것이죠. 고위 경영진의 지원이라는 혜택을 얻음으로써 인사 집단 내에서 내가 더 생산적인 사람이 되도록 린다가 도와주었습니다. 그것은 내가 만반의 준비가 되어 있다는 것을 확신하고자 하는 사람으로부터의 어떠한 벌점이나 불이익도 없는 테스트죠. 그래서 그녀는 나의 코치입니다. 직업이나 기술적인 면에서 본 커리어 코치일 뿐만 아니라 내가 다음 단계로 도약할 수 있도록 만들어 주는 코치의 역할이 더 큽니다.

대신 조앤은 린다가 비밀을 털어놓을 수 있는 친구이자 반응을 알아볼 수 있는 테스터 역할을 해 준다.

내가 그녀를 위해 하는 일은 사람들의 반응을 알아볼 수 있는 테스터 역할이라고 생각해요. 린다는 뛰어난 직감을 갖고 있습니다. 하지만 때때로 지나치게 협조적인 태도 때문에 자신의 직감을 무시하는 경우가 있어요. 그래서 나는 때때로 고삐를 죄고 그녀가 자기 자신에게 충실하도록 하죠. 우리의 직급을 볼 때, 그건 다른 종류의 관계라고 할 수 있는 만큼 우스운 일이죠. 하지만 내가 그녀를 테스트할 때가 언제인지 린다는 알 겁니다. 그러면 나는 그녀가 제 모습을 찾도록 이렇게 말할 겁니다. "기다려요. 그들이 당신을 다른 길로 끌고 가고 있다는 걸 알잖아요. 당신이 하고 싶은 대로 할 때 당신이 옳았어요." 그리고 "당신은 이제까지 충분히 협조적이었어요. 이제 그만하고 당신 방식대로 하세요."라고 말할지도 모르죠. 그게 바로 멘토링 관계를 선택함에 있어서 꼭 닮은 사람일 필요 없이 상호 보완해 줄 수 있는 사람을 찾아야 하는 이유입니다.

마지막으로 린다의 견해를 들어 보자. 린다는 자신이 무엇을 얻는다고 느끼고 있을까?

매우 많죠. 실제로 내가 그녀에게 준 것보다 내가 그녀에게 더 많은 것을 얻었다고 생각합니다. 그녀는 나에게 솔직한 피드백과 신선한 시각을 제시해 주었습니다. 그 관계를 통해 내 아이디어와 생각들을 다른 사람에게 테스트해 볼 수 있는 기회를 얻었죠. 내가 직감적으로 느끼고 있는 바를 시험해 보고, 그것이 현실적인지 살펴볼 수 있습니다. 아니면 실행을 고려하고 있는 어떤 일들에 대해 다른 사람의 반응을 살피고 솔직한 피드백을 얻을 수 있죠. 그것이 바로 내가 멘토링 관계는 진정으로 호혜적인 관계라고 믿는 이유입니다. 그것이 찰스나 마사, 조앤이든 아니면 다음 세대의 역멘토이든 간에 말이죠.

IBM처럼 단단하게 얽혀 있는 조직에서는 여러 가지 다른 이유로 멘토링 관계가 소중하다. 이 이유를 살펴보면 첫째, 앞에서도 언급했듯이 개인의 사회 자본을 증강시키고 조직에서의 목표 달성을 돕는 연줄을 만드는 역할을 한다. 두 번째, 개개인에게 동기를 부여하고 조직 내 사람들 사이에서 쌍방 간 신뢰를 구축하는 귀중한 역할을 한다. 일례로 린다 샌포드와의 관계를 논하면서 마사 모리스는 그들이 쌓아 온 신뢰와 린다가 제공해 준 멘토링 덕분에 자신의 그룹이 린다를 위해 최선을 다하게 만들었다고 밝혔다.

린다 샌포드는 회사 내 멘토링의 중요성을 진정으로 이해하는 멘토의 좋은 예다. 그녀는 많은 사람에게 멘토링을 하고, 각 관계에서 상이한 이익들을 끌어 낸다. 더욱 중요한 것은 자신이 기댈 수 있는 헌신적인 직원들을 양성한다는 것이다. 다음은 샌포드와 그녀의 프로테제 사이의 멘토링 경험을 통해 얻은 혜택들을 요약한 것이다.

- 고위층에의 접근권
- 충성과 신뢰
- 반응을 시험해 볼 수 있는 테스터로서의 유용성
- 아니면 아니라고 말할 수 있는 사람
- 솔직한 피드백
- 신선한 시각

미 연방 하원 의원 힐다 솔리스와 그녀의 프로테제 주디 추

지금부터는 멘토링 관계에 있어 매우 흥미로운 3명의 인물을 살펴볼 것이다. 앞에서 장벽을 뛰어넘은 멘토링의 예로 현재 미국의 노동부 장관이자 미 연방 상원 의원인 힐다 솔리스(민주당 캘리포니아 주)와 현재 미 연방 하원 의원으로 있는 주디 추(민주당) 를 간략하게 소개한 바 있다. 솔리스는 캘리포니아 남부에 있는 자신의 지역구에서 환경 쓰레기장을 추방한 공로로 존 F. 케네디 대통령을 기려 만든 용기상을 수상한 첫 번째 여성이다.[7] 여성 의원인 솔리스는 막강한 파워를 지닌 하원에너지통상위원회에서 일했는데, 그녀는 이 위원회에 소속된 최초의 라틴계 여성이었다. 그녀의 정치적 우선 순위에는 환경 보호,

---

7. Andrew Walton 저, "Hilda Solis," in Caroline Kennedy 편집, Profiles in Courage for Our Time, 269-291 New York : Hyperion, 2002년.

건강 보험 개선, 근로자 가족의 권리 등이 포함되어 있다. 그녀가 느끼는 바를 이야기하려면 보다 큰 척도로 얘기해야 할 필요가 있다. 혜택을 돌려주고 이타적인 사람이 되는 것이 자신과 가까운 사람들에게 멘토가 되고 다른 사람들에게는 역할 모델을 하는 이유라는 점을 그녀는 분명히 했다. 솔리스는 자신이 멘토 역할을 할 사람들이 확실한 성공을 거두도록 노력했을 뿐만 아니라 자신이 영감을 불어넣는 멘토이길 바라며 대학에 관심 있는 라틴계 학교 학생들에게 이야기를 해 주는 자원 봉사도 하고 있다.

그런 그녀가 캘리포니아 주의회 멤버인 주디 추와의 멘토링에 연루된 것은 당연하다. 직업을 시작한 이래 주디 추는 공공 서비스 분야에 적극적으로 헌신해 왔다. 그녀는 자신의 빛나는 경력 가운데 3년을 지역 학교 위원회에서 봉사했고, 몬테레이 파크 시Monterey Park City 위원회에 13년 간 몸담았으며, 3회나 시장으로 일했다. 주디 역시 환경 보호 운동에 의미 있는 발걸음을 내디뎠고, 건강 보험 개혁을 옹호하는 활동을 했으며, 소외 계급을 위해 봉사하는 데 헌신했다. 그런 만큼 주디와 힐다는 여러 가지 같은 문제에 대한 열정을 공유하고 있다. 주디는 《캘리포니아 저널》이 뽑은 캘리포니아 최고의 초선 의원 가운데 한 명으로 선정되었다.

멘토링을 통해 얻은 이익으로 주디와 힐다 모두 조화의 중요성을 강조하고 있다. 흥미 유발을 위한 노력이 서로의 재능을 나눌 수 있게 한다는 것이다. 먼저 주디의 말을 들어 보자.

항상 힐다와 함께 회의에 참석하고 행동을 조정합니다. 한번은 보조금 신청서 작성 연방 정부나 주 정부, 기업, 공공 자금에서 지원받을 수 있는 보조금 신청에 필요한 서류 작성 과정을 배우는 일—역자 주 워크숍을 함께 한 적이 있어요. 우리가 공동 스폰서였죠. 지역 사회에 기반을 둔 모든 기관과 보조금 신청서 작성에 관심을 가진 사람들 모두를 초대했죠. 연방 정부와 주 정부 사람들은 물론 민간인들도 왔어요. 결과를 보고 정말 놀랐습니다. 적어도 200명 이상이 참석했거든요. 보조금 신청서 작성 워크숍 결과로는 정말 대단한 것이었죠. 하지만 실제로 우리는 많은 일들을 조정합니다. 예를 들면 현재는 캠페인 사무실을 운영하고 있죠. 뿐만 아니라 예를 들어 누군가 사무실로 전화를 걸어 중국어로 얘기한다고 하면 우리는 그들에게도 이야기를 합니다. 아니면 여기로 누군가가 전화를 걸었는데, 그게 이민 문제일 경우 우리는 다른 사무실에 있는 사람들에게 소개를 하죠.

힐다 또한 주디와 파트너를 이루어 일하는 것에 대해 이야기했다. "내가 연방 의회에 있고 주디가 시 의회에 있을 때 매우 가까이서 함께 일했습니다. 여러 가지 프로젝트에 기금을 제공하도록 도왔죠. 지역 사회의 노인 센터 확장 문제나 도서관 확장 그리고 지역 사회에 혜택을 주는 공공 사업 프로젝트였습니다. 그래서 우리는 함께 일할 수 있었습니다. 지금도 여전히 그 일을 계속하고 있고요. 연합하여 일함으로써 좋은 일들을 얼마나 일구어 낼 수 있는지를 보여 주고 있죠."

힐다와 주디에게는 공통적으로 중요한 일이 1가지 더 있다. 몬테레이 파크 시의 전 시장이자 유망한 정치인인 샤론 마르티네즈$^{Sharon\ Martinez}$의 멘토라는 것이 그것이다. 이렇게 걸출한 여성 2명 모두에게 멘토링을 받았다는 사실에 대해 샤론은 자신을 행운아라고 여긴다. 샤론은 정치인으로서의 자신의 역할에 소규모 자영업자의 섬세한 감각을 가지고 있다. 그녀는 사무, 통역, 판촉 분야의 충원을 전문으로 하는 SMART Temporary Personnel Services (임시직 서비스)의 창업자이자 사장이다. 이 회사는 하루에 100명 이상의 직원을 고용하고, 연간 총 200만 달러가 넘는 수익을 올리고 있다.

샤론은 자신의 멘토인 힐다 솔리스와 주디 추에게 자신이 얻은 것에 대해 장황하면서도 열정적으로 이야기했다. 샤론은 일찍이 캠페인 자금을 어떻게 거둘 것인지에 대해 코칭을 받았고, 정적이 자신을 비방했을 때 힐다의 격려로 다시 용기를 낼 수 있었으며, 힐다의 지원과 정치적 추천으로 도움을 얻게 되었다. 또한 주디를 통해 정치 과정을 이해하게 되었으며, 나아가 실제적인 역할 모델과 지원을 얻었다. 그 대신 자신이 힐다 솔리스와 주디 추에게 제공한 것에 대해 샤론은 이렇게 말한다.

내가 준 것은 긍정적인 에너지라고 생각해요. 나는 항상 긍정적인 태도를 가지려고 노력하는데, 특히 힐다와 함께 있을 때는 더욱 그렇습니다. 그녀는 내 인생에 있어 정말 위대한 사람이에요. 또한 그녀가 워싱턴DC의 국회의사당에 있을 때 나는 고향에서 무슨 일이 일어나고 있는지 알려 주려고 합니다. 나는 늘 힐다와 주디에게 충직하죠. 항상 그리고 영원히 그럴 것입니다. 내가 주디를 지지했을 때 화를 낸 사람이 많았습니다. 하지만 나의 충성심은 변하지 않았죠. 주디의 경쟁자로 라틴계 사람이 출마한 적이 있었습니다. 하지만 주디는 시를 위해 훌륭한 선택이었습니다. 많은 사람들이 내게 화를 냈죠. 그런 얘기를 정말 많이 들었어요.

이들 세 여성이 보여 주는 것은 생산적인 멘토링 관계의 중요성이다. 힐다 솔리스, 주디 추, 샤론 마르티네즈는 선거구민들에게 지역 사회의 발전을 위해 싸우는 사람들로 인식되어 있다. 그들은 자신들의 지역구를 특징짓는 전형적인 민족적 분할을 무시하고 교육이나 소수자의 권리, 공해와 같은 문제를 다루기도 했다. 힘을 모아 공동 행동을 함으로써 이들은 파워 멘토링으로 얽혀 있는 하나의 강력한 그룹이 되었다. 이런 그들의 관계는 전형적인 한 발 앞선 멘토링의 특징을 갖는다. 솔리스가 먼저 과정을 시작하고, 주디 추가 한 발 뒤에서 그녀를 따르면, 샤론 마르티네즈가 주디 추의 뒤를 따른다. 이 한 발 앞선 멘토의 장점은 앞 장에서도 지적했듯이 자신의 경력을 어떻게 쌓아 갈 것인지에 대해 최근의 견해를 알려 주는 멘토를 갖는다는 것이다. 멘토링이 어떤 형태를 보이든 상관없이 3명의 의원이 호혜적으로 나눈 이익은 엄청난 것이며, 멘토링 지원의 중요성을 잘 보여 준다. 여기에서 설명된 혜택에는 다음과 같은 것들이 있다.

- 펀드레이징(모금 활동) 원조
- 정치적인 전략
- 공공의 지원과 격려
- 상호 보완적 수단에의 접근
- 긍정적인 에너지
- 커리어 코칭

리 버틀러 제독과 그의 프로테제 도널드 페티트 준장

이제 군 최상위층으로 눈을 돌려 2명의 주인공을 살펴보도록 하자. 리 버틀러 Lee Butler 제독과 그의 프로테제 도널드 Donald Pettit 페티트 준장이 그 주인공이다. 버틀러 제독은 1961년에서 1994년에 걸쳐 군에서 두드러진 경력을 쌓은 유명한 인물이다. 그는 1991~1994년까지 미국 전략핵사령부의 사령관으로서 미국의 원자력 무기를 감축하려는 노력을 이끌었고, 핵무기 운영의 안전과 보안은 물론 핵무기 배치 준비를 책임졌다. 임기 중 그는 핵무기와 관련해 전 소비에트 연방과 냉전 상태에 있던 것에 충격을 받고 미국이 보유하고 있는 핵무기의 감축이 도덕적인 책무임을 깨닫게 된다. 3년의 임기 동안 그는 400억 달러에 달하는 전략적 핵 현대화 프로그램을 취소하고 75%의 핵 전투기를 감축했다. 마이클 콜로피Michael Collopy의 저서 《평화의 설계자들Architects of Peace》에서 테레사 수녀와 미하일 고르바초프, 달라이 라마 등의 위대한 지도자들과 함께 나란히 '평화에 기여한 50인의 세계 최고 지도자'로 자리매김한 리 버틀러는 평화와 정치 그리고 멘토링에 관해 많은 것을 말해 준다.[8]

리 제독은 군 경력을 통해 여러 명의 영향력 있는 멘토들과 조지 브라운George Brown, 1970년대에 합참 의장을 지낸 인물, 러스 도허티Russ Dougherty, 1974~1977년 전략공군사령부 사령관, 콜린 파웰Colin Powell, 2000~2004년 미 국무장관을 포함해 자신이 '천사'라고 부르는 사람들을 만났다며 스스로를 행운아라고 생각한다. 멘토들에게 무엇을 배웠는지에 대해 넘치게 늘어놓는 그이지만 어쩌면 자신의 전 프로테제였던 도널드 페티트와의 관계에 대해 이야기할 때가 더 표현이 풍부한지도 모르겠다. 리 제독은 자신이 AFO공군작전부의 부국장으로 있고 돈이 수석 보좌관으로 함께 재직 중이던 1980년대 페티트 준장의 보스 멘토 역할을 했다.

페티트 준장은 동부 지구, 플로리다에 있는 패트릭 공군기지 지휘관이자 제45 스페이스 윙의 사령관으로 재직했다.[9] 유인 우주선 지원을 위한 방위운영본부의 부본부장이기도 했다. 사령관으로서 플로리다의 커내버럴 공군 기지에서 관용 또는 상업용 위성의 준비와 발사를 관장했고 동부 지구에서 일어난 모든 발사에 대한 최종 허가를 승인했다. 리 제독은 도널드와의 관계에 내재해

---

8. Michael Collopy, Architects of Peace : Visions of Peace in Words and Images Novato, CA : New World Library, 2000년.

9. 도널드 P. 페티트 준장 저, Air Force Link, 2005년 1월 30일. http://www.af.mil/bios/bio.asp?bioID =6747

있던 상호 교환적 특성에 대해 이렇게 회고한다.

도널드가 나에게 해 준 역할은 멘토-프로테제 관계에서는 드문 다른 차원의 일이라고 생각합니다. 하지만 그 관계가 완벽하게 돌아가고 있을 때는 최고만이 도달할 수 있는 가장 훌륭한 차원이라고 생각합니다. 도널드는 내 양심의 수호자였습니다.

사람들을 해고하는 방법에는 여러 가지가 있어요. 사람들에게 자신의 이력이 잘 쌓이지 않을 거라는 걸 알게 하는 방법에도 여러 가지가 있습니다. 다루기 힘든 성격을 가진 사람들을 상대해야 하는 경우도 있죠. 이런 개인적인 문제들을 다뤄야 하는 것이 보스의 몫입니다. 이런 일들을 하는 데 있어 도널드는 가장 중요한 의논자 역할을 해 주었습니다. 우리는 항상 옳은 것만 말하고 옳은 일만 행한다는 확실한 도덕적 기준을 갖고 있었습니다. 다루기 어려운 일을 다른 사람에게 절대 떠맡기지 말고 평가에 있어서 만큼은 잔인할 만큼 객관적이되 그에 따른 결과에는 배려를 발휘합니다.

리 버틀러 제독은 도널드가 자신의 인생에서 진실을 말하는 사람의 역할을 함으로써 이상을 저버리지 않도록 도와주었다고 밝히고 있다.

직원들과 함께 일상적인 업무를 하거나 프레젠테이션 등을 할 때 도널드는 언제나 나를 세심하게 지켜보았습니다. 정도가 아닌 다른 길로 벗어나는 것을 보면 즉각 나에게 얘기해 주기 위해서였죠. "보스, 다시 한번 생각해 보시는 것이 어떻습니까?"라고 말하는 것 이상은 아니었습니다. 그런 식으로 돈은 조직의 성공과 관련해 내가 가진 고유의 가치 체계 안에서 내가 믿는 것에 충실할 수 있도록 도와주는 매우 강력한 역할을 했습니다. 멘토의 책임은 관계가 무르익어 그런 일이 가능하도록 하는 것입니다. 왜냐하면 단 한 마디의 기분 나쁜 말, 단 한 번의 성난 표정만으로도 그 문을 영원히 닫아 버릴 수 있기 때문입니다.

도널드는 혜택을 주고받는 일이 상호적이었다고 느꼈으며 자신이 피드백을 어떻게 제공했는지에 대해 좀 더 상세히 밝혔다. "일방통행이 아닌 양방향 관계였죠. 그리고 나는 항상 모든 사람들이 평등하다고 믿었습니다. 하지만 그는 제독이고, 당시 나는 그의 밑에서 일하는 소령이었다는 사실을 잊지 않았습니다. 그래서 제독과 제독의 직위에 대해 존경하는 마음을 갖고 버틀러 제독에게 나의 생각을 표현하려고 노력했습니다. 다행스럽게도 버틀러 제독은 나의 피드백을 격려해 주었고, 터놓고 자신의 생각을 나와 함께 나누고 의논했습니다. ―이 관계를 통해 나는 개인적·직업적으로 성장할 수 있었고, 앞으로도 영원히 나는 그 일을 감사하게 생각할 겁니다. 우리의 관계 덕분에 무언가가 잘못되어 간다고 생각했을 때 소리 높여 말할 수 있었습니다. 하지만 대부분의 경우 제독에게 시끄럽게 이야기할 필요가 없었습니다. 단지 심사숙고해야 할 무언가가 있다거나 다른 시각이 있을 수도 있다는 것을 그에게 이성적으로 보여 주는 것만으로 충분했으니까요. 제독은 늘 옳은 결정을 내립니다."

이 둘과 나눈 인터뷰는 성공적인 멘토링 관계의 특징인 심도 깊은 혜택의 호환성을 잘 보여 주고 있다. 리 버틀러는 다른 사람의 도의적 판단이라는 형태로 자신이 프로테제에게서 받은 고차원적 이익에 초점을 맞추고 있다. 오늘날에는 많은 고위급 임원들이 도덕적 문제에 관해 자신을 지적해 줄 수 있는 사람을 이용한다. 리와 도널드 사이에서 볼 수 있는 이런 밀접한 멘토링 유형은 어쩌면 군 장병들의 생사를 가르는 결정을 내려야 하는 군대의 특성에 기인한 것일지도 모른다. 공적이고 위계적인 관계는 좀 더 비공식적인 조직에서의 멘토링 관계와는 다른 밀접하고 신뢰감 있는 관계를 양산할 수 있다. 이는 다른 조직에서는 밀접한 관계로 발전할 수 없다는 의미가 아니라 그런 관계로 발전하는 데 좀 더 오랜 시간이 필요할 수 있고, 또 조금 덜 중요한 결정을 내리는 데 초점이 맞춰질 수 있다는 의미이다. 요컨대 이 막강한 멘토링 팀에 돌아간 혜택은 다음의 역할들과 관련이 있다.

- 양심의 수호자
- 상담을 하고 의견을 테스트해 볼 수 있는 역할
- 진실을 전해 주는 이
- 커리어 코치

■◆ 프로테제와 멘토의 이익에 관한 요약

멘토와 프로테제 양쪽과 나눈 우리의 인터뷰는 성공적인 멘토와 프로테제의 관계에 있어 기브 앤 테이크의 호혜성을 특성으로 하는 것이 얼마나 중요한가를 보여 준다. 이 장에서 우리는 인터뷰를 나눈 수많은 사람들이 얻은 상호 호혜적인 이익들에 대해 간략하게 소개했다. 어쩌면 당신 자신이 속해 있는 멘토링 관계에서 비슷한 주제와 혜택을 눈치채기 시작했을 수도 있을 것이다.

우리는 50건에 달하는 인터뷰를 모두 분석하고 프로테제와 멘토 그리고 조직이 얻는 혜택들의 포괄적인 목록을 작성했다. 그런 다음 주로 전통적인 멘토링 혜택과 관련해 이미 나와 있는 조사들과 비교했다. 그 결과 파워 멘토링 인터뷰를 한 사람들에게서 나온 혜택의 목록과 전통적인 멘토링에 관한 과거의 연구에서 나온 결과가 매우 비슷하다는 사실을 발견했다. 이는 파워 멘토링이 전통적 멘토링에서와 같이 많은 혜택을 주며, 전통적 멘토링만큼 커리어에 유익할 수 있다는 것을 의미한다. 우리가 인터뷰를 나눈 사람들만큼 커리어를 쌓지 않은 사람들이라면, 이 장에서 우리가 논한 혜택들이 과연 자신에게도 적용되는 것인지 의아해할지도 모른다. 다시 한번 강조하건대, 그에 대한 대답은 단연 예스(Yes)이다. 다양한 조직과 산업 그리고 직업군에 속해 있는 모든 계층의 근로자들 사이의 다양한 멘토링 혜택에 관한 상세한 기록들을 지난 연구 결과가 보여 주고 있다.

파워 프로테제가 얻는 것은 무엇인가?

결과적으로 파워 멘토링 관계를 통해 프로테제가 얻는 것은 무엇인가? 이 장을 시작하면서 우리는 전통적 멘토링의 혜택에 관한 연구 결과를 살핀 뒤 파워 멘토와 프로테제가 무엇을 얻었는지에 관한 이야기를 나누었다. 이제 우리가 알아낸 것과 과거의 연구 결과를 통합하는 종합적인 결론을 내리고자 한다. 표 3.1은 프로테제가 멘토링 관계를 통해 어떤 혜택을 보았는지에 관해 우리가 새롭게 알아낸 것과 지난 연구를 통해 알고 있는 것을 요약한 것이다.[10]

---

10. 이런 많은 혜택들을 강조한 문학 작품에 대한 다음의 멘토링 리뷰들을 참조할 것. Raymond A. Noe, David B. Greenberger, Sheng Wang 저, "Mentoring : What We Know and Where We Might Go," Research in Personnel and Human Resource Management 21(2002년) ; 129~173쪽 ; Connie R. Wanberg, Elizabeth T. Welsh, Sarah A. Hezlett 저, "Mentoring Research : A Review and Dynamic Process Model," Research in Personnel and Human Resources Management 22(2003년) : 39~124쪽.

표 3.1 프로테제가 얻는 혜택

직업적 지원	개인적 / 감정적 지원
승진 기회	직장에서의 자아 효능감
직업 이동성	대인 관계 성장
급여 인상	후원과 보호
직무에의 몰입	옹호
커리어, 직업 성공	우정과 사회적 상호 관계
조직 몰입	조언과 경청
직업, 커리어 관련 피드백	지원과 확신
도전적 과제	용인
자원 / 정보 / 인물에의 접근	
직접 체험, 다른 사람의 눈길을 끄는 것	

파워 멘토가 얻는 것은 무엇인가?

이 장을 시작하면서 왜 사람들이 다른 이들에게 멘토 노릇을 하는지 자아 중심적 · 타자 중심적 동기에 관해 간략하게 다루었다. 이제 파워 멘토가 얻은 것은 무엇인지 우리가 알게 된 것과 과거의 연구 결과를 종합해 보고자 한다. 표 3.2에 나와 있는 목록을 살펴보고, 그것이 자신의 멘토링 관계에는 어떻게 적용되는지 생각해 보도록 하자.

어떻게 하면 파워 멘토링 관계를 발전시켜 양쪽 모두가 최대의 이익을 얻을 수 있게 할 수 있을까? 특정 멘토링 관계를 통해 당신이 원하는 것이 무엇인지 그리고 당신이 제공해야 할 것이 무엇인지를 평가하는 것부터 시작해야 한다. 프로테제라면 멘토가 당신에게 무엇을 해 줄 수 있는지 뿐만 아니라 당신이 멘토에게 해 줄 수 있는 것이 무엇인지도 생각해야 한다. 멘토의 경우 멘토링 관계를 통해 무엇을 더 얻을 수 있는지, 무엇을 더 주어야 할지를 생각해야 한다.

앞으로 다룰 장들, 특히 7장에서는 이 일을 어떻게 하는지 구체적인 아이디어들을 다룰 것이다. 이 장의 다음 파트에서는 효과적인 멘토링 관계를 통해 혜택을 보려면 조직이 어떤 입장을 취해야 하는지 살펴볼 것이다.

조직이 얻는 것은 무엇인가?

IBM의 예를 생각해 보자. 루이스 거스너는 빅 블루 제품이 청색 기조로 되어 있어 붙여진 IBM의 별명-역자 주를 변화시키고, 고대하던 컴백을 감독하려는 임무를 띠고 IBM에 오게 되었다. 그가 어떻게 그 일을 해냈는지는 다른 이야기라 치자 (《코끼리를 춤추게 하라 Who says Elephants Can't Dance》를 참조할 것). 여기서 당면한 문제는 그가 어떻게 멘토링과 다양성을 IBM 문화의 중심으로 만들었는가 하는 것이다.*[11] 우리가 인터뷰한 5명의 IBM인은 공식적·비공식적으로 10명에서 50명 사이의 프로테제를 두고 있다고 추정했다. 또 어림잡아 자기 시간의 10% 내지 20%를 멘토링에 할애하고 있다고 했는데, 심지어는 최상위층에서도 마찬가지였다. 실제로 멘토링은 고위 경영자를 평가하는 중요한 척도가 된다.

IBM의 모든 인터뷰 참가자들은 린다 샌포드나 딕 도노프리오처럼 직접적으로 루이스 거스너에게 멘토링을 받았거나 또는 린다를 통해 린다의 프로테제 3명에게 전해진 것처럼 간접적으로 멘토링을 받았다고 언급했다. 린다와 닉에게 프로테제에게 전달하려고 한 것이 무엇이었는지를 물었을 때 그들은 "너 자신이 되라, 최상의 너 자신이 되라, 진실한 너 자신이 되라(Be yourself, be your best self, be your true self.)."라는 좌우명이라고 대답했다. 조금 진부하게

---

11. Louis V. Gerstner Jr., Who says Elephants Can't Dance? Inside IBM's Historic Turnaround New York : HarperCollins Busines, 2002.

표 3.2 멘토가 얻는 혜택

직업적 지원	개인적 / 감정적 지원
인력 개발자라는 인식	회춘
리더로서의 인식	개인적인 만족
좋은 평판의 증가	다양한 그룹과 관련된 지식, 공감, 기술의 증가
영향과 권력의 증가	커져 가는 동료 간의 협력 관계
인적 네트워크의 확대	우정
커리어에 대한 만족감	자부심과 개인적인 만족감
커리어와 일에 대한 동기 부여	지원과 견고함
경영과 리더십 기술의 개선	존경과 권한 부여
일과 관련된 것의 피드백	커져 가는 확신
일에 관련된 지원	대인 관계 기술 발달
조직이나 직업의 서로 다른 역할이나 지역에 대한 통찰력	멘토로서의 역할에 대한 만족감
	지식과 기술, 가치의 이전
도전과 자극	쾌감과 영감
가시성과 노출	사람들을 가르침으로써 자신이 무엇을 하고 있는지에 대한 시각 향상

들릴지도 모르는 말이다. 하지만 정말 흥미로운 것은 이 말이 전형적인 IBM 문화의 변화를 어떻게 나타내 주는지 그리고 그것이 어떻게 극적인 행동들로 나타났는지 하는 것이다. 거스너 이전에 IBM의 좌우명은 "우리처럼 되라.(Be like us.)" 그리고 "우리와 같은 경우에만 너 자신이 되라.(Be yourself only if it is like us.)" 같은 것이었을 것이다. 암묵적인 이 메시지는 샌포드의 프로테제이자 동성애자인 찰스 리켈을 16년 동안이나 가두어 놓았다.

 스스로를 극도로 수줍어 하는 임원이라고 소개하는 찰스 리켈은 16년 간 IBM에서 일주일에 70시간 또는 그 이상을 전형적으로 근무해 오다 자신의 멘토인 린다 샌포드에게 비밀을 털어놓기로 결심했다. 자신의 비밀을 폭로한 시점과 극도의 신뢰감은 두 사람 모두에게 결정적인 순간이 되었다. 린다와 찰스를 더욱 가깝게 만들어 린다가 찰스에게 그의 업무 성과에 대해 고통스럽지만 꼭 필요한 비평을 해 줄 수 있는 장기적인 관계로 자리매김하게 한 것은 물론이거니와 찰스에게도 직업적으로 성장할 수 있게 해 준 것이다.

린다의 격려로 그는 루이스 거스너에게 새로 만들어진 다양성 간부 회의를 돕겠다는 내용의 편지를 썼다. 루는 찰스를 게이와 레즈비언 간부 회의의 공동의장으로 임명했다.

그 덕분에 찰스는 전국에서 가장 영향력 있는 25인의 게이·레즈비언 간부 가운데 1명이 되어 전국적인 인지도를 획득했으며, IBM은 게이와 레즈비언 직원들에게 탁월한 업무 환경을 제공하는 회사라는 명성을 얻었다. 찰스는—IBM의 소프트웨어 부문 상무로 있다.—재직 중일 당시 IBM의 전 세계 스토리지 시스템 솔루션을 움직이는 조직의 2,500명을 책임졌다. 전 종업원의 10~15%가 게이와 레즈비언으로 구성되어 있다는 점을 볼 때 이러한 인력을 활용하는 것은 인력 충원에 있어 의미심장한 기회를 이끌어 내는 영리한 조치였다.

멘토링이 꽃피울 수 있는 환경을 제공하는 것이 조직에 얼마나 큰 이익을 가져다 주는지에 대한 주목할 만한 증거들을 과거의 연구 결과가 보여 주고 있다. 앞의 예에서 본 것처럼 재능 있는 직원을 유인, 채용하기가 훨씬 유리해진다는 것이 조직이 얻는 이익 가운데 하나다. 일단 어떤 조직이 직원을 개발하는 것으로 알려지기 시작하면 직업인들 사이에서 그 명성이 높아져 재능 있고 똑똑한 직원을 유인하는 경쟁에서 훨씬 유리한 위치를 차지할 수 있다.

또 다른 이익은 조직적 생산력이 확대된다는 것이다. 실제로 지난 몇몇 연구 결과를 살펴본 결과 효과적인 멘토링이 더 나은 업무 수행과 조직 시민 행동과 연결된다는 사실을 발견했다. 특히 IBM 같은 기업은 단결력이 더 뛰어나고 직장 내 커뮤니케이션은 물론 직원들의 관계도 전반적으로 더 나았다. 멘토링은 새로 채용된 직원들을 적응시키고 트레이닝과 실제 업무 습득 사이의 간극을 메우는 데 도움을 줄 수 있다. 심지어 직원들이 변화를 조금이나마 쉽게 수용하도록 하는 데 도움을 준다는 증거도 있다.

◼️ 결론

다시 반복하지만 이 장에서 우리는 멘토링 관계의 상호적·쌍무 호혜적인 본성을 보여 주는 예들을 들었다. 멘토와 프로테제가 각자 얻을 수 있는 많은 장점들을 강조하기 위해 양쪽의 견해에 초점을 맞췄다. 다음 장에서는 멘토링 관계에 있어 멘토의 마음가짐을 좀 더 깊이 탐구해 볼 것이다. 당신이 만약 멘토라면 자신이 어떤 타입의 멘토인지, 시간과 노력을 들일 만한 가치가 있는 프로테제에게서 당신이 구하는 것이 무엇인지를 발견하게 될 것이다. 프로테제로서 당신은 자신의 특정한 직업에 있어 발전 목표에 가장 적합한 멘토링 스타일이 어떤 것인지를 알게 되고, 멘토링 관계를 발전시켜 감에 있어 멘토가 당신에게 제시할지도 모를 여러 가지 테스트와 도전 유형들에 익숙해지게 될 것이다. 중요한 것은, 이 책을 다 읽을 무렵이면 당신은 명확한 전략과 우리가 논의한 모든 잠재적 이익을 활용할 수 있을 만큼 단계별 과정에 대해 배우게 될 것이라는 것이다.

4장

멘토의 심리

The Mind of the Mentor

4 멘토의 심리

> 자네는 내 사무실에 들어오기 위한 조건을 갖추고 있었지. 이제 이곳에 머물기 위한 조건도 갖추고 있는가? …… 자네는 이미 게임 안에 또는 게임 밖에 있는 것일 수도 있지. 돈이란 결코 잠드는 법이 없네. 자네에게 나는 이 게임이 어떻게 돌아가는지 보여 줄 것이네. 이제 나를 좀 놀라게 만들어 보게나. …… 내가 자네를 부자로 만들어 줄 걸세. …… 탐욕은 우리의 진화하는 영혼을 사로잡는다네. 탐욕이란 좋은 거야.
> ─영화 《월 스트리트》에서
> 고든 게코가 버드 폭스에게 하는 대사의 일부

지금으로부터 22년 전, 올리버 스톤 Oliver Stone 감독은 그의 영화 《월 스트리트》를 통해 일확천금을 꿈꾸는 한탕주의, 적대적 인수, M&A 시대의 미국 기업계의 삶에 대해 인상적인 논평을 했다. 비록 등장인물들의 의상이나 헤어스타일은 시대에 조금 뒤처졌지만 《월 스트리트》는 시대를 초월한 교훈적인 이야기를 담고 있다. 더욱이 억만장자 사업가인 고든 게코 Gordon Gecco, 마이클 더글러스가 배역을 맡았다.를 따라다니는 젊은 주식 중개인 버드 폭스 Bud Fox, 찰리 쉰이 배역을 맡았다.에 대한 묘사는 프로테제가 어떻게 멘토를 가질 수 있는지, 어떻게 멘토의 심리에 들어가게 되는지 그리고 멘토의 배신을 통해 자기 자신에 대해 어떻게 귀중한 교훈을 얻게 되는지를 보여 주는 좋은 예가 되었다.

1985년의 할리우드는 비윤리적인 멘토의 예를 허구적인 이야기로 보여 주었다. 하지만 2005년의 할리우드는 게코 Gecco 와는 정반대의 예─NBC/유니버설의 사장이자 업무 집행 담당 최고 책임자^{COO}로서 큰 존경을 받고 많은 사람들에게 호감을 얻고 있는 론 메이어$^{Ron\ Meyer}$—를 보여 주었다. 그 작품에서 그는 유니버설 픽처스$^{Universal\ Pictures}$와 포커스 피처스$^{Focus\ Features}$ 그리고 유니버설 파크 앤 리조트$^{Universal\ Parks\ and\ Resorts}$를 책임지고 있다. 메이어가 손을 대는 것마다 모두 금으로 변하는 것처럼 보일 정도였다. 유니버설의 실권을 잡기 전, 메이어는 크리에이티브 아티스트 에이전시$^{Creative\ Artists\ Agency\ (CAA)}$의 창단 멤버였다. 마이클 오비츠$^{Michael\ Ovitz}$와 함께 그는 CAA를 할리우드에서 가장 성공적인 탤런트 대행 회사의 하나로 만들었다. 론은 뛰어난 사업 수완으로도 유명하지만 재능을 개발하는 사람으로도 잘 알려져 있다. CAA의 사장 리처드 로베트$^{Richard\ Lovett}$, 유니버설 픽처스의 사장 스테이시 슈나이더$^{Stacy\ Snider}$, 유니버설 픽처스 배급사의 사장 니키 로코$^{Nikki\ Rocco}$는 모두 론 메이어를 그들의 커리어에 있어 중요한 멘토였다고 인정한다. 그렇다면 론과 같은 사람에게 있어 또는 그들의 조직에 있어 멘토가 된다는 것은 무슨 의미일까?

여러 멘토들이 멘토링을 일의 일부로 여긴다. 관리자나 경영자는 자신이 고용한 사람들의 기술이나 능력을 향상시키는 것에 우선순위를 두는 경우가 종종 있지만 그 의무를 공식적으로 할당받는 경우도 있다. 대부분의 조직은 멘토링이 높은 잠재력을 지닌 고용인을 계발하는 공식적·비공식적 방법으로써 훌륭하다는 것을 인정하고 있다. 하지만 효과적인 멘토링은 경험이 더 많은 고용인과의 직접적인 만남을 제공함으로써 실력을 갖춘 고용인 수를 증가시킬 수 있다. 이러한 멘토들은 프로테제로 하여금 현재의 직위에서 필요한 전문 기술이니 관리 기술을 강화할 수 있도록 도와줄 뿐만 아니라 프로테제들이 현재의 위치보다 더 높은 위치에서 일하는 데 필요한 덕목과 필수 기술, 전략도 접할 수 있게 해 준다.

전통적 멘토링 관계에서는 멘토들이 조직을 위해 유능한 고용인의 발전에 많은 시간과 전문 지식을 투자하기를 기대하는 것이 비밀은 아니지만, 경력의 상급 단계에 도달하게 된 많은 사람들은 자신의 지식을 차세대 유망한 고용인들과 나누기를 간절히 원한다. 유니버설의 론 메이어가 최고의 지위에 있을 때 유능한 인재 개발 전략의 일환으로 그들에게 기회와 정보를 제공한 일은 파급 효과도 컸을 뿐더러 그것은 제대로만 실행된다면 전체 조직의 문화 중 일부가 될 수도 있다.

앞의 2장에서 파워 멘토링 관계가 취할 수 있는 많은 유형에 대해 설명했다. 그러한 각각 다른 멘토의 유형(일시적 멘토, 보스 멘토, 역 멘토 등등) 뒤에는 멘토링 관계가 어떻게 펼쳐질 것인지에 관한 그리고 멘토와 프로테제의 구체적인 역할에 관한 일련의 기대치가 존재한다. 더욱이 파워 멘토링과 전통적인 멘토링 관계의 중요한 차이점은 대부분의 파워 멘토들이 관계에 투자하는 만큼 관계에서 얻는 것도 많다고 느낀다는 점이다(상호 작용). 3장에서 언급했듯이 파워 멘토링 관계에서 멘토들이 얻는 이익은 전형적인 발전 기회에서 생기는 이익이나 단지 자신들의 업적을 자랑스럽게 여기는 정도의 수준을 훨씬 넘어선다.

4장에서는 사람들이 멘토가 된다는 것에 대해 가지고 있는 철학을 심도 있게 연구함으로써 이 아이디어를 더 깊이 다룰 것이다. 멘토링 철학을 연구하는 것이 왜 중요할까? 이렇게 생각해 보자. 사람들은 좋은 부모가 되기 위한 자기만의 생각을 가지고 있다. 부모들은 아이들을 위해 체계와 규율을 제시해야 할까? 지지하는 친구처럼 행동해야 할까? 또한 사람들은 이상적인 결혼에 대해서도 각기 다른 생각을 가지고 있다. 서로 다른 두 사람이 동등한 책임과 동등한 분담을 통해 파트너십 안에서 협동할 것인가? 아니면 한 사람은 가사를 책임지고 다른 사람은 수입을 책임질 것인가?

각자가 원하고 지지하는 육아법과 결혼은 자녀와의 관계나 부모와의 관계에 영향을 미친다. 이런 관계에 대한 우리의 생각이나 철학은 우리가 원하는 종류의 행동 양식에 대한 기대 심리를 결정한다. 정신적 모델에 대한 아이디어는 우리의 행동을 가이드하는 개념을 사로잡는다. 정신적 모델the mental model이란 특정한 이슈에 대해 우리가 가지고 있는 철학이나 일련의 태도를 말한다. 그 모델은 세상이 돌아가는 방식, 그 이슈가 어떻게 다른 사람에게 영향을 미치는지 그리고 사회는 어떻게 그 이슈에 반응하고 또 그 이슈에 의해 어떤 영향을 받는지에 대한 기본적인 가정을 포함한다. 우리는 우리의 정신적 모델을 뒷받침해 주는 정보는 받아들이려 하지만 그에 반대되는 정보는 무시하려는 경향이 있다.[*1]

우리가 양육이나 결혼에 대해서 생각하는 것처럼 우리 중 다수는 멘토가 무엇을 해야 하는지, 멘토가 공식적 관계의 일부인지 또는 비공식적 관계의 일부인지에 대한 일반적 아이디어나 정신적 모델을 가지고 있다. 똑같은 사실이 멘토링 관계의 본질에 대해서도 유효하다. 우리의 생각은 멘토링 관계에서 누가 무엇을 할지 기대되는지, 관계가 전개되어 갈 때 어떤 일이 일어나는지, 멘토는 어떤 종류의 지지를 프로테제에게 제공할 것인지를 지시한다. 더 나아가서 이러한 생각은 멘토링 관계가 성공적이었다고 느끼는지 아닌지에도 영향을 미친다.

---

1. 심리적 모델과 원형은 사회적 인식social cognition으로 칭해지는 심리학의 연구 분야에 포함되어 있다. 그것은 개개인이 어떻게 다른 사람들이나 사회적 상황에 관한 정보를 처리하는가에 관한 고찰이다. 심리적 모델에 관해서는 다음을 참조하라. Dedre Getner and David R. Getner, "Flowing Waters or Teaming Crowds : Mental Models of Electricity," in Albert Stevens and Dedre Getner (eds.), Mental Models Mahwah, NJ : Lawrence Erlbaum Associates, (1983); 또한 관계의 전형에 의해 영향을 받는 증거로 보이는 개인간의 관계 상호 작용에 대해서는 다음 논문을 참조하라 : Beverley Fehr, "Intimacy Expectations in Same-Sex Friendships : A Prototype Interaction Pattern Model," Journal of Personality and Social Psychology 86, no.2(2004) : 265~284.

예를 들어 멘토란 수퍼 히어로에 가깝다고 생각하는 – 다시 말해서 프로테제가 자신의 일에서 실수를 저질렀을 때 갑자기 나타나서 프로테제를 구해 주는 사람이 멘토라고 생각하는 – 프로테제가 있다고 가정해 보자. 이러한 관계에서 멘토가 자신을 프로테제를 간섭하지 않는 선생님, 즉 프로테제에게 일반적인 가르침은 주지만 실수를 통해서 배우도록 내버려두는 사람이라고 생각한다면 어떤 일이 벌어질까? 분명 불협 화음이 생길 것이고, 두 사람 모두 자신들의 관계에 대해 불만족하게 될 것이다.

이 장의 전체적인 목적은 멘토가 지닌 심리의 내적 작용을 탐구하는 데 있다. 우리는 이 연구에서 몇 가지 일반적인 정신적 모델을 밝히기 위해 멘토의 심리를 탐구한 다음 아래와 같은 것들을 살펴볼 것이다.

- 멘토의 눈으로 본 완벽한 프로테제의 특징
- 프로테제를 쩔쩔매게 만들지도 모르는 실행 가능한 테스트와 도전 과제의 목적 그리고 본질
- 멘토링 관계가 성공적으로 발전할 수 있는 방법

파워 멘토의 심리 속으로 들어가는 일은 아마도 당신이 현재 가지고 있거나 또는 희망하고 있는 멘토링 관계에 대한 많은 질문에 답이 될 것이다.

■◆ 정신적 모델 : 멘토링의 철학

파워 멘토링 관계에 대한 탐구에서 우리는 우리가 연구했던 멘토들이 멘토링을 어떻게 개념화하는지를 설명해 주는 일련의 정신적 모델을 찾아냈다. 우

리는 이 섹션에서 이러한 모델 중 4가지에 중점을 두었다. 기업 시민, 실용적 멘토, 세계 시민 그리고 마스터 멘토가 그것이다. 이러한 철학들은 우선 멘토가 왜 멘토링 관계에 참여하기를 원했는지를 설명한다. 한층 더 깊이 들어가서 파워 멘토링 경험에 대한 멘토의 기대치도 조명한다. 우리는 다양한 멘토링 철학의 구체적인 예를 제시함으로써 멘토링의 다양한 이유들을 요약한다. 이러한 토의는 모든 경우를 속속들이 조명하고 있지는 않다. 우리는 단지 우리가 공유하고 있는 멘토링 관계의 주된 면모를 포착하려고 노력한다. 물론 사람들은 다른 형태의 멘토링 모델과 만날 수도 있고, 경우에 따라서는 혼합된 형태(2가지 또는 그 이상의 모델이 결합된 형태)를 마주하게 될 수도 있다. 중요한 것은, 멘토와 프로테제 사이에 있어 멘토가 무엇을 해야 하는지 알아내는 것이 그러한 관계를 맺고 있는 멘토나 프로테제 사이에 공유되는 기대치에 영향을 줄 수 있다는 데 큰 차이가 있다는 것이다.

기업 시민 corporate citizen

기업 시민이라는 개념을 강조하는 멘토링 철학을 가지고 있는 사람들은 멘토링을 조직에서 리더십을 행하게 될 다음 세대가 조직을 이끌어 나갈 준비가 되어 있다는 사실을 보증하는 방법으로, 또 개인이 조직 안에서 번성할 수 있도록 해 주는 비공식적 양성법의 한 가지 수단으로 간주한다. 일부 조직에서는 개발이나 훈련을 위한 이런 형태의 멘토링을 멘토가 시작하는 반면 다른 조직체에서는 인사 관리 부서나 상급 관리 부서가 그들이 프로그램에 따라 먼저 실시함으로써 멘토링을 추진한다. 그러나 프로테제를 위한 핵심 사항은 양쪽의 경우에 있어 모두 동일하다. 이러한 철학을 가진 멘토는 멘토링을 한 개인이 훌륭한 기업 시민이 되기 위해 행하는 행위의 일부로 간주한다.

지금은 디즈니 미디어 네트워크가 된 디즈니 채널 월드 와이드의 전 사장이자 디즈니-ABC 텔레비전 그룹의 사장 앤 스위니$^{Anne\ Sweeney}$는 멘토링 관계의 양쪽을 모두 경험했다. 그녀는 최고의 어린이 케이블 네트워크인 니켈로디언^{Nickelodeon}에서 12년 간 근무했으며, FX 네트워크의 사장이자 CEO였다. 그녀는 그 회사에서 자신의 전 보스 멘토이자 전 옥시전 네트워크$^{Oxygen\ network}$의 창설자이자 회장이며 현재 시만텍$^{Symantec\ Corporation}$ 사 이사회 임원인 제랄딘 레이본$^{Geraldine\ Layborne}$과 폭스 엔터테인먼트 그룹의 CEO 겸 이사회 회장을 맡고 있는 루퍼트 머독$^{Rupert\ Murdoch}$과 함께 공동 연구를 하는 과정에서 많은 것을 배웠다.

반대로 많은 사람들에게 멘토 역할을 하기도 했다. 이러한 상호 작용 덕분에 그녀는 멘토링이 취할 수 있는 형태에 관한 상당한 통찰력을 갖게 되었다. 나아가 어떻게 하면 프로테제와 상호 작용할 수 있는지에 대한 기대치를 개발할 기회도 얻었다. 우리가 앤 스위니와 인터뷰할 당시 그녀는 ABC 계열 회사$^{ABC\ Affiliate\ Relations}$의 캐슬린 본 더 아$^{Kathleen\ Von\ der\ Ahe}$와 공식적인 멘토링 관계를 맺고 있었다. 그 관계는 기업 시민적 모델에 따라서 형성된 것처럼 보였다.

그러나 비록 스위니가 훌륭한 기업 시민의 양식에 따라 멘토링을 했다 할지라도 대화를 나누는 과정에서 우리는 그녀가 그 관계를 전형적 관계보다 한층 심화된 관계로 받아들이고 있음을 알 수 있었다. 그녀는 그러한 공식적 멘토링 관계의 맥락에서도 멘토링을 서로 교감하는 작용으로 받아들이고 있었다. 또한 기업 시민 자격의 일부로서 멘토링이 왜 더욱더 개인적이어야 하는지에 대해서도 설명했다. 그리고 사람들이 조언과 시간을 제공하는 데는 이유가 있으며, 프로테제가 그 조언을 받아들이는 것이 얼마나 중요한지에 대해서도 강조했다. 그녀는 텔레비전 프로그래밍 전문가인 프레드 실버만$^{Fred\ Silverman}$이 자신의 멘토였을 때 그녀가 누렸던 이점에 대해 이야기했다.

나는 당신이 멘토링 관계에 대해 매우 이타적이어야 한다고 생각합니다. 멘토링 관계를 위해 상대방과 만나는 데 한 달에 한 번 월요일 오후 3시부터 4시까지 시간을 내기 곤란하다면 지금의 멘토링 관계는 몇 달이나 일 년 또는 매주 이야기하지 못하더라도 항상 같은 수준의 신뢰와 같은 수준의 소통 관계를 유지할 수 있는 단계로 성장해야만 합니다. 그런 관점에서 당신이 멘토링 관계의 가치를 깨닫는 것은 중요한 일입니다.

나는 우리가 1989년 MTV 네트워크^{MTV Networks}에서 코미디 네트워크에 착수했던 그날을 기억합니다. 당시 컨설턴트는 전설적인 방송 프로그래머였던 프레드 실버만^{Fred Silverman}이었습니다. 그리고 나는 인수팀장이었습니다. 프레드가 들어왔고, 나는 수백만 달러에 달하는 작품을 사기 위해 그곳에 있었습니다. 그는 자리에 앉더니 이렇게 말했습니다. "좋아요, 코미디 네트워크입니다." 그리고 나를 가리키며 "좋습니다. 당신은 나가서 60년대 할리우드 청춘 코미디 영화부터 옛날 흑백 코미디 영화까지 모든 것을 어디에서 얻을 수 있는지 알아오세요. 당신이 매쉬^{M*A*S*H, 1968~1986년에 걸쳐 방송된 TV 시리즈물로 한국전 당시 미군 야전 병원이 주요 무대임.-역자 주}에서 텍사코 스타 극장^{Texaco Star Theater, 코미디 버라이어티 쇼, 라디오 1940~48년, TV 1948~56년-역자 주}를 찾을 수 있을지 궁금하군요."라고 말했습니다. 난 그가 말한 정보를 알아내기 위해 최선을 다했습니다. 어떻게 그 일을 하지 않을 수 있었겠습니까? 나는 나 자신에게 말했습니다. "인생에 있어 과연 몇 번이나 프레드 실버만과 함께 일할 수 있는 기회를 얻겠는가. 이 사람은 진짜 트리플 트렛^{triple threat, 혼자서 감독과 각본, 제작을 모두 하는 사람-역자 주}이라고. 그는 세 개의 네트워크에서 프로그램을 이끌고 있어. 그의 프로그램은 볼거리가 많고 세련됐지. 그는 위험을 감수할 줄 아는 사람이야. 많은 것을 배울 수 있을 거야."

진정 흥미로운 것은 그와 내가 6개월이든 6일이든 이야기를 나누지 않아도 아무런 상관없이 그와 나의 관계는 여전히 건재했다는 것입니다. 프로그래밍 작업을 하는 데 있어 힘든 순간마다 나는 네트워크의 입장에서 생각하려고 노력했습니다. 예를 들면 이 프로그램은 이런 방향으로 나가야만 하는 것일까, 만약 그렇다면 왜 그럴까…. 그는 나에게 있어 항상 공명판 같은 존재였습니다.

앤은 그녀의 멘토링 관계 중 여럿은 기업이 주도하거나 또는 보스가 주도하는 것으로 시작되었다는 것을 깨달았고 동시에 그런 관계를 시간의 흐름에 상관없이 한결같은 진정한 관계로 변모시켰다. 이것은 기업형 파워 멘토링 관계가 개인이 회사를 떠나면 끝나 버리는 경우와 반대로 어떻게 진화하고 있는지를 보여 주는 것이라 할 수 있다. 이러한 경우는 종종 공식적 관계보다 좀 더 포괄적이고 자동으로 계속 이어지는 관계로 발전하는 평생에 걸친 멘토링 관계가 된다.

요약하자면, 기업 시민 철학은 멘토가 자신이 속한 조직의 이익을 위해 멘토링하도록 되어 있는 멘토링 관계의 일반적 본질을 일러 준다. 어떤 멘토의 경우 그 관계는 기업의 요구를 충족시키는 시점에서 끝나기도 하지만 어떤 경우에는 멘토의 관계 모델이 확장되기도 한다. 우리는 비록 앤의 멘토링이 기업 시민의 한 편으로 시작되기는 했지만 그녀는 멘토링 관계 중 어떤 관계들은 개인적인 관계나 상호 간의 이익 그리고 많은 경우에 있어서 관계의 지속성이 더욱 심화되었다는 것을 알 수 있었다. 만약 프로테제들이 보다 심오한 무언가를 찾고 있다면 그들은 멘토링 관계의 기업 시민 모델에서 몇 가지 단점을 발견하게 될지도 모른다. 멘토들은 그들이 이전까지 몸담아 왔던 고도로 조직화된 형태의 멘토링 관개를 재생산하거나 기업 시민 관계에 도움을 주기 위한 구체적

양성법을 거부할 수도 있다.

이것은 기업 시민의 정신적 모델에 결함이 있다고 말하는 것이 아니다. 이 철학을 가진 멘토들은 귀중한 직업적 충고, 특히 어떤 특정한 조직체에서 어떻게 하면 조금이라도 앞서 나갈 수 있는가에 대한 충고를 제시할 수 있다. 그러나 프로테제가 그들이 좀 더 많은 것을 희망하고 있다고 확실히 말한다면 그 관계는 서로에게 더욱더 이득이 되는 어떤 것으로 변할 수도 있다.

실용적 멘토 Pragmatic Mento

멘토의 두 번째 그룹은 멘토링 관계에 대단히 실용적으로 접근했다. 멘토링의 본질에 대한 질문을 받았을 때, 그들은 자신들의 프로테제를 위한 거래로서—다시 말해서 그들이 받게 될 이점에 대한 교환으로서—그들이 한 일에 초점을 맞췄다. 이러한 실용적 견해 때문에 이 멘토들은 자신들의 파워 멘토링 관계를 평등하게 보려는 경향이 있다. "그렇게 하면 나에게 어떤 이득이 생길까?"라고 묻는 냉정하고 계산적인 접근 방식을 취하기보다 양쪽이 얻을 상호 간의 이점이라는 견지에서 생각했다.

이러한 실용적 관계에 관여하고 있는 많은 사람들은 프로테제와 멘토가 서로에게 다른 것을 제공한다고 생각했다. 예를 들면 전직 캘리포니아 주 하원의원이자 현 오클랜드 시장인 론 델럼스 Ron Dellums는 멘토링이 자신의 전설을 보존하고 자신의 열정과 이슈를 떠맡아 앞으로 밀고 나갈 사람을 성원하는 훌륭한 방식이라는 것을 깨달았다. 수년 간 자신의 프로테제였던 찰스 스티븐슨 Charles Stevenson에게 직장 상사로서 멘토링하는 과정에서 델럼스는 스티븐슨의 능력을 연마시키는 동시에 자신이 시작한 일을 지속적으로 유지시켜 줄 사람을 얻었다는 것을 확신했다. 그에 대해 델럼스는 이렇게 말한다.

나는 사람들이 항상 자신의 후계자를 준비하고 있어야 한다고 생각합니다. 1998년 은퇴했을 당시, 나는 찰스에게 함께 떠나자고 말했습니다. "함께 떠나자. 그리고 기회를 잡자고. 저 밖에는 완전히 다른 세상이 있고, 우리는 계속 잘할 수 있을 거야." 나는 가는 곳 어디든 찰스를 데리고 다녔습니다. 미국 대통령을 만나게 되어 있었다면 그리고 그를 데리고 갈 수 있었다면 그는 당연히 참여했을 것입니다. 내가 세계은행World Bank의 사장을 만나게 되어 있었다면, 내가 WHO에 가게 되어 있었다면, 코피 아난Kofi Annan, 당시 UN 사무총장을 만나러 UN에 가게 되어 있었다면……. 나는 내가 가는 곳 어디든 찰스를 데리고 갔습니다. 그리고 그에게 했던 내 말의 핵심은 바로 이것이었습니다. "내가 말할 때, 들을 때, 관찰할 때, 그때 배우게나." 나는 누군가가 내가 아는 것만큼 알기를 원합니다. 많은 것을 알고 있는 다른 사람을 보면 기가 죽는 사람들이 많습니다. 하지만 나는 그렇지 않습니다. 나는 그게 중요하다고 생각합니다. 그래서 나는 찰스에게 이렇게 말했습니다. "보게나, 나는 이제 예순 살이 넘었네. 내가 얼마나 오랫동안 이 자리에 있을지는 모르지만 자네는 일할 수 있는 시간이 더 많고, 내가 이 자리에서 물러나야 할 때가 오거나 나에게 무슨 일이 생긴다면 나는 자네가 이 모든 지식과 정보의 보고 역할을 하기 바란다네. 내가 아는 것들을 자네가 알기 바라고, 그럼으로써 자네가 지속적으로 나아갈 수 있기를 바란다네."

우리는 델럼스의 멘토링 철학을 전적으로 실용적이라고 보지는 않지만 후계자를 훈련하는 그의 방식은 상당히 실용적이라고 볼 수 있다. 시스코 시스템의 고객성공엔지니어링 부문 부사장이었던 딕시 가 또한 멘토링 관계에 대해 실용적 견해를 제시했다. 다음의 예에서 확인하겠지만 그녀는 이러한 견해를 프로테제 또는 잠재적 프로테제에게 상당히 명확하게 알려 주는 경향을 가지고 있다.

　나는 종종 행사에서 강연을 할 것이고 사람들은 나에게 와서 "제 멘토가 되어 주시겠습니까?"라고 말하겠지요. 만일 사람들이 내게 '즐겁게 잡담이나 나누자.'는 식의 관계를 원한다면 내 대답은 아마도 "No!"가 될 것입니다. 만약 당신이 목표를 가지고 있고, 그에 대한 도움을 원한다고 말한다면 그리고 우리에게 성공할 방법이 있다면-그것이 무엇이 됐든-나는 기꺼이 당신을 도울 것입니다. 하지만 단지 당신의 친구가 되어 주기 위한 시간은 없습니다. 그런 사람들에게 해 줄 나의 대답은 항상 이렇습니다. "당신이 성취하고자 하는 구체적인 무언가를 가지고 있고, 당신이 원하는 구체적인 목표와 대상을 가지고 있고, 또 그에 대한 도움을 원하고, 신이 그것을 하는 데 내가 도움이 된다고 생각한다면 기꺼이 돕겠습니다. 그러나 〈쿰바야 여기 오소서 라는 뜻의 찬송-역자 주〉를 함께 부르는 것은 내가 할 일이 아닙니다."

　한때 나와 함께 일하다 다른 팀으로 옮겨 간 청년이 있습니다. 그와 나는 2주 전에 멘토링 회합을 가졌는데, 그가 나에게 다가와 이렇게 말했다고 칩시다. "딕시, 할 말이 있습니다." 내 방식을 알고 있는 것이지요. 그 청년은 이렇게 말합니다. "상황은 이렇습니다. 이것이 우리가 원하는 것입니다. 당신은 어떻게 생각하십니까?" 그런 상황에서 나는 꽤 많은 경우 이렇게 풀어 나갑니다. 나는 대단히 결과 지향적이고 목표 지향적이며 목적 지향적인 사람입니다. 그리고 사람들이 성공이란 어떤 모습을 하고 있으며, 그 실체가 무엇인지를 알았으면 합니다. 만약 당신이 우리가 추구하는 것이 무엇인지 그리고 우리가 찾고 있는 것의 성과가 무엇인지 말할 수 없다면, 아마도 그것이 당신의 진정한 목표가 될 만큼 충분히 생각하지 않았다는 의미

일 것입니다.

미국 실업계의 최상류층 아프리카계 미국 여성인 딕시는 많은 사람들에게 조언을 해 달라는 요청을 받고 있다. 그녀의 실용 노선은 그녀로 하여금 자신들의 직업에 초점을 맞추고 있는 사람들에게 도움을 주고 있다. 나아가 딕시는 관계에서 비롯되는 실용적 이점에 대한 자신의 평가를 다시 한번 제시하면서 자신이 멘토링에서 얻게 된 구체적 보상에 대해서도 이야기했다.

"당신이 보다 나은 지도자라는 사실과 그러한 지도자로 인식된다는 것, 또 무슨 일이 일어나고 있는지를 알게 된다는 것이 바로 보상입니다. 왜 그런지 직접 예를 들어 봅시다. 당신이 빙산의 일각만큼 두려운 사실을 알게 되었다고 칩시다. 어떤 이슈나 상황이 공식적 채널을 지나 당신에게까지 왔을 때쯤이면 그것은 모든 커피숍을 지나 거리를 거쳐 코너를 돌고 난 뒤 당신 집 앞에 일주일 정도 머물러 있었을 것입니다. 즉 당신이 그런 이슈로 시간을 보낼 때 당신은 무슨 일이 일어나고 있는지, 당신의 관심을 필요로 하는 것이 무엇인지 그리고 그 팀의 분위기가 어떤지를 훨씬 빨리 알아차리게 되는 것이죠. 그런 관점에서 볼 때 나는 보상을 받는 것입니다. 사람들은 때때로 이렇게 말하죠. '저를 지도해 주셔서 정말 고맙습니다.' 그것이 바로 보상입니다. 우리 중 그 누구도 충분한 감사를 받고 있지는 않습니다. 멘토들이여, 고맙습니다."

실용적 멘토들은 멘토링 관계에서 무엇을 주고 받기 원하는가에 관해 대단히 솔직하다. 그런 명확성은 자신들이 무엇을 원하는지 알고 있는 프로테제들에게 진정으로 좋다고 할 수 있다.

세계 시민 Global citizen

우리의 멘토 중 많은 수는 멘토링을 단순히 그들이 몸담고 있는 조직체나 기업에 한정된 의무로서가 아닌 그에 반대되는 개념, 즉 일반 사회 또는 세계에 대한 의무로 보고 있다. 우리는 2장에서 멘토링의 중요한 이유로 생식성(다음 세대에 대한 관심)을 언급했다. 멘토링의 이러한 모델은 멘토 방법에 어떻게 영향을 미칠까? 우리는 멘토링의 이러한 정신적 모델이나 철학을 가지고 있는 멘토가 어떤 특정 직업에서 성공하기 위해 해야 할 일들에 집중하기보다는 자신들의 프로테제에게 일련의 광범위한 교훈을 주는 것을 목표로 삼았음을 알게 되었다. 이 멘토들은 장기간에 걸쳐 전체적인 그림을 그리고, 그들이 여러 가지 정황에서 배운 교훈을 다른 사람들에게 어떻게 나누어 줄 수 있을 것인가에 집중한다.

어떤 점에서 딕시 가는 멘토 역할을 행하고자 하는 자신의 욕망을 일종의 광범위한 사회 환원 방식이라고 생각했다. "강연을 하거나 다른 사람에게 동기를 부여하는 것은 나에게 있어 열정입니다. 왜냐하면, 진부하게 들릴지도 모르겠지만 당신은 수많은 삶에 영향을 미치고 있고, 순간순간 영향력을 미치고 있기 때문입니다. 순간순간 미치는 영향력 그것이 바로 내가 내 인생을 가늠하는 척도입니다."

미치 코스 Mitch Koss는 속보나 세계 여러 나라, 구체적으로는 미국 10대들에게 영향을 미치는 심층적 이슈를 주로 다루는 채널 원 뉴스 Channel One News의 제작자다. 채널 원 뉴스는 미국 내 48개 주와 콜럼비아 지구의 공립·사립 중학교 학생들이 시청하는 채널로, 1민 2,000여 곳의 미국 중고등학교에 연결되어 있고 800만 명이 넘는 학생과 40만 명의 교육자들을 대변한다.[2] 1990년 처음 전

---

2. Information gathered from Channel One Web site, http://www.channelone.com.

파를 탄 이후로 채널 원 뉴스는 그 유명한 조지 포스터 피바디상George Foster Peabody Award을 포함한 150개 이상의 뉴스와 교육 프로그래밍 명예를 획득했다. 그런 완벽한 수준이야말로 미치가 자신의 이전 직장이던 맥닐-레러 뉴스아워MacNeil/Lehrer NewsHour와 그가 다큐멘터리 제작자로 있던 PBS에서 배워 온 것이었다. 채널 원을 통해 그는 ABC 뉴스와 CNN, WB에 내보낼 단편뿐만 아니라 MTV를 위한 다큐멘터리 시리즈를 제작했다. 뿐만 아니라 그는 《LA 타임즈LA Times》와 다른 신문에 자신의 글을 싣고 있다.

미치의 세계 시민적 접근법을 따른 멘토링은 그의 뉴스 소식에 대한 접근법이기도 하다. 그는 많은 젊은이들과 함께 일해 왔는데, 그중에는 CNN에서 《360》이라는 자신의 프로그램을 진행하고 있는 리포터이자 주목받는 인물인 앤더슨 쿠퍼Anderson Cooper라든가 ABC에서 방송되는 《뷰The View》의 전직 공동 진행자이자 《내셔널 지오그래픽 익스플로러National Geographic Explorer》의 진행자이자 채널 원 뉴스의 리포터, 오프라 윈프리 쇼와 CNN의 특파원으로 활동하고 있는 리사 링Lisa Ling, 2009년 북한에 억류되었다 풀려난 로라 링의 언니-역자 주 같은 사람들이 포함되어 있다. 채널 원의 리포터들은 고등학교나 대학을 졸업하자마자 네트워크에 입사하는 경우가 대부분인데, 리사 링의 경우에는 고등학생일 때 입사했다. 미치는 이 젊은이들에게 일에 대한 자신의 열정을 들려주면서 그들을 고취시킨다. 그는 앤더슨 쿠퍼와 함께 일하던 당시 그들이 제작하려고 하는 뉴스가 촉망받는 고등학생들에게 '진짜'가 되도록 하기 위해 의도적인 선택을 했음을 회상한다.

실질적으로 나와 함께 일하도록 배정된 첫 번째 사람은 1993년 당시 스물다섯 살의 젊은이였던 앤더슨 쿠퍼였다. 그가 스물다섯일 때 나는 서른아홉이었고, 당시 나는 두 가지 선택을 할 수 있었다. 하나는 내가 기업에서 그때까지 배워 온 모든 것을 그와 나누는 것이었다. 그렇게 할 경우 그는 물론이고 시청자들까지 나를 싫어하게 되리라는 걸 나는 알고 있었다. 두 번째는 "좋아, 파트너. 자네는 무엇을 하기 원하는가?"라고 묻는 것이었다. 앤더슨은 자신에게 가르침을 줄 누군가를 찾고 있었던 것이 아니라 아무도 몰랐던 것, 이를테면 TV저널리즘에 대한 새로운 접근법을 찾아내는 데 누군가가 도움을 주기를 바라고 있었던 것이다. 그리고 나는 후자를 선택했다. 앤더슨은 대단한 젊은이였고, 비범할 정도로 용감했으며, 다른 사람과 다르다는 것을 조금도 두려워하지 않았다. 수준 높은 그의 혁신은 일 년 반 뒤에 함께 일하게 된 리사 링과 같은—심지어 앤더슨보다 더 어렸던—젊은 혁명가를 찾아내기 쉽게 만들어 주었다. 리사는 어린 나이에도 해외 특파원이 되기를 원했을 뿐 아니라 《뉴욕 타임즈New York Times》의 토마스 프리드만Thomas Friedman의 주된 영역이었던 추상적인 이슈들—이를테면 발전하는 세계 속 세계화에 관한 충격—에도 관심이 많았기 때문에 그녀의 야심은 그녀와 관련된 위험 부담을 높이는 결과를 가져왔다. 그로 인해 그녀는 머나먼 땅에서 위험을 감수하며 지내야 했을 뿐만 아니라 자신의 능력 이상의 일을 하면서 위험 부담까지 떠안아야 했다. 그러나 그녀는 자신의 일을 밀고 나갔고, 대학 교수들이 막 인식하기 시작한 이슈에 대해—심지어 LA의 PBS 방송국에는 세계화에 관한 다큐멘터리 미니시리즈도 있었다.—날카롭고 흥미로우며 도발적인, 새로운 유형의 TV 프로그램을 만들었다. 그 시점으로 돌아가 그녀가 한 일을 돌이켜 본다면 그녀가 한 일이 우리가 현재 살고 있는 이 세상을 상당히 정확하게 예견했음을 발견하게 될 것이다.

채널 원을 잘 모르는 사람을 위해 덧붙이자면 그 스토리는 사람들이 학보에서 보고 기억할 만한 종류의 것이 아니다. 그것은 충격을 줄 만한 보고서였다. 리사 링과 미치 코스의 초기 작업을 예로 들면, 그들은 1990년대 초반 아프가니스탄에서 일어나고 있는 일에 관심을 가졌다. 미치는 리사가 작성하여 보여 준 기사를 보며 그녀의 형평성에 매우 놀랐다고 말한다. 그들은 러시아와 중국에 대한 기사도 함께 작성했다. 그 과정에서 미치는 자신의 젊은 프로테제에게 수준 높은 보도 기술을 심어 주는 데 초점을 맞췄다. 왜 그랬을까? 그리고 멘토링에 대한 그의 열정은 무엇이었을까? 그의 경우에는 효과적인 저널리즘을 위해 바쳐진 전면적인 헌신에 대한 믿음이었다. 그는 또한 그 경험을 젊은 리포터들이 자신의 옆에서 기술을 배울 수 있는 도제 방식으로 여겼을 수도 있다. 앞의 2장에서 다뤘던 멘토링의 형태로 보자면 미치는 리사와 앤더슨을 위해 장벽을 허문 멘토라고 할 수 있다. 그는 그의 도움이 없었다면 적어도 그렇게 젊은 시절에 그들 스스로 도달할 수 없을 단계까지 그들의 능력을 끌어올릴 수 없었을 것이다. 미치와 리사의 합동 작업은 채널 원을 위한 혁신적인 작업이었을 뿐만 아니라 수상작인 PBS 다큐멘터리를 제작하는 결과를 낳는 데도 일조했다. 미치는 리사가 리포터로서 성장할 수 있도록 도와준 것에 대해 헌신적인 공헌을 했다. 미치와 함께 일한 경험에 대해 리사는 이렇게 회상한다.

> 그는 헌신적이고 명석하며 다른 사람에게 베풀 줄 아는 순수한 사람입니다. 그는 인생의 대부분을 저널리즘 분야에서 보냈고, 최고 경영자의 길을 추구할 수 있었음에도 불구하고 리포터와 프로듀서로서 현장에 남는 것을 택했습니다. 대부분의 사람들은 편안한 일을 좇습니다. 미치는 나보다 스무 살 정도 연상인 쉰 살이지만 그는 지금도 여전히 제작에 힘을 쏟고 있습니다. 함께 일하던 당시 그는 자신이 일하던 맥닐-레러 MacNeil-Lehrer와 PBS, 《내셔널 지오그래픽》의 많은 사람들에게 나를 소개해 주었습니다. 그

런 그에게 참으로 놀라웠던 점은 그가 결코 "내가 이런 다큐멘터리를 제작했는데…"라고 하지 않고 "나의 동료 리사와 나는…"이라는 표현을 했다는 것입니다. 그가 나를 항상 포함시켜 주었다는 사실과 훌륭한 수상 경력을 가진 필름 제작자이자 다큐멘터리 필름 메이커이며 방송인인 그가 나를 자신의 동료로 인정하고 돌봐주며 내 일을 자신의 일만큼이나 소중하게 여겨 주었다는 사실은 나에게 굉장한 자신감을 심어 주었습니다. 그는 내게 강력한 영향력을 끼쳤습니다.

세계 시민 철학을 가진 멘토는 종종 그들의 기술이 좀 더 큰 사회적 이슈와 연결되어 있는 만큼 그에 대한 열정을 가지게 된다. 이러한 열정은 그들을 상당히 요구하는 것이 많은 멘토로 만들기도 한다. 여러 가지 면에서 이러한 방법은 어떤 기술과 지식이 자신들의 성공에 중요한 것인지를 제대로 모르는 젊은 프로테제들에게 많은 이점을 가져다 준다. 모든 영향력 있는 멘토들은 미치가 리사에게 행한 것처럼 개인의 자신감을 확장시켜 줄 수는 있다. 하지만 세계 시민 철학을 가진 멘토들은 전형적 멘토링의 장점을 가지고 있을 뿐만 아니라 기술에 대한 좀 더 큰 서비스 그리고 좀 더 높은 소명 의식에 봉사한다. 미치에게 있어 좀 더 높은 소명 의식은 최고의 신문 기자로서 지닌 탁월함이었다. 뿐만 아니라 세계 시민 유형의 멘토들은 자신들이 행하는 일의 창조적 과정과 평판을 자신의 프로테제와 나눌 것을 강조한다. 이런 형태의 관계는 멘토와 프로테제 모두에게 엄청난 이익을 가져다 준다.

마스터 멘토 Master Mento

프랜 알렌Fran Allen은 IBM의 프로그래밍 언어 분야에서 무려 45년 간을 근무했다. 그녀는 토마스 J. 왓슨 연구소^{Thomas J. Watson Research Lab} 내 IBM의 최고 기술직 명예라 할 수 있는 최초의 여성 IBM 특별 연구원이었고, 컴퓨터 업계에 종사하는 여성들을 위해 많은 일을 한 인물이다. 그녀가 IBM과 인연을 맺은 것은 미시간 대학교^{University of Michigan}에서 석사 과정을 마칠 당시 〈마이 페어 레이디^{My Fair Ladies}〉라는 타이틀이 붙어 있는—여성 과학 기술자를 IBM에 채용하기 위한—신규 채용 모집 안내지를 본 순간이라고 할 수 있다.

  오늘날에도 그 손짓은 여전하다. IBM은 과학계 여성들에게 용기를 북돋워 주기 위한 많은 프로그램을 지원하고 있다. 〈2,000명 여성과학기술총회^{2000 Women in Technology Convention}〉에서 당시 IBM 이사회 의장이었던 루이스 거스너^{Lou Gerstner}는 회의에 참석한 사람들에게 IBM이 과학 기술을 가진 여성 인력을 양성해야 한다며 이렇게 말했다. "우리는 현재 과학 기술 재능 확보를 위한 전쟁 중에 있습니다. 이것은 엄밀히 말해 돈과 관련된 것이 아닌 기회와 관련된 것입니다. 우리가 올바른 문화를 창조하기 위해 하고 있는 일에 관련된 것입니다.—아이디어가 가치 있게 여겨지고 제대로 실행되는 문화 말입니다. 가서 젊고 재능 있는 사람들의 멘토가 되어 주십시오."[3] 거스너는 단지 입으로만 그렇게 말한 것이 아니다. 실제로 IBM은 1995년 국내외적으로 특히 여성과 소수 인종에 대한 지도자 개발을 목표로 〈국제 여성 지도자 과제 실시 : 성공할 수 있는 풍토 창조〉를 내걸고 다양한 프로그램에 착수했다.[4]

---

3. "Fran Allen : From 'Fair Lady' to Fellow : Mentor and First Female IBM Fellow Retires after Nearly 45 Years," January 31, 2005. http://domio.research.ibm.com/comm/pr.nsf/pages/news.20020806_fran_allen.html
4. Catalyst, "2000 Catalyst Award Winnerd Focus on Corporate Culture Changes." Press release, January 6, 2000. http://www.catalystwomen.org/pressroom/press_releases/2000_catalyst_award_winners.htm

IBM에서 멘토링의 중요성을 깨달은 사람은 루이스 거스너뿐만이 아니다. 멘토링에 대한 프랜 알렌의 헌신은 과학 기술 멘토링 상인 〈프랜시스 E. 알렌 IBM 여성The Francis E. Allen IBM Women in Technology Mentoring Award〉이라는 그녀의 이름을 따른 상을 제정하게 만들었다. 그 상의 첫 번째 수상자는 바로 그녀 자신이었다.

그녀의 헌신은 또한 미 국립공학아카데미National Academy of Engineering 나 ACM 컴퓨터 학회, the Association for Computing Machinery 그리고 미국학술원the American Academy of Arts and Sciences과 같은 수많은 조직의 이사회 고문직에 대한 그녀의 업무에서도 찾아볼 수 있다. 프랜은 우리가 이른바 마스터 멘토master mentor라고 부르는 사람이었다. 더 많은 여성들을 컴퓨터 관련 업계로 이끄는 것이 그녀의 임무였다. 우리는 멘토링에 관한 그녀의 강력한 관여 때문에 그녀를 마스터 멘토라고 간주하며, IBM에서 멘토링은 결론적으로 유익한 존재로 인식되고 있다. 멘토링에 관한 프랜의 철학은 그녀의 경력 전반에 걸쳐서 많은 사람들을 멘토링한 과정에서 나온다. 다음은 그녀가 우리에게 들려준 이야기이다.

나는 사람들과 개인적 관계를 맺으려고 노력했습니다. 그것은 그만큼 많은 사람들의 이야기를 들어야 한다는 것을 의미하기도 합니다. 이야기를 하기보다 많이 들어야 한다는 것입니다. 때로는 단지 들음으로써 그리고 사람들이 말하게 만듦으로써—사람들에게는 자신의 이슈가 무엇인지, 목표는 무엇이며 누구를 신뢰할 수 있는지에 관해 말할 사람들이 있습니다. 단지 공감히면서 들어줌으로써 사람들이 그 문제에 관해 개방적으로 말할 수 있게 합니다. 나는 말하고 반응은 아주 조금만 얻는 것이 그들 스스로 문제를 명확하게 파악하는 데 도움이 된다고 생각합니다. 글쎄요, 나는 사람들에게 있어 가장 중요한 것 중의 하나는 사람들이 무엇을 잘하며, 그들이 진정 원하는 것이 무엇인지를 이해하는 것이라고 생각합니다. 그것은 누군가가 대신 말해 줄 수 없습니다. 당신은 여러 가지 방법으로 그들의 힘을 북돋워 줄 수 있으며, 이렇게 말해 줄 수 있습니다. "당신은 어떤 부분에 굉장히 뛰어나군요." 라고.

프랜은 그녀의 의견에서 멘토링에 관해 상당히 개인적인 관점을 보여 준다. (그녀는 또한 2장에서 우리가 언급한 많은 형태의 멘토링을 실용화시킨다. 그룹 멘토링 보스 멘토링 고무적 멘토링 그리고 약간의 역 멘토링까지) 그녀는 수년 간 많은 사람들을 멘토링하는 과정에서 어떤 한 가지 형태의 멘토링이나 조언이 모든 사람에게 잘 적용되는 것은 아니라는 것을 명백하게 깨달았다.

프로테제를 개인으로서 이해하는 것은 생산적인 멘토링 관계를 창조하는 데 큰 도움이 된다. 어떤 범주에서는 코칭과 멘토링의 경계가 모호해지기 시작한다. 그러나 우리는 명백한 차이점이 있다고 본다. 배타적으로 코치만 하는 사람은 멘토가 아니다. 코칭은 멘토링 과정에서 멘토가 행할 수 있는 다수 보완적인 행동 양식의 하나라고 볼 수 있다. 대개의 경우 코치는 개인의 훈련을 목적으로 고용되는데, 종종 대인 관계를 관리하거나 의사 결정 기술에 관련되기도 한다. 또한 보스들은 그들 직업의 어떤 측면에 대한 취급 방법을 향상시키기 위해서 부하 직원을 지도하기도 한다. 우리는 멘토링을 직업 전략을 포함한 개인 경력의 다양한 면을 표현해 주는 좀 더 포괄적인 관계라고 본다. 코칭은 그 접근 방식에서 조금 덜 포괄적이며 종종 구체적인 사항에 영향을 받기 쉽다.

프랜은 IBM에서 근무한 45년 간 수많은 멘토링 관계를 통해 그리고 멘토링을 제공하는 조직에 참여함으로써 멘토링의 또 다른 중요한 요소는 개인을 그 사람에게 도움이 될 수 있는 적절한 사람에게 연결시켜 주는 것임을 깨달았다. 이것을 우리는 위임된 멘토링 delegated mentoring 이라고 부를 수 있다. 이것은 한 사람의 멘토가 혼자서 다른 개인이 필요로 하는 모든 과학 기술적인 도움을 주기 어려운 컴퓨터 업계와 같은 첨단 과학 기술 산업의 경우에 의미가 있다. "내가 멘토 역할을 했던 대부분의 사람들은 과학 기술분야에서 성공하는 것을 목표로 삼았습니다. 나는 그중 일부 사람들의 분야에 대해서는 잘 알지 못했습니다. 그러나 이 연구실에서—이곳은 대단히 큰 연구소입니다.—나는 주변의 돌아가는 상황에 노출되어 있으므로 그 사람들을 다른 많은 사람들과 관계 맺어 줄 수는 있습니다. 나는 이렇게 말할 수 있죠. '오, 그건 정말 대단한 아이디어군요. 당신은 그 아이디어를 당신이 알고 있는 누군가에게 이야기해 봤습니까?' 또는 기술적으로 성공한다는 것이 무엇인지 또 그러한 종류의 성공을 어떻게 달성할 수 있을지를 그들이 이해할 수 있도록 도와줄 수 있습니다."

IBM에서의 멘토링 시스템은 수년 간에 걸쳐 최고위 관리 부서와 프랜에 의해서 만들어졌다. IBM은 현재 미국에서 가장 포괄적인 멘토링 시스템을 가지고 있는 기업 가운데 하나다. 마스터 멘토링 철학을 가지고 있는 멘토는 프로테제가 가장 유용한 멘토링 방법을 찾을 수 있도록 돕기 위해 확장된 직업적 관계를 이용한다.

요약 : 멘토의 사고방식

우리는 우리의 연구를 통해 얻은 몇몇 다른 형태의 멘토링 철학을 조명했다. 이러한 예를 통해 볼 때 멘토가 무엇을 해야 하는지 그리고 왜 그것을 해야 하는지에 대한 멘토의 생각은 매우 다양하다는 것을 알 수 있었다. 멘토나 프로테제들은 그들의 관계를 더욱 심화시키기 위한 구체적인 관계를 가지고 있다. 그렇기 때문에 멘토나 프로테제가 멘토링에 관한 이러한 철학이나 정신적 모델을 밝혀 내기 위한 시간을 갖는 것은 매우 중요하다. 그렇다면 사람들은 어떻게 자신의 멘토링 철학을 발견할까? 또 프로테제들은 어떻게 자신의 잠재적 멘토의 철학을 파악하게 될까? 우리는 우리의 연구에서 발견한 4가지 일반적 유형의 멘토링 철학을 소개했다. 기업 시민, 실용적 멘토, 세계 시민 그리고 마스터 멘토가 그것이다. 앞에서도 말했듯이 이들이 모든 경우를 다 밝힐 수 있는 것은 아니다. 이 밖에도 많은 다른 유형의 멘토링이 존재한다. 우리는 어느 하나의 모델이 다른 것보다 낫다고 주장하지 않는다. 각각 나름대로의 독특한 스타일이 있고 장점이 있다. 멘토로서 당신이 선호하는 모델을 조명하기 위해서 멘토의 역할이 어떠해야 하는지 스스로에게 물어보라. 또 당신이 프로테제라면 잠재적 멘토링 관계에서 무엇을 얻기 원하는지 자문해 보라. 이러한 질문들은 멘토의 마음을 드러내고 다음 단계를 준비하는 데 도움이 된다.

■ 멘토가 느끼는 프로테제의 매력

처음에 파워 멘토로 하여금 프로테제에게 끌리도록 만드는 요인은 무엇일까? 멘토링과 매력에 관한 과거의 연구는 주로 사회적·심리적 이론에서 도출되었고 '같은 깃털을 가진 새들끼리 모인다(유유상종).' 라는 속담을 지지하는 많은 연구 결과가 있었다. 다시 말해 유사성에 관한 중요성이 강조되어 왔다. 멘토가 프로테제에게서 받은 초기 인상을 결정짓는 데는 연령이나 성별, 인종과 같은 인구 통계학적 특징에 의거한 표면적 단계의 유사성이 중요하다고 여겨져 왔다. 그러나 최근의 연구 결과들은 매력을 형성하는 데 있어 가치와 태도, 목표 같은 심도 깊은 단계의 유사성이 인구 통계학적 유사성보다 중요하다고 여겨지고 있다. 이것은 흥미로운 일이다.[5] 역설적으로 '정반대의 것이 매력적' 이라는 또 다른 속담은 또한 우리가 연구한 피면접자들의 경험에도 적용된다. 멘토가 프로테제에게 매력을 느끼는 2가지 또 다른 이유는 주목할 만한 개인적 특성이거나 프로테제가 입증해 보인 업적 또는 잠재력이다.

실제적 또는 감지된 유사성

성별이나 인종과 같은 인구 통계학적 요소들이 멘토와 프로테제가 서로에 대해 느끼는 매력에 어떤 영향을 미치는지에 대한 많은 연구와 노력이 행해져 왔다. 한 연구 결과에 의하면 사람들은 자신과 비슷한 사람에게 매력을 느끼는데, 조직체의 지도자 위치에 있는 사람들은 백인 남성인 경우가 많기 때문에 여성과 소수 인종들이 멘토에게 강한 매력을 느끼게 만들기란 어렵다고 주장해 왔다.[6] 그러나 또 다른 연구 결과는 인구 통계학적 특징인 실질적 유사성보다 감지된 유사성perceived similarity이 멘토와 프로테제를 서로에게 끌리게 만든다고 주장한다.[7] 성별에 관한 연구는 그다지 명확하지 않다. 여성은 남성과 여성 멘토 모두에게서 이득을 얻는다. 그러나 조직에서 권력을 가진 사람의 수

---

5. Ellen A. Ensher, Elisa J. Grant-Vallone, and William D. Marelich, "Effects of Perceived Attitudinal and Demographic Similarity on Protégés Support and Satisfaction Gained from Their Mentoring Relationships," Journal of Applied Social Psychology 32, no. 7(2002): 1407~1430; Daniel B. Turban, Thomas W. Dougherty, and Felissa K. Lee, "Getner, Race, and Perceived Similarity Effects in Developmental Relationships : The Moderating Role of Relationship Duration," Journal of Vocational Behavior 61, no. 2(2002): 240~262
6. George F. Dreher and Taylor H. Cox Jr., "Race, Gender, and Opportunity : A Study of Compensation Attainment and the Establishment of Mentoring Relationships," Journal of Applied Psychology 81(1996): 297~308. Dreher와 Cox는 백인 남성 프로테제의 경우 흑인이나 히스패닉계보다 백인 남성 멘토와의 관계를 선호한다는 사실을 발견했다: 그들은 또한 남성들이 여성들보다 더 백인 남성과의 멘토링 관계를 형성하기 원한다는 사실을 발견했다.
7. Ellen A. Ensher and Susan E. Murphy, "Effects of Race, Gender, Perceived Similarity, and Contact on Mentor Relationships," Journal of Vocational Behavior 50(1997): 460~481.

는 여성보다 남성이 우세하므로 남성 멘토가 더 많은 이익을 제공한다."[8]

우리가 연구를 통해 발견한 것은 과거에 행해진 연구 결과를 반영한다. 데브라 마르투치의 코멘트는 멘토링에 관해 보편적으로 알려져 있는 이성 간의 감정을 요약해 준다. "나는 여성들이 여성 멘토를 만났을 때 좀 더 편안하게 느낀다는 것을 알았습니다. 그들은 내게 매우 큰 도움이 되었습니다. 또한 나는 몇몇 남성들의 멘토이기도 했는데, 우리가 인정하든 인정하지 않든 내가 깨달은 사실은 남성과 여성 간에는 차이점이 존재한다는 것입니다. 여성이 산부인과 의사를 대할 때와 마찬가지입니다. 그러나 나의 경우에는 일반적으로 남성 멘토를 만났을 때 더욱더 성공적 프로테제였던 대부분의 경우 내가 여성이라는 사실이 그들의 감정을 다스리는 데 도움이 되었습니다."

다른 인종 간의 멘토링을 논함에 있어 몇몇 예외인 경우를 제외하고는 인터뷰를 해 준 사람들 대부분이 자신의 경험에 대한 논의를 조심스러워했다. 마사 쿨리지Martha Coolidge, 론 델럼스Ron Dellums, 딕시 가Dixie Garr, 주디스 과스메이Judith Gwathmey, 론 커크Ron Kirk, 폴라 매디슨Paula Madison, 로사리오 마린Roario Marine, 힐다 솔리스Hilda Solis, 파멜라 토마스-그레이엄Pamela Thomas-graham 그리고 헨리 유엔Henry Yuen 은 모두 자신이 속한 분야에서 '최초'이자 '최고'라 불리는 특징을 공유하고 있는 사람들이다.

마사 쿨리지를 예로 들면, 그녀는 미국감독조합DGA 최초의 여성 회장이었고, 파멜라 토마스-그레이엄은 맥킨지McKinsey 사의 첫 번째 아프리카계 미국인 여성 파트너였다. 이러한 특징 때문에 이들과 더불어 '최초이자 최고' 위치에

---

8. Raymond A. Noe, "Women and Mentoring : A Review and Research Agenda," Academy of Management Review 13(1988): 65~78; Belle Rose Raigns and Terri A. Scandura, "Gender Differences in Expected Outcomes of Mentoring Relationships," Academy of Management Journal 37(1994): 957~971

있는 다른 이들은 타인들을 위한 롤 모델과 멘토가 되어야 한다는 것에 대해 매우 예민했는데, 그것은 그들이 일상적인 일을 훌륭하게 해내야 한다는 생각을 가지고 있었을 뿐만 아니라 그러한 책임감을 대단히 진지하게 받아들이고 있었기 때문이다.

독특한 위치에 대한 그들의 인식은 또한 그들로 하여금 자신이 속한 조직에서 다양성이 증가되도록 노력하게 만들었다. 폴라 매디슨의 경우 LA의 KNBC 사장으로서의 직무 외에 2000년부터 2002년에 걸쳐 다양성책임부국장직과 NBC의 다양성수석부국장직을 수행했는데, 구체적으로는 3장에서 언급한 밥 라이트에게 직접적인 보고를 하는 역할을 담당했다. 딕시 가 또한 자신의 조직체에서 이러한 인식의 영향을 예시해 주는 다양성을 경험했다. "나는 파트너 컨퍼런스를 원했습니다. 5,000명의 파트너와 500명의 시스코 직원들과 50명의 시스코 임직원이 컨퍼런스에 참석했는데, 나는 그 컨퍼런스 룸에 자리한 유일한 흑인 여성이었지요. 나는 집으로 돌아와서 존 챔버스, 시스코의 CEO에게 전화를 걸어 말했습니다. '존, 내게 어떤 일이 일어났는지 믿지 않을 거예요.' 그리고 나는 그 컨퍼런스에 참석한 구성원들에 대해 알려 주었습니다. '존, 내겐 동료가 필요해요.'"

이러한 경험으로 인해 딕시는 시스코에서 프로테제를 찾으려고 노력했고, 그 덕분에 좀 더 넓은 분야로 나아갈 수 있었다. 그녀는 전국적인 인기를 얻는 동기 유발 강연자가 되었다. 딕시처럼 '최초이자 최고' 임으로써 확연히 구별되는 파워 멘토 중 많은 사람들이 조직에서 개인의 멘토 역할을 뛰어넘어 자신의 지위를 이용하여 조직에서 다양성 관련 정책이나 전략에 영향을 끼침으로써 자기 자신을 '수퍼 멘토'나 '챔피언'으로 변화시켰다.

감지된 유사성이 멘토의 관심을 끌고 유지하는 데 있어 결정적이라는 것은 분명하다. 멘토의 관심을 끌기 원하는 프로테제들은 이러한 점을 어떻게 이용할 수 있을까? 가장 좋은 방법은 잠재적 멘토를 알고 서로가 어떤 공통점을 지니고 있는지를 발견하는 것이다. 예를 들어, 로사리오 마린은 그녀의 프로테제에게서 두려움을 갖지 않는 능력을 발견했는데, 그것이 그들이 공유한 중요한 특징이었다. 또 다른 멘토인 래리 카터는 그의 프로테제인 패티 아치벡이 지닌 유머 감각에 끌렸다고 말했다.—그것은 특히 스트레스에 대처하는 수단으로써 래리 카터 또한 항상 가치를 두고 있었던 것이다. 멘토들은 종종 그들의 프로테제를 처음 알게 되는 최초의 단계에서 도구적 역할을 하는 공유 목표나 가치, 실행 그리고 사업적 신념에 관해 이야기한다. 이 주제는 멘토링 관계를 심화시키는 데 있어 성별과 민족성의 중요함을 논할 6장에서 다시 다룰 것이다.

보완적 능력 또는 사고방식

지금까지는 프로테제와 멘토와의 관계에서 유사성의 이점을 발견하는 것이 중요하다는 것을 알리는 데 많은 시간을 할애했지만 이제부터는 그 반대의 경우 또한 매력적이라는 것을 확인시켜 주려고 한다. 매우 성공한 멘토 중 다수는 그들 자신의 능력을 평가함에 있어서 놀라우리만큼 겸손하다. 많은 사람들은 자신들이 관계를 쌓아 나가기 위한 공통 기반을 가질 수 있도록 자신과 다분히 비슷한 프로테제를 원한다고 생각할 것이다. 하지만 그들은 보완적 기능이나 사고방식을 가진 프로테제들 또한 상당한 도움이 된다는 것을 알고 있다. 헨리 유엔은 자신의 동료이자 멘토인 엘시 룽Elsie Leung, 당시 젬스터 사의 CFO과의 경험에 대해 이렇게 이야기한다.

내가 마이크로소프트와 매우 중요한 인가 협약 협상을 할 때의 일입니다. 5,000만 달러나 되는 돈이 걸려 있었고, 향후 수년 간의 지불 관계가 관련되어 있었죠. 임시 계약 단계에 접어들었을 때입니다. CFO인 엘시에게 간략 보고를 하기 위해 갔는데, 그녀는 허가를 해 주지 않았습니다. 그녀는 이 계약이 회사의 미래를 날려 버릴 것이라고 했습니다. 이미 구두 계약을 했다고 생각한 나는 그녀와 심한 언쟁을 벌였습니다. 나는 그녀가 나와 함께 시애틀로 가서 직접 거절하도록 만들었습니다. 결국, 우리는 우리가 느끼기에 만족할 만하고, 회사를 구하게 될 계약 협상을 했습니다. 그런 확고한 기준을 세울 수 있는 능력, 그것이 바로 내가 그녀를 존경하는 이유입니다.

주목할 만한 특징과 능력

파워 멘토가 그들의 프로테제를 매력적으로 느끼는 또 다른 이유는, 그들이 보기에 프로테제가 존경할 만한 특이한 능력이나 주목하지 않을 수 없게 만드는 개인적 특징을 지니고 있기 때문이다. 한 예로 앤 스위니는 캐슬린 본 더 아를 이렇게 묘사한다. "그녀는 활기찬 사람이었습니다. 빛나는 눈을 가지고 있었습니다. 처음 그녀에게서 느낀 것은 '이 사람은 자신이 무엇이든 할 수 있다는 느낌을 발산하고 있구나.' 였습니다." 멘토와 프로테제 사이에 이슈가 되고 있는 구체적인 개인의 특징은—그것이 무엇이 됐든—다를 수 있지만 그것은 반드시 멘토가 존경할 만한 것이어야 한다.

입증된 잠재력 또는 성과

밥 라이트나 론 메이어 같은 파워 멘토들은 훌륭한 평판이나 뛰어난 성과물 또는 잠재력으로 자신을 두드러져 보이게 만드는 프로테제에게 끌린다고 말한다. "내가 있던 모든 위치에서, 나는 누군가의 도움이 없었다면 혼자서는 빛을

발하기 어려웠을 상당한 잠재력과 능력을 가진 사람들에게 끌렸습니다."라고 밥은 말했다. 그는 자신의 프로테제인 폴라 매디슨에 관한 이야기를 풀어놓았다. "그녀에 대해 알수록 그녀가 사물에 대해 매우 긍정적인 센스를 갖고 있다는 것을 알게 되었습니다. 그녀에게는 일을 반드시 해내고 마는 능력이 있습니다. 그것이 바로 내가 그녀의 열렬한 팬이 된 이유이기도 합니다."

론 메이어는 유니버설 픽처스 배급사의 대표인 니키 로코^{Nikki Roco}에 대해서도 비슷한 회상을 했다. "항상 그녀에 대해 대단한 존경심을 가지고 있습니다. 그녀는 명석하고 자신의 사업에 대해 정확히 알고 있습니다. 그래서 기회가 왔을 때 그녀를 유니버설 픽처스 배급사의 사장으로 승진시켰습니다. 그녀는 엔터테인먼트 업계에서 그 일을 거머쥔 첫 번째 여성이었고, 유일한 여성으로 남아 있습니다."

배우고자 하는 의지

다수 프로테제들에게서 발견되는 입증된 잠재력은 그들의 멘토를 끌어당기는 힘이 된다. 멘토는 그들의 프로테제를 개인적으로 존경하게 되었으며, 그들이 직업적으로 전도 유망하다는 것을 느끼게 된다. 일부 프로테제들은 배우고자 하는 의지를 보여 주었는데, 그것은 그들의 멘토에게 큰 매력으로 보여졌다. 바바라 코르데이^{Barbara Corday}는 이렇게 말했다. "내가 가장 먼저 생각하는 것은 불평하는 사람이 아닌 의욕과 열정 그리고 배우고자 하는 의지로 가득 찬 사람입니다. 자신이 속한 집단에 긍정적인 자세를 가진 사람은 자신의 사업을 어떻게 운영하고 싶어 하는지를 보여 주는 것과 같습니다."

엔터테인먼트 분야에서 일하고 있는 또 다른 여성인 베타니 루니^{Bethany Rooney, 텔레비전 제작자}는 신참 제작자들에게 배우기 위해서는 개방된 자세를 갖는 것이 중요하다고 말한다. "나는 신참 제작자들이 배움의 가능성을 향해 자신을 열어 두기를 바랍니다. 나는 그들이 작업 관찰shadowing 을 위한 시간을 기꺼이 투자하기를 원하고 인내심을 갖기를 바라는데, 인내심이 있다면 멘토가 나아갈 수 있는 곳에서 기회가 종종 나타나곤 하죠. '오, 내가 당신을 도울 수 있다고 생각되는 시간이 왔군요.' 라고 말할 기회가 올 것입니다."

한 연구 결과는 잠재적 멘토의 견지에서 볼 때 배우고자 하는 프로테제의 의지가 주된 특징이라는 것을 보여 준다. 그 연구는 또한 멘토 자신의 동기 유발이 그가 프로테제에게서 찾고자 하는 것에 영향을 미친다는 사실도 알려 준다. 예를 들어 자신의 평판을 높이는 데 관심이 많은 멘토는 유능한 프로테제를 찾는 반면 그렇지 않은 사람은 배우고자 하는 의지를 더 중요하게 꼽는다는 것이다.[*9]

우리의 연구와 더불어 다른 조사를 통해 나온 결과를 통해 멘토가 그들의 프로테제에게 관심을 갖는 5가지 주된 이유를 다음과 같이 요약할 수 있다. 멘토들은 그들이 매력을 느끼는 프로테제에게서 다음과 같은 것들을 발견한다.

1. 프로테제들에게서 감지된 유사성
2. 보완적인 능력과 사고 방식
3. 주목할 만한 특징과 능력
4. 입증된 잠재력과 성과
5. 배우고자 하는 의지

이러한 요소들은 멘토가 첫인상을 결정하는 데 매우 중요하다고 여겨진다

---

9. Tammy D. Allen, "Protégé Selection by Mentors : Contributing Individual and Oganizational Factors," Journal of Vocational Behavior 65, no.3(2004) : 469~483.

이 장의 다음 부분에서 우리는 멘토의 관점에서 봤을 때 무엇이 이상적인 프로테제를 만드는지에 대해 심도 있게 탐구함으로써 이러한 아이디어의 체계를 쌓을 것이다.

◆ 완벽한 프로테제

완벽한 프로테제가 되는 데 필요한 파워 멘토링의 비밀이 있을까? 그 대답은, 그렇기도 하고 아니기도 하다. 우리의 파워 멘토와 프로테제에 의해 여러 번에 걸쳐 지속적으로 반복되는 공통 주제를 고찰할 때 '그렇다' 라는 쪽을 가정해 보자. 멘토링 설명서나 논문 등 멘토링에 관한 과거의 책들은 거의 미래의 열정적인 프로테제들에게 목록을 제시하는 데만 민첩성을 보인다. 이러한 목록들은 대부분 멘토나 멘토링 전문가들에 의해 쓰여졌는데, 유용하기는 하지만 한쪽 측면만을 조명하는 멘토 아이디어를 편집해서 보여 주고 있다(말하자면 대개의 경우에는 멘토의 시각에서). 완벽한 배우자를 찾는 비법을 알려 주는 과정에서 남편과 아내 양쪽 모두를 다루지 않고 남편에 관한 자료만 모았다고 상상해 보라. 결혼은 사람들의 질적 수준에 관한 리스트가 아닌 두 사람 사이의 역동적인 관계인 만큼 그것은 당연히 불완전한 리스트가 될 것이다. 관계에 관련된 양쪽 모두의 입장을 설문 조사해야만 가치 있는 정보가 되는 것이다. 우리가 멘토와 프로테제 모두에게서 정보를 얻었다는 사실이 다음에 나오는 토론을 특색 있게 만드는 이유다.

우리는 완벽한 프로테제를 만드는 것이 무엇인지를 밝혀 내기 위해 참고 문헌들을 철저히 탐구했다. 그 과정에서 빈번하게 인용된 자료들의 대부분이 20여 년 전 것이라는 사실을 알게 되었다.

1984년, 마이클 제이 Michael Zey는 소기업뿐만 아니라 《포천》지에 선정된 500개 기업 150명의 중역들을 대상으로 인터뷰를 실행했고, 이 자료들을 토대로 이상적인 프로테제의 요구 조건을 충족시키는 범주 목록표를 작성했다.[*10] 제이가 관찰한 멘토들은 그들의 프로테제에게서 다음의 10가지 특성을 찾아냈다. (1) 지성 (2) 야망 (3) 힘과 위기를 받아들이는 의욕과 능력 (4) 멘토로서의 역할을 수행할 능력 (5) 충성심 (6) 직업과 조직에 대한 유사한 견해 (7) 조직에 대한 의무 (8) 조직에 대한 실질적 지식 (9) 프로테제에 대한 조직의 긍정적 견해 그리고 (10) 연합 관계를 구축할 수 있는 능력이 그것이다.

이상적인 프로테제에 대한 제이의 범주는 우리의 리스트와 견주어 봤을 때 매우 흥미로운 유사성과 더불어 차이점을 보인다. 유사성의 관점에서 본다면 양쪽 그룹의 멘토는 모두 그들의 프로테제에게서 3가지 일치하는 특징에 가치를 둔다. 지성과 야망 그리고 위험 부담을 감수하려는 의지가 그것이다. 이러한 특징은 오늘날 우리가 기업 지도자들을 평가하는 요소와 일치한다. 그런 만큼 이러한 특징들이 멘토링 관계에서 변함 없이 남아 있다는 것은 놀랄 일이 아니다.

지난 20년 간 생긴 변화들이 아마도 유사성보다는 더 뚜렷하게 드러나는 듯하다. 완벽한 프로테제를 포함하는 인물 목록은 이미 언급한 처음 3가지 특징(지성과 야망 위험 부담을 감수하려는 의지)을 포함할 뿐만 아니라 7가지 추가 사항도 포함한다. 그것은 다음과 같다. (4) 독창성 (5) 에너지 (6) 신뢰 (7) 정직 (8) 높은 감성적 지능 (9) 낙관론 그리고 (10) 보완적인 능력이다. 완벽한 프로테제에 대한 멘토의 아이디어가 환경이나 시대 가치에 의해서 형성된다는 것은 확실히 보인다.

제이가 말한 특징의 10가지 중 7가지는 동일한 조직 내에서 공유된 조직적

---

10. Michael Zey, The Mentor Connection Homewood, IL : Dow Jones-Irwin, 1984

멤버십이나 상향하는 이동성을 이용하는 것처럼 보이므로 제이의 목록은 분명 전통적 멘토링에 적합하다고 할 수 있다. 제이는 멘토의 일을 수행하는 능력을 프로테제의 결정적인 특징이라고 보는데, 이는 말하자면 전통적인 계급 간의 관계를 가리킨다고 할 수 있으며, 프로테제는 그 안에서 멘토의 계승자가 될 수 있도록 또는 적어도 조직 내에서 좀 더 높은 단계로 올라설 수 있도록 다듬어진다. 이러한 특징은 우리의 파워 멘토에 의해서는 단 한 번도 언급된 적이 없다. 그 대신 우리는 주도권이나 에너지 같은 좀 더 포괄적인 특징의 예를 많이 접했다.

NBC의 《The Apprentice》 국내에는 케이블 방송사에서 《백수 탈출 성공기》라는 제목으로 방송되었다.-역자 주 라는 프로그램에서 도널드 트럼프 Donald John Trump가 젊은 중역과 프로테제에게 '무엇을 찾고자 하는가.' 라는 질문을 받았을 때 '에너지와 끈기'라고 대답한 것으로 보아 이런 상황은 아마도 우리 시대의 경향일지도 모른다.

1984년 당시에는 멘토들이 충성심이나 조직에 대한 의무를 강조했었는데 2004년에 와서 신뢰성에 중점을 두는 방향으로 변했다는 것은 상당히 흥미로운 일이다. 이것은 1장에서 언급한 경계가 없는 직업과 유동성을 향한 오늘날의 경향을 지시하는 것이다. 지식인 노동자들과 특히 고위 간부들은 각각의 조직체에서 비교적 짧은 재임 기간을 경험하므로(CEO에게 있어서 3~9년에 이르는 범주)[*11], 기업이나 직업에 대한 충성심보다는 조직에 대한 충성심을 덜 강조하게 된다. 조직에 대한 의무나 충성심은 항상 적을 수도 있기 때문에 멘토나 프로테제에게 있어서는 신뢰가 더욱 현저하게 두드러졌을 것이다. 사실 멘토와 프로테제 사이의 신뢰는 우리의 연구에서 널리 알려져 있는 주제이고 우리는 5장의 상당 부분을 이 주제에 할애했다.

---

11. Andreew Tobias, "How Much Is Fair?" Parade, March 2, 2003

1984년에 멘토들은 조직체의 실질적 지식이나 조직이 제공하는 프로테제에 대한 확실한 인식 그리고 협력 관계를 맺기 위한 능력에 가치를 두었다. 2004년에 와서 멘토들은 감성 지능이라든가 성실성, 낙관성 같은 보다 보편적이고 간편한 특징에 가치를 두게 되었다. 이것은 감성 지능에 대한 연구— 다니엘 골맨Daniel Goleman의 베스트셀러 《감성 지능Emotional Intelligance》과 《감성 지능 이용하여 일하기Working with Emotional Intelligence》에 의해서 대중화 된— 가 조직에서의 성공을 위해서는 서로 간의 경쟁이나 감성 지능EQ이 IQ보다 훨씬 중요할지도 모른다는 것을 보여 줬기 때문에 이 사실은 전혀 놀랄 만한 것이 아니다.[*12] 이 사실은 훌륭한 청취자인 동시에 효과적인 피드백을 줄 수 있는 프로테제에 대한 중요성을 포함하여 멘토에 의해 빈번히 언급되는 EQ에 관련된 개념에 반영되고 있다. 2004년에 멘토들이 언급한 바 있는 성실에 대한 중요성은 아마도 최근에 범람하는 기업이나 정부와 관련된 스캔들의 반동일지도 모른다. 마침내 우리는 프로테제의 역할에 관한 낙관론의 중요성에 대해 많은 멘토들에게 이야기를 들었다 그들 중 다수는 '활기찬 자세', '긍정적인 전망' 그리고 '불평하지 않기'의 바람직함에 대해서 언급했다. 뿐만 아니라 조직의 심리학에 있어서 낙관론의 대중성에 대한 연구가 급증하고 있고 연구자들은 낙관론이 직업의 만족도나 성공에 중요한 예보가 된다는 것을 밝혀 냈다.

제이가 언급한 또 다른 특징으로는 직업과 조직에 대한 유사한 견해, 조직에 대한 의무, 조직에 대한 실제적인 지식, 프로테제에 대한 조직의 긍정적 견해

---

12. Daniel Goleman, Emotional Intelligence New York : Bantam Books, 1995 ; Daniel Goleman, Working with Emotional Intelligence New York : Bantam Books, 2002 : Daniel Goleman, Richard Boyatzis, and Anne McKee, Primal Leadership : Realizing the Power of Emotional Intelligence Boston : Harvard Business School Press, 2002

그리고 조직적인 연계를 구축하는 능력 등을 들 수 있다. 이들은 모두 멘토가 프로테제를 계승한다거나 조직에서의 성공을 위해 갈고 다듬는 역할을 한다는 가설과 연관되어 있다. 몇몇 멘토링 관계에서는 이러한 의견이 대단히 중시되고 있는데, 오늘날의 파워 멘토들은 이보다 더 확장된 견해를 제시한다.

무엇보다 가장 중요한 차이점은 멘토링에 관련된 새로운 이론이나 패러다임의 변화를 이끌 것이라는 점이다. 1984년 이상적인 프로테제는 직업에 대해서 멘토의 견해와 유사한 견해를 가졌다. 하지만 2004년, 우리는 그 반대 상황을 발견했다. 가치와 목적이라는 점에서는 유사성이 매우 중요한 반면 우리는 멘토와 프로테제가 자신과는 다른 사람들과 멘토링 관계를 맺는 것을 많이 원한다는 사실을 발견했다. 매력에 대한 우리의 초기 토론에서 명시했듯이 보완적인 능력과 다양한 사고방식을 둘러싸고 멘토와 프로테제들은 모두 대단한 의욕을 보여 준다. 젬스터Gemster 사의 헨리 유엔Henry Yuen 은 이를 다음과 같이 적절히 표현했다. "나는 보완적인 능력과 보완적인 접근 방식 그리고 때로는 문제를 해결하는 보완적인 방법을 찾고 있습니다. 사람들은 가능하면 많은 다양성을 지니기 원합니다. 우리는 도덕성과 사업적 가치를 공감해야 하지만 다양하고 보완적인 접근 방법도 가져야 합니다. 당신이 조직을 처음부터 다시 설립하기를 원한다면 나는 이러한 유사성을 발견하기를 기대할 것입니다. 가치에 대한 감각, 도덕성과 비즈니스, 일련의 기술과 스타일과 접근 방식에 있어서의 다양성 등입니다."

조앤 부잘리노Joan Buzzallino 는 멘토링의 보완 이론에 대한 아이디어를 자신의 IBM 멘토였던 린다 샌포드Linda Sanford 와 비교하여 매우 적절히 포착했다. "린다는 컴퓨터 기술적인 배경을 갖고 있는 사람이었습니다. 영업적 배경을 갖고 있었던 나는 후에 인사부에서 일했죠. 린다는 잘 동화하는 사람이었습니다. 그녀와 이야기를 하곤 했는데, 그녀는 모든 것과 동화하고 이해했습니다.

나는 '그녀를 지켜보고, 그녀가 자리에 앉아 정보를 자신의 것으로 만드는 데 얼마나 훈련이 잘되어 있는지 파악해야겠어.' 라고 말하곤 했습니다. 린다는 공상가 기질이 다분했습니다. 내가 말하고자 하는 것은, 그녀는 모든 정보에 동화할 뿐만 아니라 아이디어를 생각해 내고 또 그것을 능가하는 생각을 해냈다는 것입니다. 그 자리에 있던 나는 수완가 기질이 다분했습니다."

요약하면 '완벽한 프로테제를 만드는 것은 무엇인가'에 대한 답은 간단히 말해 '경우에 따라 다르다'는 것이다. 그것은 기업에, 프로젝트에, 멘토의 기대에 그리고 그 밖의 상황들에 따라 달라진다. 간단히 말해서 그것은 프로테제와 멘토 사이의 독특한 유동성에 달려 있다. 완벽한 프로테제가 제공할 수 있는 특질은 특히 멘토가 원하는 보완적 능력에 의존한다. 다시 말해서 당신이 완벽한 프로테제가 되기 원한다면 멘토가 가지고 있지 않은 것이 무엇인지 그리고 멘토가 필요로 하는 것을 당신이 채워 줄 수 있는지를 파악하라. 다행히 프리 사이즈 프로테제 모델은 없으며, 무엇보다 우리는 멘토가 프로테제에게서 광범위하고 다양한 범주의 특징을 찾는다는 사실에 대해 깊은 인상을 받았다. 많은 경우 완벽한 멘토와 프로테제의 조합은 모든 경우에 다 해당되는 관점보다는 양쪽을 다 보완하는 특징을 고려한 이상적인 '조화'를 포함하고 있다. 대부분의 결혼 생활처럼 우리가 멘토에게서 '영혼의 단짝' 증거를 보기는 힘들다. —그 대신 직업적인 발전의 다양한 양상을 위해 멘토의 다양한 네트워크에 의존하고 있는 사람들의 경우에서 현명한 입신 출세주의자들을 본다.

멘토와 프로테제가 아무리 비슷하든 다르든 간에 멘토들은 대개의 경우 멘토 관계가 잘 시작되었는지 그리고 궁극적으로 심화될 것인지 아닌지를 결정하는 과정에서 시험과 도전의 중요성을 자세히 이야기한다.

◆ 테스트와 도전

사람에 대한 궁극적인 평가는 그 사람이 편안한 순간에 있을 때가 아닌 도전과 논쟁에 당면해 있을 때 내려진다.

—마틴 루터 킹 주니어 Martin Luther King Jr.

우리의 파워 멘토들은 많은 테스트와 도전 과제들로 프로테제들을 쩔쩔매게 만들었다. 그런데 프로테제들이 이러한 테스트와 도전 과제를 생생하게 기억하고 있는 반면 멘토들은 때때로 잘 기억하지 못한다는 사실은 상당히 흥미롭다. 이 사실은 멘토들의 입장에서는 그러한 테스트와 도전 과제들을 무의식적이거나 또는 하나의 대안으로써 실시한 반면 프로테제들의 입장에서는 실제로 아무 시험도 행해지지 않고 있는 상황일지라도 도전 과제를 감지했을 수 있음을 의미한다. 이러한 테스트 중 일부는 적합하지 않은 잠재적 프로테제를 '도태시키는' 방법으로서 관계의 초반에 의도적으로 실행된다. 반면 다른 테스트들은 추후에 멘토링 관계를 심화시키거나 다음 단계로 넘어가게 하거나 또는 종결짓기 위해서 실행된다. 테스트와 도전은 프로테제로 하여금 파워 멘토가 무엇을 원하고 필요로 하는지를 독특한 방식으로 감지할 수 있게 해 주기 때문에 멘토와 프로테제 모두에게 중요하다. 당신이 현재 멘토의 입장이거나 또는 앞으로 멘토가 되려는 계획이 있다면 당신은 이 아이디어가 당신의 잠재적 프로테제와의 상호 관계에 유용하다는 것을 깨닫게 될 것이다.

이 섹션에서 우리는 우리의 멘토들에 의해 제기된 다양한 테스트와 도전 과제에 대한 설명과 예시들을 제공할 것이다. 우리는 독자가 멘토링 관계를 시작하는 부분에 관심이 있든 없든 또는 심화시키는 부분에 관심이 있든 없든 간에 각각의 세부 단계들을 여러분에게 도움이 될 평가 질문 목록으로 마무리할 것이다.

한 가지 더, 우리의 인터뷰에 응해 준 사람 중 몇몇은 애초에 프로테제를 테스트한다는 아이디어에 대해 상당한 불편함을 느꼈다는 것을 언급해야겠다.[*13] 생명 공학 회사인 과스메이의 CEO/사장이자 선임과학연구원인 주디스 과스메이는 이렇게 말했다. "이 세상은 사람들을 충분히 테스트하고 있습니다. 나는 내 프로테제들을 테스트하지는 않습니다.—그들을 준비시킬 뿐이지요." 그러나 좀 더 깊이 고려해 본 결과 대부분의 멘토와 프로테제들은 비록 최초의 단계에만 해당된다 할지라도 그러한 시험들이 관계에 있어서 필수적인 부분이라는 것을 알게 되었다.

최초의 테스트와 도전 과제

대부분의 대인 관계에는 일련의 테스트가 포함된다. 또한 우리가 만난 파워 멘토들은 모두 다른 사람들이 추구하는 최고 지도자들이었던 만큼 그들은 자신들의 시간과 주의를 요하는 무수한 요구들을 평가하기 위한 일종의 리트머스 테스트 개발을 필요로 했다. 이런 종류의 초기 장애물을 넘어서기 위해 프로테제들은 몇몇 기본 전략을 따를 필요가 있다.

1. 계획을 세우라. 우선 그리고 가장 중요한 것으로, 프로테제가 잠재적 멘토

---

13. 시험 과제와 도전을 존중하는 의미에서 우리는 초반에 관계의 이러한 측면에 대한 구체적인 질문을 포함시키지 않았다. 인터뷰 초기 자료를 보면 상당수의 멘토와 프로테제들이 이러한 점을 언급했으므로 우리는 그 내용을 전부 그 다음 인터뷰에 포함시켰다. 이러한 상호 인터뷰 과정은 부록 B에서 상세히 설명한다.

에게 다가갈 때 프로테제는 미래 직업을 위한 목표와 행동 방침을 계획하고 장차 멘토가 될 사람에게 그것을 전달할 수 있어야 한다. 이 아이디어는 린다 샌포드와 니키 로코에 의해서 명료하게 표현되었으며, 우리의 다른 파워 멘토들에 의해 반복적으로 되풀이되어 왔다. 그들은 다음과 같은 주요 테스트 질문을 제시했다.

- 당신이 하고 싶은 일은 무엇입니까—당신의 궁극적인 목표는 무엇입니까?
- 당신이 경력의 최고점에 올라 있을 때 무엇을 하고 있으리라고 생각합니까?

2. 교환할 무엇인가를 끄집어내라. 데브라 마르투치는 두 번째 아이디어를 제시했는데, 그것은 사회적 교환 아이디어와 관련된 것이었다.—프로테제와 멘토 모두 그들의 관계에서 무언가 가치 있는 것을 얻을 수 있어야 한다는 기대치라고 할 수 있다. 누군가가 데브라에게 자신의 멘토가 되어 주기를 요청하면서 접근했을 때 그녀가 가지는 전형적인 생각이 아래 인용 구절에 잘 드러나 있다.

나는 두 가지 사실에 근거하여 프로테제들을 걸러냅니다. '내가 진정 그들을 도울 수 있을 것인가?' 그리고 '그들은 진정으로 나를 필요로 하는가?' 입니다. 나는 그 전에 나에게 무뚝뚝하게 이런 질문을 한 여성을 만난 적이 있습니다. "제가 점심 식사를 대접할 수 있을까요? 제 직업에 관해서 당신과 이야기를 나눌 수 있다면 좋겠는데요." 나는 가장 부드럽고 공손한 목소리로 이렇게 말해 주었습니다. "안 되겠는데요." 글쎄, 그런 느낌이 들지 않았던 것이지요. 그녀의 필요성을 채워 줄 수 있는 사람은 내가 아니라고 생각했습니다. 비록 이기적일지 모르지만 나는 그 관계에서 내가 얻을 수 있는 것이 없다고 생각했습니다. 그래서 나는 내가 겪어야 하는 약간의 심리적 여과 과정이 있다고 생각합니다.

그들의 직업 계획의 한 부분으로써 장래의 프로테제들은 멘토링 관계가 멘토에게 어떤 이점을 가져다 주는지도 보여 줄 수 있어야 한다.

3. **좋은 첫인상을 만들라.** 인상 관리와 직업 인터뷰에 관련된 많은 문헌들이 있다. 면접자들은 대개의 경우 인터뷰하는 최초 5분 안에 구직자에 대한 결정을 내린다고 한다.[*14] 시스코의 전 CFO인 래리 카터는 이 말에 기꺼이 동의한다. 그는 잠재적 프로테제를 평가할 때 말로 드러나는 특징이 아닌 몇몇 다른 특징들, 말하자면 좋은 느낌으로 시선 마주치기, 주의 깊은 몸짓 그리고 질문이 어떻게 표현되는가의 견지에서 본 명확한 의사 소통 등을 눈여겨본다고 말한다. 다음의 일화에서 래리의 그러한 면모를 살펴볼 수 있다.

"(잠재적 프로테제)한 여성이 있었습니다. 그녀는(의자를) 앞뒤로 흔들곤 했는데, 저는 그것이 상당히 신경에 거슬렸습니다. 그녀가 나와의 단독 면담에서 직무상의 문제를 설명하고 있을 때 나는 그녀의 맘이 상하지 않도록 상체를 구부린 다음 의자를 잡고 말했습니다. '나는 자네가 말하는 걸 빠짐없이 잘 들을 수 있다는 걸 확실히 알리고 싶네.' 라고."

래리는 또한 적절한 자아노출Self-disclose, 자기공개 또는 자기개시라고 표현하기도 한다. – 편

---

14. Joshua M. Sacco, Christine R. Scheu, Ann Marie Ryan, and Neal Schmitt, "An Investigation of Race and Sex Similarity Effects in Interviews : A Multilevel Approach to Relational Demography," Journal of Applied Psychology 88, no.5(2003) : 852~865.

집자주 이 의사 소통과 신뢰를 확장시키는 데 도움이 될 수 있다고 말한다. 그러면서 그는 자아노출이 프로테제와의 신뢰를 발전시키는 중요한 수단이 되었던 경험을 들려주었다. "학습 장애가 있는 자신의 아이에 관해 이야기했던 한 동료에 관한 이야기입니다. 내 아이도 학습 장애를 겪었기 때문에 우리는 공통점을 갖게 되었습니다. 우리는 동료 아들의 문제와 우리 아이의 문제, 우리가 무엇을 했으며, 우리와 같은 사람들은 어떻게 했는지에 관해 공유했습니다. 그리고 공통점이 생긴 만큼 우리는 강한 유대감을 갖게 되었습니다. 이런 일은 서로에게 신뢰를 줍니다. 신뢰가 없다면 그것은 시간 낭비가 될 뿐입니다."

또한 래리가 잠재적 프로테제에게서 찾은 것은 인상 관리 아이디어에 관한 것이었다. 그가 '경영자 태도'라고 언급하는 '특별한 무엇인가'를 표명하거나 획득하는 것은 그들의 능력이다.

경영자 태도란 단지 당신이 어떻게 옷을 입고 어떻게 보이느냐가 아닌, 당신이 발전시키고 있는 심리 상태에 관련된 무엇인가를 말합니다. 그러므로 당신은 경영자처럼 생각하고, 경영자처럼 행동합니다. 당신은 존 챔버스 같은 사람의 눈을 바라볼 수 있고, 그와 동등한 사람인 것처럼 대화를 나눌 수 있습니다. 상대방에게 큰 소리로 말할 필요는 없습니다. 그러므로 이것은 약간의 심리학이라고 할 수 있습니다. 스스로에 대한 자신감을 키우고, 의사 소통하는 능력을 지니고, 대단한 위치에 있는 사람 앞에서도 편안해지도록 하십시오. 나는 이것을 경영자 태도라고 말합니다.

4. 열정을 가지고 명확하게 의사 소통하라. 데브라 마르투치는 다음 예에서 하지 말아야 할 일들을 강조한다. 그녀는 또한 프로테제들은 잠재적 멘토들이 자신들을 위해 무엇을 할 수 있는지 그리고 역으로 자신들은 멘토를 위해 무엇

을 할 수 있는지에 대해 분명히 알고 있다는 것을 확신해야 한다고 강조한다.

사람들의 자질과 동기 부여는 중요하다. 누군가 "나는 여자인데, 여자라는 사실이 내게 모두 불리하게 작용해요." 라는 말을 했다면 누구든 그 말을 듣자마자 귀를 닫습니다. 나는 그런 문제들과 진정한 투쟁을 하고 있으며, 그러한 점들은 내가 연관되고 싶지 않은 이의 자질이나 성격이 될 것입니다. 또한 나는 점점 더 내가 모든 사람을 변화시키기 위해 이 일을 하고 있는 것이 아니라는 사실을 깨달아 갑니다. 세상이 항상 공평하지는 않을지라도 나는 공정함을 믿습니다. 나는 당신이 갖고 있는 재능으로 인정받아야 한다고 믿습니다. 어떤 옷을 입었는지, 성별이 무엇인지에 따라 인정받아서는 안 됩니다. 그래서 나는 어떤 사람에게서 그들 자신이나 그가 몸담고 있는 조직, 그가 제공할 수 있는 것에 대한 열정을 발견하면 그 사람과 깊게 연결되어 있다고 생각합니다. 이것이 내가 사용하는 일종의 리트머스 테스트일 것입니다.

새로운 멘토링 관계에서 해야 할 질문들

1. 프로테제가 목표를 가지고 있는가?
   - 프로테제의 목표는 무엇이며, 멘토가 기꺼이 제공할 수 있는 것과 조절되고 있는가?
   - 그들 경력의 최고점일 때 그들이 도달하고 싶어 하는 위치에서 프로테제는 어떤 아이디어를 가지고 있는가?

2. 이 관계가 양쪽 모두에게 도움이 될 수 있는가?

- 멘토는 프로테제에게 무엇을 얻을 수 있는가?
- 구체적으로 멘토는 프로테제에게 어떤 도움을 줄 수 있는가?

3. 프로테제에 대한 당신의 첫인상은 어떠한가?
   - 프로테제의 비언어적 의사 소통 방식(예를 들면 시선 마주치기나 보디랭귀지 그리고 에너지 등)은 일치하는가?
   - 프로테제가 '특별한 무언가' 또는 경영자적 태도를 가지고 있는가.— 또는 앞으로 발전할 소지가 있는 잠재력을 가지고 있는가?

4. 이 프로테제는 승리자인가, 투덜대는 사람인가?
   - 이 프로테제는 그들의 경력이나 직업에 있어서 발생하는 문제나 도전 과제를 건설적으로 평하고 있는가(말하자면 투덜대거나 다른 사람을 혹평하는 일은 없는가)?

멘토링 관계를 심화시키는 테스트와 도전

신화에서 장차 영웅이 될 사람이나 구혼자들은 공주와 결혼을 하거나 용을 무찌르는 등 전형적인 시험을 통과해야만 한다. 우리는 종종 멘토들이 자신의 프로테제와 멘토링 관계를 지속하는 것에 동의하기 이전에 프로테제로 하여금 특정한 과제를 수행해낼 것을 요구한다는 사실을 발견했다. 대개 첫 번째 테스트의 경우 프로테제가 성공적으로 수행하지 못하면 그것은 프로테제에게 있어 단지 기회를 잃었다는 사실로만 작용한다. 멘토에게 있어 첫 번째 테스트의 실패는 일반적으로 단지 시간 낭비였음을 의미한다.

힐다 솔리스에게는 그녀에게 멘토링과 조력을 원하는 유망한 정치인들의 요청이 쇄도한다. 자신의 프로테제이자 전 몬테레이 파크 시의원이며 SMART 임시직 서비스 사 여성과 소수자가 소유한 고용 에이전시로, 사무 보조 2개국어가 가능하고 홍보 판촉이 가능한 직원을 둔 회사로 몬테레이 파크 시에서 창설되었다.-역자 주 의 창설자이며 사장인 샤론 마르티네즈에게 그녀는 다음과 같은 첫 번째 과제를 내 주었다. 마르티네즈는 그것을 다음과 같이 설명했다.

힐다는 내게 질문을 하면서 시작했습니다. "당신의 예산은 어느 정도나 됩니까?" "나는 당신이 이 날짜까지 이만큼의 돈을 마련하기를 바랍니다." 그것이 첫 테스트였습니다. 그녀는 "다음 얘기는 당신이 돌아와서 내게 만 달러를 마련했다는 얘기를 하면 그때 하도록 하죠."라고 했습니다. 그리고 그녀는 내가 그 일을 어떻게 수행할 것인지를 정확하게 말해 주었습니다. 그녀는 "당신의 모든 친구들에게 전화하세요. 당신에게 100달러를 줄 수 있을 것 같은 100명의 명단을 작성하고, 당신에게 200달러를 줄 수 있을 것 같은 50명의 명단도 작성하세요. 명단을 작성한 다음에는 그대로 실행하세요. 그리고 돌아와서 일을 끝냈을 때 그리고 만 달러를 마련했을 때 다시 얘기하도록 합시다."라고 말했습니다.

멘토에 의해 던져진 그 다음 테스트는 멘토와 프로테제 모두에게 직접적인 직업 관련성이 있거나 중요한 간접적 영향력을 지닌 것일 수 있다. 전형적으로, 이러한 테스트들은 프로테제에게 중요한 직업적 도전을 제시하거나 좋은 기회를 가져다 줄 것이다. 만약 프로테제가 이를 잘 수행해낸다면 멘토링 관계는 더욱 심화되고 좀 더 깊은 신뢰와 서로에 대한 한층 높은 존경심 그리고 한 발 더 나아간 직업적 기회를 갖게 되는 결과를 낳는다. 밥 라이트와 파멜라 토마스-그레이엄은 둘 다 이에 관한 한 일화를 회상한다. 먼저 파멜라의 이야기를 들어 보자.

우리 닷컴 회사CNBC.com의 회기로 봤을 때 어려운 시기였습니다. 1999년에 우리는 단시간 내에 회사를 키워야 했고, 2000년 후반에서 2001년으로 가는 동안에는 회사를 예전 상태로 돌려놔야 했습니다. 이것은 사람들을 단기 고용한 뒤에 임시 해고하거나 다른 곳으로 옮겨 가도록 하는 것을 의미했습니다. 지금 와서 생각해 보면 그것은 내게 주어진 의도적 테스트는 아니었지만 대단히 도전적인 것이었습니다. 성장 기간과 인원 삭감 기간 두 가지 모두를 관리할 수 있었다는 점에서 나는 밥에게 많은 것을 배웠다고 생각합니다.

이 사건을 회상하면서 밥 라이트는 또 다른 도전을 이야기해 주었다. "그 일이 있은 뒤 파멜라는 CNBC의 사장이 되었습니다. 그곳은 투자 정보 서비스 기관의 대대적인 침체가 시작되려는 시점에 존재하던 회사였습니다. 그런 만큼 그것은 매우 색다른 도전이었으며, 색다른 일련의 관계였습니다. 더 어려웠던 것은 떨어지는 수익을 관리하기 위해 회사에 들어가는 비용을 줄여야만 했고, 리더로서의 입지를 확립해야 한다는 현실이었습니다."

우리는 종종 파워 멘토나 프로테제가 위험을 감수한 덕분에 성공하는 것을 실제로 보곤 한다. 그러나 때로는 프로테제가 아무리 위험 부담을 감수한다 해도 그 결과가 반드시 성공적으로 이어지는 것은 아니다. 멘토가 도전 과제를 내놓거나 좋은 기회를 제공했는데 또는 프로테제와 관계를 맺은 다음에 예상치 못한 결과가 발생한다면 어떻게 될까? 멘토나 프로테제가 프로테제의 실패에서 어떻게 벗어나는가 하는 것이 관계 복원의 신뢰성 테스트다. 마크 버클랜드Marc Buckland는 총제작자였던 스티븐 보치코Steven Bochco, 《NYPD Blue(뉴욕 경찰 24시)》.

《Murder one(회색 게임)》, 《LA Law》, 《Doogie Howser(천재 소년 두기)》 등의 제작자 겸 프로듀서 가 자신의 멘토(일시적 멘토라고 간주되는—할리우드에서는 일반적인 현상)였던 시절을 이렇게 회상했다.

내가 에피소드를 감독하러 갈 때마다 스티븐은 미팅 마지막에 꼭 이렇게 말했습니다. "대충대충 엉망으로 만들지 말라고!" 스티븐은 아직도 다른 사람들에게 그렇게 말하고 있을 것입니다. 아시다시피 그는 농담으로 한 말이지만 진담도 들어 있다고 볼 수 있습니다. 스티븐의 회사에서 어떤 감독이 일을 그의 말대로 대충대충 엉망으로 만들었다면 그 사람은 그곳에서 다시는 일을 맡지 못합니다. 그것은 스티븐이 그의 일에 있어 일정 수준을 유지하기를 바라기 때문입니다. 하지만 나는 스티븐이 나의 학습 곡선을 인내하고 지지해 주었다고 말하고 싶습니다. 나는 두 말할 것도 없이 젊었고, 배워야 할 것이 산더미처럼 많은 신참 감독이었습니다. 내가 그의 밑에서 제작한 첫 프로그램을 끝내고 난 뒤 그가 쪽지 한 장을 건네주었습니다. 쪽지에는 내가 배우들을 매우 주의 깊게 살펴야 한다고 적혀 있었습니다. 그것은 내가 장면을 다루고 연출하는 데 지나치게 몰두한 나머지 장면과 연기 등 다른 것에는 충분히 신경을 쓰지 못했다는 뜻이었습니다.

스티븐 보치코가 상당히 높은 기준을 가지고 있었음에도 불구하고 그가 마크 버클랜드에게 자신의 능력을 발전시킬 수 있는 시간을 주었다는 사실은 주목할 만하다. 이 위험 부담에 대한 감수는 마크가 혼자 힘으로 TV 감독으로서 큰 성공을 거두었기 때문에 양쪽 모두에게 보상이 되었다고 할 수 있다. 그가 제작한 작품으로는 《Ed》, 《Scrubs》, 《Felicity》, 《The West Wing》, 《NYPD Blue》 등이 있다.

반면 하원 의원인 데이빗 드라이어$^{David\ Dreier,\ 캘리포니아\ 주\ 공화당\ 의원}$는 그에게 심각할 정도로 간접적 영향을 미친 프로테제의 실패와 관련된 멘토링 일화를 들려준다.

상원 의원인 제이 킴$^{Jay\ Kim}$은 공화당원으로서 상원 의원에 출마하는 영광을 거머쥔 첫 번째 한국계 미국인이었습니다. 나는 그 사실에 큰 자극을 받았고, 열광했습니다. 그러나 그는 곧 곤란한 상황에 처하게 되었습니다. 선거 운동을 하는 동안 자금 조달 과정에서 비리가 있었다는 유죄 선고를 받아 선거에서 패배한 것입니다. 그는 자신에게는 잘못이 없으며, 진정으로 이 나라를 사랑한다고 말했습니다. 나는 진심으로 그를 믿었고, 마지막 순간까지 그를 지지했습니다. 그는 내 눈을 바라보며 자신을 지지해 달라고 했고, 나는 그렇게 했습니다. 그 후 나는 정치적인 공격을 받았고, 캘리포니아에 있는 한 신문사 편집자에게는 다음과 같은 편지까지 받았습니다. "데이빗 드라이어는 사기꾼임에 틀림없다. 이런 사기꾼을 지지하다니 말이다." 나는 청렴한 사람입니다. 다시 말해서, 그 어느 누구도 나의 도덕적 기준이나 진실성을 의심하지 않았습니다. 내가 누군가의 멘토였을때 나는 매우 충실했고, 그래서 마지막 순간까지 그 사람을 지지했습니다. 그 후 많은 사람들이 그에게서 떨어져 나갔지만 나는 그러지 않았습니다. 잘한 것인지 아닌 것인지는 모르겠지만 어쨌든 나는 그렇게 했습니다. 내가 그의 멘토였다는 사실이 나의 정치적 반대자들에게 빌미가 되어 나에게 큰 대가를 치르게 했지만 나는 잘 견뎌냈다고 생각합니다.

그 후 데이빗은 그에 대한 그간의 기록과 평판 덕분에 곧 명예를 회복했지만 제이 킴과의 멘토링 관계는 끝났다. 프로테제가 제이의 경우처럼 심각한 실패로 끝나게 되면 그 후로 멘토는 다른 사람의 멘토가 되기를 꺼리게 된다는 걸 잘 보여 주는 사례이다.

엔터테인먼트 사업에 관련된 또 다른 이야기는 잘 알려진 제작자인 게일 앤 허드 Gale Ann Herd, 《터미네이터》와 로저 콜먼 Roger Corman, 1954년부터 300편 이상의 영화를 작업한 할리우드 최고의 'B'급 영화 제작자 과 관련 있다. 콜먼은 많은 작품을 제작하는 것으로도 유명하지만 할리우드 최고의 인물들이 경력을 쌓을 수 있게 기회를 제공해 준 제작자라는 것으로도 잘 알려져 있다. 게일 앤 허드는 콜먼의 전 프로테제 가운데 1명이었는데, 로저에 의해 그녀의 경력 초기에 맞닥뜨리게 된 테스트를 다음과 같이 회상했다.

로저와 한 모든 것은 테스트였습니다. 그의 철학은 흥하느냐 망하느냐 둘 중 하나였습니다. 로저는 나에게 한꺼번에 다른 종류의 일 서너 가지를 하라고 배당했습니다. 하나는 캐스팅 작업이었고, 다른 하나는 장소 섭외였으며, 세 번째는 외국에 제작 회사를 설립하기 위한 준비 작업을 하는 일이었습니다. 이 모든 일이 그가 외국에 나가 있을 때 정해졌습니다. 그 전까지 나는 단 한 번도 장소 섭외를 해 본 적이 없었습니다. 그래서 나는 여러 장소에 가보았습니다. 메모는 했지만 폴라로이드 카메라로 사진을 찍을 생각은 못 했습니다. 그와 함께 정보를 볼 수 있도록 보드에 기록을 남길 생각도 하지 못했습니다. 모든 것을 머릿속에만 기억에 둔 것이지요. 로저가 돌아왔을 때, 다른 모든 것은 상당히 잘되어 있었지만 그가 "그래서 장소가 어디라는 말이지?" 하고 물었을 때 나는 "글쎄요, 이곳도 발견했고, 저곳도 발견했습니다만……"이라고 대답했습니다. "사진은 어디 있나?" "사진은 찍지 못했는데요." 그와 나는 크게 다투었고, 그 뒤로 난 그 일에 대해 상당히 방어적인 마음을 갖게 되었습니다. 나는 무언가에 실패해 본 적이 별로 없었습니다. 그랬기 때문에 그 일이 무척이나 곤혹스러웠습니다. 그리고 무언가를 배울 수 있는 유일한 길은 실수를 하거나 아니면 다른 누군가에게 물어봄으로써—사람들이 어떻게 했는지 그리고 옳은 답을 얻지 못했을 경우에는 사람들을 모아서 그들이 똑같은 결론에 도달하게 되는지 아닌지를 보는 것 말입니다.—라는 것을 깨닫기까지는 상당한 시간이 걸렸습니다.

게일은 좌절감으로 인해 일을 그만두었던 이야기를 계속했다. 그러나 그녀는 로저를 찾아가 복직 요구를 할 만큼 용기를 지닌 여성이었다. 그리고 그는 기꺼이 그녀의 요구를 들어주었다. 비록 그녀의 실패가 그들 모두에게 어려운 일이었다 해도 그녀는 자신의 일을 좀 더 효과적으로 할 수 있는 방법을 배웠고, 그는 그녀의 능력을 신뢰했기에 그 일은 결과적으로 더 나은 관계를 만드는 데 도움을 주었다.

우리의 연구 중 신뢰라는 부분은 멘토와 프로테제가 많은 시간을 할애하여 토론할 만큼 대단히 중요한 주제다. 한 인기 있는 테스트의 주제는 '프로테제가 내게 진실을 말하고 있다고 믿을 수 있을까? 반대로 그 사람은 나를 신뢰할 만하다고 확신하고 있을까?' 이다. 최고의 지위에 오른 사람들은 외롭다고 말한다. 그래서 파워 멘토들은 종종 그들의 프로테제에게 피드백을 요청하거나 비밀을 털어놓는 경향이 있다고 한다. 때때로 시험은 의견이나 조언을 요청하는 형태로 나타나는데, 그럴 때 멘토와 프로테제는 서로를 공명판이나 절친한 친구로 대한다. 마크 버클랜드 감독은 자신의 프로테제였던 로라 J. 메디나[Laura J. Medina]를 테스트했던 것에 대해 이렇게 회상한다.

내가 그녀를 테스트하는 유일한 방법은 특정 촬영 후에 종종 그녀가 어떻게 생각하고 있는지를 묻는 것입니다. 그것은 그녀의 답이 옳은지 그른지를 테스트하기 위한 것이 아닙니다. 그녀의 섬세한 감각을 알아보기 위함입니다. 나는 그녀가 프로그램의 모든 장면을 다 보도록 했습니다. 그리고 나는 그녀가 무엇을 좋아하고 무엇을 싫어하는지에 대해 늘 관심을 가졌습니다. 그중 상당한 부분은 이기적인 이유에서였는데, 그것은 내가, 똑똑하다고 생각하는 사람의 신선한 시각을 매우 신봉하는 사람이기 때문입니다. "음, 당신은 어떻게 이런 걸 좋아하지 않을 수 있지?" "내가 어떻게 고쳐야겠나?" 또는 "어떤 게 맘에 들었지?" 같은 질문을 던집니다.

관계가 더 심화될 것인지 아닌지를 결정하는 과정에서 가장 중요한 테스트 가운데 하나는 단순히 프로테제가 멘토의 조언에 따라 행동하느냐 아니냐는 것일 듯하다. 딕시 가의 말처럼 "나의 가장 큰 테스트는 '당신은 기꺼이 그 일을 하려고 합니까? 나는 기꺼이 내 시간을 투자할 마음이 있습니다. 그러나 당신은 당신의 시간과 노력을 기꺼이 쏟아부어야 합니다.' 입니다. 그래서 나는 누군가에게 어떤 아이디어에 관해 생각해 보거나 어떤 계획을 종합해 보라고 한 뒤 대답이 돌아오지 않으면 그것으로 끝냅니다."

캐슬린 본 더 아는 그녀의 멘토였던 앤 스위니가 자신에게 해 준 충고에 관해 이런 이야기를 들려주었다. 후에 우리가 스위니를 인터뷰했을 때, 그녀는 그 이야기를 반복했고 우리는 그녀의 충고를 끝까지 따르는 캐슬린의 모습에 감동했다. 캐슬린의 이야기는 다음과 같다.

인적으로 매우 어려운 담이었습니다. 네트워크 성적은 말 그대로 엉망이었고, 회원들은 만족하지 않았습니다. 내게 있어서는 매우 침울한 시기였죠. 그것은 마치 아침에 왜 일어나야 하는지조차 알 수 없는 것과 같았습니다. 그날 오후, 앤과 미팅이 있었습니다. 나는 그녀에게 "말하자면, 난 지금

정체되어 있는 듯한 느낌이 들어요. 내가 열중하고 좋은 느낌을 받을 수 있는 무언가가 필요해요."라고 말했습니다. 그녀는 그런 내게 "캐슬린, 당신에게 필요한 것은 목표를 설정하는 일입니다."라고 했습니다. 그리고 그녀는 자기 자신을 위해 목표를 세웠던 이야기를 들려주었습니다. 일주일쯤 뒤 팀원들과 미팅이 있었습니다. 그 자리에서 나는 이렇게 말했습니다. "앞으로 두 달간 우리는 매일 아침 전화 회의를 할 것입니다. 그리고 43개 TV 방송국 사람들과 함께 영업 회의를 시작할 것입니다. 그리고 5월 경쟁 기획 May Sweep Plan에 관한 상품 광고를 그들에게 줄 것입니다."

캐슬린의 이야기는 앤이 그녀에게 부과한 도전 과제를 어떻게 수행했는지를 강조하고 있다. 그 테스트는 2~3가지 측면에서 그들의 관계를 심화시켜 주었다. 왜냐하면 캐슬린은 종종 다른 사람에게 하기 어려운 이야기라고 할 수 있는 직장에서의 어려움에 대해 앤에게 이야기했고, 문제를 극복하기 위해 구체적인 목표를 세우라는 앤의 조언을 따름으로써 그 테스트에 대처했기 때문이었다.

도전 과제의 마지막 단계는, 프로테제를 전적인 한 사람의 인간으로 알게 되는 것과 관련 있다. 이것은 그들을 사회적 상황에서 관찰하고, 그들이 흥미로운 사람인지를 판단하고, 심적 부담감을 느끼는 상황에서 어떻게 반응하는가에 대한 관찰을 포함하기도 한다. 그러한 관계의 깊이는 프로테제가 사회적 환경 속에서 또는 직업의 경계 밖에서 어떻게 반응하는가에 따라 달라진다. 밥 라이트는 이렇게 언급했다. "나는 가능하면 항상 사회적 환경 속에서 사람들을 찾아내려고 노력합니다. 이렇게 하다 보면 똑같은 사람에게서 다른 면을 발견할 수도 있기 때문입니다. 아마 당신은 다른 면은 발견하지 못하고 같은 면만 보게 될 수도 있습니다. 그러나 어떤 사람들은 다릅니다. 때때로 그것은 정신적 긴장이고, 때로는 그 사람만의 특성이나 능력을 발견할 수 있는 기회를 잡는 것이기도 합니다."

멘토들은 또한 프로테제를 심적 압박감으로 채워진 상황 속에 밀어 넣거나 프로테제들이 압박감을 느끼는 상황에서 어떻게 반응하는지를 관찰함으로써 그들을 테스트하기도 한다. 패티 아치벡과 래리 카터는 모두 중압감을 느끼는 상태에서 서로를 관찰한 경험에 대해 털어놓았다. 패티는 매우 중요한 발표 중에 일어난 어떤 상황에 대해 말하면서 긴박한 상황 속에서 그들이 어떻게 함께 일했는지를 들려주었다.

(긴박한 상황 속에서) 래리가 나를 주시하고 있다고 느꼈을 때 나는 침착하게 행동했습니다. 프레젠테이션과 관련된 일을 들려드리죠. 그는 발표회장으로 들어왔고, 발표 자료를 수정해야 했고, 또 2초 안에 무대에 서야 했으며, 슬라이드를 옮겨야 하는 등 하여튼 내가 어떻게 하기를 바랐습니다. 그는 내게 그렇게 이야기한 뒤 무대로 걸어 나갔습니다. 그 말에 나는 "알겠습니다. 큐 사인은 발표회장 뒤에 서 있는 나를 발견할 때입니다. 그때까지는 프레젠테이션하지 마세요."라고 말했습니다. 왜냐하면 그때 프로젠테이션 파일이 백업 상태로 종료되었기 때문입니다. 나는 재빨리 그래픽 담당자에게 달려갔고, 그들은 슬라이드를 수정해 주었습니다. 그것을 들고 나는 발표회장 뒤로 걸어갔고, 그는 나를 보고 웃더니 그제서야 프레젠테이션을 하기 시작했습니다.

함께 일하는 과정에서 패티는 래리가 자신을 어떤 위치에 배치했을 때 어떻게 대처해야 하는지를 배웠고, 또 래리는 그가 패티를 시험할 때 그녀에게 의존할 수 있음을 다시 한번 깨달았다. 프레젠테이션 마지막 순간에 자료를 수정한 것이 사소한 일로 보일지도 모르지만 이것은 어떤 문제가 생기더라도 그들이 서로에게 의존할 수 있다는 것을 알고 있음을 보여 준다. 이런 유형의 신뢰는 프로테제가 통과해야 하는 그리고 현재 진행되고 있는 주기적 테스트의 결과이고, 결국 멘토링 관계를 심화시키는 요인이다.

멘토링 관계를 심화시켜 주는 테스트

1. 프로테제는 '말로만 하는 것이 아니라 실제로 자신의 돈을 투입'할 수 있는가?
   - 멘토가 프로테제에게 첫 번째 과제를 주었을 때 프로테제는 그것을 수행했습니까? 그랬다면 얼마나 잘 수행했습니까? 대개 첫 번째 과제의 실패는 오직 프로테제에게만 영향을 끼칩니다. 멘토가 갖게 되는 유일한 손해는 조언을 하거나 프로테제에게 무언가를 제시하는 데 소비한 시간일 뿐입니다.

2. 이 프로테제는 나를 돕고 있는가, 아니면 피해를 주고 있는가?
   - 직업과 직접적인 관계를 갖고 있거나 멘토의 경력에 간접적인 영향을 미치는 첫 번째 과제를 프로테제는 얼마나 잘 수행했습니까? 프로테제의 실패는 멘토의 직업이나 평판에 심각한 영향을 미칠 수도 있기 때문에 다음 도전 과제들은 더욱 중요합니다. 이러한 도전 과제들은 종종 직업과 관련이 있으며, 프로테제와 멘토를 단단하게 결속시킵니다.

3. 과오는 인간의 몫이고, 용서는 신의 본성이니라^{To err is human, to forgive is divine, 영국 시인 Pope의 말—역자 주}.... 당신이 만약 무언가 배웠다면

- 프로테제는 실패에 어떻게 대처했는가 그리고 멘토와 프로테제는 이 장애물을 어떻게 극복했는가?
- 프로테제가 멘토를 난처하게 하거나 멘토의 명성에 누를 끼쳤을 때 그들의 관계에는 무슨 일이 생겼는가?

4. 프로테제가 내게 진실을 말하고 있는지 또는 진정 내 말을 듣고 있는지를 믿을 수 있는가?
    - 프로테제는 멘토에게 유용한 의견이나 충고 또는 피드백을 얼마나 잘 제공하고 있는가?
    - 프로테제는 멘토에게 믿을 만한 친구라는 사실을 입증했는가?

5. 프로테제가 일을 제대로 하고 있으며 멘토에게 감사하고 있는가?
    - 프로테제는 지속적으로 멘토의 제시에 따르고 있는가?
    - 프로테제가 제시나 수정, 또는 조언에 대해 어떻게 행동하고 있는지 멘토와 의사를 교환하고 있는가?
    - 프로테제는 멘토에 대한 평가를 나누고 있는가?

6. 프로테제가 온전한 한 사람으로서 진짜 좋아하는 것은 무엇인가? 그리고 나는 프로테제를 좋아하고 있는가?
    - 프로테제는 사회적 환경 속에서 어떻게 행동하며, 멘토와 프로테제는 직업 외적 상황에서 시도에 대해 얼마나 편안하게 느끼고 있는가?
    - 압박감을 느끼는 상황에서 프로테제는 어떻게 반응하며 그 사실이 멘토에게 어떤 도움을 주는가?
    - 프로테제 옆에 있으면 재미있다고 느끼는가?

◆ 결론

우리는 이 장에서, 멘토의 시각에서 멘토링 관계의 본질에 영향을 미치는 중요한 요소들을 점검해 보았다. 이 장은 멘토들이 그들 자신에게 일련의 질문을 던짐으로써 멘토링에 대한 자신들의 철학을 탐구할 필요성을 강조하고 있다.

- 나는 왜 다른 사람의 멘토가 되기를 원하는가? 다시 말해서, 그로 인해 나는 무엇을 얻을 수 있는가?
- 관계의 성격을 설정하는 데 있어 프로테제의 역할은 무엇인가?
- 이러한 관계의 프로테제에게 나는 무엇을 기대하는가?

멘토의 철학을 이해하기 위해서는 프로테제도 스스로에게 잠재적 멘토에 대한 유사한 질문을 해 봐야 한다. 뿐만 아니라 프로테제들은 그들의 관계와 그들의 완벽한 멘토에 대한 가설과 관련하여 자신이 가지고 있는 기대치를 탐구해야 한다.

멘토들은 프로테제의 매력으로 작용하는 광범위한 특성에 대해 특별히 언급했다. 때로는 관계의 성공이 결국 매력을 느끼는 화학적 반응의 문제로 요약되기도 한다. 그런 화학적 반응이 존재하지 않는다면 다른 약속을 유지시켜 줄 관계를 발견하는 것이 중요해진다. 그러나 일반적으로, 매력을 느끼게 되는 5가지 주요한 이유에는 다음과 같은 사항들이 포함된다.

1. 감지된 유사성. 하지만 반드시 인구 통계학에 근거한 유사성일 필요는 없다.
2. 상호 보완적인 능력 또는 사고방식

3. 주목할 만한 특징이나 능력

4. 입증된 잠재력이나 성과

5. 기꺼이 배우고자 하는 의지

우리는 또한 우리가 인터뷰한 많은 멘토들의 관점에서 바라본 '완벽한' 프로테제의 중요한 특징들에 관해서도 토론했다. 이러한 특징들은 파워 멘토의 입장에서 잠재적 프로테제에게 중시되는 포괄적 기술 목록을 제시한다. 프로테제가 매력을 우연에 맡겨 버리는 것은 파워 멘토로 하여금 관심을 갖게 하는 효과적인 방법이 아니다. 성공적인 프로테제는 다음의 능력들을 완전하게 습득하기 위해 노력해야 한다.

1. 지성

2. 야심

3. 힘과 위험을 받아들이는 의욕과 능력

4. 독창성

5. 에너지

6. 신뢰성

7. 성실성

8. 높은 EQ

9. 낙관주의

10. 상호 보완적인 능력

멘토의 관점에서 보면, 대개의 경우 관계는 일련의 테스트와 도전 과제에서 시작된다. 멘토들은 멘토가 찾고자 하는 질적 능력을 프로테제가 가지고 있는지를 판단하기 위해, 또는 앞에서 언급한 대로 표현하자면 적절하지 않은 프로테제를 걸러내기 위하여 잠재적 프로테제에게 작은 과제를 내 준다. 그 테스트는 종종 멘토들에게 프로테제가 숙련되어 있는지, 믿을 만한지, 낙관적인지, 또는 멘토가 생각하기에 바람직하게 여겨지는 다른 어떤 특성이 있는지를 말해 준다. 멘토링 관계가 깊어질수록 테스트와 도전 과제는 더욱 많아지고 복잡해진다. 우리는 파워 멘토링 관계에 있어서 이러한 일들이 관계의 효력과 결과를 판단하는 데 중요하다고 생각한다.

 이 장은 멘토링 관계를 발전시키는 데 있어 멘토와 프로테제 모두가 멘토의 기대치와 행동을 좀 더 잘 이해하는 데 도움을 줄 수 있는 지침을 제공했다. 다음 장에서 우리는 멘토링 관계로 들어가기 위한 프로테제의 동기와 그들이 얻고자 하는 것에 대해 연구한다.

5장

프로테제의 관점

: 파워 멘토를 만나고
관계를 지속하는 법

The Protégé's Perspective :
How to Get and Keep a Power Mentoring

5 프로테제의 관점
: 파워 멘토를 만나고 관계를 지속하는 법

> 레프티는 자신들의 조직에서 미래를 설계하라고 나를 부추겼다. "도니, 불미스러운 일에 관여하지 말게나. 돈은 벌되 문제에는 관여하지 말란 말이네. 법을 어기지 않고 사람들을 모욕하지 않으면 언젠가는 성공하게 될 거야. 그런데 한 가지 걱정해야 할 것은 그들이 자네에게 밖으로 나가서 누군가를 해치우라는 일거리를 줄 거란 사실이네. 하지만 걱정하지 말게나. 전에도 말했듯이 어떻게 해야 할지 알려 주겠네. 자네는 기질이 있어, 도니. 자네 자신을 적절히 다루고, 불미스러운 일에 관여하지 말고, 사람들의 좋은 성향을 이용하게. 그러면 내가 자네에게 조직의 일원이 될 기회를 주지."
> – 영화 《도니 브래스코(DONNIE BRASCO)》 중
> 조셉 D. 피스톤(Joseph D. Pistone)과 리차드 우들리(Richard Woodley)의 대화

경제 관련 저서에서 폭력 집단 지도자의 조언을 접한다는 것이 다소 이상하게 보일지도 모른다. 그러나 갱단의 일원인 레프티^{Lefty}와 레프티의 신참 프로테제인 FBI의 비밀 요원 도니 브래스코^{Donnie Brasco}의 관계에서 우리는 멘토-프로테제 커플의 역동성에 대해 그 관계가 지닌 불미스러운 본질만큼이나 많은 것들을 얻을 수 있다.

FBI 요원인 조셉 피스톤(도니 브래스코는 그의 별명이다.)이 마피아 내부에 잠입하여 비밀 조사를 해 나가는 이야기는 매우 흥미롭다. 피스톤은 FBI 사상 가장 성공적인 잠입 요원 중 한 사람으로, 그의 증언은 미국 내에서 벌어지고 있는 조직적 범죄와 관련하여 200건 이상의 기소와 100건 이상의 유죄 판결을 받아 내게 하는 계기가 되었다. 피스톤이 폭력 집단의 멘토였던 레프티와 형성한 친밀하고 개인적인 멘토링 관계가 이것을 가능하게 만든 것이다. 물론 결과

적으로 피스톤(브래스코)은 자신의 멘토를 배신했고, 레프티의 관점에서 보자면 그들의 멘토링 관계는 좋지 않은 결말을 가져왔다고 할 수 있다. 그러나 관계가 지속되는 동안에는 양쪽 모두에게 큰 이점이 있었다. 레프티는 상습 도박자였고, 언제나 자금이 부족했다.—도니 브래스코는 절도를 하거나 다른 사람과의 관계를 형성하는 데 있어 자신이 가지고 있는 뛰어난 능력을 바탕으로 항상 레프티에게 자금을 조달할 수 있었고, 그 사실이 레프티에게 알려지면서 약삭빠른 갱단 멤버들에게 자신의 이름을 각인시키게 된다.

프로테제가 자신의 힘만으로는 멘토와 관계를 맺을 수 없다는 사실을 깨닫는다면 그 다음에 훌륭한 멘토를 찾기 위해서 프로테제가 밟아야 할 가장 중요한 단계 중 하나는 멘토가 프로테제의 경력에 미칠 수 있는 많은 장점들을 면밀히 살펴보는 것이다. 프로테제는 또한 어떤 구체적인 장점들이 그들의 관심을 끌 수 있는지도 주도면밀하게 판단해야 한다. 예를 들면 도니 브래스코에게는 자신을 마피아 내부 조직에 소개시키고 범죄 세계의 전형을 자세히 일러 줄 누군가가 필요했다. 프로테제가 일단 그런 요소들을 파악했다면 자신의 경력 전반에 걸쳐 최상의 것을 이끌어 낼 수 있도록 자신을 도와줄 멘토를 발견하는 일은 훨씬 쉬워진다. 프로테제들은 자신에게 가장 이상적인 멘토를 찾기 위해서 각기 다른 방법을 사용한다. 다수의 사람들은 자신의 경력을 발전시키거나 추후 자신이 갖게 될 직업에 대한 판단에 유용한 조언을 얻기 위해서 적극적으로 중요한 관계를 추구한다. 도니는 자신이 목표로 삶은 장래 멘토에 관한 배경을 광범위하게 조사했고, 그들의 관계에 있어 양쪽 모두가 무엇인가를 얻을 수 있는 방법으로 레프티에게 접근했다. 물론 당신은 FBI처럼 필요한 정보를 모두 얻을 수는 없을 것이다. 그렇지만 여전히 당신은 전통적인 수단(인터넷이나 직업적인 추천과 같은) 등을 통해 장래 멘토에 대한 정보를 알아낼 수 있고, 멘토에게 무엇을 제공할 수 있는지 생각해 볼 수 있을 것이다.

앞의 4장에서 우리는 전형적인 멘토링 관계에 대해 멘토들이 가지고 있는 정신적인 모델과 그들이 완벽한 프로테제에게서 기대하는 특징을 함께 다루면서 멘토의 심리에 대해 탐구했다. 5장에서는 프로테제의 관점에서 보는 멘토링 관계에 초점을 맞추고, 프로테제가 어떻게 파워 멘토를 만나고 관계를 유지시킬 수 있는지에 대한 질문들에 답을 할 것이다. 우리는 먼저 멘토링 관계를 시작하고자 하는 의도의 중요성을 강조하면서 당신이 잠재적 멘토에게 끌리는 점이 무엇인지를 명확히 밝히는 것으로 시작할 것이다. 그런 다음 당신을 성공적인 프로테제로 만들어 줄 다양한 특징들에 대해 고찰하고, 마지막으로 파워 멘토의 관심을 끌어 멘토링 관계를 맺기 위한 구체적인 전략을 제시할 것이다.

중요한 것은 5장이 단지 프로테제만을 위한 것은 아니라는 점이다. 만약 당신이 멘토라면, 특히 자신의 모든 능력을 발휘하여 일할, 야심 차고 신뢰할 만한 프로테제를 찾고 있다면, 당신도 이 장을 통해 가치 있는 아이디어들을 얻게 될 것이다.

■ 관계의 시작과 끌림

파워 멘토링 관계의 주된 특징 가운데 하나는 관계의 시작을 주도하는 사람이 대부분 프로테제라는 점이다. 우리의 면접자들이 논한 멘토링 관계의 대부분은 프로테제가 관계를 시도했거나 아니면 함께 시작한 경우다. 단지 다섯 커플의 경우에만 멘토가 먼저 관계의 시작을 주도한 것으로 드러났다.—이 경우는 대부분 멘토가 고용되거나 위탁된 사람으로서 프로테제와 접촉했기 때문이다. 명백하게도 멘토와의 접촉과 관련된 책임에 대한 부담은 프로테제에게 지워지고, 그러한 사실은 여러 가지 면에서 프로테제에게 권한을 부여한다고 할 수 있다. 멘토의 견해에서 볼 때 이러한 사실은 상당히 계몽적인데, 그 이유는 잠재적 프로테제를 찾아내는 가장 좋은 방법은 이전 프로테제에게 추천을 받는 것이기 때문이다. 또한 멘토가 수준 높은 프로테제에게 매력적으로 비춰지는 것은 비교적 쉬운데, 그 이유는 그들의 일에 참여하여 눈에 띌 수 있느냐 하는 문제와 연결되기 때문이다. 프로테제의 입장이라면 비록 당신이 순전히 존경심만 가지고 있다 해도, 당신이 잠재적 멘토에게 무엇을 제공할 수 있는지를 생각해 봐야 할 것이다. 관계를 시작하는 것에 대한 위험 부담이 있을까? 물론이다. 거절당할 수도 있다. 여러 가지 상황에서 잠재적 멘토가 단순히 과도한 업무량을 이유로 거절할 수도 있지만, 불행하게도 그 거절은 개인적이라고 느껴질 것이다. 용기를 가지고 당신이 관심을 가지고 있는 멘토에게 접근하는 위험 부담을 감수하라. 물어봐서 손해볼 것은 없으며, 최소한 그 사실은 당신의 잠재적 멘토로 하여금 자부심을 갖게 만들어 줄 것이다. 좀 더 쉽게 접근하고 싶다면 이메일을 띄우거나 다른 사람을 통해 당신을 소개하는 방식을 통해서 첫발을 내디딜 수도 있을 것이다.

  4장에서 우리는 멘토가 느끼는 프로테제의 매력에 관해서 이야기했다. 이제는 그 반대의 관점을 생각해 보자.—우리의 연구에서 프로테제가 느끼는 멘토의 매력은 무엇일까? 어쩌면 당연하게도, 멘토가 끌리는 프로테제의 매력적 요소는 주요한 분야에서의 유사성에 대한 인식을 포함하여 프로테제가 끌리는 멘토의 매력적 요소들과 같을 것이다(예를 들면 목적이나 유사한 가치에 대해 그들이 공유하고 있는 열정 같은 것을 들 수 있다). 또한 프로테제들은 종종 자신은 가지고 있지 않지만 습득하기를 원하는 재능을 가지고 있는 멘토에게 매력을 느낀다고 말했다. 대부분의 프로테제들은 자신들의 파워 멘토에게 무언가 가치 있는 것을 배운다는 사실에 큰 기대를 갖고 있었다. 대개의 경우 멘토는 프로테제가 존경하거나 닮고 싶어 하는 사람이다. 따라서 프로테제는 그들과 함께 일하는 과정을 통해서 또는 멘토의 활동 범위의 일부분이 됨으로써 그 멘토와 관계를 형성하는 방법을 찾아냈다. 우리의 프로테제들 중 다수는 멘토에 대해 가졌던 첫인상의 중요성에 대해서 언급했다. 그것을 그들에게 있어 중요한 교훈이었으며, 앞으로 지속될 관계의 방향을 정해 주었다.

3장에서 언급했던 리 버틀러 제독을 되짚어 보자. 그는 자신의 멘토였던 콜린 파웰^{Colin Powell, 조지 W. 부시의 1기 행정부 시절 국무장관을 지낸 인물} 에 대한 첫인상을 다음과 같이 회상했다.

내가 콜린 파웰을 처음 본 것은 1989년 10월로, 그가 합동참모의장 Chairman of the Joint of Staff 으로 지명되고 얼마 지나지 않았을 때입니다. 파웰 제독이 의장으로 참가하는 첫 참모진 조회 자리였습니다. 회의실 안에는 최소한 50명쯤 되는 사람들이 모였습니다. 나는 개인적으로 파웰을 알지 못했고, 그에 대해 알고 있는 사실도 별로 없었습니다. 참모 회의 때마다 행해지던 전통적인 의식이 있었습니다. 참모의장이 회의장의 문 가까이 왔을 때 위임되지 않은 장교가 멋진 목소리로 이렇게 말했습니다. "신사 숙녀 여러분, 합동참모의장 (이 경우에 한해서는) 콜린 파웰 제독입니다." 콜린 파웰 제독이 지나온 복도 전체에 그 말이 울려퍼지는 것 같았습니다. 그 말에 파웰이 멈춰 서더니 이렇게 말했습니다. "그거 참 멋지군요. 너무나 잘 말해 주셔서 여기 모인 사람들 중 누구도 내가 누구인지 잊어버릴 일은 없겠군요. 그러니 앞으로 반복할 필요는 없을 것 같습니다."

두 번째로, 그는 자리에 앉아서 이렇게 말했습니다. "이 모임을 그저 우리가 이야기를 나누고 정보를 교환하는 자리라고 생각합시다." 그리고 나서 그는 테이블의 오른쪽에서부터 한 바퀴를 돌며 모든 사람의 이름을 불렀습니다. 단순히 그들의 직함과 성으로 부른 것이 아니라 그들이 불리기를 원하는 이름으로 말입니다. 그가 해야 했을 일을 상상해 보십시오.—사진을 보고, 그것을 기억하고, 그것을 조합했을 과정을 말입니다. 그 순간 나는 내가 대단히, 엄청나게 특별한 사람과 마주하고 있다는 것을 알았습니다. 나는 그를 향한 최고의 존경심을 갖게 되었습니다. 그렇습니다, 그는 대단한 멘토였으며, 내가 핵사령부 지휘자로 승진되는 데 강력한 영향력을 행사했을 것입니다. 내가 핵사령관으로 재임하던 당시 역사적으로 유명한 대대적인 조직 개편을 할 수 있었던 것은 다름 아닌 그와 나의 개인적 관계 덕분이었습니다.

이 장에서 우리는 파워 멘토링 관계의 핵심 요소를 명백하게 밝히겠다. 그것은 버틀러 제독과 같은 프로테제가 어떻게 자신의 멘토에게 절친한 친구가 될 수 있었는가 하는 점이다. 이 경우 파웰 제독은 버틀러 제독의 상관으로 지명되었고, 그들은 공유하는 직업적 이상이나 가치관에서 유래한 상호 신뢰에 바탕을 둔 관계를 형성했다.

◆ 멘토링 관계에서 신뢰 구축하기

우리를 신뢰한다면, 우리에게 가르침을 주십시오.
—T. S. 엘리엇 Eliot

멘토링 관계에 있어 신뢰는 절대적인 것이다. 멘토와 프로테제들은 자신들이 지닌 성공의 비밀과 실패에 관한 이야기들을 나누고, 삶에서 일어나는 여러 가지 소소한 일들을 서로에게 드러낸다. 프로테제는 누군가 다른 사람을 신뢰하는 방법을 배워야 할 뿐만 아니라 입장을 바꾸어 그들 자신 또한 신뢰할 만하게 만들어야 한다. 이 섹션에서 우리는 프로테제들이 이야기하는 그들 자신과 그들의 멘토 사이에 신뢰를 구축할 수 있던 방법에 초점을 맞춰 이야기를 풀어 나갈 것이다. 신뢰할 수 있는 사람이 된다는 것은 프로테제가 자신의 멘토를 위해 할 수 있는 가장 중요한 일 가운데 하나다. 다시 말해서 신뢰란 많은 멘토링 관계에 통용되는 기본 화폐인 것이다.

우리의 파워 프로테제와 멘토들은 상호 간 신뢰의 중요성에 관해 때로는 감정적으로, 때로는 강렬하게, 또 때로는 뼈저리게 여러 차례 반복하여 이야기했다. 과거부터 멘토링 관계에서 신뢰의 중요성에 관한 연구가 행해져 오기는 했으나 놀랍게도 이 분야에 대한 작업은 매우 부족하다고 할 수 있다(신뢰와 관련된 문헌들 중 일부는 다음 장에서 다룰 것이다). 특히 프로테제의 견해에서 보았을 때 신뢰라는 것은 파워 멘토링 관계를 발전시켜 나가는 데 없어서는 안 될 요소다. 파워 멘토링 관계에서의 신뢰는 사고방식과 행동 양식 모두에 관련된 문제다. 공유된 가치관이나 상대방을 깊이 이해한다는 관점에서 보면 그것은 사고방식에 연관된 것이다. 하지만 어려운 피드백을 주고받거나, 비밀을 공유하거나, 말과 행동에 있어 충성도를 입증한다는 관점에서 보면 그것은 행동 양식과 관련된다. 또한 멘토나 프로테제가 한결같이, 신뢰가 어떻게 그들이 함께 일하는 과정에서 동시성이나 리듬을 발전시킬 수 있도록 작용했는지 이야기하는 걸 보건대, 신뢰는 또한 긍정적인 일의 결과물에 관련된 것이기도 하다.

신뢰는 공유하는 가치관에 관련된 것

우리의 많은 파워 프로테제와 멘토들에게 있어 신뢰와 그에 수반되는 행동양식들은 공유되는 가치관이나 유사한 가치관에 기초하여 발생했다. 종종 프로테제들은 이 점을 즉시 감지하지만 궁극적으로 신뢰란 시간의 흐름과 함께 발전된다. 파멜라 토마스-그레이엄은 그녀와 자신의 멘토였던 밥 라이트 사이의 신뢰에 대해 다음과 같이 이야기한다.

"첫 인터뷰에서 그와 나는 의사 소통이 잘되었습니다. 우리는 서로 비슷한 세계관을 가지고 있었고, 그런 만큼 처음부터 다분히 신뢰에 기반한 관계를 가지게 될 것이라고 생각했습니다. 그러나 신뢰란 궁극적으로 시간과 경험이 만들어 내는 기능입니다. 그렇지 않습니까? 당신은 몇몇 사항을 반드시 거쳐야 하고, 그에 대해서 다른 사람이 어떻게 반응하는지 살펴봐야 합니다. 그리고 나서 약간의 시간을 더 필요로 하는 것입니다."

신뢰는 또한 사업을 전개하는 방식에 있어서 공유하는 가치관이나 유사한 형식에서 발전되기도 한다. 우리는 스포츠 TV의 미래 시장을 감지했던 놀라운 기업가이자 네트워크 텔레비전 방송국인 USA 네트워크의 최초 여성 창립자이며 사장이었던 케이 코플로비츠Kay Koplovitz를 인터뷰하는 행운을 얻었다. 그녀는 21년 간 자신의 기업을 운영해 오다가 지금은 리즈 클레어본Liz Claiborne 사의 이사회장직을 맡고 있다. 그녀는 자신의 멘토라고 생각했던 밥 로젠크랜스 Bob Rosencrans, 현재 콜롬비아 파트너즈Columbia Partners 회장이며 C-SPAN과 같은 회사의 이사회 임원이다.—역자 주 에 대해 이야기했다.

그녀는 UA 콜롬비아UA Columbia와 같은 케이블 회사에서 그의 부하 직원으로 잠시 일한 경험이 있다. 케이와 밥은 스포츠 케이블 방송이라는 새로운 수단을 이용하여 어떤 일을 할 수 있는지에 대한 아이디어를 나누고, 또한 그는 그녀가 가지고 있던 위성 방송의 기능에 대한 열정을 공유했다. 그들은 주로 협상 관계나 사업적 거래에 관한 견해에 있어 가치관이 비슷했다.

나는 주로 그의 사업 방식이나 그가 사업 관계로 만나는 사람들을 대하는 방식에 대해 배웠습니다. 밥은 자신의 사업에 대해 매우 태평하고 느긋한 사람입니다. 그의 사업적 구상의 핵심은 항상 사업 계획을 단순화하고, 여러 측면에서 사람들로 하여금 긍정적인 답을 하기 쉽게 만드는 것이었습니다.

나는 밥을 통해, 협상 자리에서 쌍방 또는 다자간의 경우에 줄여야 할 필요가 있는 말은 줄여야 한다는 것을 배웠습니다. 상대방을 위해 좀 더 명백하게 밝히십시오. 어떤 사람들은 이런 식으로 협상합니다. "내가 이겼고, 당신이 졌소."—이것이 그들이 거래하는 유일한 방법입니다. 당신은 우량 고객을 원하거나 안정된 상태의 관계를 필요로 할 것입니다. 따라서 장기적인 안목에서 당신이 사업 관계를 맺고 있는 상대나 회사의 상태를 파악하는 것은 상당히 중요합니다. 내가 그러한 사실을 일찍 깨달을 수 있었던 것은 나에게 상당한 도움이 되었습니다. 그리고 결과적으로 그 사실은 이제 내 고유의 성향이 되었습니다. 상대방이 이해하기 쉽고 긍정적인 대답을 하기 쉬운 거래를 제안한다는 의미에서, 쉽고 평이한 거래가 가치 있다는 것을 나는 배웠습니다. 그리고 그러한 사실은 당신에게도 도움이 될 것입니다. 협상 자리에서 불필요하게 복잡하고 많은 수식어를 늘어놓지 마십시오. 그것은 대화를 연장시키고, 때로는 사람들을 이해시키는 대신 더 복잡하게 만들 뿐입니다.

비록 파멜라 토마스-그레이엄과 케이 코플로비츠의 이야기는 다른 유형의 공유된 가치관에 초점을 맞추고 있기는 하지만 그럼에도 불구하고 이러한 공통점들은 멘토링 관계를 맺고 있는 커플이 그들 각자의 멘토들과 신뢰를 구축하는 데 도움이 될 것이다.

신뢰는 어려운 피드백을 주고 받는 것에 관련된 것

우리가 만난 대부분의 프로테제들은 자신의 멘토를 신뢰한다고 확실히 말했다. 사실 상당수의 파워 프로테제들은 자신의 멘토에게 진실을 말하고 신뢰받는 친구 역할을 함으로써 자신들의 유용성을 입증했다고 말했다. 그러므로 신뢰란 프로테제와 멘토 사이에서 중추적인 역할을 하는 교역 화폐와 같은 것이다. 성공적인 파워 멘토링 관계의 본질적인 요소는 복잡한 피드백을 주고받으며, 그에 수반되는 위험 부담의 정도를 감수하는 것이라고 할 수 있다. 이러한 사실은 보통 프로테제들이 자신의 멘토보다 지위나 파워에 있어서 약하다고 할 수 있기 때문에, 특히 프로테제의 입장에서 보았을 때는 어렵다고 느낄 수도 있을 것이다. 그러나 그들 자신이 성실하고, 수완을 발휘하고, 최선을 다할 때 그들은 멘토에게 있어 가치 있는 사람이 된다. 그리고 대부분의 경우 그들은 멘토에게 신뢰받는 친구가 된다.

그런 의미에서 파멜라 토마스-그레이엄과 밥 라이트의 이야기는 신뢰에 대한 주목할 만한 예가 된다고 할 수 있으며, 상대방에게 진실을 이야기하는 과정을 통해 신뢰가 어떻게 발전되는지를 보여 준다. 파멜라 토마스-그레이엄은 이렇게 말한다.

내가 밥과의 관계에서 초기에 신뢰를 쌓을 수 있었던 한 가지 방법은, 계속되는 미팅에서 성과를 거두는 것에 관해 그가 제시한 방식을 따른 것입니다. 가을마다 예산안 회기가 있었습니다. 그리고 내가 NBC에서 맞이한 첫 가을에는 예산과 사업 계획 등을 논하기 위해 잭 웰치와 GE의 고위 간부들이 참여하는 상당히 긴장된 미팅들이 있었습니다. 하지만 나는 회사에서나, 내가 속한 경영 부서에서나 신참이었던 만큼 그 미팅에 상당히 겁을 먹고 있었습니다. 밥은 내가 그 미팅을 성공적으로 수행해낼 수 있도록 대비하는 데 큰 도움을 주었습니다. 그는 자진해서 내가 해야 할 발표를 여러 번 살펴 주었고, 여기저기를 다듬어 내게 다시 해 보도록 했습니다. 그 덕분에 발표의 시간이 다가왔을 때 나는 완벽하게 준비되어 있었습니다. 발표자의 자신감을 키워 줌으로써 잘할 수 있게 만드는 방법이 있고, 잘할 수 없을 거란 마음으로 발표를 하게 만드는 방법이 있습니다. 그는 무언가를 해내는 능력을 향상시키는 재능이 있었는데, 그건 말하자면 당신이 스스로 어떤 일을 할 수 있다고 느끼게 만드는 것입니다.

파멜라가 밥에게 중요한 피드백을 받고 그의 제안을 감사한 마음으로 수락한 대신 그녀는 그와 그녀의 다른 멘토인 잭 웰치에게 진실을 이야기하고 어려운 피드백을 제공할 것을 요청받았다. 파멜라는 인터넷 회사 열풍이 절정에 달해 있던 동안 그녀가 잭과 밥에게 전달해야 했던 피드백에 대해 이렇게 회상한다.

많은 사람들이 인터넷 관련 사업은 별 어려움 없이 지속적으로 발전해 나갈 것이라고 믿고 있었던 것 같습니다. 솔직히 말해서, 내가 현재 이 역할을 담당하고 있는 이유는 내가 진정으로 밥을 신뢰하고 있으며, 그의 지도력에 자신감을 갖고 있고, 따라서 내가 잭에게 다음과 같이 말할 수 있었기 때문입니다. "아시다시피 이 분야의 사업이라는 것은 이렇게 될 수도 있고 저렇게 될 수도 있습니다. 이것이 바로 이 사업을 통해 우리가 얼마나 많은 돈을 벌어들일 수 있는가 하는 것입니다. 그러나 우리는 그 두 배를 벌어들일 수는 없습니다. 그리고 앞으로는 이 사업이 각광받게 되지도 않을 것입니다." 내가 그렇게 말할 수 있었고, 앞으로의 전망에 관해 현실적일 수 있었던 것은 중요합니다. 내가 그렇게 할 수 있었던 이유는 내가 밥을 상당히 신뢰하고 있었고, 또 그렇게 말함으로써 그가 나를 해고하지는 않을 것이라는 자신이 있었기 때문입니다. 사업이 어떻게 되어 갈지에 관해 진실을 말함으로써 보상을 받는다는 사실은 GE 문화의 중요한 한 부분이라고 생각됩니다.

신뢰란 역경에 처했을 때 나타나는 충성심에 관련된 것

우리의 프로테제 중 몇 명은 어려운 상황에서 신뢰가 충성심의 형태로 드러나는 것과 관련된 주목할 만한 이야기를 해 주었다. 다음의 이야기는 전직 하원 의원이자 현재 오바마 정부의 노동부 장관으로 있는 힐다 솔리스와 그녀의 프로테제였던 주디 추와 샤론 마르티네즈 사이에 일어난 대단히 흥미로운 이야기다.

앞의 2장에서도 언급했듯이 힐다 솔리스와 주디 추는 인종을 넘어서는 멘토링 관계를 가졌던 사람들이다. 파워 멘토링 관계에 있어 전형적이라고 할 만큼 솔리스와 마르티네즈는 네트워크를 공유했고, 주디 추 또한 샤론의 멘토 역할을 했다. 샤론 마르티네즈는 캘리포니아 주 몬테레이 파크 시의회 의원으로 당선되었고, 2003년에는 시장으로 선출되었다. 이 3명의 정치인들은 서로 간의 높은 신뢰에 대해 논했고, 자신들 사이에도 그 신뢰가 존재한다고 믿었다. 우리는 우선 주디 추를 통해 까다로웠던 캘리포니아 주 하원을 위한 캠페인 기간 동안 그녀의 멘토였던 솔리스가 보여 준 충성심에 대한 이야기를 들을 수 있었다.

당신이 만약 이런 종류의 힘든 캠페인에 참여하게 된다면 사람들에 대해 많은 것을 알게 될 것입니다. 그리고 까다로운 투표를 해야 하는 많은 경우도 보게 될 것입니다. 내가 캠페인에 참여하는 동안 가장 힘들었던 순간은 근로승인(LA 카운티 노총의 승인)을 받을 때였습니다. 힐다는 노동 운동에 관한 한 절대적인 영웅으로 평가되는 인물입니다. 따라서 그녀가 뒤에서 밀어 준다는 것은 노동계로서는 많은 것을 의미합니다. 그것은 또한 그녀가 단지 말만 하는 사람은 아닐 거라는 사실을 믿어도 좋다는 것을 의미하기도 했습니다. 힐다의 또 다른 본질이 밝혀진 것은 그녀가 나를 승인해 주었을 때입니다. 라틴계 남성과 경쟁하고 있었던 만큼 상황은 어려웠습니다. 힐다에 대한 사람들의 일반적인 기대는 당연히 그 라틴계 남성을 선택하는 것이었습니다. 사실 많은 사람들이 그를 승인하라고 힐다에게 압력을 가했습니다. 그러나 당시 그녀와 나는 수년 간 상당한 관계를 유지해 오고 있었습니다. 나는 그녀에게 많은 도움을 주었고, 그녀 또한 나에게 많은 도움을 주었습니다. 그리고 우리는 서로 간에 깊은 신뢰를 가지고 있었습니다. 나는 그녀가 그 사실에서 많은 영향을 받았으리라는 것을 잘 압니다.

추와 솔리스 사이에 존재하는 충성심과 신뢰는 진취적인 정치가인 샤론 마르티네즈에게까지 확장되었다. 다음 일화에서 샤론 마르티네즈는 자신의 멘토였던 주디 추와 힐다 솔리스에 대한 충성심의 발로로 주 의회 의원 선거에 즉시 출마하지 않았던 것에 대한 이유를 설명한다.

주디가 어떻게 나의 멘토였는지 그리고 그녀에 대한 나의 충성심과 신뢰는 어떠했는지에 대한 이야기를 하나 해 드리겠습니다. 2001년 3월에 주디는 몬테레이 파크 시의회 위원직에 재출마했습니다. 그리고 6월에 주의회 의원으로 당선되었지요. 따라서 3월에는 그 자리가 공석이었고, 사람들은 나에게 내가 출마해야 한다고 말했습니다. 하지만 나는 출마하지 않았습니다. 나는 내 차례가 나중에 올 것이라고 말했지요. 당시 두 개의 의석이 비어 있었지만 내가 출마했다면 나는 주디 추의 경쟁 상대가 되었을 것입니다. 나는, 힐다가 가르쳐 준 대로 내 차례를 기다려야 한다는 것 그리고 내 차례가 올 것이라는 것을 믿었습니다. 그리고 그 기회가 찾아왔습니다. 6월, 주디는 주의회 의원에 당선되었고, 나는 11월에 그녀의 자리를 인계받았습니다.

힐다와 나는 서로에 대한 깊은 충성심과, 또 그것이 우리에게 얼마나 중요한가에 대해서 같은 생각을 가지고 있습니다. 그러나 신뢰에 관한 이슈나 충성심, 특히 공직자로 당선된다는 것은 광산에 발을 들여놓고 있는 것과 같다고 할 수 있습니다. 무슨 일이 생길지 전혀 예측할 수 없으므로 대단히 조심해야 할 필요가 있는 것입니다. 그리고 운 나쁘게도, 세상에는 당신에게 등을 돌릴 많은 사람들이 있습니다. 하지만 나는 힐다가 결코 내게 결코 등을 돌리지 않으리라는 것을, 나 또한 그녀를 배신하는 일은 없으리라는 것을 잘 압니다. 비록 아무리 상황이 나를 그렇게 몰고 가도 말입니다. 그런 상황이 닥치리라고는 생각하지 않지만 만약 그렇다고 해도 그녀를 위해서라면 끝까지 갈 것이고, 그 원인이 무엇이든 그녀 역시 나에게 똑같이 해 줄 것이라는 것을 알고 있습니다.

저널리즘의 영역에서는 위기 상황이라는 것이 조금 다르게 나타났지만 그 또한 어려움 속에서 형성된 신뢰에 대한 진정한 테스트가 되었다. 리사 링^{Lisa} ^{Ling}은 신뢰라는 것이 역경의 순간을 극복하는 데 필수적인 요소라고 말하면서 자신과 미치 코스$^{Mitch Koss}$의 멘토링 관계를 회상했다.

우리는 평범한 사람들이라면 겪지 않았을 상황을 겪어 왔습니다. 우리 둘은 여러 가지 다양한 분쟁 사태의 최전선에 있었죠. 우리가 서로를 믿지 않았다면 우리는 고통을 겪어야 했을 것입니다. 나는 그러한 상황 속에서, 누군가가 나에게 신체적인 해를 가하려고 한다면 미치가 도와줄 것이라는 점을 알고 있었습니다. 일본에 갔을 때 우리는 키가 2m는 족히 되는 일본 야쿠자에게 쫓기는 경험을 했습니다. 미첼이 카메라로 촬영하고 있는데 그 사나이가 다가와서 카메라를 뺏으려고 했고, 결국 미첼과 몸싸움이 시작되었습니다. 그들은 서로 엉켜 달라붙어 싸웠고, 나는 그 사이에 끼어들어 그의 손을 카메라에서 떼어내려고 안간힘을 썼습니다. 바로 그 순간, 나는 같은 상황에서 미첼 역시 그렇게 해 주리라는 것을 알았고, 따라서 나도 그 덩치 큰 야쿠자를 상대로 싸우기 시작한 것입니다. 둘이 힘을 모아 사나이에게 맞선 결과 그에게서 벗어날 수 있었고, 우리는 바로 도망쳤습니다. 정말 끔찍했던 순간이지요.

신뢰란 개인적인 것

TV 히트작인 《어프렌티스$^{The Apprentice}$》의 팬이라면 도널드 트럼프의 처세훈 가운데 하나인 "이것은 개인적인 감정이 아닌―비즈니스일 뿐입니다." 라는 말을 알고 있을 것이다. 이 진부한 표현 역시 우리의 파워 멘토와 프로테제들의 경험에 의해서 드러났다. 사실 신뢰를 구축하기 위해서는 비즈니스인 동시에 개인적이어야 한다고 말하고 싶다. 신뢰란 비밀스러운 것, 신성한 것 그리고 비밀스러운 이야기를 주고받는 긴밀한 유대 관계와 관련되어 있다. 그것은 취약성을 가지고 있으며, 그 사람에게 타격을 입히기에 충분한 무언가를 알고 있지만 절대 그렇게 하지는 않는 것이다.

CNBC 마케팅 연구 부서의 상임부사장을 지낸 릴락 에소프스키^{Lilach Asofsky}는 첫 임신 소식을 자신의 멘토였던 파멜라 토마스-그레이엄에게 전했을 때 그녀의 개인적인 지지를 얻었던 일을 회상했다. CNBC의 몇 명 되지 않는 소수의 여성 고위 간부 가운데 한 명인 릴락은 전형적인 남성 위주의 회사 분위기 때문에 자신의 보스와 직장 동료들에게 임신 사실을 알리면 행여나 부정적인 반응이 돌아오지 않을까 하는 두려움에 긴장하고 있었다. 그러나 파멜라에게 그 사실을 털어놓은 뒤 그녀의 우려는 상당히 완화되었다.

임신 사실을 털어놓았을 때 그녀는 진심으로 나와 함께 기뻐해 주었습니다. 나는 내 상사에게 임신 사실을 알리는 것에 대해 우려하고 있었는데, 그녀는 그 점에 대해서도 큰 도움을 주었습니다. 당시 나에게 도움이 되었던,—그녀는 이미 나보다 훨씬 구체적인 경험과 지식을 가진 부모였고, 오랫동안 부모 역할을 해 왔던 만큼 우리는 엄마 대 엄마로서 대화를 나눌 수 있었습니다.—부모가 된다는 것에 관한 몇몇 대화가 있습니다. 내가 그녀를 진심으로 신뢰하고 존경했던 만큼 그녀와의 대화는 나를 진정시켜 주었습니다. 내가 질문하고 그녀가 답변하는 과정에서 다른 사람에게서 얻은 답변과는 다른 느낌을 받았습니다. 나는 그녀가 얼마나 영리한지 알고 있었고, 진심으로 그녀의 반응을 신뢰했습니다.

여성간의 유대 관계는 데브라 마르투치와 패티 아치벡 사이에서도 찾아볼 수 있다. 그들의 관계는 좀 더 개인적인 상황에서 시작되었고, 그 후 파워 멘토링 관계로 발전했다. 이미 언급했듯이 데브라는 패티의 새벽 6시 스텝-에어로빅반 강사였는데, 그녀들은 자신들의 공통 관심사인 운동을 함께 하거나 운동 후 라커룸에서 편안하게 잡담을 나눔으로써 관계를 시작했다. 라커룸에서 형성된 친밀감은 서로 간에 신뢰를 구축하게 하고 눈여겨보게 만들었다. 패티의 멘토인 데브라는 좀 더 개인적인 관계를 통해 쌓아 올린 신뢰에 대해 다음과 같이 말했다.

우리는 사람들이 운동할 준비를 하는 라커룸을 어떤 일이 벌어지고 있는가에 대한—그것이 좋은 일이든 나쁜 일이든—정보를 나누는 토론장으로 이용했습니다. 그 과정에서 나는 패티가 직장을 바꾸려 한다는 사실을 알게 되었습니다. 당시 실리콘밸리의 인터넷 회사들은 모두 최악의 상황에 처해 있었습니다. 우리는 라커룸 분위기와 그 안에 있는 사람들에게서 벗어나 몇 번에 걸쳐 아침 식사를 함께 하면서 이야기를 나누고 정보를 공유했습니다. 그녀는 영국으로의 이사와 결혼을 하기에 앞서 여러 가지 변화를 겪고 있었습니다. 나는 대개의 경우 그 과정을 생각하게 함으로써 그녀를 도와주었습니다. 그것이 멘토가 할 수 있는 가장 중요한 일이라고 생각했습니다. 멘토가 절대 하지 말아야 할 일은 바로 당신이 무엇을 해야할지 일러 주는 것 아닐까요? 왜냐하면 사람들은 절대 다른 사람을 대신해서 그 사람이 해야 할 일을 말해 줄 수는 없기 때문입니다. 하지만 나는 그 사람으로 하여금 자신이 해야 할 일을 편안한 마음으로 곰곰이 되짚어 보며 자문자답할 수 있도록 도와주는 것은 가치 있는 일이라고 생각합니다. 나 역시 그렇게 하기를 즐깁니다. 내 경우, 그렇게 하면 내 안에 있던 혼란스러운 생각들이 사라지곤 합니다.

신뢰의 또 다른 개인적 측면은, 신뢰라는 것이 궁극적으로 다른 사람에게 상처를 입힐 수 있다는 사실과 관련 있다. 쉽게 상처 입는 사람일수록 잠재적으로 다른 사람에게 더 큰 상처를 줄 수 있다. 미국의 전 재무 장관이었던 로사리오 마린과 그녀의 전 멘토였던 캘리포니아 주지사 피트 윌슨은 이 사실을 잘 보여 준다. 그들의 관계는 개인적인 관계로 시작되었다. 로사리오 마린은 다운 증후군을 앓고 있던 자신의 아들 에릭과 같은 경우를 옹호하기 위한 목적으로 정치계에 입문했다. 공화당 소속의 캘리포니아 주지사가 장애를 가진 사람들에 관한 연설을 했을 때 마린은 그의 열정을 느낀 동시에 그에게 끌리는 것을 느꼈다. 그녀는 라틴계 지역 사회의 교섭 담당으로 그의 밑에서 일하게 되었다. 그녀는 다음과 같이 말했다.

다른 사람이 어느 정도로 당신을 신뢰할 수 있는가는 당신이 그에게 입힐 수 있는 손실의 정도에 달려 있다고 나는 항상 말해 왔습니다. 당신에게 가장 큰 손실을 입힐 수 있는 사람은 당신과 가장 친밀한 사람인데, 이 사실은 백악관에서도 볼 수 있습니다. 왜냐하면 그들은 당신이 잘한 일과 못한 일을 모두 알고 있기 때문입니다.

윌슨 주지사가 라틴계 지역 사회에서 연설을 할 때 나는 스페인어 통역을 담당했습니다. 그의 팀원 중 단 한 명도 스페인어를 할 줄 몰랐기 때문에 그들은 내가 뭐라고 말했는지 몰랐습니다. 그런 만큼 그들은 나를 신뢰했습니다. 나는 당신이, 충성심이라는 것이 커다란 이슈라는 것을 알게 되리라 생각합니다. 나는 윌슨 주지사와 부시 대통령을 통해 그 사실을 배웠습니다.

신뢰란 상호 간 직무 생산성에 관련된 것

서로를 진심으로 믿고 있는 파워 멘토와 프로테제들은 동시성synchronicity이라는 의미에서 종종 함께 일하는 업무 리듬을 개발한다는 사실을 발견하기 때문에 신뢰라는 것이 생산적인 업무 관계라고 말할 수 있다. 그것은 프로테제가 위험을 감수하도록 해 주고, 심지어는 실패까지도 허락할 만큼 그를 믿어 주는 것이다. 그것은 프로테제의 자존심을 강화하고, 그들의 의견을 신뢰하는 것이다. 심지어는 누군가로 하여금 혼자서 그 일을 하도록 내버려두는 방식을 취할 수도 있다.

5장의 앞부분에서 우리는 리 버틀러 제독이 자신의 멘토였던 콜린 파웰 제독에 대해 이야기하는 것을 들었다. 이제 우리는 리 버틀러 제독과 그의 프로테제였던 도널드 페티트 준장의 관계, 그들이 가지고 있던 신뢰에서 파생된 직업 관계에서 그들이 누렸던 동시성에 대해 이야기할 것이다. 페티트와 버틀러는 둘 다 러시아 핵사령부 지휘관과 함께 일을 하기 위해 러시아로 떠났던 당시의 사건에 대하여 이야기했다. 다음은 페티트의 이야기다.

당시 합동참모본부 의장은 해군 제독 크로우Crow였습니다. 사무실을 나서기 전, 그는 러시아 대표와 두 나라가 어느 쪽이든 실수로 무심코 행할 가능성이 있는 잠재적 적대 행위를 방지하는 합의안에 동의했습니다. 버틀러 제독은 이 합의안을 전개시키는 임무를 맡았습니다. 그때까지 나는 공개적으로 솔직하게 경쟁하고 전략을 토론했던 우리의 방식이 성공적인 합의를 이끌어내는 데 도움이 될 것이라 생각했습니다. 물론 의심할 바 없이 그는 내 도움이 없었더라도 그 일을 잘 수행했을 것입니다. 그러나 나는 우리가 오랫동안 쌓아 온 자신감과 신뢰, 서로의 능력을 제대로 파악하고 있었다는 점 그리고 문제를 어떻게 다루어 나가야 할지를 알고 있었던 덕분에 그 일이 훨씬 잘 실행되었다고 생각합니다.

페티트 준장과 같은 우리의 프로테제들은 상당히 커다란 이해 관계가 걸려 있는 결정을 했던 상황을 여러 번 언급했다. 밥 라이트와의 깊은 신뢰에 대해 들려주었던 파멜라 토마스-그레어엄은 밥이 자신으로 하여금 위험을 감수하면서까지 성공과 실패 그 모든 경우에서 가르침을 얻을 수 있게 해 준 방식을 솔직하게 들려주었다. 파멜라는 밥의 신뢰가 자신으로 하여금 어떤 가르침을 얻게 해 주었는지 그리고 그것이 그녀 또는 다른 신참 중역, 특히 유색 인종인 프로테제들에게 얼마나 중요한 사실인지를 분명히 말했다.

밥이 기꺼이 사람들에게 그들 스스로 생각할 여지를 남겨 주었던 것에 관해 다시 한번 이야기하겠습니다. 내가 무언가를 하기 원했는데 그가 "글쎄요, 내가 당신이라면 그렇게 하지 않겠소. 하지만 사업을 운영하는 사람은 당신이지요. 당신 사업에 책임이 있는 사람은 당신입니다. 나라면 그렇게 하지 않겠지만, 당신이 원한다면 하십시오."라고 말한 일이 두어 번 정도 있었습니다. 그리고 솔직히 말하자면, 두 경우 모두 그가 옳았고 나는 하지 말아야 할 일을 했습니다. 다행히 적절하게 실수를 만회함으로써 철회 가능한 일들이었습니다. 우리는 그 일들을 원래 상태로 되돌려 놓았습니다. 그는 "알겠습니까? 이것이 내가 당신에게 그 일을 하지 말라고 했던 이유입니다."라고 말했고, 그렇게 마무리되었습니다.

나는 신뢰를 쌓는 가장 궁극적인 방법은 실패하거나 실수를 함으로써 배우는 것이라고 생각합니다. 당신을 도와주는 사람이 뒤로 물러서서 "내가 그렇게 말하지 않았나요."라고 말하는 것이 아니라 "좋아요, 그러니까 다음에는 당신도 알게 될 것입니다."라는 식으로 말하는 것을 깨닫게 되는 것이지요. 계속해서 앞으로 나아가십시오. 그것이 바로 당신의 관심사가 누군가와 결합되었다는 것을 느낄 수 있게 해 주는 깊은 신뢰 형성의 궁극적인 방법입니다.

그리고 우리는 여성이나 유색 인종의 경우 파트너가 되기까지 왜 그렇게 오랜 시간이 걸리는가 하는 문제를 두고 맥킨지에서 이야기를 나누었습니다. 그중 상당 부분은, 과거에 사람들이 실수를 저지른 뒤 그것에서 전적으로 회복되지는 못했던 이유는 그 사람을 도와줄 멘토나 멘토 집단이 없었기 때문이라는 것에 대한 내용이었습니다.

모든 사람들은 그들이 하는 일에서 실수를 저지릅니다. 내 말은, 그것은 기정 사실이라는 것입니다. 중요한 것은 누구는 회생하고 누구는 그렇지 못하며, 누구는 재빨리 제자리로 돌아오는데, 누군가는 계속해서 곤경에 처한 채로 남아 있다는 것입니다. 즉 난관을 극복한 여성이나 유색 인종의 수가 많아지고, 그들이 전진하거나 행보를 통해 다시 돌아올수록 당신은 더 많은 여성과 유색 인종들이 진보하고 있다는 것을 알게 될 것입니다. 왜냐하면 완벽한 사람은 없기 때문이죠. 그것은 단지 얼마나 많은 제도적 지원이 그들을 위해 제공될 수 있는가 하는 문제입니다.

니키 로코Nikki Rocco는 또한 자신이 경험했던 경력 초반기의 성공적 영화 마케팅 캠페인의 견지에서 신뢰가 어떻게 직장에서의 생산성으로 연결되는지를 이야기해 주었다.

한 예를 들겠습니다. 잔뜩 긴장해 있었던 탓에 그때 일을 생생하게 기억합니다. 12~13년 전의 일입니다. 톰 폴락$^{Tom\ Pollack}$은 제게 마틴 스콜세이지 감독에 대해 얘기한 뒤 그의 작품인 《케이프 피어》라는 영화가 들어온 사실에 대해 알려 주었습니다. 톰은 제게 뉴욕에 가서 《케이프 피어》를 보기 바란다고 했습니다. 그 말에 나는 "뭐라고요?"라고 했죠. 톰은 "나는 자네의 의견을 신뢰하네. 시드 쉐인버그$^{Sid\ Sheinberg}$ 회장님이 뉴욕으로 가실 거네."라고 했습니다. 저는 당시 선임 부사장이었습니다. 그 일은 제 경력에 있어 전환점이 되었는데, 제가 짐을 떨쳐 내고 모험을 감행한 첫 번째 시도였기 때문입니다.

나는 스콜세이지의 건물에 있는 개인 영사실에서 쉐인버그와 마이클 오비츠$^{할리우드의\ 유명한\ 탤런트\ 에이전트-역자\ 주}$와 함께 《케이프 피어》를 보았습니다. 영화를 본 뒤 우리는 점심 식사를 하러 갔고, 나는 영화 자체에 대한 의견이 아닌 영화를 어떤 식으로 개봉할 것인지 관한 의견을 제시했습니다. 그 일을 내 경력에 있어 전환점이라고 하는 이유도 그 후 내가 제시한 의견 덕분에 영화가 큰 성공을 거두었기 때문입니다. 영화의 성공에 대한 공로를 인정받고자 하는 것은 아니지만, 매우 특이한 개봉 날짜와 전략을 새롭게 개척한 것만큼은 인정받고 싶습니다. 그 순간을 생생하게 기억하는 것도 그 때문입니다.

신뢰는 때때로 상대방이 혼자 빛날 수 있도록 내버려두는 것이기도 합니다. 마사 모리스는 자신의 보스였던 린다 샌포드가 보여 준 이 접근 방식에 대해 이렇게 이야기합니다. "린다는 나 혼자 이 일을 하도록 내버려두었는데, 그것이 나를 신뢰하는 그녀의 방식이었지요. 나는 매주 그녀에게 일에 관련된 보고

서를 작성하여 진행 상황을 알렸습니다. 알다시피 제조업이 진행되는 방식이죠. 그녀는 보고서를 읽고 질문을 했습니다. 우리는 미팅을 통해 그에 관해 대화를 나누었고, 그녀는 나에게 결정을 내리도록 했습니다. 그녀는 내가 일을 진행하고 있는 한 문제를 제기하지 않았습니다. 그것은 사람들에게서 최상의 것을 끄집어내는 방식이라고 할 수 있습니다. 그녀는 진정으로 나를 신뢰했기 때문에 그렇게 행동했던 것입니다."

요약 : 신뢰의 구축

이 섹션의 초반부에서 언급했듯이, 신뢰는 멘토링 관계에 있어 핵심적인 요소이다. 신뢰는 다양한 방법을 통해 개발될 수 있지만 그것을 구축하는 데는 종종 많은 시간이 필요하고 순식간에 잃어버릴 수 있다는 특징이 있다. 우리는 연구 과정에서 프로테제들이 제공해 준 신뢰에 관한 이야기들에 초점을 맞추었고, 또 그들 관계의 특별한 본질을 통찰해 보았다. 다음 섹션에서 우리는 가치 있는 멘토링 관계에 중요하게 작용할 추가적 관계 설립 기술에 대해 토의할 것이다.

파워 멘토 식별하기

일반적으로 잠재적 파워 멘토를 식별하기 위한 가장 좋은 방법은 자신이 몸담고 있는 직업이나 기업에서 누가 주도자 역할을 하는지를 파악함으로써 첫발을 내딛는 것이다. 1장에서 살펴본 전통적 멘토와 파워 멘토의 차이점을 살펴보면, 파워 멘토는 프로테제가 속한 조직 내에 몸담고 있는 경우가 대부분이지만 다른 조직체나 모임에 속해 있기도 하다는 것을 알 수 있다. 만약 다른 멘토나 방법이 증가된다면 전통적인 멘토링 관계 또한 파워 멘토링 관계가 될 수 있음을 기억하라.

종종 파워 멘토들은 파워 엘리트 계통의 일부분이거나 일정한 직업이나 기업체의 인그룹in-group, 강한 동포 의식이나 동질 의식에 의해 연합, 연대되어 있는 사람들의 집단—역자 주 이기도 하다. 이들은 사람들의 대화 속에서 "누구누구에게 가서 한번 물어봐." 하는 식으로 어떤 일의 전문가로 자주 거론되기 때문에 식별해내기가 비교적 쉽다. 또 그들은 대개의 경우 쉽게 눈에 띄는 지위에 있거나 곧 영향력 있는 자리로 승진할 사람들이다.

우리가 이 책에서 파워 멘토를 식별하기 위해 사용했던 방법은 당신의 파워 멘토를 발견하는 데 사용할 수 있다. 정상에 있는 사람들을 식별해내기 위한 구체적 기업 리스트(예를 들어 할리우드에서 정상의 자리에 있는 여성들의 목록을 작성하기 위해서는 《Hollywood Reporter's》를 참조할 수 있다.)를 살펴보는 것으로 시작하여 그 다음에는 흥미를 끄는 사람들의 배경에 대해 조사하는 것이다. 당신이 목표로 삼고 있는 사람과 같은 조직체에 몸담고 있는 사람 중에서 그 사람을 잘 알고 있을 다른 사람과의 접촉을 시도해 보라. 6단계 법칙과 스노우볼 기술snowball, 조그만 눈덩이가 경사를 지나면서 집채만큼 커지는 것 같은 효과 을 이용해 보라.[1] 6단계 법칙이란 우리가 접촉하고자 하는 모든 사람은 단지 6명만 거치면 알게 될 뿐만 아니라 이미 알고 있는 사람이 우리 자신과 우리가 알고자 하는 다른 사람들을 기꺼이 연결시켜 줄 수 있다는 이론이다. 우리는 면접자들과 함께 작

---

1. Earl Babbie, The Practice of Social Research Belmont, CA : Wadsworth Publishing Company, 1986 ; and Steven J. Taylor and Robert Bogdan, Introduction to Qualitative Research Methods : A Guidebook and Resource New York : Wiley, 1998

업하는 과정에서 그 연계가 종종 그보다 훨씬 더 가까이에 있음을 발견하기도 했다.-종종 3~4명만 거쳐도 되는 경우도 있었다. 6단계 법칙은 이런 식으로 작용한다. 당신이 속한 기업에서 가장 영향력 있는 사람을 식별하는 일부터 시작하라. 그들에 관한 조사를 하거나 당신이 기업 내에서 존경하는 사람들에게 그들이 생각하는 바를 질문하라. 그런 다음에는 당신이 접촉하고자 하는 누군가와 관련이 있는 사람을 알고 있을 또 다른 누군가를 당신이 알고 있는지 찾아보라.

예를 들어 당신이 멀티미디어 복합 기업체를 찾아보고 있다고 가정하자. 당신은 아마도 전직 GE의 CEO-우상화된 전직 최고경영자 잭 웰치-에게서 시작할 수 있다. 우리는 잭 웰치가 밥 라이트의 멘토였음을 알게 되었고, 또 파멜라 토마스-그레이엄의 멘토였으며, 릴락 에소프스키의 멘토였다는 사실을 알게 되었다. 잭 웰치를 당신의 멘토로 삼는 데는 어려움이 있겠지만, 아마도 릴락과 비슷한 단계에 있는 누군가를 알게 되기는 훨씬 쉬울 것이다. 그리고 나서 일단 당신이 추구하는 사람들 중 1명과 관계를 갖게 되면 그에게 당신을 다른 사람과 연결시켜 달라고 요청하라. 당신이 속한 네트워크의 사람 수는 기하급수적으로 늘어나거나 '스노우볼'이 될 것이다. 이러한 방식은 우리의 면접자들과 접촉하는 데 있어서 참으로 훌륭한 방법이었다.

성공한 기업가이자 마이쉐이프^{MyShape}, 엔피시^{Enfish} 그리고 젬스타^{Gemstar}의 창립자인 루이스 웨이니어^{Louise Wannier}는 사업과 관련하여 그녀의 네트워크를 구축하는 데 있어 스노우볼 기술을 이용한 것에 대해 이야기한다. 그녀는 당시 동료 멘토였던 헨리 유엔^{Henry Yuen, 젬스타의 공동 설립자이자 전 최고경영자 루이스는 젬스터 유럽 지사의 공동 설립자이자 전직 최고운영책임자(COO) 및 최고 경영자였다.} 과 함께 일하던 시절을 이렇게 회상했다. "젬스터 설립에 착수했을 때 나는 에른스트^{Earnst, 현재는 Ernst & Young} 에서 알고 있던 파트너 가운데 1명을 통해 디멘션 케이블의 엔지니어링 책임자에게 소개되었습니다. 그는 나를 《LA 타임즈Los Angeles Times》의 마케팅 부서 책임자에게 소개시켜 주었고, 그 책임자는 또한 나를 《뉴욕 타임즈New York Times》의 사장에게 소개시켜 주었습니다. 그 사실에서 나는 기업 연합이 이러한 연계를 도와주며, 또한 다수 신문지상에 우리의 존재를 드러내게 하기 위하여 피넛 앤드 가필드Peanuts and Garfield 의 판로인 유나이티드 피쳐와 거래를 이끌어 낼 수 있다는 사실을 알았습니다. 내가 시장의 기능을 배우고 내 것으로 받아들일 수 있었던 것 그리고 우리 회사의 설립을 가능하게 한 사업 관계를 구축할 수 있었던 것은 이러한 일련의 네트워킹을 통해서였습니다."

우리는 1장에서 딕시 가Dixie Garr 의 이야기를 소개했다. 추후에는 그녀가 자신의 프로테제인 안소니 헤이터Anthony Hayter 와 전문적 이벤트에서 패스트리에 관해 유머러스한 방법으로 접촉한 이야기를 언급할 것이다. 이벤트에서의 만남은 멘토와 프로테제가 접촉하는 좋은 기회가 된다. 다른 경우를 든다면 같은 조직체에서 일하는 것, 직업 인터뷰 중에 관계를 형성하는 것, 교육적인 배경 하에서 조우하는 것 그리고 사회 운동이나 스포츠 활동 같은 과외 활동 등을 들 수 있다.

많은 프로테제들이 자신의 멘토에 대해 아는 것과 존경하는 것은 거리가 있다고 말한다. 우리가 만난 프로테제들 중 다수는 자신들의 잠재적 멘토의 진로를 좇으려고 의식적으로 노력했고, 결과적으로 기회가 찾아왔을 때 그 사람과 관계를 형성할 수 있었다. 샤론 마르티네즈Sharon Maartinez 캘리포니아 주 몬테레이시의 전직 시장은 자신의 멘토였던 노동부 장관 힐다 솔리스와 그런 형태의 관계를 가졌었다.

내가 힐다를 처음 만난 것은 80년대 후반 그녀가 하원에 출마했을 때입니다. 리오 혼다 대학의 토론회에서 처음 그녀를 처음 보았을 때, 나는 그녀가 활동적이고 훌륭한 여성이라고 말했습니다. 그녀의 나이가 그다지 많지 않다는 것을 알았기 때문에 나는 그녀의 진로를 주시했습니다. 그녀는 나처럼 고등 교육이나 여성의 권리, 특히 소수자들의 권리를 위해 일하고 있었습니다. 그것은 내가 나만의 방식으로 열렬히 추구하던 일이기도 했습니다. 그때는 내가 그 목표들을 어떻게 이룰지 몰랐습니다. 하지만 그녀를 보면서 어떻게 해야 할지 시작이라도 할 수 있게 되었습니다.

놀랍게도, 프로테제의 어떠한 특징들이 멘토의 관심을 끄는지를 밝혀 내기 위해 시도된 저술들은 별로 없다. 예를 들어 한 연구 결과를 살펴보면 멘토들은 대부분 프로테제의 능력에 끌리며 막상 프로테제가 도움을 필요로 하는 부분에 대해서는 별로 관심을 갖지 않는다고 한다.[*2]

4장에서 우리가 밝혀 낸 주된 특징들은 멘토의 관심과 관련되어 있다. 더욱이 우리는 자신이 속한 직업적 사회에 참여하는 것이 멘토와 프로테제가 접촉할 수 있는 좋은 방식이 된다는 실례들을 반복해서 접했다. 직업적 상황이 잠재적 멘토와 프로테제가 만날 수 있는 미팅 자리를 제공할 수 있기는 하지만 대부분의 경우 첫 접촉을 시도해야 할 의무는 프로테제에게 지워진다. 따라서 참여한다는 사실이 잠재적 파워 멘토를 만나기 위한 의미 있는 첫걸음이라고 할 수는 있으나 가능한 접촉을 위해 지속적으로 다음 단계를 밟아 가려는 강한 참여 의식 또한 그만큼 중요하다고 할 수 있다.

---

2. Tammy D. Allen, Mark L., Poeet, Joyce E. A. Russell, "Protégé Selection by Mentors : What Makes the Difference?" Journal of Organizational Behavior 21, no. 3(2000) : 271~282. 이 연구서를 제외하면 단 하나의 이전 연구만이 멘토의 관심을 끄는 프로테제의 특징에 대해서 다루고 있다. See Judy D. Olian, Stephan J. Carroll, and Christina M. Giannantonio, "Mentor Reactions to Protégés : An Experiment and Managers," Journal of Vocational Behavior 43(199) : 266~278.

◼️ 좋은 인상을 만드는 기술의 연마

당신이 함께 일하고 싶어 하는 사람들을 찾아내고 그들과 접촉할 수 있는 중요한 열쇠는 인상 관리impression management 기술에 있다. 인상 관리라는 말은, 말이 주는 느낌 그대로 다른 사람들이 당신에 대해 갖게 되는 인상을 관리하고 조절하는 방법을 말한다. 많은 연구 결과에 의하면 사람들은 여러 가지 유형의 인상 관리 기술을 사용하고 있다고 한다.[*3] 어떤 인상 관리는 명백하게 다른 사람들이 우리를 바라보는 방식과 관련이 있다. 때때로 우리는 자기 자신을 있는 그대로가 아닌 다른 모습으로 보이게 만드는 인상 관리 기술을 사용하기도 한다. 반면 면접을 보거나 함께 일하는 직장 상사와 점심을 먹는 등의 경우에는 좀 더 미묘하게 내가 가진 최상의 모습을 보여 주려고 노력한다. 우리는 또한 자기 스스로를 바라볼 때 가장 만족스럽다고 느끼는 모습으로 나를 표현하는 존재인 만큼 그런 이유에서 인상 관리를 하기도 한다. 다시 말해 우리는 스스로에게조차도 자신의 부족한 점에 대해 변명을 한다는 것이다.[*4] 우리는 우리 자신에게 생기는 좋은 일들에 대해서는 좀 더 높은 점수를 주고, 좋지 않은 일에서는 자신의 역할을 잊어버리는 경향이 있다. 1950년대에 방송된 텔레비전 프로그램인 《Leave It to Beaver》에 등장하는 에디 헤스켈Eddie Heskel이라는 인물은 본질적인 인상 관리에 대한 좋은 예가 된다. 재방송으로라도 그 프로그램

---

3. 실례로 다음을 참조하라. Sandy J. Wayne and Robert C. Liden, "Effects of Impression Management on Performance Ratings : A Longitudinal Study," Academy of Management Journal 38, no. 1(1995) : 232~260; and William L. Gardner, "Lessosns in Organizational Dramaturgy : The Art of Impression Management," Organizational Dynamics 21, no. 1(1992) : 33~46.
4. Anthony g. Greenwald, "The Totalitarian Ego : Fabrication and Revision of Personal History," American Psychologist 35, no. 7(1980) : 603~618.

을 본 경험이 있는 사람이라면 아마도 헤스켈이 때때로 감상에 젖은 부드러운 목소리로 "클리버 부인, 당신은 정말 아름다운 드레스를 입고 있군요."라고 말하는 장면을 기억할 것이다. 그는 클리버 집안의 남자들보다 훨씬 더 장난이 심했고, 항상 호감을 주는 인상은 아니었던 만큼 인상 관리가 더욱 필요했을 것이다.

지금까지의 설명을 보면 인상 관리가 마치 자기 자신이나 다른 사람에게 거짓말을 하는 것처럼 들릴 수도 있다. 우리는 거짓을 옹호하는 것이 아니다. 그러나 우리는 프로테제들이 다른 사람에게 주는 자신의 인상에 대해 비판적으로 생각해 볼 것을 권한다. 많은 사람들이 "나는 나일 뿐입니다."라거나 "보시는 그대로입니다."라는 입장을 취할 뿐 다른 어떤 사람이 되려고 노력하지는 않는다. 하지만 진정으로 당신의 순수한 자아와 태도, 행동 양식이 당신의 삶에서 당신에게 기회를 주고 적절한 자질을 가지고 있는 사람이 될 수 있게 해준다고 믿는다면 아마도 당신에게는 인상 관리가 필요 없을 것이다. 그러나 우리들 대부분은 좋은 첫인상을 만들기 위해서 약간은 다듬어져야 할 필요가 있다. 사람들은 다른 사람의 사람됨을 재빨리 판단한다. 상대가 우리의 친구인지 적인지, 아니면 상대에게 무엇을 기대할 수 있을지를 추측해 보는 것이야말로 우리의 뇌가 확실하게 감지하는 부분이다. 어떤 사람의 첫인상을 판단한 뒤에 그 첫인상에 위배되는 사항은 무시해 버리고 그것을 확신시켜 주는 사실을 찾는 데 시간을 소비한다.

예절과 약속, 삶에 대한 관심, 낙관적인 사고 등이 그 사람을 매력적으로 보이게 만드는 요소들이다. 잠재적 멘토에게 당신의 최상의 모습을 보여 주는 것이 거짓은 아니다. 좀 더 긍정적인 모습을 제대로 보여 주기 위해서는 노력이 필요하며 연습을 해야 한다. 예를 들면 당신이 특정 타입의 사람을 대할 때 긴장하는 스타일이라면 좀 더 침착하게 상대를 대하는 연습을 할 필요가 있다.

첫 번째 미팅에서 상대에게 어떤 인상을 남기느냐는 자신에게 달려 있다. 인상 관리란 또 어떤 면에서 당신이 되고자 하는 모습에 다가서기 위한 긍정적인 단계라고도 할 수 있다. 당신이 원하는 행동 양식을 더 많이 연습할수록 그것이 결국 당신의 일부가 될 확률은 더 높아진다.

자신의 프로테제와 관계를 오랫동안 지속시키기 위하여 자신이 과거에 가졌던 초기 인상을 되돌아보는 데 시간을 투자하는 기민한 멘토들에 관한 이야기를 접한 적이 있다. IBM의 린다 샌포드는 자신의 프로테제인 찰스 리켈 Charles Lickel 의 첫인상에 대해 이렇게 언급했다.

그에 대한 초기 인상은 좋은 친구라는 느낌이었습니다. 하지만 그가 얼마나 강력한 리더가 될 수 있을까요? 운 좋게도 나는 이야기를 듣는 데 시간을 할애할 수 있었습니다. 대부분의 사람들이 더 이상은 하지 않는 방식 말이지요. 사람들은 인상을 결정 지은 뒤에는 다른 사람의 이야기에 귀를 기울이거나 상대방을 이해하는 데 시간을 할애하지 않습니다. 하지만 나는 찰스를 제대로 알기 위해 시간을 투자했고, 무엇이 그를 화나게 하고 무엇이 그를 자극하며 무엇이 그의 사고를 진행시키는지를 알기 위해 그와 일대 일 시간을 가졌습니다. 그 과정을 통해 나는 찰스가 대단한 능력의 소유자라는 사실을 알게 되었습니다. 또한 그는 매우 다양한 성향을 가진 사람이었습니다. 그는 단지 사업 결과에만 초점을 맞추지 않고 프로젝트를 성공적으로 완수하는 것과 관련된 다양한 모습에 관심을 가지고 있었고, 그에 기반이 되는 과정도 놓치지 않았습니다. 그것들이 어느 시점에서 무너지는가? 또 그것들이 어느 시점에서 제대로 작동하는가? 나는 능력을 가지고 있는가? 내가 그 문화를 발전시켜 왔는가? 그는 대단히 철저하고 다양하며 총명한 사람입니다.

린다는 자신의 첫인상에 의존하기보다는 찰스를 알기 위해 의도적으로 노력했다. 린다가 시간을 할애할 수 있었던 것은 찰스와 린다 모두에게 행운이었다. 자신의 프로테제에게 다소 부정적인 견해를 가졌던 또 다른 멘토의 이야기가 있다.

그녀는 자신감이 넘쳤습니다. 하지만 그녀를 처음 만났을 때 나는 그녀가 자기 자신에 대해 지나칠 정도로 확신을 가지고 있는 모습에 다소 불쾌했습니다. 그것은 장점이 될 수도 있지만 때로는 그 사람에 대한 흥미를 잃게 만들 수도 있습니다.

그러나 그녀를 알아 갈수록 나는 그녀가 여러 가지 일에 매우 실용적인 감각을 가지고 있다는 것을 알았습니다. 또한 그녀와 함께 일하는 것은 놀라움의 연속이었지요. 그녀는 여러 가지 일을 해결하는 데 뛰어난 재능이 있었습니다. 나는 진정으로 그녀의 팬이 되었습니다.

이러한 실례들은 주의 깊은 멘토들에 관해서 이야기하는 동시에 초기 인상의 중요성을 강조하고 있기도 하다. 프로테제가 다른 사람들에게 좋은 인상을 주는 것은 중요한 일이지만 그것이 멘토와 자신을 연결짓게 하는 유일한 방법은 아니다. 다음 섹션에서는 다양한 유형의 파워 멘토와 접촉함에 있어서 목표 설정 및 자기 관리의 역할에 대해 살펴보겠다.

■◆ 목표 지향적 태도의 개발

목표 설정은 사람들에게 동기를 부여하는 지극히 일관된 방법으로 여겨져 왔다.[5] 사실 많은 연구 조사들을 통해 멘토들은 목표를 향해 나아가는 프로테제에게 매력을 느낌과 동시에 수준 높은 멘토링을 제공한다는 사실이 입증되었다.[6] 유니버설 스튜디오의 사장 겸 최고운영자인 론 마이어(Ron Meyer, 그의 업무는 유니버설 픽쳐스와 포커스 피쳐스 그리고 유니버설 파크 앤드 리조트를 감독하는 것이었다.)는 일찍이 자신이 목표에 대해 배운 사실과 사람들이 가진 목표의 일부가 아닌 전부를 다 이루어 내는 것이 중요하다는 사실을 어떻게 확신하게 되었는지에 관해 이야기했다. 그는 CAA에 있을 당시 자신의 초기 멘토 중 한 사람에게 이러한 사실을 배웠다고 한다. "메신저였을 때 나는 이러한 생각을 하곤 했습니다. 만약 누군가가 당신에게 10가지 임무를 주었는데, 당신이 9가지를 수행하고 나서 할 일을 다했다고 생각한다고 합시다. 나는 그것을 인정해서는 안 된다고 배웠고, 지금까지도 그렇게 생각합니다."

우리는 자신의 멘토링 관계의 일부분으로 목표 설정을 장려하는 멘토들에게서 목표 설정에 관한 많은 이야기를 들을 수 있었다. 우리는 멘토의 관점에서 공학 교수이자 내셔널 아카데미 오브 엔지니어링(National Academy of Engineering)의 총장으로서 주요한 멘토 역할을 했던 윌리엄 울프(William Wulf)의 예를 들려주고

---

5. Edwin A. Locke and Gary P. Latham, "Building a Practically Useful Theory of Goal Setting and Task Motivation : A 35-Year Odyssey," American Psychologist 57, no. 9(2002) : 705~717.
6. Veronica Godshalk and John J. Sosik, "Aiming for Career Success : The Role of Learning Goal Orientation in Mentoring Relationships," Journal of Vacational Behavior 63, no. 3(2003) : 417~437. 또한 멘토의 관심을 끄는 프로테제의 다른 특징들에 관해서는 다음을 참조하라. Tammy D. Allen, "Protégé? Selection by Mentors : Contributing Individual and Organization Factors," Journal of Vacational Behavior 65, no. 3(2004) : 469~48.

자 한다. 그는 자신이 멘토 역할을 하거나 지도했던 많은 대학원생들에게 어떤 확실한 기대치를 설정했는가에 관해 이야기했다.

나는 주의 깊게 따져 본 뒤 기대치를 설정합니다. 사람들은 자신이 존경하는 사람의 기대치에 맞춰 노력하고 부응하기 위해 열심히 일합니다. 따라서 나는 초반에 너무 높은 기대치를 세움으로써 사람들이 그것을 달성하지 못하거나 반대로 기대치를 너무 낮게 잡아 성장 가능성을 배제시키는 결과가 생기지 않도록 나름대로의 방식을 사용하고 있습니다.

그 회사에 속한 직원들이 직무를 제대로 수행하지 못하는 회사의 구체적인 예를 들겠습니다. 그들은 제대로 일을 해내지 못했습니다. 하지만 얼마간의 시간과 관심, 기대치를 설정해 주고 각각을 적절한 임무에 배치했더니 달라졌습니다. 그로 인한 회사의 이익은 막대했습니다. 자기 자신에 대해 만족하고, 자신이 성취한 일에도 만족할 수 있기 때문에 회사를 위해 열심히 일하려고 하는 사람들을 보는 것은 기분 좋은 일입니다. 그들을 해고하고 다른 사람들을 고용할 수도 있었겠지만 그것보다는 이 방식에 의해 훨씬 많은 이익을 얻을 수 있었습니다.

울프가 이용한 노련한 기대 심리는 모든 멘토들이 프로테제와의 관계에 추가할 만한 중요한 전략이다. 프로테제가 할 수 있는 것은 무엇일까? 멘토와 마주 앉아서 그들이 가지고 있는 관계에 대한 기대 심리가 양쪽 모두에게 가져올 수 있는 장점을 토의하는 것이다. 시스코 시스템의 래리 카터는 자신이 가진 멘토링 관계의 본질에 대해 질문을 받았을 때 다음과 같은 이야기를 들려주었다.

그들 중 일부는 대단히 격식을 갖춥니다. 그들은 노트북을 들고 와서 이렇게 발표할 것입니다. "회기의 마지막에 얻고자 하는 목표는 이러이러한 것이며, 우리는 지금까지 이러이러한 식으로 일해 왔으며, 이러이러한 성과를 거두었으며, 이러이러한 점은 어렵습니다."라는 식으로 말입니다. 하지만 다른 사람들은 그저 잡담이나 나누고 싶어 한다는 거죠. 나는 다릅니다. 그들이 기본적으로 어떻게 일하고 있으며, 주된 목표는 무엇이고, 자신이 하고 있는 일에 대해 어떻게 생각하고 있는지 물어봅니다. 그리고 나 또는 존John Chambers, 아니면 회사 내에 있는 다른 사람이 어떤 분야에서 그들에게 더 많은 도움을 줄 수 있으리라 생각하는지 물어봅니다. 그런 다음 우리는 대개의 경우 그들의 개인적인 직무에 관해 이야기하거나 조언을 해 주려고 노력합니다. 어떤 사람들은 이렇게 말할지도 모릅니다. "나의 다음 직업에 관해 생각하고 있는데요. 이런 자리가 있는데, 그 일에 정말 관심이 있거든요. 거기에 대해 어떻게 생각하시나요?" 나는 그 일에 대해 생각하는 대신 이렇게 답할 것입니다. "당신이 생각하는 다음 직업은 무엇이지요?" 그리곤 이렇게 말합니다. "두 가지 직업을 생각해 보십시오. 왜냐하면 당신이 택하는 모든 결정은 다음 단계를 위한 과정이어야 하기 때문입니다. 아시겠습니까? 생각해 본 적이 없다면 이제부터라도 그렇게 해야 할 것입니다."

나는 그들로 하여금 좀 더 장기적인 안목으로 깊이 생각해 보게 합니다. 그들이 꼭 거기에 맞춰 행동해야 한다는 말이 아니라 다음에 맡을 일이 그에게 적절한지 아닌지를 생각해 볼 수 있게 도와준다는 말입니다. 만약 그가 하려는 일이 다른 역할을 위한 주춧돌이 된다면 매우 좋은 일이죠. 그들이 생각할 때 그 일을 재미있게, 또 도움을 준다는 마음으로 할 수 있다면 그것도 좋습니다. 하지만 그들은 두 가지 일을 생각해야 합니다.

래리는 자신의 직업적 목표를 알리는 것을 어려워하지 않는 강한 의욕을 가진 프로테제를 찾고 있다. 그러나 목표나 기대치가 지나치게 높으면 오히려 기대에 어긋난 결과를 가져올 수 있다. IBM의 또 다른 멘토인 닉 도노프리오 역시 멘토링 관계 속에서 적절한 수준의 목표를 설정할 것을 선호한다.

그들이 나와 의사 소통을 함에 있어 유연한 자세를 유지한다면 나는 그들의 요청에 기꺼이 시간을 할애할 의사가 있습니다. 나에게 계속해서 연락을 하고 직접 만나러 오십시오. 이름은 밝히지 않겠지만 나와 계약을 맺기 원하던 친구가 있었습니다. 나는 그에게 이렇게 말해 주었습니다. "사람을 잘못 찾으셨군요. 저는 많은 일을 하지만 당신과 계약을 맺지는 못하겠습니다." 그들은 "얼마나 많은 시간을 나에게 할애해 줄 수 있죠?" 혹은 "얼마나 자주 나에게 시간을 내 줄 수 있죠?"라고 묻는 사람들인데, 그것은 내가 생각하는 멘토링이 아닙니다.

내 말의 진정한 의미는 나를 찾아오라는 것입니다. 나를 만나러 오십시오. 문제가 발생하거나 무언가가 필요하다면 나에게 이메일을 띄우십시오. 최대한 빨리 답장하겠습니다. 당신이 진정 직업과 관련된 상담을 필요로 하고 나를 적절한 사람이라고 생각한다면 그 역할도 맡겠습니다.

CNBA의 릴락 에소프스키는 자신의 팀원이었던 사람의 이야기를 들려주었다. 그 사람은 릴락 에소프스키에게 자신의 멘토가 되어 주기를 요청했던 대단히 목표 지향적인 사람이었다. 그녀는 그와의 만남에 대해 이렇게 말한다. "그녀는 이미 멘토가 있는 사람임에 분명했는데, 내가 그녀를 고용했을 때 그녀는 자신이 전 상관과의 관계를 매우 가치 있게 생각한다고 말하면서 앞으로도 그러한 관계를 찾을 수 있기 바란다고 말했습니다. 나는 당신이 다른 사람들에게서 발견하는 한계보다 자기 자신에게 있다고 생각하는 한계가 훨씬 많다고 생각합니다. 만약 내가 누군가에게 그 사람이 한 번도 해 본 적 없는 도전 과제를 준다면 그들은 그것을 직관적인 통찰력으로 받아들인다는 것을 나는 경험을 통해 알았습니다. 그들은 자유롭게 일을 시작하고 훌륭하게 수행해 냅니다."

닉과 릴락의 말에 의하면, 그들의 목표 지향적인 프로테제들은 멘토링 관계에서 무엇을 원하는지 말하는 데 주저하지 않았다고 했다. 릴락은 자신의 프로테제에게 제시할 수 있는 도전 과제에 초점을 맞추고, 일부 프로테제들이 자기 자신에게 지은 한계는 명확한 도전 과제를 통해 극복될 수 있다고 생각했다. 그와 달리 닉은 계약서를 작성하려고 하는 프로테제를 어느 정도 만류했다.

누구나 목표를 설정할 수는 있다. 하지만 사람들이 자신의 삶을 관리하고 여러 분야에서 목표를 달성할 수 있도록 돕는 것은 자기 관리 self-management 의 중요한 기술이라 할 수 있다. 자기 관리는 사람들이 삶의 변화를 관리하는 데 사용할 수 있는, 세트로 묶인 행동과 인지 전략이라 할 수 있다.[7] 행동 전략은 비효율적인 행동 양식을 좀 더 효율적인 행동 양식으로 대체하는 여러 가지 방법으로 구성되어 있다. 이 접근 방식은 긍정적인 행동이 실행되었을 때 보상을

---

7. Gary P. Latham and Colette A. Frayne, "Self-Management Training for Increasing Job Attendance : A Follow—up and a Replication," Journal of Applied Psychology 74, no. 3(1989) : 411~416; Colette Frayne and Gary P. Latham, "Application of Social Learning Theory to Employee Self-Management of Attendance," Journal of Applied Psychology 72, no. 3(1987) : 387 · 392; Charles C. Manz and Christopher P. Neck, "Inner Leadership · Creating Productive Thought Patterns," Academy of Management Executive 5(1991) : 87~95; Charles C. Manz and Henry P. Sims Jr., "Self-Management as a Substitute for Leadership : A Social Learning Theory Perspective," Academy of Management review 5(1980) : 361~367; Charles Manz and Christopher P. Neck, Mastering Self-Leadership : Empowering Yourself for Personal Excellence, 3rd ed. Upper Saddle River, NJ : Pearson, Prentice—Hall, 2004.

해 준다는 사실을 포함한다. 그것은 마치 당신이 어려운 프로젝트를 완성하고 난 뒤 영화를 보러 간다거나 영업 목표를 정하고 난 뒤 사우나를 즐기는 것과 마찬가지라고 할 수 있다. 그것은 또한 당신이 목표를 달성하지 못했을 경우 당신에게 만족감을 주는 어떤 일을 포기하고 누리지 않는 것과도 비슷하다.

자기 관리 훈련은 사람들에게 단지 그들의 사고와 행동을 조절하게 하는 능력을 키워 주는 것이 아니라 그들을 둘러싸고 있는 환경도 고려한다. 예를 들어 사람들은 목표를 완성하지 못하게 만드는 상황을 생각해내도록 요구받는다. 그리고 나서 그들은 자신들의 초점을 흐리게 만드는 상황을 피해 갈 수 있는 방법을 고안하거나 자기의 주변 환경을 좀 더 주의 깊게 관리해 나갈 것을 요구받는다.

자기 관리는 그 사람의 행동 양식을 관리하는 것뿐만 아니라 목표 달성을 강화하거나 어렵게 만드는 인식 과정까지도 관리한다. 당신이 어렸을 때, 지루한 일을 조금이나마 재미있게 하기 위해 사용했던 방법이 있을 것이다. 이처럼 긍정적인 사고방식은 목표 달성을 쉽게 하는 데 상당히 유용하지만 어려움에 처했을 때 실패에 대한 생각 또한 하지 않을 수 없다. 자기 관리 기술은 목표 설정과 관련되어 사용될 때 사람들에게 더욱 긍정적인 사고 과정을 갖도록 도와준다.

목표 설정과 자기 관리에서 도출되는 메시지는 이러한 전략들을 사용함으로써 단지 당신이 최우선 순위에 대해 명백하게 깨달을 수 있게 해 줄 뿐만 아니라, 당신이 관계에서 무엇을 원하는지 확실히 알고 있다는 사실에 근거하여 당신도 멘토를 도울 수 있게 해 준다.

멘토링 관계에 있어 프로테제의 관점에서 본 목표 지향적이라는 말은 무슨 뜻일까? 관계에 처음 발을 들여놓을 때는 '그 관계에서 무엇을 얻을 수 있을까?'라는 생각을 비롯해 많은 생각들이 프로테제의 머릿속에 떠오를 것이다.

우리는 인터뷰 과정에서 대단히 목표 지향적인 프로테제들을 보았다. 그들 모두가 그러한 방식으로 시작한 것은 아니지만 목표를 설정하고 달성하는 것이 그들의 직업적 발전에 있어 중요한 방법이라는 사실은 그들의 초기 또는 훗날 멘토로 인해 확실해졌다고 할 수 있다.

요약하자면, 멘토링 관계에서 목표는 중요한 역할을 하지만 목표를 달성하기 위한 비결은 자기 관리에 있다는 것이다. 첫 번째, 프로테제는 자신의 직업적 목표에 대해, 특히 자신의 직업을 통해 훗날 무엇을 성취하기 원하는지를 확실히 해야 한다. 두 번째, 프로테제들은 자신이 왜 멘토를 원하는지 정확한 이유를 알고 있어야 한다. 세 번째, 일단 멘토링 관계과 성립되면 자신의 멘토와 함께 관계를 위한 구체적인 목표를 설정해야 한다(만약 멘토가 그 사실을 수용한다면 말이다.). 그리고 마지막으로 관계의 기간에 관련된 목표에 대해서도 생각해 봐야 한다. 프로테제는 관계를 시작하는 근본적 이유를 돌이켜 봄으로써 현재의 관계가 자신의 기대 심리를 충족시키고 있는지 아닌지를 판단할 수 있어야 한다.

또한 목표는 멘토의 입장에서도 가치 있는 것이어야 한다. 멘토들은 아마도 프로테제가 관계 속에서 원하는 것을 제대로 알고 있을 때와 그렇지 못할 때가 다르다고 느낄 것이다. 대단히 바쁜 멘토들은 관계를 지속적으로 밀고 나가기 위해 프로테제에게 기대치와 목표, 도전 과제들을 부과할 것이다.

프로테제가 되기를 원한다면 우리는 당신의 첫 번째 목표가 파워 멘토를 식별하고 그와 접촉할 기회를 갖는 것이 되기를 바란다. 다음 섹션에서는 파워 멘토와 접촉할 수 있는 전략에 대해 알려 줄 것이다.

관계 형성 전략

2장에서 우리는 다양한 형태의 파워 멘토들을 소개했다. 여기서는 다양한 형태의 파워 멘토들과 접촉할 수 있는 방법을 제시할 것이다. 우선 우리는 주변 친구나 지인, 가족이나 직장 동료를 면밀히 관찰해 보라고 제안하고 싶다. 표 5.1을 참조하라. 이 표는 잠재적 멘토―또는 프로테제를 그들의 완벽한 멘토에게 연결해 줄 수 있는 다른 사람들―가 존재할 수 있는 모든 가능한 환경에 대한 지침을 줄 것이다.

가족

당신의 직계 또는 확대 가족 중에 당신의 멘토가 되어 줄 만한 사람이 있는가? 만약 당신이 유전자 조합 추첨에 당첨될 만큼 운이 좋은 사람이라면 당신에게는 아마도 기꺼이 당신의 멘토 역할을 해 줄 성공한 부모나 삼촌 같은 사람이 있을지도 모른다(예를 들면 도날드 트럼프$^{Donald\ Trump}$와 미국의 기업가이자 방송인인 Trump Organization의 최고경영자이자 Trump Entertainment의 창설자로, 뉴욕의 부유한 부동산 개발업자인 트럼프의 아버지 프레드 트럼프$^{Fred\ Trump}$처럼 말이다). 물론 가족 관계의 멘토가 당신을 도와주는 데 꼭 트럼프 같은 사람일 필요는 없다. 그들은 그저 자기 분야에서 성공적이기만 하면 그것으로 충분하기 때문이다. 오디오 배스킷$^{Audio\ Basket}$의 이사인 킴 피셔$^{Kim\ Fisher}$는 자신의 첫 번째 멘토였던 자신의 어머니에 대해 이렇게 말한다.

어머니는 제 멘토였습니다. 그녀는 22년 간 전업 주부로 살면서 네 명의 자녀를 키워 냈습니다. 그 뒤 그녀는 다시 직업을 갖기 원했습니다. 나와 내

표 5.1 멘토를 발견할 수 있는 공간

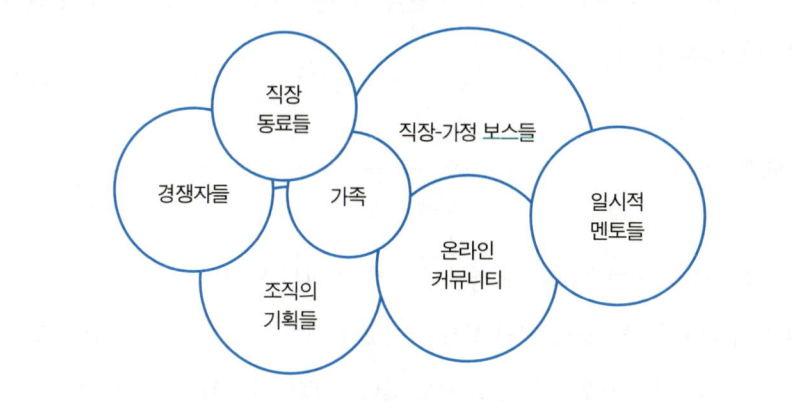

형제 자매들을 낳기 전에는 IBM에서 일했지만 시장 조사 분야에 뛰어들기로 결심했습니다. 그녀는 두 명이 함께 일하는 시장조사팀의 일원이 되었습니다. 그리고 프로젝트 관리자가 되기까지 자신의 방법으로 일했습니다.

내게는 두 명의 모델이 있습니다. 한 명은 아버지로, 그는 평생이라고 할 수 있는 42년 간을 IBM에서 일했습니다. 그리고 말했듯이, 다른 한 명은 어머니입니다. 그녀는 무언가를 하기 위해 일단 뛰어들었고, 십 년쯤 지나 내게 이렇게 말했습니다. "좋아, 그것은 멋진 일이었어. 이제 그것 말고 또 무엇을 할까?" 그녀는 현재 부동산 자격증을 취득하기 위해 노력하고 있습니다. 그리고 나는, 그것이 가능하다는 것을 보았습니다. 일을 시작하고, 무언가를 이룬 뒤 또 다른 무언가를 시도하는 것 말입니다. 나는 그녀가 하는 일을 보았고, 그 일을 하는 동안 그녀가 얼마나 희망에 차 있었고, 그 일을 좋아했는지를 보았습니다.

많은 경우에 있어서 피로 연결된 가족 구성원들이 멘토의 주된 출처가 되는 것 같지는 같다. 사실 우리는 가족 구성원보다는 직장 동료들과 더 많은 시간을 보내는 경우가 대부분이다. 그런 만큼 직장이 가장 큰 잠재적 멘토의 원천이 되지 않을까 한다.

보스

그 다음으로 가까운 집단을 생각해 보자. 아마도 당신의 직장일 것이다. 당신은 어쩌면 운 좋게도 당신의 상사와 멘토 관계를 맺으려고 적극적으로 노력하는 소수의 사람 가운데 한 명일 수도 있다. 그렇다면 어떻게 해야 상사-부하 직원의 관계를 파워 멘토링 관계로 전환시킬 수 있을까? 첫 번째, 당신의 바람과 당신의 잠재적 이점을 솔직하게 밝히는 것이다. 프로테제로서 당신이 보스에게 무엇을 제공할 수 있는지를 곰곰이 생각해 보라. 그것은 당신이 부하 직원으로서 할 수 있는 일에 가치를 더하는 일이 될 것이다.

두 번째, 보스 멘토링 관계는 강제적으로 이루어질 수 없다. 서로 간의 호감과 존경이라는 본질적 요소들이 단단한 기초가 되어 주어야 한다. 바바라 코르데이 Barbara Corday는 자신의 보스 멘토였던 마시 카시 Marcy Carsey와의 접촉과 그녀에게서 배운 것에 대해 들려주었다.

마시 카시는 《Cosby Show》, 《Roseanne》, 《Grace Under Fire》, 《3rdRock from the Sun》, 《That'70s Show》와 같은 텔레비전 프로그램을 제작한 카시-워너 Carsey-Werner의 공동 설립자로, 2002년에는 'Lucy Award from Women in Film'을 수상했다. 바바라 코르데이가 바바라 아베든과 함께 한 집필 작업과 멘토링 관계가 끝났을 때 그녀는 다른 직장을 찾아야 할 필요를 느꼈고, 그녀는 ABC에서 일자리를 구하려고 했다.

그것은 중역으로서 나의 첫 번째 업무였습니다. 네트워킹에서 일한 첫 경험이기도 했죠. 그리고 9년 만에 처음으로 혼자 일하게 되었습니다. 그것은 굉장히 두려운 일이었습니다. 내가 ABC에 들어갔을 당시 마시는 황금시간대를 책임지는 방송 책임자로 있었습니다. 나는 공식적으로 그녀 밑에서 일하게 되었습니다. 마시는 대단히 느슨한 작업 방식의 소유자였습니다. 대단히 독특했지요. 그녀는 그때까지 내가 함께 일했던 그 어느 중역보다도 더 편안하게 일했습니다. 나는 그녀가 정장을 입거나 또는 사람들이 생각하기에 여성 중역이 입을 만한 옷이라 생각하는 옷을 입은 것을 단 한 번도 본 적이 없습니다. 당시 그녀의 사무실에는 아이용 놀이 공간이 있었는데, 자신의 둘째 아이를 그 안에서 놀게 하고 있었습니다. 그녀는 자신의 아이를 일터에 자주 데리고 왔습니다. 1979년 당시만 해도 그것은 매우 특이한 일이었습니다. 나에게는 열 살짜리 딸이 있었는데, 나 역시 내 아이를 사무실에 데리고 와 숙제를 하도록 하기 시작하면서부터 훨씬 마음이 편안해졌습니다. 직원들은 모두 가족적인 분위기 속에서 편하게 알고 지냈는데, 그것은 모두 마시 덕분이었습니다. 회사 내 상황이라는 것을 고려해 보았을 때 전통적으로 네트워크는 스튜디오보다 한층 더 공동체적입니다. 그 당시 마시는 자신의 개인적 스타일을 ABC 전체로 파급시켰습니다.

명백하게 말해서, 바바라는 마시를 처음 만났을 때 자신이 공유하고 있던 가족적 가치 때문에 자신의 잠재적 멘토로서 마시에게 끌렸다. 직장 여성으로서 그 당시 가족을 중요하게 여기도록 만들 파워가 있는 또 다른 직장 여성을 만났다는 것은 행운이다. 마시는 단지 바바라와 비슷한 가치관을 지니고 있었을 뿐만 아니라 직장 상사인 멘토가 지녀야 할 다른 많은 중요한 자격도 가지고 있었다. 다시 말해 어떤 상사는 멘토 역할을 하기도 하지만 모든 상사가 다 그렇다는 것은 아니다. 연구 결과를 살펴보면, 보스 멘토링 관계가 모든 고용인들에게 가능한 것은 아니라고 한다. 사실 선택된 몇몇 개인 그룹만이 멘토링 능력을 가지고 일하는 보스들을 만나게 된다.[8] 멘토 역할을 하는 보스들은 더욱 도전적인 과제들을 내 줌으로써 고용인 계발에 시간을 할애하고, 그 과제를 성공한 고용인들에 대해 결과적으로 지대한 관심을 보여 준다. 바바라는 마시가 어떻게 자신으로 하여금, 때로는 실패에 이르기도 했던 위험 부담을 감수하게 만들었는지에 대해 이렇게 말한다.

마시는 … 나에게 실패해도 좋다는 유연함을 가지게 해 준, 내게 있어서는 정말 중요한 멘토였습니다. 그녀는 나에게 발전이라는 것은 실패에 관한 것이라고 말해 준 첫 번째 사람입니다. 만약 당신이 행운아라면 성공으로 이어지는 실패를 맛보게 될 것입니다. 그 나머지는 그저 발전입니다. 그것이 바로 발전(development)이라는 말 그 자체입니다. 따라서 당신은 당신이 하는 모든 결정에 대해 걱정하지 않아도 괜찮습니다. 당신은 기꺼이 실패해 봐야 합니다.

당신은 당신을 기꺼이 바깥 세상에 던져 봐야 합니다. 그렇게 하지 않는다면, 절대로 무언가 다르고, 새롭고, 독특하고, 흥미롭고, 흥분되는 것을

---

8. 멘토 역할을 하는 관리자의 행동 양식에 관해서는 다음을 참조하라. Terri A. Scandura and Chester Schriescheim, "Leader—Member Exchange and Supervisor Career Mentoring : Mentoring as a Complementary Construct in Leadership Research," Academy of Management Journal 37, no. 6(1994) : 1588~1602, and Terri A. Scandura and Ethlyn A. Williams, "Mentoring and Transformational Leadership : The Role of Supervisory Career Mentoring," Journal of Vocational Behavior 65, no. 3(2004) : 448~468.

얻지 못할 것입니다. 당신이 한 걸음 물러서서 자기 자신을 의심하는 순간 이 모든 것들은 지루한 사실이 되어 버릴 것입니다.

따라서 당신이 엔터테인먼트 업계에서 발전 상태에 있는 일을 하고 있다면, 그것이 바로 성공 비결이 될 것입니다. 당신이 영화 산업에 관련된 일을 하든 방송 관련 일을 하든 상관없이 그 사실만이 해답이 됩니다.

창조적인 환경에서 위험 부담을 감수한다는 것은 대단히 중요한 일이다 그러나, 그렇다고 해서 모든 보스들이 위험 요소가 있는 결정 사항, 특히 모든 고용인들이 제시하는 결정 사항에 대해 편안하게 대처한다는 뜻은 아니다. 성공적으로 위험 부담을 감수함으로써 상사와 부하 직원 사이에 존재하게 되는 상호 존경심에 기반을 둔 신뢰하는 관계의 설립은, 보스 관계가 멘토링 관계로 변환하는 단지 하나의 방법일 뿐이다. 바바라는 자신이 마시에게 배워서 자신이 멘토의 역할을 했던 다른 사람들에게 전해 주었던 다른 교훈들을 말해 주었다.

그녀가 나에게 가르쳐 주고, 내 밑에서 일한 수많은 사람들에게 내가 전달해 준 두 번째 중요한 교훈은 당신은 현재의 직위에 잠깐 머물러 있을 뿐이라는 것, 즉 잠시 그 자리를 빌린 사람이지 소유자가 아니라는 사실입니다. 당신에게 다가오는 사람들은 당신이 지금 가지고 있는 지위 때문이지 당신이라는 사람 때문이 아니며, 다른 사람이 그 차지하기 전까지만 지금과 같이 행동할 것이라는 사실입니다. 그러므로 당신은 당신 자신에 대해 제대로 알아야 합니다. 강한 자아를 가지고 있어야 하며, 그 사람들이 당신의 최고의 친구가 아니라는 사실을 알아야만 합니다. 이것이 바로 당신이 처한 사업적 상황입니다. 아무리 많은 사람들이 당신에게 식사를 대접하고, 선물을 사 주고, 꽃바구니를 보내고, 농구 경기의 입장권을 선물하더라도 당신이 그 자리에서 떠나는 순간 그들은 당신의 자리를 넘겨받은 사람에게 그러한 행동을 한다는 것을 깨달아야 한다는 것입니다. 그것은 당신과 관련된 것이 아니라 당신의 일에 관련된 것입니다.

이것은 굉장히 중요한 교훈입니다. 진심으로 말하건대, 이것은 어느 직업에 있어서나 중요한 가르침입니다. 나는 이 부서의 책임자입니다. 내 밑에는 100명쯤 되는 직원들이 있습니다. 또 내가 담당하고 있는 부서에는 600명에 달하는 학생들이 있습니다. 그들은 하루종일 이곳을 들락거립니다. 그리고 나는 여러 가지 일에 대해 긍정 또는 부정의 대답을 하지만, 내 말을 믿으세요. 내년 가을 내가 이 자리에서 물러나면, 그들이 복도를 지나가며 내게 인사하는 것만으로도 나는 운이 좋다고 느끼게 될 것입니다.

요점은 마시가 왜 이와 같이 바바라를 멘토하는 데 시간을 할애했냐는 것일 듯하다. 마시는 바바라에게서 전형적인 직장 상사-부하 직원 관계를 좀 더 깊은 관계로 발전시킬 만한 무언가를 발견했다. 그 때문에 그녀는 바바라의 능력을 발전시키는 데 시간을 투자한 것이다. 마찬가지로 바바라는 마시의 가르침을 열정적으로 받아들였다. 두 사람 모두 기꺼이 자신의 역할을 수행함으로써 관계를 발전시킬 수 있었던 것이다.

동료 그룹

당신의 동료 그룹을 살펴보고 당신을 지지하거나 정보를 제공해 줄 수 있는 구성원이 있는지 살펴보는 것도 도움이 된다. 물론 초반부에서 토의한 것과 같은 동일한 교환적 요소를 숙고해 보는 것도 중요하다. 당신은 어떤 보완적 기술이나 정보를 제공할 수 있는가? 만약 직접적인 동료 관계 속에서 찾을 수 없다면 한 단계 앞서 있는 누군가는 어떨까?

　기업가인 루이스 웨이니어는 헨리 유엔과 동료 멘토링 관계에 있었고, 당시 그들은 젬스터 사를 설립하기 위해 함께 일하고 있었다. 그들의 초기 관계는 루이스의 아버지를 통해 연결되었다. 헨리는 몇 년 전 그의 대학원 학생이었고, 루이스는 몇몇 행사에서 그를 만났다. 그리고 몇 년 뒤 다시 만났을 때 그들은 서로가 가진 상호 보완적인 능력 덕분에 즉각 서로에게 끌렸다. 그들은 칼텍Caltech의 동기인 2명을 포함한 다른 4명의 공동 설립자와 더불어 젬스터의 공동 설립자로서 관계를 시작했다. 루이스는 동료 멘토로서 자신들이 서로에게 제공한 것에 대해 이렇게 이야기한다.

　나는 그에게 "노(No)"라고 말하기를 꺼리지 않았고, 그 또한 나에게 그러지 않았습니다. 덕분에 우리는 좋은 관계로 일할 수 있었죠. 종종 말다툼을 했지만 그럴 때마다 직접적인 방식으로 말했습니다. 나는 무엇인가 말하기를 원할 때 "우리는 이렇게 해야만 해."라는 식으로 말했습니다. 협상할 때면 그는 종종 내가 말한 '좋은 경찰 역할good cop'에 대응하여 '나쁜 경찰 역할bad cop'을 했습니다. 나는 차분히 앉아서 모든 순서를 따져 가며 생각할 시간이 없다는 사실이 때로 매우 실망스러웠습니다. 그는 때때로 나에게 자신이 생각해 왔던 많은 것들을 쪽지로 적어 보냈는데, 그에 대해 내가 "글쎄, 나는 거기까지 생각해 볼 시간이 없었어."라고 할 때마다 좌절하곤 했습니다. 그러나 그는 대단한 직관력과 믿을 수 없을 만큼 전략적인 사고방식을 가지고 있었습니다. 그가 어떤 특정한 방향으로 일을 밀고 나가는 동안 나는 시장 상황을 통해 얻은 나만의 결론을 경험하고 도안했습니다. 즉 우리는 서로가 교환을 하는 상당히 공평한 관계였습니다. 그것은 매우 훌륭한 관계였습니다. 나는 그가 하지 않았을 일을 하도록 그를 밀어붙였다고 생각합니다. 당시 나는 그보다 더 많은 사업 관계에 노출되어 있었고, 그 덕분에 정황을 잘 파악하고 있었습니다. 나는 또한 밖으로도 손을 뻗어 다른 중역들을 우리 사업에 끌어들이기 위해 노력했습니다.

조직 전반에 걸친 기획

당신이 속한 조직에는 사람들로 하여금 멘토와의 관계를 형성할 수 있게 해주는 공식적인 일 대 일 프로그램이나 그룹 멘토링 또는 역 멘토링 프로그램이 있을 수도 있다. 인력자원부에서 일하는 직원들은 종종 조직 내 공식적인 멘토링 프로그램을 개발할 임무를 할당받기도 하니 그러한 프로그램이 있는지 알아보기 바란다. 모든 멘토링 프로그램이 다 충분히 홍보되는 것은 아니기 때문이다. 때로는 당신 스스로 멘토링 관계를 지정받을 수 있는 가능성이 있는지 또 어떻게 하면 그렇게 할 수 있는지 알아봐야 한다. 또한 멘토링 프로그램은 관리부서나 중역 지도자 수업 또는 지도 프로그램 일부에 포함되기도 하는데, 그런 프로그램에 참여하기 위해서는 어떤 절차를 거쳐야 하는지 알아보는 것은 당신 몫이다. 역 멘토링이나 그룹 멘토링은 종종 조직 전반에 걸친 기획의 일부로 실행되고 있는 멘토링의 2가지 형태이다.

그럼 여기서 역 멘토링을 다시 상기해 보자. 앞에서도 언급했듯이, 1999년 GE의 잭 웰치는 600여 명의 고위 관리자들이 조직 내의 젊은 직원들에게서 인터넷 관련 지식을 배우도록 하기 위해 조직 전반에 걸친 기획을 시행했다. 그리고 그러한 지식을 습득하게 하기 위한 방법으로 역 멘토링 기술을 사용하도록 그들을 북돋워 주었다. 얼마나 많은 기업들이 역 멘토링을 활용하고 있는지에 대한 통계학적 자료는 없지만 역 멘토링 관계에 관련되어 있는 소규모 개인들의 집단 샘플을 통해 약간의 정보는 얻을 수 있다. 이들 중 41%는 젊은 직원들이 연장자인 직원들에게 과학 기술과 관련된 지식을 전파하는 데 있어서 역 멘토링이 종종 이용되고 있다고 말한다.[*9] 미국의 비즈니스 전문지 《FastCompany》 창간자의 허심탄회한 고백을 들어 보자. "이제는 조직 내의 나이 든 '구세대' 들이 자신이 4~50대에 이르렀을 즈음에는 20대의 젊은이들이 하는 것과 같은 방식으로는 미래와 소통할 수는 없다는 사실을 깨닫고 있습니다. 그들은 신선한 시각과 열린 마음 그리고 미래와 관련된 과학 기술에 즉각 접속할 수 있습니다."[*10] 미국의 4대 회계 법인 중 한곳인 딜로이트 앤 투쉬 Deloitte and Touche는 2001년에 역 멘토링을 시작했는데, 참여자들의 말에 따르면, 그 방식은 그들이 속한 조직 전면에서 무슨 일이 일어나고 있는지를 간파할 수 있게 해 준다고 한다. 한 책임자는 이렇게 말한다. "대단한 성공을 거둔 거만한 사람들은 때로는 사람들과 접촉할 수 없게 되고, 조직의 전면에서 무슨 일이 벌어지고 있는지를 잊어버린다."[*11] P&G Proctor & Gamble는 역 멘토링의 장점을 파악한 또 다른 회사다. 최고정보책임자CIO : Chief information officer 인 스티브 데이비드Steve David는—그는 '이 회사에서 30년 이상을 근무한 베테랑이고, 오랫동안 멘토링를 지지해 온' 사람이다.—과학이 회사의 사업 결정에 어떤 영향을 미치는지 이해하기 위해 젊은 연구원들과 멘토링 관계를 맺으려고 노력해 왔

---

9. Matt M. Starcevich, "What Is Unique about Reverse Mentoring : Survey Results," November 28, 2004. http://www.coachingandmentoring.com/reversementoringresults.htm.
10. Kris Maher, "Reverse mentoring Programs Can Bridge Generational Gaps," Wall Street Journal, November 11, 2003. http://www.online.wsj.com , retrieved January 31, 2005.
11. Maher, "Reverse Mentoring Programs."

다.[*12] 우리는 또한 IBM이 고위 간부들에게 젊은 직원들이 가지고 있는 과학 기술과 인터넷에 대한 견해를 알리는 데 있어 회사 내 역 멘토링 프로그램이 중요한 역할을 한다고 간주하고 있음을 알게 되었다. 당신이 멘토를 찾고 있는 프로테제라면 당신이 일하는 회사에 역 멘토링 프로그램이 있는지 한번 알아보기 바란다. 만약 없다면 회사로 하여금 그 프로그램을 만들도록 제시할 수도 있다. 역 멘토링 프로그램은 젊은 프로테제가 중역과 관계를 맺을 수 있는 훌륭한 방법이라는 것을 당신도 알게 될 것이다.

어떤 회사들은 그룹 멘토링에 중점을 두고 회사 지원 차원의 프로그램을 실용화한다. 앞서 우리는 래리 카터가 개인 그룹과 점심 식사를 함께 하는 가운데 멘토 역할을 했던 사실을 포함하여 시스코에서 행해지는 시도들에 대해 언급했다. 회사 전반적인 차원에서 행해지는 것으로서, 더 많은 회사들이 과학 기술을 이용한 시도를 하고 있다. 한 예로, 처브[CHUBB] 보험 그룹은 2001년에 그런 프로그램을 개발했고, 버드코[Budco] 사의 경우에는 그룹 멘토링 프로그램을 실행하여 상당한 성공을 거두기도 했다. 버드코는 마케팅 서비스 및 분배 아웃소싱을 하는 회사로, GM, 디즈니 사와 함께 일했다. 구체적인 그룹 멘토링은 회사마다 다르며, 프로테제는 그룹 멘토링 프로그램의 목적이나 결과가 자신의 직업적 요구에 부응하는지 스스로 평가해 봐야만 한다. 물론 그룹 멘토링의 장점을 이용하려면 우선 당신의 회사가 현재 그 프로그램을 가지고 있는지 아닌지부터 파악해야 한다. 만약 그런 프로그램이 없다면 다른 회사의 긍정적인 선례를 조사하여 당신 회사에도 그러한 프로그램을 행하도록 제시해 보는 것도 방법이다. 예를 들면, 어떤 그룹 멘토링 프로그램은 동료 멘토 그룹으

---

12. Samuel Greengard, "Moving Forward with Reverse Mentoring-Sharing the Knowledge-brief Article," March 2002. http://www.findarticles.com/p/articles/mi_m0FXS/is_3_81/ai_84148619

로 구성되어 있고, 다른 그룹 멘토링은 다양한 직위에 있는 개인들로 구성되어 있을 것이며, 또 다른 경우에는 우리가 이미 언급했던 '래리와의 점심 식사' 같은 멘토링 형태를 띠고 있을 수도 있다. 그러한 경우에는 고용인들로 하여금 회사 내 상황에 대한 통찰력을 가질 수 있도록 최상의 그룹 중역들과의 만남을 갖게 한다. 한 논문에 따르면, 그러한 그룹 환경을 위해서는 고위 간부들의 헌신과 멘토나 멘티의 역할에 대한 명백한 기대치 그리고 뚜렷한 목표가 있어야 한다고 한다.*13

온라인 커뮤니티

당신과 직접적으로 닿아 있는 주변에서 멘토를 찾을 수 없다면 가상 공동체로도 눈을 한번 돌려 보라. 간호사나 교육자, 과학자, 대인 관계 전문가 또는 학구적인 분야와 같은 다양한 직종에 많은 e-멘토링 프로그램이 있다. 당신의 요구에 부응할 수 있는 e-멘토를 발견할 기회가 있을 것이다. e-멘토링 프로그램으로 연결되는 당신의 직업적 조직체나 지역 사회도 알아보라. 휴게실이나 리스트서브listservs, 특정 그룹 전원에게 이메일로 메시지를 자동 전송하는 시스템-역자 주를 찾아보는 것도 도움이 될 것이다. 당신의 e-멘토가 될 만한 사람을 즉각적으로 이끌어 줄지도 모르는 일이다. 앞의 2장에서 언급했듯이, e-멘토링은 대면 관계 멘토링과 동등한 많은 장점들을 제공할 수 있고, 나아가 그 밖의 독특한 이점도 제시해 줄 수 있다(예를 들면 접근이 더욱 용이하고 비용을 절감할 수 있으며 지위의 동등화를 가져오고 인구 통계학적 사실에 그다지 많은 중점을 둘 필요가 없으며 상호

---

13. Greengard, "Moving Forward with Reverse mentoring."

작용을 할 수 있는 등).[14] 우리의 몇몇 동료들과 마찬가지로 우리는 학생들에게 지난 수년 간 e-멘토와 접촉할 것을 과제로 제시했는데, 그것은 매우 성공적이었고 긍정적인 결과를 가져왔다.[15]

온라인 멘토링 프로그램의 한 예로 멘토넷MentorNet : www.mentornet.org을 한번 알아보라. 이것은 여성 학부생과 과학·기술·공학·수학 등을 전공하는 대학원생들을 연결해 주는 프로그램이다. 멘토넷은 과학 기술에 기반을 둔 역동적 멘토링 프로그램을 통해 과학 기술 분야에서 일하는 여성의 진보와 다양화되고 강화된 능력 있는 노동력을 개발함으로써 여성과 사회를 진보시키기 위한 비영리 단체이다. 1998년부터 2만 3,000명 이상의 개인들이 멘토넷의 e-멘토링 프로그램에 참여해 왔다. 많은 유명 기업들—인텔, 휴렛패커드, 마이크로소프트 등을 포함한—이 멘토넷과 같은 e-멘토링 프로그램이 유용성을 입증해 왔다. 참여한 멘토들은 직업과 관련된 중요한 기술을 개발했고, 자신의 젊은 프로테제들과의 관계가 미래의 재능에 대한 경로의 역할을 하게 했다.[16] 또 다른 공식적인 온라인 멘토링 프로그램인 《인터내셔널 텔레멘토링 프로그램》 또한 참여 프로테제들에게서 e-멘토링을 통해 증대된 자신감과 동기를 부여받았다는 평

---

14. Ellen A. Ensher, Christian Heun, and Anita Blanchard, "Online Mentoring and Computer-Mediated Communications : New Directions in Research," Journal of Vocational Behavior 63(2003) : 264~288. 또한 다음을 참조하라. Betti A. Hamilton and Terri A. Scandura, "Implications for Organizational Learning and Development in a Wired World," Organizational Dynamics 31, no. 4(2003) : 388~402.
15. Ellen A. Ensher, Suzanne de Janasz, and Christian Heun, "E-mentoring : Virtual Relationships and Real Rewards," 2005. Manuscript under review.
16. MentorNet에 관한 자료는 다음 웹사이트에서 찾을 수 있다. http://www.mentornet.net. 또한 다음을 참조하라. Peg Boyle Single and Carol Muller, "When Email and Mentoring Unite : The Implementation of a Nationwide Electronic Mentoring Program," In L. Sromei(ed.), Implementing Successful Coaching Mentoring Programs, 107~122. Cambridge, MA : American Society for Training and Development.

가를 받는다.[*17]

온라인 공동체를 찾다 보면 우리가 2장에서 언급했던 또 다른 멘토링 프로그램을 접하게 될지도 모른다. 직업적 멘토링이 그것이다. 당신이 기업가라면 직업적 멘토의 훌륭한 출처가 될 수 있는 주요 벤처 그룹이나 인큐베이터들을 알아보기 바란다. 이러한 개인들은 아이디어를 확대해 가기 위해 또는 이미 존재하는 사업 계획을 숙고하기 위해 적절한 그룹과 관계를 맺고 있는지 아닌지와 같은, 신설 벤처들의 관심과 관련된 조언을 제공해 줄 수 있다. 이러한 조직체들 중 다수는 기업가로 하여금 신설 벤처가 가동되는 전 과정을 살필 수 있게 해 준다.

경쟁자

자신의 활동 공간이나 가상의 공간에서 벗어나 좀 더 멀리 시선을 돌려 잠재적 파워 멘토의 원천을 찾아보라. 당신의 주요 경쟁자들 가운데 당신이 가장 찬탄하고 존경해마지 않는 사람이 누구인지를 스스로에게 물어보라. 반대의 성향을 가지고 있지만 만약 함께 한다면 동맹 관계를 형성하는 데 도움이 될 개인이나 그룹이 있는가?―하원 의원 솔리스와 지방 의회 의원인 주디 추(현재는 노동부 장관 겸 하원 의원)가 형성했던 것과 같은 관계를 말한다.

끊임없이 변화하는 오늘날의 정치적 환경 속에서 우리는 종종 직업적인 난관에 부딪히거나 일을 어렵게 만드는 열렬한 정치적 지지 세력에 관해서 듣게 된다. 미 하원 의원인 데이빗 드라이어David Dreier는 비록 충지한 공화당원이지

---

17. Chance W. Lewis, "International Telementoring Program Report Evaluation Results from Teacher Surveys," 2002, http://www.telementor.org/pdf/Research-2002-1.pdf

만 그의 민주당 동료의 관점에서 경계를 넘어서는 멘토를 찾는 것이 왜 중요한지를 감동적으로 이야기해 주었다.

나는 조금 전에 우연히 민주당 동료인 그레이스 나폴리타노$^{Grace\ Napolitano}$를 만났습니다. 그녀는 나의 멘토이기도 합니다. 당신이 사람들과 가질 수 있는 관계 중 하나죠. 나는 그들에게 배우기를 좋아합니다. 그녀의 남편은 마흔다섯의 나이에 알코올 중독으로 세상을 떠났습니다. 그녀는 비참할 만큼 궁핍한 어린 시절을 보냈지요. 텍사스 브라운스빌의 멕시칸 아메리칸이었던 그녀는 후에 캘리포니아로 왔고, 노르워크의 시장으로 당선되었으며, 주 의회 의원으로 일했고. 현재는 연방 의회의 멤버로 있습니다. 나는 나와 완전히 다른 배경을 가진 사람들에게 배우기를 원합니다. 따라서 여러 가지 방법으로 그녀에게 이러한 사실을 이야기했습니다. 말하자면 그녀가 나에게는 없고 앞으로도 없을 매혹적인 삶에 관한 흥미로운 사고방식을 가지고 있다고, 그래서 나는 그것을 배우기 원한다고 말입니다. 나는 그녀를 도와줄 수 있었고, 따라서 우리의 관계는 늘 양방향이었습니다.

데이빗은 자신과는 다른 성향의 사람, 어떤 점에서 보면 다른 정당에 소속된 직접적인 경쟁 상대를 적극적으로 찾았다. 그레이스와 접촉하는 데 있어서 그가 사용한 전략은 국회에서 발생한 많은 상황에서 그가 자신과는 당 노선이 다른 사람들에게 배움을 얻기 위해 사용했던 것이었다. 그는 다른 사람에게 도움을 청하는 데 있어서 한 번도 주저해 본 적이 없다고 말한다. 의회에 들어가게 되었을 때 그가 많은 질문을 했던 것을 기억한다. 그는 자신의 경쟁자에게 도움을 청하는 한이 있더라도 해답을 찾기 위해 노력했다. 자신의 멘토에게서 도움을 받았던 것과 마찬가지로 그는 지금도 같은 방식으로 자신과 당 노선이 다른 사람들에게도 멘토가 되어 주고 있다. 그는 그러한 관계에서 얻는 장점이 헤아릴 수 없을 만큼 많다고 생각한다.

일시적 멘토

멘토를 찾기 위한 여러 가지 방법들 중에는 짧은 시간 동안 만남을 갖게 되는 경우도 있다. 일시적 멘토를 찾는 것은 대개의 경우 우연적인 요소를 가지고 있다. 중요한 것은, 멘토적 순간이나 기회가 생겼을 때 잡겠다는 생각을 항상 가지고 있어야 한다는 것이다. 오프라 윈프리 Oprah Winfry는 이렇게 말했다. "행운이라는 것은 기회가 찾아왔을 때 이미 준비되어 있어야만 잡을 수 있는 것입니다. 기회가 올 때를 대비해서 항상 준비하십시오." 이것은 일시적 멘토의 경우 명백하게 들어맞는 말이다. 일시적 멘토는 종종 짧은 순간, 강도 높은 직업적 과제가 주어졌을 때 모습을 드러낸다. 그 기회를 통해 누군가를 알 수 있게 되고, 누군가에게 좋은 인상을 심어 줄 수 있다. 만약 당신이 별 영향을 주지 못할 것이라고 생각할 때는 더 많은 시간과 노력이 소요될 것이다. 그러나 어쨌든 해 보라. 당신의 일과 관련하여 만날 수 있는 이러한 일시적 멘토를 주의 깊게 찾아보라. 그들은 당신의 인생을 바꿔 줄 것이다!

댈러스 시의 전 시장이자 미국 텍사스 주 전 민주당 상원 의원 후보였으며, 현재 미 무역대표부 대표를 맡고 있는 론 커크 Ron Kirk는 자기 자신에 대해 운도 좋고 영리하기도 한 사람이라고 표현한다. 사람들이 자신에게 많은 도움을 주었다는 점에서는 운이 좋았고, 어느 시점에서 그들의 도움을 받아들여야 하는지 알고 있었던 상황에서 대해서는 영리했다는 것이다. 그는 당신이 만날 수 있는 가장 친근한 사람들 중에 1명일 것이다. 그렇다면 그는 어떤 혜택을 얻었을까? 일단 그의 주변에는 많은 사람들이 모였을 것이다. 그에게 무언가를 받기

원해서가 아니라 그에게 무언가를 주기 위해서다. 아마도 그들은 과거에 그에게서 도움을 받은 사람들일 수도 있고, 앞으로 그에게 도움을 받을 사람들일 수도 있다. 그는 자신이 댈러스 시장이 되고 나서 전 애틀랜타시의 시장인 메이나드 H. 잭슨^{Maynard H. Jackson}과 클린턴 행정부에서 주택도시개발부^{Housing and Urban Development} 장관을 지낸 헨리 씨스네로^{Henry Cisnero}에게서 온, 처음에는 귀찮게 여겨졌던 전화를 받았던 이야기를 해 주었다. 그들은 그가 시장으로서 맞닥뜨리게 될 여러 가지 도전적 문제들에 대해 조언을 해 주고자 했던 것이다.

메이나드는 나에게 전화를 걸어와 이렇게 말했습니다. "어떻게 지내세요? 나는 댈러스에서 태어났습니다. 이런 일이 있으리라고는 꿈에도 생각해 본 적이 없지만 당신은 해낼 수 있을 겁니다." 그리고 내가 당선되고, 즉 선거가 있던 주 일요일, 내가 받은 첫 번째 전화는 메이나드 잭슨에게 온 축하 전화였습니다. 그러나, 그는 이렇게 말했습니다. "그렇소, 당신이 그 자리를 받아들이는 편이 낫겠군요. 뭐, 그 밖에 다른 방법이 있는 건 아니니까 말이오. 당신이 무슨 일을 하건 사실 있는 그대로 받아들이시오. 당신이 모든 사람에게 흑인이라는 사실로만 받아들여지는 건 아닐 거요. 말하자면 당신이 무슨 일을 하든 다 잘 해낼 수는 없습니다." 그 다음에는 헨리 씨스네로가 2주 동안 매일 전화를 했습니다. 매일매일 말이지요. 유명한 시장이었던 헨리 씨스네로는 ^{산 안토니오의 시장} 나 이전에 이미 장벽을 허물어뜨린 사람이었습니다(그는 주요 도시에서 시장으로 당선된 첫 번째 스페인계 인물이다). 그는 내게 이렇게 말했습니다. "내가 당선되었을 때와 비슷한 비율로 당신이 이겼다는 걸 알고 있겠지요? 가장 잘 표현하자면, 당신이 그만큼의 흑인 지지자들을 가지고 있다는 것이고, 그래서 당신에게는 기회가 있었던 겁니다." – 하지만 그들은 이전에도 늘 그곳에 있었지요.

론 커크는 비록 오랫동안 관계를 유지하지는 않았지만 시장이 됨과 동시에 그들에게서 많은 조언을 얻을 수 있었다. 그는 세력가였던 이들의 조언을 무시할 수도 있었지만, 한 사람의 일생에 오고가는 수많은 사람들이 때로는 중요한 조언을 해 줄 수도 있다고 생각했다. 그는 프로테제로서 이 멘토들이 하는 말을 들어야 한다고 생각했고, 그렇게 행동했다.

영감을 주는 멘토

마지막으로 우리는 모든 사람들에게 영감을 주는 멘토를 찾아볼 것을 권한다. 이 경우 당신은 그들과 개인적인 관계를 가질 필요가 없기 때문에 영감을 주는 멘토를 만날 수 있는 잠재적 공간은 특히 방대하다. 영감을 주는 멘토를 만날 수 있는 최선의 방법은 책을 읽고, 직업적인 이벤트를 찾아다니고, 누군가의 메시지나 스타일이 당신이 개인적으로 생각하고 있는 직업상의 히어로나 히로인에 적합한지를 판단하는 것이다. 그리고 나서 그 사람에 대한 가능한 한 많은 것을 알아내면 된다. 그 사람이 멀리 있든 가까이 있든 그는 당신에게 영감을 주는 멘토가 될 수 있을 것이다. 그러나 그들의 메시지와 비전은 당신이 추구하는 바에 명료함을 줄 수 있어야 한다. 제작 감독 겸 텔레비전과 라디오 방송인인 리자 기본스 Leeza Gibbons는 영감을 주는 멘토를 찾아낸 과정과 그 과정을 통해 마침내 그런 멘토를 만난 사실에 대해 다음과 같이 이야기한다.

> 니는 비비리 월터스 Barbara Walters가 여성 최호로(내가 알기로는) 백만 달러의 계약금을 받고 뉴스를 하게 되었다는 사실에 대단한 자극을 받았습니다. 나는 학교 친구들에 종종 나도 그런 사람이 되고 싶다고 말하곤 했습니다. 그녀는 무엇이 가능한지에 대한 새로운 정의를 내려 주었습니다. 바바

라 월터스는 여전히 많은 사람들에게 길을 제시하고 있으며, 힘든 일이나 원대한 꿈, 능력 그리고 소망이 당신에게 무엇을 가져다 줄 수 있는지에 대한 본보기가 되어 주고 있습니다. 업계에 뛰어든 뒤, 나는 그녀에게 진심에서 우러난 팬레터를 써서 보냈습니다. 나는 단지 그녀의 일이나 성과가 나에게 큰 영향을 미쳤다는 사실을 알아주기를 바랐습니다. 그녀는 나에게 답장을 보내 왔고, 나를 격려해 주었습니다. 손으로 직접 쓴 진심 어린 글로 말입니다. 그것이 작은 일이었을까요? 천만에요. 그것은 '좋은 일은 좋은 사람에게 일어난다.' 라는 말을 보여 주는 명백한 증거였으며, 그녀에 대한 나의 '영웅 숭배' 의 정당성을 입증해 주었습니다. 오프라의 경우도 마찬가지입니다. 어느 해엔가 나는 오스카 시상식에 참석했다가 뒤풀이 파티장 밖에서 오프라를 만났습니다. 그때 나는 한 토크쇼를 연출하고 진행하고 있었습니다. 당시 오후 방송 프로그램 중에는 토크쇼가 상당히 많았는데, 많은 프로들이 남을 이용해 먹거나 천박했습니다. 오프라는 내게 다가와 이렇게 말했습니다. '당신이 지금 하고 있는 일을 계속 해나가세요. 당신과 나는 토크쇼가 나아가야 하는 방식으로 일하고 있습니다.' 그녀가 나를 자신의 동료 자격에 놓아 주었다는 것은 굉장한 일이었습니다. 그리고 프로그램에 대한 논의를 위해 무대 위로 올라가기 전 나는 그녀가 내 귀에 대고 속삭이는 소리를 여러 번 들을 수 있었습니다. 그 후 몇 번에 걸쳐 그녀는 나에게 축하 메시지를 보내 주었고, 나를 지지해 주었습니다. 엄청난 성공을 거둔 이 두 명의 여성을 통해 나는 정신적인 관대함이 얼마나 큰 것인지를 배웠습니다. 내가 참여하고 있는 일에 있는 사람들이나 또는 곧 그렇게 될 사람들에게 전화를 걸고 편지를 쓰고 그들을 지지하고 격려할 수 있는 기회를 놓치는 일이란 내게는 거의 없습니다.

우리의 연구에 참여한 많은 인터뷰 대상자들에게서 그들이 존경하는 많은 사람들의 이름을 들을 수 있었다. 그들은 전기나 다른 수단을 통해서 그 사람들에 관한 글을 읽는 데 시간을 할애했다. 그들은 자신들에게 영감을 주는 멘토들을 통해 일을 해결하는 방법이나 문제를 극복하는 법 그리고 다른 사람과의 관계를 갖는 법에 특히 관심을 가졌다. 영감을 주는 멘토의 삶을 탐구하는 것은 결코 직접적으로는 만나지 못할 큰 성공을 거둔 사람들에게 배울 수 있는 유용한 방법이다.

요약하자면, 프로테제가 파워 멘토를 찾는 데는 여러 가지 다양한 방법과 장소가 존재한다. 파워 멘토링은 전형적인 일 대 일 관계만으로 이루어지는 것이 아니기 때문에 파워 멘토를 찾는 것은 전통적 멘토를 찾는 것과는 다르다. 파워 멘토링은 광대한 범주의 선택을 제시하므로 당신에게 발생하는 다양한 기회들의 이점을 얻기 위해서는 항상 준비되어 있어야 한다.

■◆ 결론

이 장에서 우리는 파워 멘토를 만나고 관계를 유지할 수 있는 방법에 대해 여러 가지 제안을 했다. 우리는 신뢰 구축과 목표 설정, 인상 관리 등의 중요성에 대해 논하고, 전반적인 제안들을 제시했다. 중요한 아이디어들을 3가지 주요 논점으로 압축하면 다음과 같다.

1. 당신은 기꺼이 도움을 청하고 조언이나 피드백을 수용할 의사가 있는가?
우리가 멘토들에게 여러 번 반복해서 들은 것 가운데 하나가 그들을 진정 화나게 만드는 것은 때때로 그들의 프로테제들이 자신들의 충고를 완전히 무시하고 피드백 세션 동안 지극히 방어적으로 변한다는 것이었다. 분명히 말하지만 우리는 당신이 그저 당신의 멘토가 하라는 대로만 따라가는 '스텝포드 프로테제' 영화《스텝포드 와이프The Stepford Wives》에 나오는, 시키는 대로 다 하는 부인들에 비유한 단어-역자 주 가 되라고 말하는 것이 아니라는 것이다. 그러나 우리는 당신이 마음을 열어 멘토의 제안을 심각하게 받아들이려고 노력하고 그리고 나서 당신이 우려하고 있는 일들에 대해 당신의 멘토와 허심탄회하게 이야기하기 바란다.

2. 일을 함에 있어 당신의 기획을 입증해 보일 수 있는가? 한 연구 결과를 보면 일반 직업에서 자기 관리에 관련되어 있는 개개인들은 다른 사람들보다 더 긍정적이고 가치 있는 멘토링 관계를 가지고 있다고 한다.[*18] 이 프로젝트를 위해 우리가 행한 인터뷰에서 프로테제들은 자신들의 멘토와 형성하고 있는 관계의 특징에 대해 많은 것을 생각해 보았다. 그들은 구체적으로 자신의 강점과 약점을 생각해 보았고, 자신이 향상시키기 원하는 것은 무엇이며, 멘토가 자신들의 일을 어떻게 도울 수 있는지에 대해서도 생각해 보았다. 다시 말해 그들은 상당히 명백한 직업적 목표를 가지고 있었다. 인터뷰를 통해 우리는 계획을 세우고 커리어 향상 목표를 세움으로써 다음 단계를 밟아 나가는 것은 사람들이 자신의 일에 발전해 나가고 있을 때 특히 중요하다는 것을 알게 되었다.

3. 잠재적 멘토로 하여금 당신에게 매력을 느끼게 하기 위해서 현재 당신이 할 수 있는 일은 무엇인가? 4장으로 돌아가서 프로테제를 매력적으로 만들어 주는 요소들(지성과 야망, 파워와 위험 부담을 감수하려는 열망과 능력, 이니셔티브, 에너지, 신뢰성, 성실성, 고도의 감성 지능, 낙관성, 보완적 기술 등)에 관한 리스트를 한

---

18. Susan E. Murphy and Ellen A. Ensher, "The Role of Mentoring Support and Self-Management Strategies on Reported Career Outcomes," Journal of Career Development 27, no. 4(2001): 229~246.

번 훑어 보라. 단지 당신이 얼마나 많은 특징을 가지고 있는지만 판단할 것이 아니라 당신이 그러한 특징을 가지고 있다는 사실을 당신의 잠재적 멘토에게 얼마나 알려야 하는지 또한 판단하기 바란다. 당신이 몇몇 분야에서 부족하다고 느낀다면 그러한 특징들을 위해서는 당신이 존경하는 다른 사람을 찾아보기를 권한다. 그리고 나서 그들의 가치관과 행동을 모방하기 위한 방식들을 실행하라. 당신이 그러한 특징들을 입증하고 연습할 수 있는 상황을 찾아라. 당신이 신뢰할 수 있는 사람이라는 것을 어떻게 보여 줄 수 있는지, 당신에게 긍정적이고 자연스럽게 느껴지는 방식으로 '인상 관리'를 하기 위해 무엇을 할 수 있는지를 생각해 보라.

다음 장에서는 멘토와 프로테제가 그들의 관계를 더욱 심화시킬 수 있는 방법을 중점적으로 살펴볼 것이다. 생산적이고 만족스러운 관계를 만들어 나가는 데 있어 멘토와 프로테제가 함께 이용할 수 있는 새로운 전략들을 제시하기 위하여 우리는 대인 관계(예를 들면 결혼과 같은)에 대한 다른 사람들의 글에서 아이디어를 차용할 것이다.

6장

대단한 파워 멘토링 관계 비법의 열쇠

Unlocking the Secrets of
Great Power Mentoring Relationships

6 대단한 파워 멘토링
관계 비법의 열쇠

> 나는 멘토가 중요한 존재라고 생각하며, 세상 그 누구도 어떤 형태든 멘토십 없이는 성공할 수 없다고 생각한다. 어느 누구도 혼자서 성공할 수는 없다. 누구도 혼자서 성공했던 적은 없다. 그리고 우리가 눈치채지 못하고 있을 뿐 우리는 모두 누군가에게 멘토이다.
>
> — 오프라 윈프리

오프라 윈프리는 정말 놀라운 사람이다. 그녀는 자신을 세계에서 가장 부유한 사람 가운데 한 명으로 만들었을 뿐만 아니라 1998년 《타임Time》지가 뽑은, 20세기에 가장 영향력 있는 사람 가운데 한 명으로 커리어를 키워 왔다.[1] 사람들은 왜 그녀가 많은 영향력을 가지고 있다고 생각할까? 추측해 보면, 다른 사람들에게 영향을 끼치는 그녀의 능력은 그녀의 행동에 존경심을 갖는 사람들에게서 나온다고 할 수 있다.

오프라 윈프리는 강하고 관대하며 친절하고 상냥한 사람으로 보인다. 한 여론 조사에 따르면, 오프라는 비행기에 탑승했을 때 옆자리에 누가 앉았으면 좋

---

1. "100 Most Influential People of the 20th Century," Time Magazine, June 8, 1998. http://www.time.com/time/time100/artists/profile/winfrey.html

겠냐는 질문에 가장 자주 언급되는 인물이다.[2] 오프라의 성공에 관한 비밀 중 하나는 사람들, 특히 다양한 종류의 사람들과의 관계 맺기에 관한 능력에 있다고 할 수 있다. 그녀 주변에 있는 사람들은 그녀와 가까워지기를 원한다. 그녀는 또한 다른 사람들의 멘토가 되는 데 시간을 할애하고, 그 관계의 중요한 요소가 무엇인지 잘 알고 있다. 오프라가 자신의 토크쇼의 한 코너를 진행하도록 후원했던 심리학자 필 맥그로우Phil McGraw 박사 같은 사람은 그녀의 멘토링이 얼마나 중요한지를 알고 있다. 필 맥그로 박사는 그녀 덕분에 주간 시간대에 토크쇼를 진행하게 되는 영광을 안았다.

지금까지 살아오면서 당신의 삶 속에 존재했던 많은 인간관계를 생각해 보라. 당신은 가족, 친척, 배우자나 애인 또는 친구, 상관, 동료들은 물론이고 일하는 조직의 고객이나 공급업자들과도 관계를 맺고 있다. 당신은 어떤 클럽이나 커뮤니티 그룹의 회원일 수도 있고, 이메일이나 개인 블러그를 통한 인터넷 가상 공간의 인간관계도 맺고 있을 것이다. 이제 이런 인간관계들의 질에 대해 생각해 보자. 어떤 관계는 아주 좋아서 다른 사람들이 당신의 생각을 읽을 정도일 수도 있다. 다른 말로 하면 그들은 '당신을 이해하고' 있으며 '당신에 대해 모든 것을 알고 있다'는 뜻이다. 그들은 당신을 편안하게 해 주고 당신의 좋지 않은 면도 감싸 준다. 반대로 어떤 관계는 별로 깊지 않거나 그다지 중요하지 않을 수도 있다. 훌륭한 인간관계의 표시는 관계 속에 있는 각각의 사람들에게 스스로 성장하고 확장해 나갈 기회가 있는지 없는지의 여부에 따른다.

어떤 사람들은 자신이 시종일관 양질의 관계 속에 있다는 것을 알고 있다. 하지만 다른 사람은 어떤 관계의 경우에는 다른 관계보다 지속하기 힘들다는

---

2. "Oprah Winfrey tops Bush, Gore as Preferred Travel Companion, Survey Says," CNN.com, October 26, 2000. http://archives.cnn.com/2000/TRAVEL/NEWS/10/26/fodors.survey

것을 알고 있다. 그렇다면 왜 몇몇 관계들은 제대로 이루어지지 않을까? 아마도 성격상 궁합이 맞지 않거나 어느 한쪽이 그 관계에 불편함을 느꼈기 때문일 것이다. 그 인간관계의 무언가가 어려움을 가져왔을 것이고, 양자택일의 관계 속에서 역할에 대한 서로 다른 기대가 상대에게서 멀어지게 하는 결론에 이르게 한 것이다. 원인이 무엇이든 간에 관계를 나빠지게 하는 방향으로 틀어 가지 않는 것이 중요하다.

멘토링 관계에는 사람들이 경험하는 인간관계의 여러 가지 다른 형식의 관계들과 공통적인 부분이 많다. 멘토링 관계들은 대개 같은 구성 요소들로 이루어져 있으며, 비슷한 발전 단계를 경험하고, 거쳐가야 할 여러 가지 비슷한 일들이 존재한다. 그리고 파워 멘토링 관계에는 좀 더 복잡한 일들이 존재한다. 예를 들어 파워 멘토링 관계에서는 프로테제가 하나의 관계나 관계망보다 더 많은 것을 관리해야 할 수도 있다. 이해 관계는 다른 멘토링 관계보다 파워 멘토링 관계에 있는 사람들에게 더 높게 나타나곤 한다. 파워 멘토들은 관계가 좋은 방향으로 지속되지 않을 경우 많은 것을 잃는다. 파워 멘토들은 프로테제가 자신의 높은 기대에 부응하지 못할 경우 재능을 알아보는 눈이 부족해서 생긴 위험을 감수한다. 조직에서 뛰어난 실적을 내는 직원보다 훨씬 못한 사람을 후원하는 것은 위험한 일이다. 무력한 멘토는 프로테제에게 많은 문제를 가져다 준다. 옳지 못한 조언이나 학대, 사보타주 같은 대인 관계에서의 문제들은 불안한 관계에서 기인하는 경우가 많다.

이번 장에서 우리는 멘토링 관계의 성격을 자세히 분석하여 멘토와 프로테제에게 다른 사람과의 관계를 발전시키기 위한 몇몇 구체적인 아이디어들을 전하고자 한다. 다음 페이지에는 다음과 같은 내용들이 나온다.

- 우리는 다음 질문에 대한 답을 제공한다. '멘토와 프로테제 모두의 관점

에서 볼 때 파워 멘토링 관계의 최대 잠재력이 발휘되도록 하려면 어떻게 해야 하는가?'
- 우리는 다른 효과적인 관계들(예를 들면 훌륭한 결혼 관계와 친구 관계)의 기본 원칙에 대한 개요를 알려 주고 파워 멘토링과 비슷한 관계를 추천한다.
- 독자들은 파워 멘토링 관계 속에서 결정적인 순간의 역할에 관해 배우게 될 것이다. 결정적인 순간은, 성공적인 관계 속의 프로테제가 그 관계는 사실 이미 떠나갔으며 이제는 높은 수준의 믿음과 상호 이익으로 특징지어졌다는 것을 깨닫는 시점일 수 있다. 본질이 밝혀지는 순간은 관계의 특징이 실제로 변화를 드러내거나 일으키도록 하는 상황이나 거쳐야 할 도전 과제가 생길 때일 수 있다.
- 우리는 한쪽이 관계 속의 상호 관계를 심화시키는 많은 예들을 제공하기도 한다. 우리는 관계 속의 감정적인 지능 도구들을 만들어 내는 효과적인 커뮤니케이션에 관한 실제 경험들을 재검토하는 데 시간을 보냈다.
- 파워 멘토링은 종종 여러 명의 멘토들을 포함하는 만큼 이런 여러 관계를 관리하는 방법과 멘토링 네트워크에 언제 다른 사람들을 들여와야 하는지를 알 수 있는 방법들에 관해 토론하는 데 많은 시간을 보냈다.

◆ 효과적인 관계들의 기초 원칙

관계란 무엇인가? 또 다른 말로 하면 어떤 사람이 다른 사람과의 관계를 맺고 있는 것에 대해 이야기할 때 그것은 무엇을 뜻하는가? 인간관계의 참다운 특성은 철학자와 심리학자들이 오랫동안 흥미를 갖고 지켜봐 온 분야다. 사회적 동물인 인간은 많은 관계들에 속해 있으며 어떤 사람은 이런 관계가 모든 인간의 상호 작용의 기초를 형성하고 사회 조직 자체를 만들어 낸다고 말한다. 관계를 연구하는 사람들은 한 명이 시간을 들여 다른 사람과 '친밀한 관계'라고 부르는 인연을 형성하는 방법에 대해 관심을 가져왔다. 친밀한 관계의 다양한 형식을 연구하는 연구자들은 친교나 유대감, 열정, 헌신을 포함하는 관계의 질에 영향을 주는 여러 가지 다른 요소들을 발견해냈다.[3]

당신과 매우 친한 우편집배원과의 관계를 고려하지 않더라도 그 역시 하나의 관계다. 사회적 친밀도나 연구자들이 '친교 親交'라고 부르는 것으로 관계의 깊이를 가늠해 보는 방법이 있다. 당신은 우편집배원과 사회적으로 친밀해질 가능성이 없다. 그러나 당신은 직장 동료들과 높은 친밀도를 경험했고, 지금도 몇몇과는 높은 친밀도를 유지하고 있다.

이런 친근감과 친밀도는 강도나 빈도, 또는 양쪽 부문 모두 다양할 수 있다. 예를 들어 친밀도는 관계에서 발생하는 자아노출의 수준과 관련 있는 경우가 종종 있다. 예를 들어 관계의 믿음이 얼마나 되는지(상대방을 얼마나 믿는지, 상대방이 당신을 얼마나 믿고 있는지 모두) 그리고 토론하는 주제들의 감정적인 강도(예를 들어 매일 하는 대화가 "오늘 날씨 어때?"인지 "이게 바로 내 경력을 쌓아 나아가는 것에 대한 내 생각이야."인지)는 얼마나 되는지 말이다. 자아노출이 관계를 강화해 주는 경우도 종종 있는데, 그것은 상호적인 위험 수치 때문이다. 예를 들어 한쪽이 개인적인 비밀을 털어놓았다면 그것은 상대방을 그만큼 믿고 있으며 상대를 편안하게 느낀다는 것을 의미한다. 이때 상대방이 호혜적으로 자신의 개인적인 비밀을 털어놓는다면 먼저 비밀을 털어놓은 상대는 서로 위험을

---

3. Nancy L., Collins and Brooke C. Feeney, "An Attachment Theory Perspective on Closeness and Intimacy," in Debra Mashek and Arthur Aron(eds.), Handbook of Closeness and Intimacy, 163~187 Mahwah, NJ:Lawrence Erlbaum & Associates, 2004.

감수하고 있음을 느끼게 된다. 친밀감은 다른 사람과 서로 상호 작용하는 빈도에 의해 정해질 수도 있다. 일반적으로 사람들은 자신이 더 많은 대화를 나누는 사람과 가깝다고 생각하기 때문이다. 그러나 어떤 경우 접촉 빈도의 정도에 대한 생각은 친밀도의 수치와 상관없이 접촉 횟수가 많지 않음에도 불구하고 매우 가깝게 느끼는 사람도 있다. 이것은 많은 시간을 거치면서 발전되는 깊은 인연의 결과일지 모른다. 우리의 친구 중 1명은 이렇게 표현하기도 했다. "대화를 나눈 뒤 시간이 아무리 오래 지나든 간에 다시 얘기를 나눌 때 우리는 지난 시간을 따라잡을 수 있다는 것을 알고 있다." 이런 관점에서 본 관계의 강도는 접촉 빈도 수와 관계가 없다.

우리는 인터뷰를 통해 멘토링 관계에서 친밀감과 헌신이 어느 정도 중요하다는 것을 알아낸 동시에 직업에 따라 차이가 있다는 점도 알아냈다. 친밀감과 유대감으로 우리는 자아노출의 수준과 믿음의 수준, 관계의 상호 의존성을 정했다. 우리가 토론했던 관계 속의 결정적인 순간과 그 안에서 행해진 커뮤니케이션 그리고 우리가 앞에서 다뤘던 믿음의 문제만큼 자신을 드러내는 것에 대해서도 이야기한다.

멘토링 관계에서 무엇이 친밀, 열정, 헌신으로 이끄는가? 최초의 관계, 잦은 상호 작용, 친밀함을 높이기 위한 노력들, 결정적인 순간들은 멘토링 관계를 효과적으로 이끄는 기초가 된다. 성공적인 멘토링 관계의 3가지 기본 요소의 예를 보여 주기 전에 당신이 현재 갖고 있는 멘토링 관계에 관한 표 6.1의 질문에 답해 보는 시간을 가졌으면 한다. 표의 내용들은 우리가 연구하는 멘토와 프로테제들이 과거에 가졌던 멘토링 파트너들과의 좋은 관계와 좋지 않은 관계들에 대해 말했던 것에서 추린 것들이다.

표 6.1 관계 질문 목록

긍정적인 초기 접촉과 관계	
1. 나는 공통적으로 즐기는 활동을 하던 중에 친구를 만났다.	예/아니오
2. 이야기를 시작했을 때 친구와 나의 비슷한 점을 보았다.	예/아니오
3. 우리는 우리의 배경에서 비슷한 점으로 연결되어 있다.	예/아니오
빈번한 상호 작용	
4. 우리 많은 것을 함께 할수록 가까워졌다.	예/아니오
5. 우리는 여가 시간에 함께 즐기는 일에 시간을 보냈다.	예/아니오
친밀도와 연결도의 성장	
6. 이 사람이 나를 정말 이해하고 있다고 느낀다.	예/아니오
7. 이 사람과 나는 겁나는 몇몇 일을 함께 했다.	예/아니오
8. 이 사람은 나에게 사적인 사건들을 말해 주었다.	예/아니오
9. 내가 갖고 있는 문제에 대해 얘기할 때 이 친구가 나를 지지해 주고 있음을 느꼈다.	예/아니오
결정적인 순간	
10. 우리를 가깝게 만들어 준 특별한 사건이 있다.	예/아니오
11. 이 사람에 대한 나의 믿음을 굳건하게 해 준 특별한 사건이 있다.	예/아니오

긍정적인 초기 접촉과 연결

앞의 4장과 5장에서 우리는 멘토와 프로테제들이 상대방에게 끌리는 요소들의 형태에 관해 다루었다. 여기서는 이들 개념을 좀 더 깊이 있게 다루고, 초기 접촉의 질을 증가시키고 프로테제와 멘토 사이의 유대감을 증가시키는 과정들을 살펴볼 것이다. 우리는 효과적인 관계를 촉진하는 요소 중 사람들이 관계 초기에 상대방과의 공통점을 찾으려고 한다는 것을 알아냈다. 비슷한 지역에서 자랐다거나 같은 종류의 TV 프로그램을 즐긴다거나 같은 운동을 한다거나 같은 음악을 좋아한다거나 같은 동호회 또는 인터넷 카페의 친구를 가졌거나 하는 식의 공통 분모는 사람들로 하여금 만남 초기에 편안한 대화를 할 수 있게 해 준다. 초기 관계의 질을 향상시키는 다른 사적인 요인인 상호 작용은 관계에 있는 파트너들의 사교 기술이다. 물론 우리는 사교 기술이 관계를 시작하고 유지하는 데 중요하다는 것을 알고 있다. 동네 서점이나 대형 서점, 온라인 서점 중 어디를 가든 낯선 사람과 대화를 시작하거나 낯선 사람을 만난 지 얼마 지나지 않아 자신의 편으로 만드는 방법에 관한 책들을 많이 볼 수 있을 것이다. 우리에게 허용된 타인을 편안하게 만드는 사교술은 꽤 탐나는 것이다.

여기에 몹시 수줍음을 타는 유명한 과학자의 이야기가 있다. 그는 사교술을 향상시키려는(표면상의) 유일한 목적으로 매일 동네 공원에 나가 많은 시간을 낯선 젊은 아가씨들과 대화를 하기 시작했다. 초기의 대화는 꽤나 서툴렀고, 젊은 아가씨들은 그냥 지나쳐 버렸다. 하지만 시간이 지나 그는 대화를 시작하고 수다를 떨고 사람들을 편하게 만드는 데 전문가가 되었다.

앞의 챕터에서 우리는 우리의 프로테제들과 멘토들이 상대방을 어떻게 만났는지에 관해 이야기했다. 그런 일들은 멘토나 프로테제 중 적어도 한쪽의 시각에서 보면 매우 간단한 주고받는 과정에 속한다. 예를 들어 앞에서 언급한, 딕시 가와 안소니 헤이터의 첫 만남은 안소니가 참석한 전문가 모임에서 딕시가 강연을 마친 뒤 도넛을 담아 놓은 쟁반 위에서 시작되었다. 그녀의 시각에서 보면 그것은 도넛에 관한 꾸밈없는 대화였다. 안소니는 이렇게 기억한다.

딕시는 그 자리에 있었고, 최고의 강연을 했습니다. 딕시는 저의 모교인 조지아텍에서 열린 취업 박람회에 NSBE 흑인공학자국립협회 라는 조직으로부터 강연 초청을 받았습니다. 그녀는 시스코 부스에 잠깐 있으면서 한 그룹의 학생들에게 취업에 대한 의욕을 불러일으키는 이야기를 해 주었습니다.

그리고 그녀와 저는 같은 시간에 짧은 휴식 공간에 있게 되었습니다. 우리는 도넛에 대한 대화를 시작했죠. 나는 그녀에게 내가 텍사스 인스트루먼트 사에서 인사 업무를 보고 있다고 말했습니다. 그 말에 딕시는 "아, 나도 예전에 그 회사에서 일했었어요."라고 말했죠. 우리 둘은 같은 이력을 갖고 있었습니다. 그런 다음 나는 그녀에게 나는 댈러스 시에서 일해 보고 싶고, 그 다음에는 산 호세로 가서 텍사스 인스트루먼트 사를 위해 일할 것이라고 말했습니다. 그곳은 바로 딕시의 시스코 사무실이 있는 곳이었죠."

안소니의 말에 따르면 그 대화는 도넛에 관한 수다 그 이상이었다고 한다. 그곳에서 두 사람은 같은 회사에 다녔던 경험과 산 호세를 동경하던 마음으로 인해 인연을 맺게 되었다. 인터뷰하는 동안 그들은 현재 서로에게 갖고 있는 상호 존경과 회의가 끝난 뒤 도넛 앞에서 나누었던 경력에 관한 충고에 대해 다정하게 이야기를 나누었다.

그들의 초기 상호 행동이 다르게 펼쳐졌다면 어땠을까? 대화를 계속하지 않고 안소니가 딕시의 대화 요청을 무시하고 아무 말도 하지 않았다고 가정해 보라. 성공적인 결혼과 그리 성공적이지 못한 결혼에 관한 연구로 유명한 한 심리학자는 관계의 주요 문제는 친밀함을 얻으려는 노력을 하지 않은 결과라고 주장한다.[4] 친밀한 관계를 만들려는 노력이 무시당한 사람은 그 후 친밀함을 얻으려는 노력을 하는 데 매우 망설이게 되고, 성립된 관계에서조차 움츠리기 시작한다는 것이다. 그로 인해 관계의 전체적인 친밀감은 고통받게 된다. 멘토

---

4. John M. Gottman and Nan Silver, The Seven Principles for Making Marriage Work New York : Three Rivers Press, 1999. Gottman's research has been used successfully not only in keeping marriages together, but also keeping them happy and healthy.

링에 있어 관계를 위한 노력은 무엇과 같아야 할까? 종종 멘토는 프로테제가 되려고 하는 사람에게 도움의 손길을 뻗어 프로테제가 멘토링에 흥미를 느끼는지 알아볼 것이다. 이때 잠재적인 프로테제가 어떻게 반응하는가는 매우 중요하다.

교수들과 마찬가지로 우리는 많은 학생들에게 멘토가 될 기회를 갖게 된다. 하지만 종종 어떤 학생들은 우리가 멘토를 자청하고 나섰을 때 전혀 반응을 보이지 않았는데, 이 때문에 놀라는 경우가 있었다. 물론 우리의 충고에 진심으로 흥미가 없을지도 모르지만 우리는 그 경우 어떤 학생들은 우리가 시도하는 멘토링의 의미를 인지하는 데 실패했기 때문이라고 생각한다. 예를 들어, 우리 중 1명은 전문 코치(리더십 코치)가 되는 것에 관심이 많은 한 졸업생을 알고 있다. 우리는 그 학생에게 이메일을 보내 일 대 일 리더십 피드백을 학생에게 전해 주고 퍼포먼스 피드백을 설명하는 학생들을 돕는 고등학교의 리더십 프로그램(이 과정은 전문적인 코칭도 포함한다.)에서 몇 시간씩 일하는 데 흥미가 있는지를 물어보았다. 전문가가 속해 있는 그룹은 아니지만 그런 경험은 학생으로 하여금 능력을 향상시키고 경력을 쌓는 데 도움을 주는 실제 코칭 경험을 하게 해 주는 것이었다. 하지만 그 학생은 그런 자리에 자신을 위해 추천해 준 우리에게 고마워하거나 거절한 데 대한 사과조차 하지 않았다. 친밀한 멘토링 관계로의 초대가 거절된 것이다. 좀 더 공정하게 말하자면 그 학생은 우리의 멘토링에 전혀 흥미를 갖고 있지 않았던 것이다. 반면 우리는 그에게 많은 좋은 일, 예를 들어 훈련, 컨설팅, 코칭 기회뿐만 아니라 연구 기회를 잡을 수 있는 제안을 했다. 우리는 능력 있는 학생에게 기회를 주려고 했으나 그들이 우리의 제안을 알아듣지 못하는 여러 가지 비슷한 경험을 했다. 만약 멘토들이 자신들의 멘토링 시작을 좀 더 명확하게 그리고 좀 더 직선적으로 했더라면 좋았겠지만 종종 이런 미묘한 초대들은 초기 테스트 과정과 5장에서 언급했던 도전 과제들 중 한 부분이 된다. 멘토는 프로테제가 미묘한 초대의 섬세한 관찰자인지 알아보기 위한 시도를 하는 것이다.

밥 라이트와의 첫 만남에서 파멜라 토마스-그레이엄은 그를 자신의 다른 멘토인 잭 웰치를 통해 소개받았다. 파멜라는 잭의 충고를 따라 밥과의 만남을 정했다. 그녀는 그 만남에 높은 기대를 걸 필요가 없었다. 왜냐하면 '사람들은 종종 아무개와는 꼭 만나 봐야 하고 분명 잘 어울릴 것'이라고 말하지만 파멜라에게 그런 시나리오는 일어난 적이 없었기 때문이다. 하지만 두 사람 모두 첫 만남에서 수준 높은 사교술을 느꼈고, 그들의 첫 만남에서는 대단한 초기 소통성이 특징적으로 나타났다.

나는 NBC 중역들의 사무실이 있는 록펠러 플라자 거리 30번지 GE 빌딩의 52층에서 밥을 만났고, 만나는 순간 그가 매우 따뜻하고 친절하고 다가가기 쉽고 현명한 사람이라는 것을 느꼈습니다. 나는 밥에 관한 글을 읽었고, 그가 과거에 변호사였다는 걸 알고 있었습니다. 게다가 내가 밥을 만났을 당시 그는 이미 NBC에 14년 간이나 몸담고 있었던 만큼 널리 알려진 인물이었죠.

밥은 매우 정중했고, 다가가기 편했고, 순수한 관심으로 내가 무엇을 하려는지 이해하려는 듯 보였습니다. 누군가가 당신에게 이 사람을 만나 봐야 한다고 한다면 그 대화가 어떻게 진행될지는 분명합니다. 하지만 나는 만남의 시작부터 우리의 소통이 매우 원활하다는 것을 느꼈으며, 우리가 많은 공통점을 가지고 있다는 것을 알았습니다.

그와의 첫 만남을 기억하는데, 그는 내가 얼마나 좋은 사람인지를 느끼게 해 주었습니다. 그것은 매우 흥미로운 일이었죠. 왜냐하면 사람들은 대개 면접에서 그런 일을 기대하지 않기 때문이죠. 하지만 나는 무엇보다 먼저 그가 나에게 했던 말을 기억합니다. "당신 같은 사람이 업계에 발을 내디뎠다는 것은 정말 대단한 일입니다." 그리고 나는 면접에서 나 스스로를 긍정적으로 평가하게 만들어 준 그의 순수함과 솔직함에 큰 충격을 받았습니다. 일반적으로 그런 방법은 통하지 않기 때문이죠.

밥에게 파멜라와 첫 만남에 대해 물어봤을 때 밥은 그녀의 안정감과 확신, 미래에 대한 열망이 신선했다고 말했다. 그들이 서로를 편하게 해 주고 잠재적인 멘토링 관계에 있어 섬세한 검토에 관한 대화를 나누기 위한 배려가 없었더라면 그들의 첫 만남은 어디론가 사라졌을 것이다. 다행히 그들은 각자 탁자에 와 앉았고, 한쪽은 좋은 포트폴리오를 준비했고, 다른 한쪽은 포트폴리오에 관해 더 많이 알려고 했다. 덕분에 그들은 기분 좋은 대인 관계 형식으로 그 장점들을 서로에게 표현할 수 있었다.

앞으로 잠재적인 멘토링 관계를 수행해 나갈 수 있는 멘토링의 상호 작용에 필요한 권유들에 대한 사후 점검과 사교적인 이해가 나타난다. 이런 능력들은 공통점 파악하기, 서로 보완해 주기, 칭찬하지 않을 수 없는 성격과 기술 또는 증명된 잠재력 그리고 성과처럼 앞의 4장에서 자세히 다루었던 부분과 같이 다른 중요한 관계 시동 장치들에 더해지는 것들이다. 그러나 앞으로 관계를 발전시켜 나가는 데 대한 책임은 프로테제와 멘토에게 있다는 것을 기억해야 한다. 프로테제와 멘토들은 친밀감을 높이기 위한 권유들을 인식하는 한편 사후 점검도 꼼꼼히 해야 한다. 가치 있는 멘토링 가능성을 지나치는 것은 조직 내에서 잠재적인 이력을 죽이는 것이나 같다. 프로테제들은 잠재적인 소스들을 통해 멘토링 제안이 들어오는지를 주시해야 하고, 그 멘토와 잘 맞을지 가능성을 탐구해 보는 시간을 가져야 한다.

잦은 상호 작용

일반적으로 우리는 누구를 알기 시작했을 때 그 사람에 대해 더 많은 것을 알기 위해 그리고 깊이 있는 관계를 위해 그들과 많은 시간을 보내려고 한다. 멘토링 관계에 있어 상호 작용의 빈도는 특히 초기 단계에서 관계의 안정도와 관련되어 있다는 것을 보여 준다.[*5] 이것은 맞는 얘기다. 완전한 관계가 형성되기 전까지는 상대방과의 관계를 형성하기 위해 많은 시간을 함께 보내는 것이 필요하다.

관계에 관련된 사람들에게 안정감을 주는 확실한 방법 한 가지는 커뮤니케이션의 횟수와 친밀도를 적절하게 만드는 것이다. 린다 샌포드는 조직(여기서는 물론 IBM을 말한다.)내에 있는 그녀의 프로테제들과 소통하는 수많은 방법들을 제공했다. 그녀는 이렇게 요약했다.

나는 이메일을 통해 명확하게 멘토링을 합니다. 특히 우리가 지리적으로 떨어져 있을 때 그렇습니다. 내가 공적으로 멘토 역할을 하는 대상은 스무 명 가량입니다. 그리고 주기적으로 인사를 나눠야 할 필요가 없으며 '언제든 전화하고 쪽지를 보내요. 특히 자네가 처리해야 할 개인적인 일이나 전직에 관한 일들로 씨름 중일 경우에 말이에요.' 라고 말할 수 있는 비공식적

---

5. Daniel B. Turban, Thomas W. Dougherty, and Felissa K. Lee, "Gender, Race, and Perceived Similarity Effects in Developmental Relationships : The Moderating Role of Relationship Duration," Journal of Vocational Behavior 61, no. 2(2002) : 240~262.

인 관계는 훨씬 더 많습니다.

나의 멘티 중 한 명은 현재 일본에 있습니다. 그녀가 이곳으로 오면 나는 그를 방문하는 등 우리는 계속 연락하고 지내려는 노력을 하고 있습니다. 하지만 그녀가 여기에 왔을 때 내가 여기에 있는 경우는 드뭅니다. 그런 경우 나는 이렇게 말합니다. "집 전화 번호예요. 집으로 전화하세요." 시간대의 차이와 그 밖의 다른 모든 것 때문입니다.

나는 전화로 연락하는 것을 좋아하지만 종종 여행 스케줄 때문에 연락을 못하게 막는 사람이 되기는 원치 않습니다. 문자 그대로 길 위에 있는 경우 나는 프로테제들에게 이렇게 말합니다. "쪽지를 보내세요. 그럼 내가 연락할 테니. 쪽지를 본 뒤 일 대 일 대화가 필요하다면 우리는 약속 시간을 잡아야겠죠."

린다 샌포드는 또한 관계의 다른 요소들에 따라 대화의 형식이 어떻게 달라지는지에 대해서도 얘기했다. 예를 들어 한동안 알아 온 사람과 함께 할 때 그녀는 대화를 하는 데 있어 적은 노력만 기울여도 된다. 다음은 그녀의 프로테제인 찰스 리켈에 대해 이야기할 때 던진 말들이다.

내가 문장을 시작하면 그는 그 문장을 끝낼 수 있었고, 반대로 그가 문장을 시작하면 내가 끝낼 수 있었습니다. 우리의 멘토링 관계는 이렇게 기초적인 기본 리더십 스타일이 여러 면에서 비슷하다는 사실에 기인했다고 봅니다. 나는 많은 설명을 할 필요가 없었습니다.

만일 나와 매우 다른 접근법을 갖고 있는 사람이라면 그 사람에게 내가 원하는 것, 필요한 것 그리고 내가 기대하는 것이 무엇인지를 명확하고 확실하게 밝혀야 합니다. 나는 찰스와 함께라면 단 2초 동안에도 대화를 나눌 수 있습니다. 그는 내가 무슨 말을 하는지 정확히 알기 때문입니다.

우리는 많은 멘토와 프로테제들과 이야기하면서 초기 단계에서 상호 작용을 유발시킨 그들 모두에게 필요한 관계에는 무언가가 필요하다는 것을 알게 되었다. 관계가 발전해 감에 따라 상대방에 대한 접촉 횟수가 줄어들기는 했지만 초기에 구축해 놓은 친밀감과 친근감은 나중에 다시 그들이 대화를 나눌 때까지 관계가 유지되도록 도왔고, 그들은 종종 예전의 상호 작용에 대한 추억들로 즐거워했다. 예를 들면 다이앤 로비나는 앤의 사업에 대한 교훈들을 기억하면서 앤 스위니와 그녀의 멘토링 관계에 관한 첫인상 중 몇 가지에 대해 다음과 같이 이야기했다.

우리의 첫 만남은 사업차 방문한 곳에서 시작되었습니다. 그곳에서는 남자들만의 요새에서 변화가 이루어지고 있었습니다. 여자들이 TV사업의 마켓플레이스Marketplace 에 뛰어들기 시작했을 때입니다. 마켓플레이스에는 수많은 파티가 열리고, 술이 있었습니다. 저녁 식사를 할 때 프랑스에서 사업 동료로 온 사람 같은 외국인은 술을 마시지 못할 것입니다. 하지만 앤은 "이들은 당신의 친구들이 아닙니다. 이들은 당신과 사업을 함께 하는 사람들이죠."라고 했습니다. 그리고 우리가 여러 마켓플레이스를 방문했을 때 그리고 새로운 사람들을 만날 때마다 그 사실을 상기시켜 주었습니다. '이것은 사업이다. 이들은 내 친구가 아니다.'라고 말이지요. 저녁 식탁에 앉아 있든 점심 식사 중에 대화를 나누든 항상 염두에 두어야 할 대목입니다.

이런 교훈들은 그들의 관계가 발전되도록 했다. 앤은 솔직했으며, 자신의 경험에서 우러난 충고로 다이앤을 지도했다.

하지만 불행하게도 우리가 연구한 멘토링 관계 중 많은 경우에서 멘토와 프로테제와의 잦은 만남은 힘들었다. 그들의 직업적 성격상 직업에 대한 전념도가 높았기 때문이다. 우리의 인터뷰 원안에 멘토와 프로테제들이 재미를 위해 무슨 일을 했는지 생각하게 하는 질문이 하나 있다. 소수만이 이 질문에 답을 할 수 있었는데, 그것은 그들이 많은 경우 관련된 일을 함께 하는 데 대부분의 시간을 보냈기 때문이다. 그러나 일반적으로 서로에게 그들의 결정적인 순간을 표현하는 배경에서 몇몇은 좀 더 개인적인 영역으로 관계를 이동시키는 것의 중요성에 대해 이야기했다(예를 들어 각자의 집에 들러 저녁 식사를 하는 것, 사업상의 장기 출장, 기타 등등). 파워 멘토링 관계에 있어 친근한 관계를 구축하는 데 중요한 것은 상호 작용의 양이 아니라 질이라는 것을 알 수 있다. 양질의 상호 작용은 좀 더 목표 지향적이고 서로의 반응 내용이 꽤 솔직할 때 나타난다. 이제부터 양질의 상호 작용에 관한 예를 좀 더 많이 들 것이다.

성장하는 친근감과 유대감

친밀감은 서로 돌보고, 믿고, 인정하는 분위기 속에서 마음 깊은 곳의 느낌과 생각을 공유하는 것으로 정의되어 왔다.[6] 멘토링 관계에서 친밀감은 관계에 연결된 양쪽 모두가 느끼는 것이어야만 한다. 효과적인 관계를 갖기 위해서

---

6. Ellen Berscheid and H. Reis, "Attraction and Relationship Development," in Daniel T. Gilbert, Susan T. Fiske, and Garener Lindzey(eds.), Handbook of Social Psychology, Vol. 2, 4th ed., 193~281 New York : McGraw-Hill,1999.

는 프로테제가 자신의 속마음과 필요한 것이 무엇인지 알고 있어야 하고, 자기 인식을 경험해야만 하고, 그런 다음 자아노출을 통해 그러한 느낌들과 필요한 것에 대한 공유가 있어야만 한다.

자아노출

다음 이야기는 론 커크와 앤 리차즈의 이야기로 멘토링 관계를 발전시키는 친근감과 친밀감의 수준을 나타낸다. 사회 초년병 시절, 론 커크를 응원해 준 가장 큰 팬의 한 명은 전 텍사스 주지사였던 앤 리차즈다. 그가 오스틴에 위치한 텍사스 대학교의 학생이었을 때 그는 아버지가 원치 않았던 휴학을 하고, 오스틴 시에 있는 주 의회를 위해 일하게 되었다. 그리고 거기서 앤 리차즈를 만났다. 그는 그곳에서 정치에 대한 자신의 열정을 깨달았다. 앤은 론 커크 인생의 사회 경력 전반에 걸쳐 그가 다음 단계로 올라가도록 도와주었다. 여기서 다음 단계란 텍사스 주 국무장관을 할지, 댈러스 시의 시장을 할지, 아니면 필그램 상원 의원의 공석을 채울 공화당 후보에 도전할 것인지를 의미한다. 둘의 관계가 증진되어 감에 따라 그들은 사적인 이야기도 공유하게 되었다. 이를테면 그들은 앤이 알코올 중독과 이혼과 관련된 일로 고군분투할 때 많은 부분을 함께 공유했다. 이런 자기 표출은 그들의 관계를 더욱 깊게 해 주었다.

오랜 기간에 걸친 친밀감

친밀감은 즉시 생기는 것이 아니라 시간이 지나면서 천천히 쌓이는 것이다. 딕시 가의 프로테제인 안소니 헤이터는 그가 텍사스 인스트루먼트 사에 있는 동안(딕시는 이미 시스코에 있었다.) 가까워질 수 있었던 계기에 대해 이렇게 밝혔다. 그는 실제로 그들이 일반적인 멘토나 프로테제의 관계보다 더 깊은 관계가 되었다고 느낀 순간을 정확히 지적했다. "그것은 딕시가 나를 자신의 집으로 초대했을 때였습니다. 그 전에도 우리는 몇 번 점심 식사를 함께 했었는데, 그때 저는 아내나 일과 관련된 좋았던 시절과 나빴던 시절에 대해 얘기했죠. 그녀는 이렇게 말했습니다. '안소니, 우리는 당신의 가족도 초대했어야 했어요.' 그리고 우리 가족은 처음으로 딕시의 집으로 초대되어 즐거운 시간을 보냈습니다. 그것이 바로 우리가 훌륭한 우정으로 맺어진 계기입니다."

안소니와 딕시의 관계는 오랫동안 지속되어 왔다. 딕시가 안소니의 학교로 강연을 하러 왔을 때 도넛 쟁반 곁에서 나눈 대화로 시작된 관계는 안소니가 텍사스 인스트루먼트 사에서 일하고 딕시가 시스코에서 일하면서 여러 프로젝트를 함께 하는 과정에서 발전했다. 많은 관계들이 시간이 지날수록 자연스럽게 발전한다. 누군가는 반드시 이런 질문을 할 것이다. 관계 속의 개인들이 이를테면 '관계 발전을 서두를 수 있는지' 다른 말로 하면 '높은 수준의 친밀감을 좀 더 빨리 얻기 위해 필요한 기술이 무엇인지'를 묻는 것이다.

추억의 팝송 중에 다이아나 로스$^{Diana Ross}$와 수프림즈$^{The Supremes}$가 부른 "You Can't Hurry Love(사랑을 서두를 수는 없어요.)."라는 노래가 이 상황에서 진실을 말해 준다. 이 노래 가사를 보면 사랑은 주고받는 게임이므로 반드시 기다려야 한다고 말한다. 이것은 멘토링 관계에서도 별반 다르지 않다(사랑 부분은 제외하고!). 상대방을 알아가기 위한 노력과 자신의 속내를 알려 주려는 노력을 충분히 하지 않으면 지나치게 빨리 발전된 멘토링 관계는 멘토나 프로테제 모두에게 불편한 관계가 될 것이다.

상대의 관심 분야 공유하기

그렇다면 무엇이 친밀감과 친근감을 한번에 얻을 수 있게 해 줄까? 그것은 관심 분야를 공유하는 데 있다. 예를 들면 바바라 코드데이가 바바라 아베돈과의 인간관계에 대해 이야기했을 때 그녀는 그들 사이에 형성된 중요한 유대감을 강조했다.

바바라가 나에게 준 멘토십은 두 배였고, 그것은 나에게 매우 중요했습니다. 아무것도 모르고, 그 무엇도 해 본 적 없는 정치 분야에서 그녀가 나에게 인생 강의를 해 주었기 때문입니다. 그리고 우리는 워싱턴으로 갔고, 의회에서 법안 통과 활동을 했습니다. 나는 과거에는 생각지도 못했던 일들을 수행하고 있었습니다.

그리고 난 뒤 그녀와 나는 9년 계약의 파트너십을 시작했습니다. 어떤 일에서든 9년이라는 시간은 결혼을 포함시켜도 꽤 특별한 기간입니다. 그리고 두 번째 특별한 일은 그녀와 함께 하는 파트너들과 매우 가까운 사이가 되거나 점점 가까운 사이가 되는 것으로, 이것은 매우 놀랄 만한 일이었습니다. 우리는 매일 아침 잠에서 깨어날 때 우리가 그날 만나서 함께 하루를 보낼 것이고, 인생과 우리의 아이들, 남편들, 우리의 세계 그리고 우리의 엄마들, 나아가 어떤 얘기든 함께 나눌 것임을 알았습니다.

그런 만큼, 내게 있어 그녀와의 관계는 매우 중요했습니다. 왜냐하면 그녀는 나에게 있어 최고의 친구이자 절친한 선배였고, 그녀는 내게 TV 연설문을 어떻게 써야 하는지 정말 잘 가르쳐 주었기 때문입니다. 그녀는 내게 모든 것을 가르쳐 주었습니다.

어떤 사람들은, 남자들은 대화보다는 무언가를 함께 하는 과정처럼 조금 다른 방법으로 유대감을 갖는다고 말한다.[*7] 리 버틀러 제독의 경우 자신의 프로테제였던 도널드 페티트와 공동의 프로젝트를 통해 협력했다. 그들이 함께 한 여정을 통해 서로를 알아가게 된 방법은 다음과 같다.

도널드는 내가 아는 사람 가운데 가장 능력이 뛰어난 사람 중 한 명입니다. 그는 버지니아 주 알렉산드리아에 있는 우리의 연립 주택의 목제 테라스를 만드는 일을 도왔습니다. 우리는 그 2, 3개월 동안 매우 행복한 시간을 보냈습니다. 우리는 그런 일들을 매우 자연스럽게 함께 했습니다.

물론 우리는 항상 각자의 일터에 있었습니다. 도널드는 항공 운항을 배치하는 일을 맡고 있었습니다. 하지만 우리는 항공기, 참모 전용차, 호텔 등에서도 함께 했습니다. 우리는 신실한 벗이었습니다. 그리고 우리의 관계에는 항상 즐거움이 가득했습니다. 우리는 사소한 일도 함께 했습니다. 워싱턴DC에 있는 볼링 공군 기지에 자주 갔었는데, 그럴 때면 버거킹에 가서 햄버거와 감자 튀김을 들고 나오곤 했습니다. 그것은 우리가 의례적으로 하는 작은 일이었습니다.

도널드와 리의 친근감은 마치 오랫동안 여행을 함께 하는 것처럼 하루 일과를 공유하는 상호 작용에서 생겨났다. 그들은 목표 지향적인 멘토링 관계보다는 일상적인 상호 관계로 친근감을 쌓았다. 서로에게 친근감을 갖는 자신들의 방법이 올바르다고 느끼고 있는 멘토링 관계 내의 사람들이 각자 친밀감과 친근감에 대해 다른 방법이 있다는 것이 의미하는 점은 무엇인가? 다른 말로 하면 친근감을 쌓아 가는 데 한 가지 옳은 방법만 있는 것이 아니라는 것이다.

---

7. John Grey, Men Are from Mars, Women Are from Venus : A Practical Guide for Improving Communication and Getting What You Want in Your Relationships New York : HarperCollins, 1992.

친근감과 비례하는 편안함의 서로 다른 정도

안타깝게도 사람들은 관계를 형성할 때 친근감에 대한 기대가 서로 다르다. 많은 심리학자들이 몇몇 이론들을 통해 관계에서 사람들이 원하는 친근감의 차이를 설명하기 위한 시도를 해 왔다. 그중 꽤 흥미로운 이론 가운데 하나인 '애착 이론attachment theory'에 의하면, 사람들은 자신의 어머니나 자신을 주로 돌봐준 사람에 대한 애착을 통해 생의 초기에 애착 패턴을 갖는다고 한다. 그리고 이런 패턴은 그 사람의 삶을 통해 지속된다.[*8] 이와 같은 생의 초기 애착 형태를 유지하면서, 어떤 사람들은 나중에 친밀한 애착 관계를 갖는 것을 피하는 반면 어떤 이들은 친근한 애착 관계로 발전하는 데 오랜 시간이 걸리기도 하고, 또 어떤 사람들은 서로를 깊이 신뢰한 결과 빠른 속도로 관계가 깊어지기도 한다. 우리는 연구를 통해 친근감의 성향이 서로 다르다는 것을 알 수 있었다. 하지만 여기에 소개된 대부분의 개인들은 성공적인 멘토링 관계로 유명한 만큼, 단지 소수만이 다른 사람들과 친근감을 형성하는 데 머뭇거린다는 것을 알 수 있었다.

프로테제와 멘토가 되려는 사람들에 대한 우리의 충고는 당신이 가진 친근한 관계의 편안함의 수치를 생각해 보라는 것이다. 그 점을 명확하게 살펴야만 당신이 다른 사람과 편안한 멘토링 관계를 형성하는 데 도움이 될 것이다. 또한 당신은 우리가 앞의 4장에서 프로테제들이 잠재적 멘토들에게 자신들이 실제로 믿을 만한지를 보여 줄 수 있는 방법에 관해 토론한 부분에 대해서도 생각해 보아야 한다.

---

8. John Bowlby, Attachment and Loss, Vol. 1 : Attachment New York : Basic Books, 1969.

관계의 상호 의존성 정도

관계 안의 친밀함과 유대감에 관한 최종 고찰은 상호 의존성에 대한 관계 구조와 함께 해야 한다. 어떤 관계에서는 한 사람의 결론이 다른 사람의 행동에 강한 영향을 미치기도 한다. 이런 생각은 친근한 관계에서의 상호 의존성 때문이다. 연구자들은 관계의 파트너인 사람들에게 3가지 유형이 있다는 것을 밝혀냈다. 첫 번째 유형은 동등한 관계이고, 두 번째는 한쪽이 우위를 차지하고 있는 관계이며, 세 번째는 환경에 따라 우위가 바뀌는 관계이다.[*9] 다른 말로 하면 공동의 목표를 이루기 위해 관계 속에서 분업이 이루어지고 있다는 것이다.

예를 들어 전 미 공군 제독 리 버틀러와 도널드 페티트는 계급이 서로 달랐음에도 불구하고 이렇게 표현했다. "도널드와 내가 발전시킨 관계는 브라운 제독과 내가 가졌던 관계의 정도와 비슷했으며, 항상 나는 도널드를 나와 완전히 평등한 상대로 대했다."

우리가 연구 중에 조사한 관계들은 관계에 속한 사람들 간에 나타나는 상호 의존성의 종류에서 다양했다. 이런 형태는 우리가 앞의 4장에서 소개한 멘토링의 정신 모델들로 돌아간 것 같기도 하다. 예를 들어 마스터-멘토의 사고방식을 가진 멘토는 프로테제들과의 관계가 상당히 상호 의존적일 것이다. 멘토링 관계에 대해 좀 더 실용적인 견해를 갖고 있는 사람들에게는 이런 관계가 조금 덜 상호 의존적으로 보일지도 모른다. 대신 멘토가 프로테제를 지배하는

---

9. 관계의 상호 의존성에 관한 이런 생각에 대한 토론이라면 다음 리뷰를 보라. Caryl E. Rusbult, Madoka Kumashiro, Michael K. Coolson, and Jeffrey L. Kirchner, "Interdependence, Closeness, and Relationships," in Debra Mashek and Arthur Aron(eds.), Handbook of Closeness and Intimacy, 137~161 Mahwah, NJ : Lawrence Erlbaum & Associates, 2004.

것처럼 보일 것이다. 멘토와 프로테제의 상호 의존 수준은 멘토링 관계 향상에서 중요하게 여겨진다. 멘토들은 멘토링 관계의 성격에 대해 서로 다른 생각을 갖고 있는데, 이것은 친근감과 목표를 얻는 방법에 영향을 끼친다.

사람들은 또한 비대칭적인 관계가 단계를 거치면서 점점 평등한 상태로 되어 가기를 기대하며, 상황에 따라 한쪽이나 다른 한쪽이 우위를 점하기를 기대하기도 한다. 이런 차이를 인지하는 것과 관계 향상을 위해 토론하는 것은 서로 간의 오해를 없애는 데 중요하다.

친밀감은 친근한 관계의 중요한 요소이다. 그것은 적극적인 초기 연결에서 비롯될 수 있으며, 함께 하는 과정에서 자신의 경력에 관한 희망과 포부에 대한 자아노출을 통해 비롯될 수도 있다. 자아노출은 우리의 인간관계 중 다수의 관계의 결정적인 순간(다음 섹션의 주제이기도 하다.)에 중추적인 역할을 담당한다.

■ 결정적인 순간

친밀감은 종종 운 좋게도 결정적인 순간에 갑자기 얻을 수도 있다. 결정적인 순간이라는 개념은 리더십과 경력 계발이라는 면에서 중요한 부분이다. 워렌 베니스 Warren Bennis 와 로버트 토마스 Robert Thomas 는 자신들의 저서 《Geeks and Geezers 괴짜와 기인들》에서 지도자가 살아오는 동안 가혹했던 순간으로서의 결정적인 순간에 관해 토론했다.[10]

---

10. Warren G. Bennis and Robert J. Thomas, Geeks and Geezers Boston : Harvard Business Scool Press, 2002.

결정적인 순간은 일반적으로 한 사람의 인생을 나쁘게 또는 좋게 바꾸기도 하고 바꿀 수도 있는 강한 변화를 경험하는 순간을 말한다. 이 책에서는 멘토와의 연결이 지도자들에게 있어서는 가혹한 순간의 4가지 형태 중 하나라고 정의하고 있다. 그 4가지는 강요된 반성의 시기, 다른 지방으로의 발령, 혼란 그리고 손실을 말한다. 지도자들과의 인터뷰 중 어떤 것은 다음과 같은 결정적인 순간도 있음을 알려 주었다. 검찰의 기소, 명확하고 중대한 제품 사고, 하루 만에 반 토막난 주가, 창피한 사건.[11] "나는 그녀와 성관계를 맺지 않았습니다." 라는 말은 르윈스키 스캔들이 나기 전까지 확고한 지지율을 지켜 온 미국의 전 대통령 빌 클린턴의 결정적인 순간을 요약한다. 클린턴처럼 대부분의 관리자들이 그들의 경력이나 멘토링 관계 속에서 결정적인 순간과 마주치게 된다. 결정적인 순간은 자신의 행동에 의해 직접적으로 나타날 수도 있고, 결정적인 순간이 사람들을 완전 통제 불가능한 상황에 응답하도록 강요할 수도 있다.

우리의 파워 멘토들과 프로테제들의 결정적인 순간은 고도의 믿음과 친밀감으로 연결되어 있었으며, 문제에 관한 해법이나 결정적인 순간 동안의 지지로 인해 멘토와 프로테제가 더 친근해질 수 있도록 만들어 주었다. 그러나 그런 순간이 나타나면 결정적인 순간은 개인의 성격과 관계의 강도에 대한 진정한 테스트가 될 수 있다. 우리는 멘토링의 결정적인 순간들에 집중된 6가지 형태의 경험을 발견했다. 그것은 (1) 기대 할당하기 (2) 일과 가정의 균형 돕기 (3) 개인적인 폭로(자아노출)에 적극적으로 반응하기 (4) 위기의 순간 동안 조언해 주기 (5) 비판적인 평가하기 (6) 위기 상황에서 무조건 지원하기이다. 다음 섹

---

11. Jim Lukaszewski, "Inside the Mind of the CEO," Strategy 14, June 18, 2001. www.e911.com/monos/articles/14.pdf

션에서는 당신의 멘토링 관계에서 결정적인 순간이 나타났을 때 희망을 줄 수 있는 경험의 예들을 제공한다. 당신은 결정적인 순간에 대비해야 할 것이다. 당신은 여기에 표현된 결정적인 순간에 대해 생각하면서 다음의 질문들을 마음에 새겨 두기를 원할 것이다.

- 결정적인 순간에 멘토나 프로테제가 자기 편이 되어 줄 것인가 아니면 당신을 실망시킬 것인가?
- 이미 결정적인 순간을 경험했다면 여기에서 언급한 것과 무엇이 비슷하고 또 무엇이 달랐는가?
- 그리고 가장 중요하게 생각해야 할 것—당신의 멘토나 프로테제와 함께 한 당신의 결정적인 순간에 배운 것은 무엇이며, 그것은 당신의 인간관계와 경력에 어떤 영향을 끼쳤는가?

일반적으로 결정적인 순간은 좀 더 확고한 관계의 상황 속에서 일어난다. 그러나 결정적인 순간들은 진행 중인 관계가 좋아지도록 하는 촉매 역할도 할 수 있다. 이 경우 멘토는 프로테제에게 기대를 설정한다. 이와 같은 예는 우리의 인터뷰 중에도 여러 번 들을 수 있었다. 기대를 받는다는 것은 적극적인 피그말리온 효과 pygmalion effect, 타인의 기대나 관심으로 인해 능률이 오르거나 결과가 좋아지는 현상 또는 자기 충족 나 예언과 매우 비슷한 효과를 갖는다. 그런 점에서 다른 누군가가 당신을 믿고 있다면 당신은 당신 자신을 더 믿을 수 있게 된다.[12] 이런 효과는 학생부터 성인에 이르기까지 모든 사람들에 대한 사회심리학 문헌에 잘 정리되

---

12. Classic study by Robert Rosenthal and Lenore Jacobson, Pygmalion in the Classroom : Teacher Expectation and Pupils' Intellectual Development New York : Holt, Rinehart & Winston, Inc., 1968.

어 있다. 새로운 작업에 직면했을 때 "난 이걸 할 수 없어. 난 준비되지 않았어. 이 일을 하기엔 내 능력이 부족해."라는 느낌을 가져 본 적이 있는가? 하지만 당신에게 "그래, 넌 할 수 있어. 넌 준비되어 있어. 넌 그 일을 할 능력이 충분해."라고 말해 주는 멘토 같은 누군가가 있다면 그로 인해 확신을 갖게 되고 태도를 완전히 바꿀 수 있다. 우리의 인터뷰에 참여해 준 사람들 중 몇몇은 새로운 일을 할 준비가 되어 있는지 또 그럴 만한 능력이 있는지에 대한 감각은 멘토가 자신의 프로테제에게 큰 기대를 거는 것으로 길러진다고 했다. 미국의 전 하원 의원이자 현 오클랜드 시장인 론 델럼스는 다음과 같은 경험을 공유했다. "내가 샌프란시스코에서 일하고 있을 때 나의 멘토인 루이스 왓츠Lewis Watts 박사는 나를 자신의 사무실로 불러서 '이 책《The Shoes of the Fisherman 어부의 신발》을 자네가 읽어 봤으면 하네.'라고 말씀하셨죠. 박사님께서는 '지도자가 되기 위한 준비를 하게나. 내가 보기에 자네는 지도자감이라네.' 그러면서 박사님은 이 책이 리더십의 고독에 관한 이야기라고 하시며, 고독을 한 손에 쥐고 있어야 할 자신을 준비할 필요가 있으며, 리더십 역할에서 고독에 맞서 싸우는 방법을 이해해야 할 필요가 있다고 하셨습니다."

현대 직업 생활에 있어 가장 힘든 점은 일과 가정 간의 아슬아슬한 균형 잡기에 있다. 지난 10년 간만 해도 미국의 근로자들은 노동 스케줄에 연간 58시간의 시간 외 근무를 했다.[13] 트루캐리어즈 TrueCareers 사의 여론 조사에 의하면 직장인 중 70%가 직장과 가정 생활 간의 균형이 맞지 않는다고 느낀다고 한다.[14]

---

13. Diane Brady, "Rethinking the Rat Race," Business Week Online, August 26, 2002. http://www.businessweek.com/magazine/content/02_34/b3796646.htm
14. Stephanie Armour, "More Americans Put Families ahead of Work," USA Today, December 5, 2002; Wayne Cascio and Cliff E. Young, "Work-Family Balance to Work-Family Interaction : Changing the Methaphor Mahwah, NJ : Lawrence Erlbaum & Associates, 2005 /

18세 이하의 자녀를 둔 사람 중 싱글맘의 70%가 노동 인구에 포함되며, 부부 중 남편만 노동 인구에 포함되는 경우는 약 13%, 부부가 맞벌이를 하는 경우는 31%이다.*15 더욱이 자식이 없는 부부들도 일과 균형을 맞춰야만 하는 수많은 가족 관계와 일과 관련 없는 중요한 인간관계를 갖고 있다. 최근 연구 논문은 멘토링 관계를 갖고 있는 직장인들이 일과 가정의 충돌이 줄어들었다는 것을 시사하고 있다.*16 몇몇 증거에 의하면 많은 여성들이 일과 가정의 균형에 대한 지원 부족 때문에 실업계를 떠나고 있으며, 이것은 미국 실업계에 필요한 인적 자원의 중대한 손실이라고 한다. 브렌다 반즈Brenda Barnes와 카렌 휴즈Karen Hughs는 손에 꼽을 만한 사례로, 이런 경향을 잘 보여 주는 좋은 예라 할 수 있다. 브렌다 반즈는 현재 Sara Lee사의 회장 겸 CEO이다. 그녀는 자녀를 양육하기 위해 5년 간 회사를 떠나 있었다. 조지 W. 부시의 전 공보 비서관 카렌 휴즈는 행정부에서 일을 하기도 했고 쉬기도 했다. 그 이유는 가족들과 함께 시간을 보내면서 휴식을 취해야 할 필요가 있었기 때문이다. 하지만 카렌은 부시 대통령과 유대 관계를 지속했으며, 2004년 선거 기간 동안에는 조언자로서 활동적인 역할을 했고, 2005년 3월에는 국무부의 공공 외교 담당 차관 직책에 올랐다.

출산은 개인에게나 직업인에게나 모두 결정적인 순간이 되곤 한다. 멘토는 이런 경쟁적인 요구에 매력과 재치를 좀 더 더해 줌으로써 균형을 잡는 데 도움을 줄 수 있다. 다이앤 로비나는 그녀의 멘토인 앤 스위니와 함께 한 순간이

---

15. Bureau of Labor Statistics, "Special Tabulations Based on Analyses of March Current Population Surveys," 1980, 1988, 1990, 1994~2001, unpublished work Washington, DC : Bureau of Labor Statistics, 2004
16. Troy R. Nielson, Dawn S. Carlson, and Melanie J. Lankau, "The Supportive Mentor as a Means of Reducing Work—Family Conflict," Journal of Vocational Behavior 59, no. 3(2001) : 364~381.

일과 가정의 균형을 맞추는 데 도움을 주었을 뿐만 아니라 어떻게 서로를 친근한 관계로 만들어 주었는지에 대해 이렇게 회상한다. 다이앤의 이야기를 들어 보자.

앤을 더 믿고 따르게 만들어 준 결정적인 순간은 첫아이를 낳기 위해 휴가를 가져야 했을 때였습니다. 그때 우리는 새로운 방송국을 세우고 있었고, 출산을 하기에는 시기가 매우 좋지 않았죠. 우리는 2개의 방송국을 운영하고 있었고, 나는 출산 휴가를 가져야 했습니다. 그때 앤이 전화를 해서 이렇게 말했습니다. "아이들을 돌볼 사람을 구할 수가 없어요." 다음 날, 그녀는 내게 전화해서 말했습니다. "4~5년 간 나를 돌봐줬던 유모에게 말해 봤는데 그녀가 코네티컷 주에서 하던 일을 그만둘 예정이래. 그런데 유모가 돈을 벌어야 한다는군. 내가 그만큼의 월급을 올려 줄게."

일과 가정 간의 균형은 명확한 도전 과제인 동시에 터놓고 다룰 수 있는 문제이다. 왜냐하면 아이를 갖는다는 것은 사회적으로 용인되고, 또 바람직한 일이기 때문이다. 그러나 덜 일반적이거나 주류 사회에서 쉽게 용인되지 않을 수 있는 개인적 상황에 관한 일이라면 어떨까? 미국 실업계에서 게이가 되거나 레즈비언이 되는 것 같은 일이라면? IBM 사의 린다 샌포드와 그녀의 프로테제인 찰스 리켈의 경우를 보자.

게이와 레즈비언은 총 인구의 약 10% 정도로 추정되는데, 이들은 아직도 많은 경우 은둔한 소수 집단이다. 미국 연방 정부에서 게이와 레즈비언은 차별에 대항하여 의지할 곳도 없고 권리도 적은 형편이다. 몇몇 회사와 몇몇 주가 보호책을 제공하고 있음에도 불구하고 게이들에 대한 차별은 제재를 받고 있지 않다. 커밍 아웃을 하지 않는 데 대한 스트레스는 생산성의 하락을 불러오거나 적극적인 직업 관계에 손실을 줄 수 있다. 찰스 리켈이 IBM 사에서 일한 16년간 자신이 게이라는 사실을 숨겼다는 것은 놀랄 만한 일이 아니다. 찰스 리켈은 IBM이 그의 개방성에 대해 준비되어 있지 않다는 점과 그의 경력에 해가 될 정보가 공개되는 것을 두려워했다.

찰스는 커밍 아웃을 하기로 결정한 뒤 멘토인 린다 샌포드에게 처음 자신이 게이라는 사실을 밝혔다. 두 사람 모두 그 사건을 그들의 관계에 있어 주목해야 할 결정적인 순간으로 표현한다. 린다의 말이다. "찰스와 함께 한 결정적인 순간은 그가 내게 자신이 게이라고 고백했을 때입니다. 그것은 그에게 있어 정말 힘든 일이었습니다. 그 당시는 우리가 390월드^{IBM의 이전 메인 프레임 컴퓨터}에 있었을 때 였습니다. 당시 우리는 매우 강력한 팀을 만들었습니다. 나는 항상 그를 존경했지만 그때 그를 더욱 존경하게 되었습니다. 그가 내게 오랫동안 말하지 못해 온 사실을 말해 줬을 뿐만 아니라 그만의 방식대로 팀 전체에 말하려고 했기 때문입니다. 커밍 아웃 후 찰스는 게이와 레즈비언들이 모인 다양성을 가진 그룹의 리더가 되었습니다."

찰스는 게이와 레즈비언 특별전문위원회의 공동 의장이 되었으며, 미국 최고의 게이와 레즈비언의 리더로서 인정받고 있다. 그의 노력은 IBM에 긍정적인 인식을 가져왔으며, 인종·민족·성적 소수자 등의 다양성 문제에 대한 리더로 보여짐으로써 그들을 돕는 역할을 하고 있다.

린다는 찰스가 다양성 특별전문위원회의 지도자 역할에 집중할 수 있게 그를 돕고 조언해 주었다. 이와 비슷한 사례로, 론 델럼스는 1975년부터 1987년까지 자신의 참모장으로서 일했던 그의 프로테제 바바라 리^{Barbara Lee 미 하원의원 캘리포니아 지역구·민주당}에게 위기가 닥쳤을 때 결정적인 순간에 그에게 값진 조언을 해 줄 수 있었다. 바바라 리는 그녀의 마음과 머리를 따르는 군중들과 함께 가야 할지 말지를 두고 고민하고 있었다.[*17] 세계무역센터에 대한 9·11

테러 후 조지 W. 부시 대통령에게 전쟁을 선포할 수 있게 일방적 권력을 주어야 하는지 말아야 하는지에 관한 문제였다. 그녀는 그에 관한 투표에서 하원의원 421명 중 반대에 투표한 유일한 의원이다. 그녀는 그러한 결정에 대해 쏟아지는 항의를 받았다. 그 결정을 내리기 전에 델럼스는 그녀에게 다음과 같은 조언을 해 주었다.

저는 바바라에게 어떻게 투표하라고 얘기하지 않았습니다. 그것이 제 역할이라 생각하지 않았기 때문입니다. 하지만 우리는 매일 이야기를 나눴습니다. 제가 바바라에게 한 얘기는 다음과 같습니다. "자네가 어떤 결정을 하든 맘을 편히 갖도록 하게. 왜냐하면 사람들은 자네의 마음이 편한지 불편한지 알아차릴 것이며, 자네의 태도에 확신이 있는지 없는지도 알아차릴 것이기 때문이네. 그러니 이 투표에서 찬성을 하든 반대를 하든 맘을 편히 갖도록 하게." 두 번째로 나는 공직에 있으면서 특별한 투표를 해야 할 때마다 다음과 같은 질문을 나에게 한다고 했습니다. '아이들의 가장 큰 흥미는 무엇인가?' 그리고 나는 그 질문을 자신에게 하지, 바바라. 왜냐하면 아이들은 그곳에 와서 자신의 의견을 표현할 수 없기 때문이라네. 그리고 두 번째 질문을 하라고. '미래의 가장 큰 흥미는 무엇인가?' 그런 다음 우리는 분석적으로 이야기했습니다. 이 문제에 대해 어떻게 생각하고 있는가? 저는 굉장히 신중한 사람이라 '이것이 바로 자네가 선택해야 하는 것이라 생각하네.'라는 말은 하지 않습니다. 바바라는 나의 대리인인 동시에 친구입니다. 그래서 저는 이런 방식으로 접근했습니다. 지금은 이것이 그녀의 진

---

17. Bill Hogan, "Alone on the Hill," MotherJones.com, September 20, 2001. http://www.motherjones.com/news/feature/2001/09/lee.html

문 영역입니다.

위기 상황에서 조언을 함에 있어 멘토가 프로테제를 위해 행하는 가장 중요한 서비스 중 하나는 결정적인 의견을 제공하는 것이다. 주디스 과스메이는 학회 중 프로테제의 그릇된 행동과 직면했을 때 그들 관계의 결정적인 순간에 대해 이렇게 회상한다.

그 일은 학회 중에 발생한 제 제자와 관련된 일입니다. 그는 학회 동안 주변을 돌아다녔고, 제자에게는 자신의 연구 포스터가 있었습니다. 그는 연구를 했고, 자신의 연구 내용을 매우 잘 이해하고 있었습니다. 매우 영리한 학생이었죠. 그런데 동료 교수들이 다가와 내게 말했습니다. "주디, 자네의 제자는 도대체 뭐가 문제인가?" 제가 되물었습니다. "그게 무슨 소리인가?" "학생이 예의가 없더군. 그는 앞으로 이런 자리에 초청받지 못할 것이고, 여기서는 아무것도 용인되지 않을 걸세. 그놈은 미친놈이야." 그 얘기를 듣고 상황이 벌어진 곳에 가 보니 분위기가 좋지 않았습니다. 나는 그를 옆으로 데리고 가 말했습니다. "우리 연구실에서 나온 사람들에 관해 한 가지 얘기해 두겠네. 자네는 나를 대표하고 있네. 그리고 자네는 우리 연구실의 모든 사람들을 대표하고 있네. 자네가 영리하다면 지붕에 올라가서 소리를 질러댈 필요도 없겠지. 그러니 내 말을 받아들이든지 지금 당장 집으로 돌아가든지 하게. 자네가 논문 포스터를 떼어 낸다면 우리는 당장 떠날 걸세."

그 후 제자가 한 말을 나는 절대 잊을 수 없을 것입니다. "죄송해요. 이렇게 하는 게 교수님이 원하시는 건 줄 알았어요. 왜냐하면 존스 홉킨스에서는 교수님들이 항상 그렇게 하셨으니까요. 누군가가 본인을 자극하면 교수님들은 공격적으로 그들을 제압하고 그들과 싸우셨거든요. 그게 바로 제가 배운 것입니다." 제자는 자신의 멘토를 흉내냈던 것입니다. 당신이 그런 환경 속에 있는 멘티를 많이 거느리고 있다면 멘티는 이렇게 멘토를 따라한다는 것을 반드시 알아야 합니다. 또 MIT에 다니는 여성에게 이런 문제들이 생기는 이유와 하버드를 비롯한 일류 대학에서 이런 문제들이 생기는 이유를 이해할 수 있어야 합니다.

결정적인 순간들은 우리의 파워 멘토링 관계에서 친밀감을 형성하는 데 절대적으로 중요한 역할을 담당했다. 이런 순간들은 많은 형태를 갖지만 발생한 뒤에는 보통 멘토나 프로테제 모두 자신들의 관계가 새로운 단계에 진입했다고 느꼈다. 우리의 목적은 인터뷰를 통해 결정적인 순간들의 표본 작업을 공유하는 것으로, 그 과정을 통해 여러분이 자신의 인간관계를 새로운 단계로 이끌 수 있는 방법에 대한 몇 가지 힌트를 주는 데 있다. 하지만 불행하게도 우리가 인용한 이야기 중 많은 이야기를 통해 결정적인 순간은 강제로 만들어질 수 없다고 할 수 있다. 앞에서 언급했다시피 결정적인 순간들이 일어나면 그에 알맞은 대응 준비를 해야 한다. 앞에서 질문한 적이 있는데, 당신의 멘토나 프로테제는 결정적인 순간에 동지가 되어 줄 것인가 아니면 당신을 실망시킬 것인가? 또 당신의 멘토나 프로테제와 함께 한 당신의 결정적인 순간에서 당신이 배운 것은 무엇인가? 그리고 그러한 통찰력은 당신의 멘토링 관계와 경력에 어떤 영향을 끼쳤는가? 당신의 결정적인 순간들에 최고의 영향을 주는 방법을 아는 것이 기술을 획득하는 방법이다.

🔷 멘토링 관계 깊게 만들기

우리는 효과적인 관계의 기본 원칙들을 여러분에게 소개했고, 이제는 당신이 친밀해진 관계를 유지하는 데 필요한 특별한 몇몇 팁을 알려 주려고 한다. 왜냐하면 멘토링 관계는 당신의 삶에서 중요한 다른 인간관계와도 비슷하기 때문이다. 관계는 양쪽 모두로 하여금 최대의 잠재 능력에 닿도록 하는 경향이 있다. 우리는 효과적인 관계들에 대해 아는 것에서부터 더 깊은 멘토링 관계를 만드는 팁들을 적용해 보았다.[*18] 그 팁은 다음과 같은 내용들을 포함하고 있다.

1. 각자의 작업 환경과 문제들에 대한 깊은 이해를 발전시켜라.
2. 서로 칭찬하는 조직을 발전시켜라.
3. 서로를 경쟁자로 여기지 말고 마음을 터놓는 친구로 대하라.
4. 당신의 파트너가 당신에게 미치는 영향과 생각들에 마음을 열어라.
5. 해결할 수 있는 문제들에 초점을 맞추고 서로 도와라.
6. 양쪽 모두에게 의미 있는 관계로 발전시켜라.
7. 관계에서 성별, 인종, 세대 차이의 중요한 역할에 대해 생각해 보라.
8. 멘토링 네트워크로 다른 사람을 언제쯤 데리고 와야 하는지 알아보라.

먼저 첫 번째 팁을 보자. 우정이든 다른 것이든 또 어떤 관계이든 간에 누군가가 우리에 대해 알고 있으면 매우 행복하다. 이것은 멘토링 관계에서 이해를 얻으려면 각자 시간을 두고 멘토링 관계에 있는 상대방에 대해 더 많은 것을 알아야 한다는 것을 의미한다. 이런 것들의 범위는 그들이 어떤 음식을 좋아하

---
18. Gottman and Silver, Seven Principles for Making Marriage Work.

느냐 하는 것처럼 작은 것에서부터 그들 자신이나 가족 그리고 조직에 대한 그의 희망과 바람처럼 큰 것까지 아울러야 한다. 이런 초기 상호 작용에서 경청은 주된 역할을 담당한다(우리는 이 장에서 경청에 대해 더 많은 것을 이야기할 것이다). 2명의 개인이 감정을 어떻게 다루는지 같은 개인적 특성에 관한 열린 토론을 해 보는 것도 관계에 도움을 줄 수 있다. 우리의 인터뷰들이 분명히 해 주듯 이런 성격에 관한 중요한 정보의 정직한 공유는 친밀감을 쌓아 가는 데 도움을 줄 수 있다. 한 예로 밥 라이트는 사무실 밖 사람들이 진짜 좋아하는 것들에 대한 감각을 얻기 위해 다른 환경에 있는 사람을 만나기를 바랐다.

내 일의 대부분은 업무적으로 많은 여행을 하는 것이었습니다. 나는 많은 곳을 여행했고, 사람들과 밤늦게까지, 때로는 이른 아침까지 함께 있기도 했습니다. 이런 경우 주로 사무실에만 있을 때보다 사람들에 관해 더 잘 알 수 있죠. 나는 사람들을 알아 가는 데 있어 어려운 것 중 하나는 사무실에서만 그들을 보고, 그 사람을 판단하는 것이라고 생각합니다. 사무실에서는 단지 그 사람의 성격과 작업 능력에 관해서만 알 수 있을 뿐이죠.

사교적인 모임이나 사무실 밖에서의 모임, 덜 공적인 환경에서의 만남을 가질 기회가 없다면 그들을 좀 더 알아가기 위한 방법을 찾는 것이 중요합니다. 나는 할 수 있는 한 항상 사교적인 환경에서 사람들을 찾고 알기 위해 노력합니다. 그렇게 하면 사람들의 다른 면을 볼 수 있기 때문입니다. 그래도 다른 면을 찾지 못했다면 그 사람은 항상 같은 사람인 것입니다. 하지만 어떤 사람은 환경에 따라 다릅니다. 그것은 종종 나를 긴장하게 하기도 하고, 종종 그들의 성격과 흥미를 알아 가는 더 많은 기회를 제공하기도 하죠.

밥은 개인의 능력 판단을 위한 환경의 중요성에 관해 이해하고 있을 뿐만 아니라 그들이 근무 환경에서 부닥치는 도전들 그리고 그들이 어떻게 도움을 받아야 하는지를 알아 가는 것이 중요하다는 것을 알고 있다.

앞의 5장에서 프로테제의 관점에서 본 멘토링 관계에 대해 우리는 인상 관리의 중요한 주제, 즉 다른 이들에게 가능한 한 최고의 인상을 보여 주는 능력에 관해 간단히 언급했다. 인상 관리의 핵심은 감성 지능이다.[*19] 감정을 매우 잘 조절하거나 다양한 상황에서 별 노력 없이 사람들의 마음을 움직이는 사람들을 생각해 보자. 이런 사람들은 높은 감성 지능과 사회적 지능을 갖고 있다. 그들은 인상 관리를 잘할 뿐만 아니라 관계의 다른 중요한 측면을 관리하는 데도 이런 지능을 사용한다. 감성 지능은 타인의 감정을 인식하고 이해하기 위해 그리고 만족을 늦추기 위해 개인 소유의 감정을 조절하는 능력의 개념까지 포함한다. 바꿔 말하면, 그들은 자신의 성격과 감정은 물론 타인의 감정의 영향력에 관해서도 훌륭한 감각을 갖고 있다는 것이다. 높은 감성 지능을 소유한 사람들은 대인 관계를 원만하게 조절해 나가며, 사람들을 돌보는 행동을 통해 다른 이들의 의욕을 북돋워 주는 능력이 매우 탁월하다.

어떤 작가의 말에 의하면 친절하고 상냥한 사람이 직업군에서 최고 등급을 차지하지는 않는다고 한다. 최고로 만들어 내는 사람은 절대 현상 유지에 만족하지 않는 사람들로, 그들은 다른 사람의 감성보다는 논리적이고 이성적인 부

---

19. Daniel Goleman, Emotional Intelligence New York : Bantam Books, 1995 ; Daniel Goleman, Working with Emotional Intelligence New York : Bantam Books, 2002 ; Daniel Goleman, Richard Boyatzis, and Anne McKee, Primal Leadership : Realizing the Power of Emotional Intelligence Boston : Harvard Business School Press, 2002.

20. Winifred Gallagher, How Heredity and Experience Make You Who You Are New Yok : Random House, 1996.

분에 더 많은 신경을 쓴다.[20] 그러나 우리는 연구 과정에서 멘토와 프로테제들의 관계에 감성 지능이 요구된다는 것을 증명해 주는 많은 예들을 찾아냈다. 예를 들어 리 버틀러 제독은 자신의 일이 기술적인 노하우 그 이상의 것을 포함한다는 것에 대한 세심한 이해를 보여 주었다. 제독은 이렇게 지적했다.

> 전투를 포함하는 임무와 매우 위험한 일, 핵무기 관련 임무가 부과되는 책임의 수준, 이를테면 관료 정치 하에서 나는 국가적 전략이나 10만 명이 넘는 사람들의 진로를 결정하고 있습니다. 하루 동안 벌어지는 결정은 수없이 많습니다. 이를테면, 문제에 대한 양자택일식 선택, 수많은 부하 직원 다루기, 자아와 인간관계를 어떻게 분류해야 할 것인지, 당신의 비즈니스에서 일어나는 문제는 어떻게 통제할 것인지, 일을 어떻게 진행시켜야 하는지, 당신이 어떤 방해를 받고 있는지, 당신의 사업을 조정할 필요가 있을 때는 언제인지, 사업에서 제외해야 할 사람은 누구인지, 섬세하고 예민한 감각을 지닌 사람과 주변을 도는 사람들을 어떻게 정직하고 성실한 방법으로 다룰지 등입니다.

감성 지능은 자기 인식과 목표 설정을 통해 변화를 만들어 내기 위한 의식적인 노력과 훈련, 경험을 통해 한 사람을 발전시킬 수 있는 수많은 직관과 기술을 사용하는 것까지를 포함한다. 대인 관계와 멘토링 그리고 다른 관계의 질에 관한 관심이 많은 사람에게 있어 감성 지능의 향상은 중요한 목표가 된다. 감성 지능의 일반적인 수준을 판단하는 평가들은 많이 나와 있다. 자신이 감성 지능 향상에 필요한 힘과 기회를 얼마나 갖고 있는지에 대한 이해는 감성 지능을 향상시키는 데 도움을 줄 것이다. 다음 7장에는 당신이 시작할 수 있는 온라인 평가 사이트에 관한 목록이 나와 있다.

모든 관계의 중심에는 경청의 기술이 있다. 효과적인 경청은 다른 사람의 말을 듣거나 다른 사람이 한 말을 반복하는 행동에만 제한되는 것이 아니라 그들이 진정으로 말하고자 하는 것을 이해하는 것까지 포함한다. "휴, 한 주네!"라는 말에 대해 어떤 사람은 일주일 간의 노동 시간이라는 일반적인 말로 들었겠지만 어떤 사람은 자신을 잡고 있는 생존 경쟁에서 정신적 능력의 한계를 느낀다는 것으로 들을 수도 있다. 적극적인 경청 기술 연습을 제공하는 책들은 수없이 많이 나와 있다. 적극적인 경청은 단지 고개를 끄덕이며 "예, 예." 하는 것이 아니라 이야기를 잘 듣고 있다는 것을 상대방이 확실히 느끼도록 그것을 실제로 반사해 주는 것이다. 이 '반사'는 "내가 들은 바 당신이 말하고자 하는 것은…."과 같은 의역의 형태를 보이거나 같은 정보를 덜 명확한 반응으로 전달하는 것이다. 하지만 반사에 관한 부분에서 사람들은 종종 감정의 반사를 포함하는 것을 잊곤 한다. 다른 말로 하자면 상대방이 전하는 감정을 반사함으로써 상대방으로 하여금 당신이 상대의 말을 글자 그대로 듣는 것이 아니라 진심으로 듣고 있다고 확신할 수 있게 해 줘야 한다는 것이다.

경청 기술은 멘토링 관계의 환경과 함께 다른 수준으로 넘어가는 데 필요한 요소이다. 대부분의 멘토들, 특히 조직의 관리직에 있는 사람들은 매우 바쁘다. 그들이 프로테제의 경력에 조언을 제공한다면 프로테제는 경청해야 할 필요가 있다. 왜냐하면 그런 사람들은 다시는 그와 같은 조언을 해 주지 못할 것이기 때문이다. 딕시 가(시스코 사에서 근무할 때)는 프로테제들(멘티들)의 어떤 점을 좋아했는지에 대해, 그중에서도 특히 안소니 헤이터와의 관계에 대해 이렇게 이야기했다.

> 내가 멘티들의 어떤 점을 사랑하는지 알죠? 그건 그들이 진심으로 경청할 때입니다. 내가 해 주는 충고나 조언을 들을 생각이 없다면 묻지 마세요.

나는 상대방이 그렇게 해야 한다고는 생각하지 않아요. 하지만 내가 하는 말을 잘 들어야 해요. 자신이 정한 일을 할 예정이라면 왜 나에게 왔을까요? 안소니는 다음 단계로 도약할 만한 자격을 갖고 있었습니다. 그는 나의 말을 경청했을 뿐만 아니라 다른 상황에서 얻은 조언을 자신에게 잘 적용했죠. 그는 내가 그의 경력과 일에 대해 조언해 준 대로 행동했습니다. 그는 철저하게 계속 했습니다. 그는 결국 끝까지 해냈고, 나는 그의 그런 점을 좋아합니다. 나는 내 시간을 허비하지 않았다고 느꼈습니다.

우리의 연구에 참여한 사람들은 훌륭한 경청 기술의 다른 예도 많이 제공해 주었다. 우리는 인터뷰를 행하는 과정에서 우리와의 인터뷰에 응해 준 사람들이 우리가 인터뷰 과정을 설명하고 질문을 할 때 완전히 집중하고 있다는 것을 눈치챌 수 있었다. 그런 그들의 주의력은 그들과 함께 있는 동안 우리가 그들에게 중요하다는 것을 느낄 수 있게 해 주었다.

좀 더 깊은 관계를 만드는 첫 번째 팁은 관계의 시작이 순조로워야 한다는 것이다. 좋은 첫인상을 심어 주는 것과 좋은 감성 지능 그리고 경청 기술을 통해 상대방을 알아 가는 것은 훌륭한 관계로 가는 가장 중요한 열쇠라 할 수 있다. 대부분 이런 이야기를 많이 들어 봤을 것이다. 그럼에도 불구하고 우리는 특별히 시간을 내서 이런 것을 연습하거나 노력해 보지는 않는다. 우리는 당신의 프로테제 또는 멘토가 될지 모르는 사람과의 첫 번째 만남에서 이런 기술들을 찬찬히 사용해 보기를 권한다. 이런 최고의 기술을 이용하지 않는다면 멋진 관계에 필요한 놀라운 기획을 잃을지도 모른다.

당신의 멘토링 관계를 깊게 해 주는 두 번째 팁은 서로 간에 도타운 정을 쌓고 서로 존경하는 것으로, 이는 관계를 성공적으로 이끄는 데 꼭 필요한 것이 될 수 있다. 존 고트만John Gottman의 연구에 따르면, 원만한 결혼 생활을 유지하지 못하는 경우가 종종 있는데, 이는 부부가 만남 초기에 서로에 대해 가졌던 동경이 좋지 않은 일을 계기로 조금씩 깎여 나가기 때문이라고 한다.[*21] 멘토링 관계에 있어서는 그들이 이어 온 관계에서 아직도 얻을 것이 있는지 확신이 서지 않을 때가 관계의 종지부를 찍는 순간이 될 수 있다.

멘토링 관계에서 상대방을 서로 자랑으로 여기는 데 집중하며 보낸 시간은 앞으로의 상호 작용에 큰 도움이 된다. 론 메이어[Ron Meyer]가 자신의 프로테제 중 1명인 리차드 로베트[Richard Lovett] 크리에이티브 아티스트 에이전시[Creative Artists Agency] 회장에 대해 표현한 동경의 말을 보자. "내가 그에게 얻은 것은 친구의 느낌, 즉 누군가가 나를 믿고 동경한다는 그런 느낌이었다. 나는 그가 자랑스럽다. 나는 그가 많은 것을 성취했다고 생각한다. 그의 공동 경영자들은 회사를 함께 세운 사람들이 모두 떠나 버렸을 때 회사를 지켜 냈다. 뿐만 아니라 그들은 자신들의 회사를 더 좋은 회사로 만드는 놀라운 일을 해냈다."

세 번째와 네 번째 팁은 역 멘토링 관계에서 특히 중요하다. 5장에서 우리는 자신보다 젊은 세대에게 배우는 역 멘토링을 사용하는 많은 조직들에 대한 이야기를 하는 데 일정 시간을 할애했다. 당신의 멘토가 해야 했던 말에 대해 마음을 열어 두는 자세는 중요하다. 나이가 많은 고용인들은 자신보다 어린 고용인 앞에서 자신이 무언가를 모른다는 사실을 인정하는 것을 종종 어려워한다. 하지만 관계는 반드시 발전되어야 한다. 안정적인 수준은 발전된 그곳에 있기 때문이다. 반면 프로테제가 필요로 하는 것을 경청하는 것은 상호 이익 관계를 유지하는 데 반드시 중요한 일이다.

동료 멘토들은 다른 사람들과 함께 일하는 과정에서 경쟁적인 자신의 경향을 제어하기 힘들다는 것을 알게 될지도 모른다. 한 쌍에 속한 2명의 일원은 일

---

21. Gottman and Silver, Seven Principles for Making Marriage Work.

반적으로 영리할 것이고, 경쟁자를 앞지르고 싶어할 것이다. 그래서 종종 그들은 자신이 서로에게 경쟁자라는 사실을 인지하게 될지도 모른다. 우리 중 몇몇은 상대의 의견을 듣는 데 어려워하는 경우가 있는데, 그것은 우리가 우리 자신에게 원하는 완벽한 이미지에 반대되기 때문이다. 멘토링 관계를 구한다는 것의 의미는 우리가 종종 부정적인 반응을 받을 수 있다는 필연성을 받아들여야 한다는 것도 포함한다.

다섯 번째 팁은 풀 수 있는 문제들을 함께 풀어 나가는 작업의 중요성에 대한 것이다. 문제 해결은 멘토와 프로테제가 자연스럽게 함께 해 나가야 할 과정이다. 하지만 일터에서의 잠재적인 문제를 조종하는 기술을 가르치기보다 멘토가 프로테제의 문제를 모두 풀어 주려고 한다면 문제 해결 과정이 오히려 역기능을 낼 수 있다. 멘토들은 모든 문제를 다 해결해 주려는 영웅 콤플렉스에 사로잡히지 않도록 조심해야 한다. 이번 팁은 멘토링 관계에서 일어날 수 있는 다른 문제에서도 강조된다. 관계는 불평 토로회를 개최할 기회를 만들지도 모른다. 동료를 종종 대수롭지 않게 여기는 것이 가끔은 기분을 좋게 만들어 줄 수도 있지만 그렇게 하는 것은 추천할 만한 일이 아니다. 어떤 사람이 조직에서 승진함에 있어 어떤 역경과 마주쳐도 프로로 남아 있는 것은 매우 중요하다. 멘토는 프로테제들에게 조직 내 다른 사람들의 의사 결정 과정에서 찾을 수 있는 통찰력들을 알려 줌으로써 프로테제들이 조직 문제를 좀 더 호의적으로 바라볼 수 있게 독려할 수 있다.

여섯 번째 팁은 두 그룹이 그들의 멘토링 관계가 양쪽 모두에게 이익이 됨을 알고 있을 때 멘토링 관계를 쌓는 것과 관련된 것이다. 여기서 중요한 점은 멘토와 프로테제 모두 현실적인 기대와 목표를 갖고 있다는 것으로, 양쪽 모두가 관계의 공유 목적에 도착하는 데 실패할 경우 바로 문제로 이어질 수 있다. 예를 들어 한 쌍의 멘토와 프로테제 관계의 목적에서 분리될 수 있다는 것이다.

다른 한쪽에서는 프로테제가 멘토에게 느끼는 것과 같은 수준의 믿음을 멘토가 느낄 수 없을지도 모른다. 멘토링 관계에서 공유 목적은 양쪽 모두 이런 다양한 요소들에 대해 동의하고, 양쪽 모두 동등하게 이행하는 관계라는 것을 동의할 때 발생한다.

일곱 번째 팁은 멘토링 관계에 관련되어 있는 인종과 성별 그리고 세대 차이도 주된 역할을 한다는 것에 대한 주의를 환기시켜 준다. 우리는 동성의 멘토링 관계가 이성의 멘토링 관계와 같은 방식으로 기능할 것이라고 기대해야 할까? 관계에는 성별의 차이가 존재한다. 특히 우정, 그런데 일터에서 나타나는 일 문화는 보통 관계의 많은 측면을 결정짓곤 한다. 전체 여성 인구에 해당하는 일하는 여성과 일하지 않는 여성, 여성들은 관계의 친밀도를 높이기 위해 주로 말을 많이 하는 편이다. 또 여성들은 친밀감을 얻기 위해 좀 더 자아노출을 많이 하는 경향이 있다. 반대로 남자들은 그런 수준의 친밀감을 만들어 내기 위해 우정에 기반을 둔 사교 활동을 더 많이 하는 경향이 있다.[22] 물론 이것이 모든 남자들에게 진실로 통하는 것은 아니다. 우리가 론 커크와 그의 동료 멘토 중 한 명인 로드니 엘리스Rodney Ellis, 텍사스 주 상원 의원가 함께 나눈 대화 주제들에 관해 물었을 때 론은 이렇게 말했다.

모든 것입니다. 우리는 가족들에 관해서도 이야기하고, 경력에 관해서도 이야기하고, 변호사 일에 관해서도 이야기하고, 정치에 대한 열정에 관해서도 이야기했습니다. 그와 나 그리고 내가 동료 멘토라고 부르는 로이스 웨스트-나는 로드니를 더 오랫동안 알아 왔습니다. 하지만 로드니와 로이

---

22. Mayta A. Caldwell and Letitia A. Peplau, "Sex Differences in Same Sex Friendship," Sex Roles8, no. 7 (1982) : 721~732.

스는 모두 아프리카계 미국인 주 상원 의원들입니다. 그리고 우리는 모두 변호사입니다. 로드니와 나는 법대를 함께 다녔습니다. 내가 로이스를 처음 만난 건 로드니와 함께 들른 바(bar)에서였습니다. 우리는 그때 타이밍에 관한 얘기를 나누고 있었습니다. 우리는 둘 다 어린 아이가 있는 가정이었지요. 로드니는 내 결혼식에 함께 했고, 나도 로드니의 결혼식에 함께 했습니다. 내 아내는 직업이 있습니다.―이 말은 로드니에게 못할 말이 아무것도 없다는 뜻입니다.

또 다른 정치인인 힐다 솔리스는 그녀가 본 남성과 여성 멘토의 차이에 관해 이렇게 이야기했다.

그들은 매우 다릅니다. 저는 그 이유가 분명 고위층에 속한 여성의 수가 매우 적기 때문이라고 생각합니다. 제 생각에 남성들은 자신과 함께 하는 여성을 지휘하는 방법을 약간 경계하는 경향이 있다고 봅니다. 특히 자신의 멘티가 젊은 여성일 경우 더 그렇습니다. 그러므로 물론 다릅니다.

남자들이 함께 골프를 하러 가거나 무언가를 함께 한다면 여자들은 커피를 함께 마시면서 그들의 일을 합니다. 그래서 매우 다릅니다.

힐다는 LA카운티의 감독관 위원회에서 활동하는 동료 멘토이자 한 발 앞선 멘토인 글로리아 몰리나 Gloria Molina에 대해 특히 더 많은 얘기를 했다.

그녀는 "들어와요, 힐다. 앉아요. 우리 얘기나 합시다."라고 말하는 사람입니다. 우리는 한 시간 정도 시간을 함께 보내거나 그녀가 가지고 있는 여러 가지 문제 그리고 정치적 관심사에 대해 이야기했습니다. 그러는 동안 그녀는 딸에게서 걸려 온 전화를 받느라 전화를 들었고, 어디론가 가서 일을 끝내고 오기도 했습니다. 그래서 그녀는 진정한 사람입니다. 만약 남성 감독관이었다면 걸려 오는 모든 전화를 보류해 놓았을지도 모릅니다. 즉 비공식적인 일은 여성들 사이의 지속적인 관계에서 존재합니다. 내가 남자 멘토였다면 다른 미묘한 차이가 존재했을 것입니다.

재클린 우즈는 미국여대생협회의 총감독이자 아프리카계 미국 여성으로, 멘토링 관계의 성(gender)과 인종의 역할에 대한 그녀의 의견을 공유했다. 그녀에게 여성 멘토들에 대해 물었을 때 했던 말이다.

내가 워싱턴에 도착했을 때 나에게 용기를 주고 감싸 준 첫 번째 여성들 가운데 지금도 인맥을 지속하고 있는 여성들이 있습니다. 그중 많은 사람들이 높은 수준의 커뮤니티와 상호 작용하는 방법을 가르쳐 주었고, 그 커뮤니티 밖에서도 성공적으로 상호 작용하는 방법을 알려 주었죠. 우리는 여전히 모두 친구입니다.

남성과 여성 양쪽 모두에게서 성공적인 성격을 분석하면서 우리는 아직도 한 명의 여성에게서 정직하고, 솔직하고, 열심히 일하는 까다로운 성격을 찾을 수 있을지 관찰하고 있습니다. 나는 착실하다는 평을 듣는 편이고, 일을 많이 하고 있습니다. 나는 강인하고 위협적인 여성입니다. 그 때문에 종종 상처를 입을 때도 있습니다. 심하게 다치기도 합니다. 나는 이 모든 것을 갖고 있습니다. 대중은 여전히, 여성이 좀 더 다르게 비춰지기를 바라며 종종 더 많은 모성 본능을 기대하기도 합니다.

그리고 우리 중 누군가가 생각의 고비를 넘어 많고 많은 발전을 이루어 냈을지라도 그것은 진실이 아닙니다. 우리는 고비를 넘어서는 것과 거리가 멀기 때문입니다. 그리고 나는 지금 당장 매우 좋은 대조군을 만들어 낼 수 있습니다. 여전히 활동 중인 여성 단체들로 말입니다.

과거 여성의 인맥은 작은 편이었고, 비슷한 사람들로 이루어졌습니다. 그러나 지금은 많은 소수 민족과 많은 문화권에 속한 젊은 여성들이 교류를 통해 인맥을 넓히려 하고 있으며, 그것을 인맥의 한 부분으로 여기고 있으며, 또 그렇게 하는 것이 좋습니다. 정말 그렇습니다.

소수의 여성들은 자신들의 성별이 산업 사회에서 얼마나 중요한지를 잘 자각하고 있다. 마사 쿨리지의 말을 들어 보자.

내가 대학을 다닐 때 강연하러 오는 사람 중에 여성 영화 제작자가 한 명도 없다는 사실을 알았습니다. 그 후로 나는 나의 첫 번째 다큐멘터리를 제작했고 순회 강연을 하고 다녔습니다. 1972년 이후로 연설을 지속하면서 여성 모임이나 다른 단체들과 내가 알고 있는 것을 공유했습니다.

자신이 열망하는 직업을 가진 당신의 가능성을 보는 것은 매우 중요한 일입니다. 내가 할 수 있는지를 지켜보는 남성 감독 같은 사람이 몇몇 있었지만 나는 "할 수 있다."고 말했습니다. 하지만 모두가 그렇게 할 수 있는 것은 아닙니다. 나는 많은 여성들이 "어떻게 그걸 해낸 거야?"라고 말한다는 것을 알고 있습니다. 나를 교육하는 과정에서 난 어떤 이유를 불문하고 그런 사람들을 쳐다보지 않았고, 나를 보고 말했습니다. "나는 그들과 달

라. 할 수 있다고."

　나는 대부분의 예술가들이 남자라는 사실을 매우 어릴 때 알았습니다. 여성들은 대부분 그들의 부인이었죠. 예술가 집안에서 자란 나는 나 자신에게 물었습니다. "어떻게 해야 여자도 되고 예술가도 될 수 있는 거지? 방법을 꼭 찾아내고 말겠어." 그렇게 어린 나이에 그 방법을 찾겠다고 선언했습니다. 여섯 살 때쯤의 일입니다.

　어느 정도 나이를 먹었을 때 내가 예술가가 되는 것은 당연한 일이었습니다. 아버지가 젊은 나이에 돌아가신 이유도 있습니다. 나는 '그냥 결혼이나 할 거야.'라는 생각을 하지 않았고, 그런 기대를 해 본 적도 없습니다. 그래서 조셉 캠벨Joseph Campbell, 비교신화학자로《신화의 힘》,《천의 얼굴을 가진 영웅》,《세계의 영웅 신화》등의 책을 지었다.-역자 주 이 말했던 것처럼 나는 행복을 누렸고, 영화 제작 일을 구했습니다.

　사람들은 모두 내가 미쳤다고 생각했습니다. 그러나 나는 전통적 성 역할에 대한 사고방식을 가지고 있지 않았던 만큼 그들이 생각하는 문제점을 알지 못했습니다. 나는 프란시스 코폴라 감독이나 마틴 스콜세이지 감독을 만나 그들에게 인정받았습니다. 내가 만난 사람들은 남성 영화 제작자들이었고, 그래서 나는 그들에게 말했습니다. "나는 할 수 있습니다." 그런 다음 나는 그냥 영화 제작에 관한 이야기를 했습니다.

　그러므로 나는 내가 그냥 다큐멘터리 영화 제작자였을 때조차도 "네, 당신은 여자이며, 이 일을 할 수 있군요."라고 말하는 사람들에게 보여 주기 위해 나를 본보기로 제공했습니다. 나는 이 자리까지 올라왔습니다. 난 일을 했습니다. 그러므로 당신도 할 수 있습니다.

린다 샌포드에게 멘토링 관계에서 성 역할을 나누는 것에 대해 물었을 때 그녀는 멘토링 관계에서 본 바에 의하면 많은 개인차가 있다는 데 초점을 맞춰 말했다.

나는, 멘토는 개별적으로 다르다고 생각합니다. 진짜 그렇다고 생각합니다. 다양성에 대한 이야기를 나눌 때 나는 항상 팀원들에게 여러 부문의 다양성에 대해 얘기합니다. 그렇습니다. 성별과 소수 민족에 관한 다양성도 있지만 생각의 다양성과 경험의 다양성에 대한 얘기도 합니다.

남자라고 해서 모두 같은 생각을 하지는 않습니다. 내 말은, 서로 다른 세대의 남자들에게서 차이를 느꼈다는 말입니다. 나는 또 서로 다른 진로를 거쳐 온 남자들에게서도 차이를 느꼈습니다. 여러분도 생각해 봤을 만하기 때문이며 그리고 이것은 몇 세대를 거쳐 온 것입니다. 종종 당신은 여자들이 '내 인생의 중심을 어떻게 잡아야 할까?' 하는 류의 문제를 많이 갖고 있다고 생각할지도 모릅니다. 하지만 이것은 다음 세대 남자들에게도 똑같이 적용됩니다. 그들도 같은 문제를 갖고 있습니다. 그들은 그것에 대해 걱정합니다. 나는 심지어 이런 고객을 만난 적이 있는데, 그는 내가 다음 세대 남성이라 부르는 사람 중 한 명입니다. 함께 저녁 식사를 하던 중 그의 딸에게 문자가 왔습니다. 문자를 본 그는 "이런, 이만 가 봐야겠습니다. 오늘 밤에 딸아이랑 수영을 하기로 했거든요."라고 말했습니다. 이런 일은 구세대에서는 찾아볼 수 없다는 뜻입니다.

나는 성별 차이가 크다기보다는 개인 차이가 크다고 생각합니다. 그래서 멘토를 고를 때는 현재 자신의 사업이나 경력의 어떤 지점에서 지금 당장 당신을 도와줄 수 있는 경험을 해 봤거나 어떤 스타일을 가진 사람을 선택하라고 권합니다.

멘토링 관계에서 성별 차이의 가능성을 인식하는 것은 성별이 다른 누군가와 당신의 상호 작용을 생각하는 데 있어 좋은 위치지만 예외적 규칙은 당신의 멘토 또는 프로테제의 상호 작용의 고유한 스타일을 찾아낼 필요를 의미하기도 한다. 세대 차는 한 역할을 담당할지도 모른다. 앞에서 언급한 베니스와 토마스의 책《괴짜와 기인들 Geeks and Geezers》은 일터에서 일어나는 세대 차이의 충돌을 분명히 나타내고 있다.[23]

이민족간의 멘토링은 잠재적인 문화 차이로 인해 관계의 친근감 면에서 충돌을 불러올 수도 있다. 예를 들어 문화 차이는 자아노출의 사용, 그들의 행동 이유와 계층적인 관계 대 평등한 관계에 대한 성향을 설명하고 생각하는 방법에 영향을 끼칠 수 있다. 물론 그룹의 회원이 문화를 얼마나 변용하여 받아들이는지가 멘토링 관계에서 민족적 차이가 의미 있는 것이 될지 말지를 결정하게 될 것이다. 한 연구 결과를 보면 아프리카계 미국인들은 다른 민족과 빠른 관계에 빠져들지 않는다고 한다. 아시아계 미국인이나 라틴계 미국인의 민족성은 계층적인 관계에 많이 속하는 편이다. 그들은 관계에 있어 좀 더 많은 힘의 차이를 구하는지 모른다.[24] 차이를 살펴보기 위한 보류 기간(caveat)도 있

---

23. Bennis and Thomas, Geeks and Geezers.
24. 예를 들어 다음을 보라. Susan Elaine Murphy, Sharon Goto, and Ellen A. Ensher, "Advising Young Women of Color," in Sara Davis, Mary Crawford, and Jadwiga Sebrechts(eds.), Coming into Her Own : Educational Success in Girls and Women, 244~259 San Francisco : Jossey-Bass, 1999.

다. 이런 조사 결과는 사람들이 상대방 그룹과 얼마나 다른지를 나타냄에도 불구하고 거기에 속한 사람들 모두가 다 개인이며, 그룹 회원들 간의 공통점은 일반적으로 그들의 차이점을 초월할 수 있다.

우리는 인터뷰 참여자들에게 인종과 민족성이 그들의 멘토링 관계와 일반적인 작업 환경에서 어떻게 나타났는지에 대해 물었다. 그에 대해 딕시 가는 이렇게 말했다.

한 개인이 되는 것은 어려운 일입니다. 경력을 쌓는 일은 백인 남성이라 해도 어려운 일입니다. 하지만 여성이 그렇게 되기는 더욱 힘들고, 흑인에게는 더더욱 힘든 일입니다. 지금까지도 이런 격리는 놀라우리 만큼 저평가 되어 있습니다.

왜냐하면 그런 의식은 드러나지 않게 주변에 퍼져 있기 때문입니다. 시스코에 왔을 때 나는 시스코의 모든 선임 부사장들과 면접을 보았고, 나는 그들 모두에게 질문을 했습니다 "그런데 다양성 문제는 어떻죠?" 그들은 이렇게 답했습니다. "오, 당신은 이곳을 사랑하게 될 거예요. 우리는 그냥, 오, 우리는 너무, 여기는 유토피아 같은 곳입니다. 당신은 이곳에 다니게 될 겁니다." 그들 중 단 한 명도 나의 질문을 인식하지 못하고 있었거나 내게 말하지 못했거나 내게 말한 것에 대해 생각해 본 적이 없었던 것입니다. "딕시, 이제 당신은 우리 회사의 유일한 흑인 부사장이자 유일한 흑인 여성 부사장이 될 것입니다. 다른 남자 후보는 없지만 괜찮아요. 우리는, 할 겁니다." 그것은 그들에게 단 한 번도 일어난 적이 없는 일이었습니다.

인종이 다른 프로테제는 특히 자신의 민족성을 지닌 멘토의 중요성을 인식하고 있다. 아라셀리 곤잘레스는 로사리오 마린에 대한 이야기에서 다음과 같이 말했다.

그녀에게 받은 가장 큰 감명은 스페인어 방송에서 매우 명확한 발음으로 스페인계 지도자 연설을 하는 그녀를 처음 봤을 때입니다. 그녀는 영어 발음도 매우 명확했습니다. 나는 우리 정부에 우리를 대변해 줄 그녀와 같은 대표가 필요하다는 것을 알고 있었습니다. 우리 라틴계 커뮤니티에서는 좀 더 많은 대표가 필요하고, 영어로 중요한 메시지를 들을 필요가 있다고 말하면서도 스페인어를 보강하려고 하지 않았습니다. 나는 말했습니다. "그녀예요. 바로 그녀라고요."

로사리오와 나의 관계가 발전되어 가면서 무슨 일이 일어났을까요? 우리는 점점 더 관계를 발전시켜 나갔습니다. 시의회에서 함께 일하면서 우리에게는 공통점이 많다는 것을 알았기 때문입니다. 우리는 그 지역에서 뽑힌 유일한 공화당 여성 의원이었습니다. 그리고 우리는 둘 다 라틴계였습니다.

그리고 그녀와 나는 같은 가치를 지니고 있는 듯했습니다. 나에게도 가족이 있었고 그녀에게도 가족이 있었습니다. 여기서 가족의 의미는 부모, 자식, 남편을 뜻하죠. 그녀와 나는 시의회와 관련된 것뿐만 아니라 그 밖의 일들에 대해서도 많은 얘기를 나눴습니다. 우리는 다른 점에서도 공통점이 있었습니다. 우리는 여성이기 때문에 그냥 이런저런 얘기들, 이를테면 가족, 언어 그리고 여성이라는 점, 그 밖의 다른 것들에 대해 얘기할 수 있었습니다.

당신이 프로테제이거나 앞으로 프로테제가 될 것이라면 동일 민족의 멘토를 꼭 찾아야 할 필요는 없지만 당신의 멘토 네트워크를 살펴보고 거기에 당신의 경력에 기여해 줄 만한 비슷한 배경을 갖고 있는 멘토를 찾는 것이 좋다. 이는 프로테제를 찾는 멘토에게도 똑같이 적용된다. 동성이거나 동일 민족의 프로테제에게 기여할 만한 특별한 무엇, 즉 그들이 이제까지 받아 왔던 진로 상담에서 빠졌던 것들을 가지고 있을지 모른다.

우리 목록의 마지막 팁인 여덟 번째 팁은 당신의 멘토링 네트워크에 다른 사람을 들일 때 알아야 할 것에 대한 언급이다. 파워 멘토링의 훌륭한 특징 가운데 하나는 프로테제는 1명의 멘토에 집착하지 않는다는 것이다. 파워 멘토링은 다른 출처에서 다른 시기에 다양한 멘토를 활용하는 것을 포함한다. 멘토와 프로테제는 모두 멘토링 관계가 언제 공동의 목표를 달성하지 못할지를 결정하는 것에 관여해야 한다. 다른 지역이나 다른 나라로 이사하는 것을 포함한 멘토링 관계를 떠나는 기술적 이유들이 있다. 또 다른 기술적 이유 중에는 프로테제가 자신의 멘토보다 더 성장하는 것이 이유인 경우도 있다. 경력 목표를 종종 다시 조사하는 것과 현재의 멘토링 관계가 이런 목표들을 성취하는 데 얼마나 도움을 주는지를 평가하는 것은 중요하다. 다음에 나올 7장에서는 현재의 멘토링 관계의 타당성을 평가하는 평가 문제들을 줄 것이다.

종종 멘토링 관계를 지속하는 데 있어 역기능이 나타난다면 적합한 관계가 아닐지도 모른다. 많은 연구자들이 지적했듯이 모든 관계에는 부정적인 시기가 올 수 있다. 우리는 인터뷰하는 동안 참가자들에게 어려웠거나 제대로 굴러가지 않았던 멘토링 관계에 대해 말해 달라고 부탁했다. 하지만 인터뷰 참가자들은 그런 관계에 대해서는 얘기하지 않는 게 좋겠다는 뜻을 표명했다. 단지 소수만이 아무런 성과 없이 끝나 버린 관계에 대해 언급했는데, 왜냐하면 종종 빈약한 멘토-프로테제 관계가 있기 때문이다. 하지만 아무도 자신이 겪은 부정적인 관계에 대해서는 말하지 않았다. 연구 결과에 의하면 프로테제들은 멘토가 도움이 되지 않거나 비슷한 가치와 태도, 믿음을 멘토와 공유하지 못할 때 부정적인 멘토링 경험을 했다고 말한다.[25] 한 결과에 따르면, 다른 부정적인 경험은 비판적이고 요구가 지나치게 많으며 독재자가 될 수 있는 멘토를 포함한다.[26] 멘토링 과정에서 영향력 있는 자신의 위치를 이용하여 프로테제를 괴롭히는 멘토도 상상해 볼 수 있다. 여기에는 사람들 앞에서 또는 비공식적인 상황에서 실수로 프로테제를 심하게 꾸짖는 경우도 포함될 수 있다. 자신의 정치적인 이득을 위해 조직 내에서 멘토링 관계를 사용하는 멘토도 상상해 볼 수 있다. 이런 부정적인 태도들이 꽤 심각하게 들림에도 불구하고 많은 프로테제들은 종종 그런 일들을 겪을 것이란 사실을 알 것이다. 하지만 관계에서 얻는 이익은 가끔씩 생기는 부정적인 사건들보다 중대하다.

프로테제와 멘토 모두 멘토링 관계가 계속해서 역기능화 되어 가는 징후를 보일 때는 멘토링 관계에 관심을 가져야 한다. 연구원들에 의하면 이 경우 어떤 관계는 분노와 좌절감으로 끝날 수도 있다고 한다.[27] 한 연구 결과는 관계 종료의 역기능적인 이유를 (1) 질투와 프로테제의 성장을 막는 멘토로 기술되

---

25. Lillian T. Eby, Stacy E. McManus, Shana A. Simon, Joyce E. A. Russell, "The Protégé's Perspective Regarding Negative Mentoring Experiences : The Development of a Taxonomy," Journal of Vocational Behavior57, no. 1(2000) : 1~21.
26. Daniel Levinson with Charlotte N. Darrow, Edward B. Klein, Maria H. Levinson, and Braxton McKee, The Seasons of a Man's Life New York : Knopf, 1978.
27. Kathy Kram이 쓴 Mentoring at Work : Developmental Relationships in Organizational Life Glenview, IL : Scott, Foresman, 1985 를 보면 끝나 가는 멘토링 관계는 우정으로 전이되지 않는다.
28. Belle Rose Ragins and Terri A. Scandura, "The Way We Were : Gender and Termination of Mentoring Relationships," Journal of Applied Psychology82(1997) : 945~953; 인용 Terri A. Scandura, "Dysfunctional Mentoring Relationships and Outcomes," Journal of Management24(1998) : 449~467.

는 매우 파괴적인 관계 (2) 의존증과 성장 방해가 나타나는 관계 (3) 지원 부족과 멘토의 비현실적인 기대로 지적한다.[28] 불행하게도 역기능적인 관계는 지속될 것이다. 그러므로 프로테제와 멘토 모두 관계를 현실적으로 조사 평가하고 중대한 문제들을 관찰하는 것이 중요하다. 멘토는 착취적이고 이기적이고 의심이 많은 프로테제, 사보타주나 다른 사람을 괴롭히는 데 동참하는 프로테제, 지나치게 복종하는 프로테제, 기대 이하로 업무를 수행하는 프로테제, 배우려는 태도가 없는 프로테제가 생기지 않도록 잘 이끌어야 할 것이다.[29] 그리고 프로테제는 사보타주에 동참하는 멘토, 프로테제에게 불가능한 선택을 요구하거나 아이디어를 훔치라고 하는 멘토, 약자를 괴롭히는 멘토, 복수할 기회를 노리는 멘토, 다른 사람을 착취하는 멘토 그리고 그 밖의 다른 부정적인 행동에 가담하는 멘토와의 관계를 피하거나 끝내야 한다.[30]

멘토링 관계는 소홀하게 시작되어서는 안 된다. 멘토링 관계는 멘토와 프로테제 모두가 상당한 결과를 내기 위한 중요한 부분으로, 시간과 에너지를 전념할 것을 요구한다. 또한 멘토링 관계는 신중함을 통해 역기능적인 상황을 피해갈 수 있다. 적절한 수준의 전념과 주의를 가진 파워 멘토링은 당신의 경력과 인생을 매우 풍부하게 만들어 줄 것이다.

---

29. Lillian Eby and Stacy McManus, "The Protégé's Role in Negative Mentoring Experiences," Journal of Vocational Behavior65(2004) : 255~275; Lillian T. Eby, Marcus Butts, Angie Lockwood, and Shana A. Simon, "Protégés' Negative Mentoring Experiences : Construct Development and Nomological Validation," Personnel Psychology 57(2004) : 411~447.
30. Terri Scandura, "Dysfunctional Mentoring Relationships and Outcomes," Journal of Management 24(1998) : 449~467.

결론

 이 책에서 우리는 인간관계로서 멘토링의 중요성을 시종일관 강조해 왔다. 이번 챕터에서 우리는 효과적인 파워 멘토링 관계의 기본에 집중했다. 그 기본은 초기 연결, 상호 작용의 빈도와 질, 친밀감을 높이는 방법 그리고 관계의 질을 결정하는 데 관계하는 결정적인 순간의 역할을 포함한다. 이번 장에서 우리가 제공한 팁들이 모든 것을 포함하고 있는 것은 아니다. 멘토링 관계에는 개인이 속해 있는 만큼 많은 변수가 있다. 우리가 제시한 성공적인 멘토와 프로테제의 경험을 통해 당신의 상황에 가장 알맞은 아이디어에 집중하거나 전력 투구다면 당신의 멘토나 프로테제와의 관계를 더욱 만드는 등의 목표를 달성할 수 있을 것이다. 다음 챕터에서는 성공적인 멘토링 관계를 당신의 개인적인 관계 발전 계획으로 발전시킴으로써 성공적인 멘토링 관계를 기획할 수 있는 도구들을 제공할 것이다.

7장

파워 멘토링과 나

Power Mentoring and You

7 파워 멘토링과 나

> 축하해요! 오늘은 여러분의 날입니다. 여러분은 이제 멋진 곳으로 가겠지요. 여기에서 벗어나 멀리 말이에요! 한 걸음 내디딜 때마다 매우 조심스럽고 빈틈이 없도록 하세요. 그리고 인생이란 조정과 균형임을 기억하세요. 여러분이 성공하겠냐고요? 그럼요! 성공할 겁니다(99% 보장할 수 있습니다.).
> — DR. SEUSS 저, 《OH, THE PLACES YOU'LL GO》

닥터 수스Dr. Seuss 라는 필명으로 잘 알려진 유명한 동화 작가 테오도르 수스 가이젤Theodor Seuss Geisel은 전 생애를 통해 어른 아이 할 것 없이 모두에게 인생의 교훈을 전해 주었다. 운율 넘치는 그의 책들은 오랫동안 수많은 어린이들의 독서를 즐겁게 해 주었는데, 그는 자신의 베스트셀러인 《Oh, the places You'll go》에서 성공을 향한 동인의 중요성, 선택의 중요성 그리고 목표를 정하고 인생에서 원하는 바를 이루고자 하는 결심의 중요성을 강조한다.

이 책에서 우리는 자신의 직업적 발전을 운에 맡기기보다는 강력한 멘토링 네트워크에서 충고와 안내, 지원을 구했던 사람들의 이야기를 세세하게 밝혔다. 멘토와 프로테제들이 처음에 어떻게 안면을 트게 되었는지, 어떤 과정을 통해 친밀해졌는지 그리고 결국에는 어떻게 서로에게 보상을 안겨 주는 관계에 이르게 되었는지를 규명했다. 우리는 당신들이 파워 멘토링 관계를 활용하는 데 영감을 주기 위해 그 이야기들을 함께 나누었다. 이제는 당신이 이상형으로 생각해 온 멘토링 관계를 추구함에 있어 다음 단계를 계획해야 할 때다. 지금 당신은 동기 부여와 목표, 결심이 필요한 시점에 서 있다. 당신은 그 멋진 곳들을 가게 될 것이다.

관계 발전 계획

이 장에서는 좀 더 완전하고 보람찬 멘토링 관계에 이르기 위한 당신의 노력을 돕기 위해 약간의 쌍방향 실습을 제시한다. 리차드 볼스Richard Bolles의《당신의 파라슈트는 무슨 색입니까?What Color Is Your Parachute?》와 줄리아 젠슨Julia Jenson의《내가 무엇을 원하는지 모르지만 이게 아니란 것은 알고 있다 : 만족을 주는 직업을 찾기 위한 단계별 가이드I don't know what I want, but I know it's not this : A step-by-step guide to finding gratifying work》와 같은 커리어 계발 도서들이 말하는 것처럼 우리의 쌍방향 실습은 생산적인 멘토링 관계를 수립하는 데 이용될 수 있다.[*1] 이 책에서 함께 나눈 여러 아이디어들을 이용하기 위해 그리고 성공적인 멘토링 관계로 이끌어 줄 로드맵을 만들기 위해 다음의 실습들을 행할 것을 권한다. 만족스러운 멘토링 경험을 위해서는 적극적으로 계획을 세우는 것이 중요한데, 여기서는 그것을 관계 발전 계획RDP이라고 부를 것이다.

대부분의 직업 계발 활동에서는 자신의 직업적 선호도와 성취하고자 하는

---

1. Richard Bolles, What color is your parachute? 2004 Berkeley, CA : Ten Speed Press, 2003; Jullia Jenson, I don't know what I want, but I know it's not this : A step-by-step guide to finding gratifying work New York : Penguin Books, 2003

목표에 관한 질문에 대답할 것이 요구된다. 앞서 언급했듯이 《당신의 파라슈트는 무슨 색입니까?》와 같은 책들은 여러 해 동안 인기를 끌면서 많은 사람들에게 직업 계획의 중요한 단계로서 자신의 관심사와 목표에 대한 귀중한 식견을 제공하고 있다. 이런 책들이 중요한 이유는 효과적인 직업 계발이 상당한 수준의 자각, 자기 인식에서 시작된다는 점을 리더십 개발 전문가들이 시사하고 있기 때문이다.[2] 마이어스-브릭스 Myers-Briggs 의 성격 유형 검사처럼 어떤 문제 해결 스타일을 선호하는지를 밝혀 주는 자기 인식 척도 테스트나 콜브 Kolb 의 학습 양식 검사처럼 선호하는 학습 스타일을 알려 주는 테스트도 유용하다.[3] 다른 종류의 평가들은 개인이 적절한 기술을 가지고 있는지의 여부를 평가하는 데 초점을 맞추고 있다. 아마도 특정 영역에서 개인의 기술 숙련도를 스스로 측정하는 양식을 취하거나 그 기술을 관찰할 기회를 가진 다른 사람들에게 평가받는 양식을 취할 것이다. 많은 조직이 지도자나 경영자들의 커리어 계발 과정을 돕기 위해 360도 평가 방식을 활용하고 있다. 이 평가 방식은 부하 직원, 상사, 동료 그리고 고객들에게 효율성에 대한 의견을 모으는 것은 물론 효율성에 대한 스스로의 평가까지 합친다. 이런 평가들은 개인의 장점과 개선이 필요한 부분에 대한 전체상을 제공하는 데 이용된다. 제대로 사용하기만 한다면, 360도 평가 방식은 매우 유용한 도구가 될 수 있다. 아직 시행하지 않았다면 우리가 제안하는 작업의 선행 단계로 이런 평가 방식을 이용하는 것을 고려

---

2. Cynthia McCaulay, Russ Moxley, and Ellen Van Velsor, "Our view of leadership development," in Cynthis McCauley, Russ Moxley, and Ellen Van Velsor(eds.), The Handbook of Leadership Development, 1~25 San Francisco : Jossey-Bass, 2000.
3. 많은 웹사이트에서 MBTI 성격 테스트를 제공하고 잇다. 원래 사이트인 http://www.myersbriggs.org/ 에서 확인해 보자. Kolb의 학습양식검사 LSI 도 http://www.hayresourcesdirect.haygroup.com 에서 가능하다.

해 볼 수 있다.

효과적인 멘토링 관계에 있어 자신이 갖고 있는 기술과 선호도의 조합에 대한 식견을 제공하기 위해 멘토와 프로테제 모두가 실행할 수 있는 몇 가지 다른 유형의 활동들을 결합해 보았다. 물론 현재 자신의 멘토링 관계에 대한 자체 평가에도 적용되는 것이다. 이런 활동 중 어떤 것은 개인의 멘토링 선호도에 활용되는데, 어떤 방식은 좀 더 높은 수준의 식견을 얻기 위해 멘토나 프로테제에게 다른 이들의 피드백을 모을 것을 요구하기도 한다. 이러한 많은 연습 방법들은 우리가 멘토링 프로그램을 설계하는 동안 성능 테스트를 거친 것이다. 있는 그대로 활용할 수도 있고 당신에게 맞는다고 생각하는 대로 고쳐서 사용할 수도 있을 것이다. 우리가 의도한 것은 멘토와 프로테제 모두에게 연습 방안을 제시하는 것이므로, 한 가지 연습 방법이 당신에게 맞지 않을지라도 계속 읽어 보기를 권한다. 선택 가능한 사항이 다양하기 때문이다. 우리는 RDP를 세 가지 단계로 나누었다.

1. 시작 : 원하는 것이 무엇인지 알기. 어떤 것이 완벽한 관계인지를 마음속에 그려보고, 자신에게 맞는 멘토링 철학이 어떤 것인지를 가늠하며, 자신이 추구하고자 하는 특정 멘토링 관계의 유형을 확인하는 활동이 여기에 포함된다. 자신에게 가장 효과적인 멘토 또는 프로테제가 어떤 타입인지 종합적인 윤곽을 파악할 수 있게 될 것이다.

2. 관계 맺기 : 필요한 것을 어떻게 얻는지 알기. 관계를 맺기 위해서는 멘토 프로테제의 마음을 어떻게 사로잡고, 멘토 프로테제에게 어떻게 접근하며, 어떻게 관계를 확립하고, 어떻게 피치를 올려야 하는지를 알아내야 한다. 하지만 이 과정을 시작하기 전 관계에 있어 자신이 제공할 만한 혜택이 무엇인지를 확인하고, 잠재적 프로테제로서 어떤 준비를 할 것인지, 자신이 가진 재능과

기술을 당신이 선택한 잠재적 멘토나 프로테제와 어떻게 조화시킬 것인지 등에 대해 자가 평가를 실시할 것을 권한다. 또한 감성 지능처럼 관계를 발전시키는 데 있어 반드시 필요한 기술을 평가하고, 첫 만남에서 주어질 테스트와 도전에 직면할 준비가 되어 있는지의 여부도 평가해 봐야 한다. 이런 연습의 결과가 바로 선별된 멘토나 프로테제와의 첫 번째 접촉을 성사시키기 위한 단계별 계획이 될 것이다.

3. 가까워지기 : 어떻게 관계를 수립하고 심화시킬 것인지 알아내기. 마지막 단계로 관계를 좀 더 심화시킬 수 있는 방법을 알려 주겠다. 현재의 관계를 평가하고, 그것을 어떻게 개선할 수 있는지를 결정하는 데 쓰이는 실습, 직업적 목표를 달성하기 위해 다른 사람들을 멘토링 네트워크에 끌어들이기에 지금이 과연 적절한 시기인지를 알아내는 방법, 지금의 멘토링 관계를 끝낼 것인지 유지할 것인지의 여부를 결정하기 위한 훈련 방법들이 있다.

이제 일반적인 과정의 개요를 확인했으니 시작해 보자.

시작 : 원하는 것이 무엇인지 알기

먼저 현재 당신의 직업적 요구에 가장 잘 맞는 멘토나 프로테제가 어떤 유형인지를 식별할 수 있도록 도와주는 연습 방법을 제시하는 것으로 시작하겠다.

이상적인 관계를 그려 본다

많은 자기 계발 서적들이 어떤 것을 성취하고 싶을 때 마음속으로 그것을 그려 봄으로써 목표를 달성하는 데 도움이 된다고 말하고 있다. 실제로 많은 분야에서 실적을 개선하는 데 있어 시각화 visualization 가 효과적인 방법이라는 사실이 밝혀졌는데, 스포츠나 연설 그리고 경쟁 등이 여기에 포함된다. 이는 인생의 다른 영역, 심지어 멘토링 관계에 있어서도 똑같이 적용 가능하다. 찬찬히 생각하고 최상의 상황을 그려 가면서 다음의 질문들을 하나하나 읽어 보자.

- 당신의 이상적인 멘토는 어디에 근무하는가? 어떤 유형의 산업 또는 조직에 속해 있는가?
- 멘토와 접촉할 때 어떤 느낌을 받는가?
- 멘토가 당신을 어떻게 돕는가?
- 전형적인 대화는 어떤 식으로 이루어지는가?
- 멘토와 어떻게 의사 소통하는가(전화, 이메일, 직접 대면)? 얼마나 자주 하는가?
- 관계의 마무리 단계에서 무엇을 성취하게 될 것인가? 어떤 새로운 기술을 익히게 될 것인가?
- 마음속에 특정 인물이 떠오르는가?

이상적인 멘토링 관계에 관해 마음속에 떠오르는 모든 것을 표 7.1의 칸에 적어 보자.

이상적인 멘토나 프로테제를 시각화하는 과정에서 4장에서 소개한 바 있는 멘토 철학과 관련하여 자신에게 가장 중요한 신념에 접근하게 될지도 모른다. 멘토 철학에는 멘토의 역할과 멘토가 제공하는 혜택에 관한 가정이 포함되어 있다. 과거에 경험한 멘토링 관계, 또는 의식해 왔거나 선망해 왔던 멘토링 관계에서 마음속에 그리는 멘토링 모델을 발전시켰을 수도 있다.

당신이 프로테제라면 멘토링 관계에서 당신이 원하는 특징들이 무엇인지 살펴보기 위해 표 7.2에 나와 있는 퀴즈를 풀어 보자. 테스트 결과를 해석하는 방법은 다음과 같다.

표 7.1 나의 이상적인 멘토링 관계

표 7.2 프로테제의 멘토링 선호도

	강한 긍정	긍정	강한 부정	부정
1. 내 커리어의 대부분을 보내고자 하는 조직 내에서 강력한 인간관계를 유지하고 싶다.	4	3	2	1
2. 멘토링 관계의 확실한 성공을 위해서는 프로테제도 멘토 못지 않게 똑같이 책임감을 가져야 한다고 믿는다.	4	3	2	1
3. 내가 속한 업계의 전문 기술을 전수해 줄 수 있는 멘토가 가장 유익하다고 생각한다.	4	3	2	1
4. 멘토를 위해 내가 힘들게 노력하는 대신 멘토가 나에게 승진을 위한 특별한 직업적 조언을 해 주길 원한다.	4	3	2	1
5. 나를 자신의 영향력 안에 두고 내 직업에 관해 속속들이 상세한 사정을 일러 주는 멘토가 필요하다.	4	3	2	1
6. 다른 여러 프로테제들과 풍부한 경험을 쌓은 멘토를 원한다.	4	3	2	1
7. 나의 멘토는 내가 속한 분야에서 높은 평가를 받고 있는 사람이어야 한다.	4	3	2	1
8. 나의 멘토는 멘토링 기술로 다른 사람들에게 인정받는 멘토여야 한다.	4	3	2	1

멘토링 선호도 점수 매기기 : 프로테제의 결과

1, 3번 문항의 전체 점수 ------------------------- 기업 시민 멘토

2, 4번 문항의 전체 점수 ------------------------- 실용적 멘토

5, 7번 문항의 전체 점수 ------------------------- 세계 시민 멘토

6, 8번 문항의 전체 점수 ------------------------- 마스터 멘토

표 7.3 멘토의 멘토링 선호도

	강한 긍정	긍정	강한 부정	부정
1. 내가 속한 조직 내에서 유력한 인간관계를 유지하고 있으므로 프로테제에게 이득이 될 것이다.	4	3	2	1
2. 멘토링 관계의 확실한 성공을 위해서는 멘토 못지 않게 프로테제도 똑같이 책임감을 가져야 한다고 믿는다.	4	3	2	1
3. 멘토링은 우리 기업 문화에서 중요한 부분이라고 생각한다.	4	3	2	1
4. 내가 베풀어 준 것에 대해 감사하고, 그에 걸맞게 중요한 혜택을 나에게 돌려줄 프로테제를 원한다.	4	3	2	1
5. 누군가를 내 영향력 안에 두고 내 직업에 관해 속속들이 상세한 사정을 일러 주고 싶다.	4	3	2	1
6. 나는 여러 다양한 프로테제들과의 멘토링을 높이 친다.	4	3	2	1
7. 내가 속한 분야에서 높은 평가를 받고 있는 전문가라는 사실이 중요하다.	4	3	2	1
8. 나의 효율적인 멘토링 기술은 다른 사람들에게 인정을 받고 있다.	4	3	2	1

멘토링 선호도 점수 매기기 : 멘토의 결과

1, 3번 문항의 전체 점수 ---------------------------- 기업 시민 멘토

2, 4번 문항의 전체 점수 ---------------------------- 실용적 멘토

5, 7번 문항의 전체 점수 ---------------------------- 세계 시민 멘토

6, 8번 문항의 전체 점수 ---------------------------- 마스터 멘토

- 4개의 카테고리에서 비교적 고른 점수를 얻었다면 특정한 유형의 멘토를 선호하는 편향성은 없을 가능성이 높다. 당신이 원하는 혜택을 모두 제공할 수 있는 멘토를 찾는 데 더 많은 관심을 갖고 있을 뿐 멘토의 스타일에 대해서는 특별한 선호도를 갖고 있지 않다. 멘토의 스타일에 적응할 것이다.
- 하나 또는 그 이상의 카테고리에서 7~8점을 얻었다면 특정 유형의 멘토링 철학을 특별히 더 선호하고 있는 것이다.
- 하나 또는 그 이상의 카테고리에서 5~6점을 얻었다면 그런 멘토링 철학을 약간 더 선호한다는 것을 의미한다.
- 어떤 특정 멘토링 철학에서 2~4점을 얻었다면 당신은 그 유형의 멘토에 진정으로 관심을 갖고 있는 것은 아니다. 더 높은 점수를 얻은 카테고리의 멘토를 찾는 편이 낫다.
- 전체 점수를 계산하는 것 역시 자신이 관심을 갖고 있을지 모르는 멘토링 관계 유형을 밝히는 데 도움이 된다. 예를 들어 24점 또는 그 이상의 점수를 얻었다면 멘토링이 주는 여러 가지 혜택에 관심을 갖고 있다는 것을 의미한다. 이러한 통찰은 단 1명의 멘토로는 당신의 요구를 충족시키지 못할 수 있다는 깨달음을 얻게 해 준다. 한편 전반적으로 낮은 점수(18점 또는 그 이하)일 경우 멘토링 관계에서의 다른 어떤 것들, 이러한 원리로는 얻을 수 없는 것들을 추구하고 있을 수 있다.

이 RDP의 첫 번째 단락을 끝낸 다음에는 멘토에게 기대하는 것들을 써 보도록 하자. 어쩌면 동료 멘토나 역 멘토에 관심을 두고 있기 때문에 여기에 나열한 멘토링 철학이 현재 자신의 요구와 맞지 않는다는 사실을 깨달을 수도 있다. 다음 단락은 멘토들이 완성해야 할 부분이므로 프로테제들은 그냥 넘어가도록 한다.

　멘토라면, 멘토의 관점에서 보는 이상적인 멘토링 관계가 어떤 것인가 하는 점을 염두에 두고 표 7.3을 완성하기 바란다.

　다음의 설명들은 테스트 결과를 해석하는 데 도움이 될 것이다.

- 4개의 카테고리에서 비교적 비슷한 점수를 얻었다면 특정한 멘토링 스타일을 갖고 있지 않다는 의미이다. 멘토링에 관한 한 무엇이든 프로테제가 원하는 것 그리고 멘토의 입장에서 탐날 만한 혜택을 프로테제가 당신에게 제공하도록 하는 데 더 많은 관심을 갖고 있다. 당신은 어떤 쪽으로든 적응할 것이다.
- 하나 또는 그 이상의 카테고리에서 7~8점을 얻었다면 특정 유형의 멘토링 철학을 특별히 더 선호하고 있는 것이다.
- 하나 또는 그 이상의 카테고리에서 5~6점을 얻었다면 그 멘토링 철학을 약간 더 선호하고 있다는 것을 나타낸다.
- 어떤 특정 멘토링 철학에서 2~4점을 얻었다면 당신은 그 유형의 멘토링에 진정으로 관심을 갖고 있는 것이 아니다. 따라서 그런 유형의 멘토를 구하는 프로테제들을 멘토링하지 않는 것이 좋다.
- 전체 점수를 계산하는 것 역시 자신이 관심을 갖고 있을지도 모를 멘토링 관계 유형을 밝히는 데 도움이 된다. 예를 들어 24점 또는 그 이상의 점수를 얻었다면 다양한 종류의 멘토링 원칙에 대해 관심을 갖고 있다는 것을 의미한다. 이러한 통찰은 다양한 관심사를 가진 프로테제들의 멘토링 욕구를 충족시킬 수 있을지 모른다는 깨달음을 얻는 데 도움이 된다.

표 7.4 멘토링 철학

멘토링 철학	정의	강점	약점
기업 시민 멘토	이 멘토링 관계는 멘토링이 직원 개발과 성공에 중요하다고 믿는 조직 문화에 뿌리를 두고 있다. 이 원리는 비즈니스에 바탕을 둔 관계라는 의미를 내포하고 있는지도 모른다. 바꿔 말하면, 멘토와 프로테제는 회사의 이익을 위해 멘토링을 하는 것이다.	이 유형의 멘토링을 통해 프로테제는 특정 회사 내에서 커리어를 향상시키는 상세한 방법을 배운다.	이 모델은 프로테제에게 승진을 위한 시각만을 제공할 뿐이다. 프로테제는 조그만 조직 내에서 멘토의 그늘에 가려질지도 모른다.
실용적 멘토	이 멘토링 관계는 멘토 쪽에서 볼 때 동등한 노력과 혜택의 교환이라는 점을 특징으로 본다.	관계가 매우 목표 지향적일 수 있다.	이 관계 유형에서는 사회 심리학적 지원(멘토링의 부가적 측면)이 조금 약할 수 있다.
세계 시민 멘토	이 멘토링 관계는 어떤 조직의 내부가 아닌 외부에 존재할지도 모른다. 멘토는 자신의 직업에 공헌하는 의미로 멘토링에 관심을 갖는 것처럼 보인다.	이런 접근은 개인이 갖고 있는 전문적 직업에서의 종합적인 멘토링에 좋다.	프로테제가 멘토의 영향력에서 벗어나기 힘들 수 있다.
마스터 멘토	이런 멘토들은 다른 사람을 멘토링하는 데 있어 다양한 경험을 갖고 있으며, 자신의 커리어를 통해 다수의 프로테제들을 도왔다는 데 자부심을 느낀다.	멘토의 경험이 여러 다양한 프로테제들을 돕는 방법을 식별하는 데 도움이 된다.	모든 유형의 프로테제가 필요로 하는 지원을 항상 제공하기에는 멘토가 지나치게 바쁠 수 있다.

표 7.4는 앞의 연습에서 실험해 본 멘토링 철학에 대해 좀 더 자세하게 알려 준다. 표에 나와 있는 정의를 살펴보라. 멘토 또는 프로테제로서 당신은 어떤 멘토링 철학에 가장 끌리는가? 앞의 4장에서 언급했듯이 우리가 멘토링을 다루는 방법이 완벽하고 철저한 것은 아니다. 여기에 나와 있는 것과 다른 이유로 멘토링을 할 수도 있다. 여기 나열한 것들은 단지 우리가 인터뷰를 통해 밝혀 낸, 좀 더 두드러지는 멘토링 철학일 뿐이다.

멘토링에 관해 멘토와 프로테제들이 행할 마지막 연습은 표 7.5의 연습 문제에 들어 있다. 연수 중에 우리는 종종 멘토와 프로테제들에게 자신에게 멘토가 상징하는 바가 무엇인지 완벽한 은유적 이미지에 대해 생각해 볼 것을 요구했다. 연수에 참가한 사람들은 다양한 배경을 갖고 있었으므로—때로는 다른 경영자의 멘토이기도 했고, 때로는 청년 프로그램에서 학생들의 멘토이기도 했다.—우리는 매우 다양한 답을 얻었다. 그들은 모두 이상적인 멘토가 취할 수 있는 다양한 형태에 대해 특별한 식견을 보여 주었다. 예를 들면 어떤 학생은 멘토를 일컬어 자동차 경주에서의 선도차와 같다고 했다. 레이스를 시작하기 위해 등장하지만 일단 경주가 시작되면 선도차는 사라진다. 하지만 사고가 발생하거나 트랙에 다른 위험이 생기면 다른 차들을 인도하기 위해 선도차는 다시 등장할 것이다. 이 사람에게 있어 멘토링은 본인이 원하지 않는 한 어느 정도 그냥 방치해 두는 것을 의미한다. 문제가 생겼을 때 문제를 해결하는 데 필요한 행동을 취하기 위해 멘토가 등장한다는 것이다. 비록 적극적인 모델은 아니지만 이런 은유는 이 학생이 멘토링에 대해 갖고 있는 생각을 나타내 준다.

표 7.5의 연습 문제를 완성하면 당신의 커리어에 가장 유용하다고 느끼는 멘토나 프로테제의 유형을 확인하는 작업을 좀 더 심화시킬 수 있을 것이다. 이런 결과들은 다음 장에서 이상적인 멘토와 프로테제에 대한 당신의 기대에 부응할 멘토를 타깃으로 설정하는 데 활용된다.

잠재적인 관계를 목표로 설정하기

앞의 2장에서 당신이 활용할지 모를 잠재적 멘토 개개인과 멘토 네트워크의 범위에 대해 소개하고, 5장에서는 이런 여러 유형의 멘토들을 어디에서 찾을 수 있는지에 관해 설명했다. 표 7.6은 멘토링 유형을 개략적으로 살펴본 것이다. 멘토와 프로테제 모두에게 수혜 가능한 이익은 물론 이렇게 다양한 유형의 멘토와 함께 하면서 일어날 수 있는 시험과 도전에 대해서도 약술하고 있다.

표 7.5 **멘토링 은유**

멘토는 _____와 같다.

은유를 확대 해석해서 은유 대상으로서의 멘토가 어떻게 프로테제에게 봉사하는지 설명해 보자.

표 7.6 파워 멘토링의 혁신적 형식

멘토링 유형	정의	이점	문제
경계를 넘어서는 멘토	경쟁적인 조직이나 정당과 같은 전통적 경계를 넘어 일어나는 멘토링 관계	−신선한 견해 −비전통적 동맹	−내집단 또는 사회적 비판 −평판의 위기
보스 멘토	보스는 공식적 관계 내에서뿐만 아니라 비공식적으로도 하급 프로테제에게 감정적·직업적 지원을 모두 제공한다.	−후계자로 훈련받을 수 있는 기회 제공 −배우고 발전할 수 있는 기회가 있기 때문에 일반적으로 직무 수행 능력과 직업 만족도가 높음	−보스 멘토에게서 이탈이 어려울 수 있음 −평판과 업무 성적이 완전히 연관되어 있음
e-멘토	컴퓨터를 매개로 한 커뮤니케이션(이메일, 메신저, 인터넷 대화방 등)을 우선적으로 이용하는 멘토링 관계	−광범위한 접근 −지위의 동등화 −시간과 공간의 제약이 없음	−의사 소통에 있어 혼선이 일어날 경향이 있음 −장거리 통신의 어려움
가족 멘토	직계 가족이거나 대가족의 일원으로서 대개 매우 어려서부터 학습에 있어 포상을 조건으로 하는 지원, 사회 심리학적 지원, 역할 모델적 지원을 제공하는 사람. 종종 자신의 일가 친척이나 지역 사회에서 꽤 성공한 영향력 있는 사람일 경우가 많다.	−신뢰의 측면에서 볼 때 최고의 멘토링 관계 −자부심과 자아 효능감의 조기 발달	−가족 관계에 문제가 발생할 경우 멘토링이 질적으로 손상될 수 있음 −남들에게 족벌주의로 인식됨
고용된 멘토	실체적인 보수(대개 재정적 보수)의 대가로 특정 직업, 특정 커리어 중심의 충고나 도움을 주로 제공하는 멘토	−관계의 경계와 기대치가 명백함 −효율적이고 직무가 구체적임	−냉정하거나 기계적인 관계로 인식될 수 있음 −충성도나 신뢰의 부족으로 심도 깊은 지식이나 배움에 한도가 있음
그룹 멘토	상급 레벨의 멘토가 소규모의 후배 그룹 프로테제들에게 현재 진행형으로 코칭을 제공함	−상급 임원에 대한 접근이 최대화되고, 그들의 시간을 효율적으로 사용함 −멘토링 그룹 내에서 다른 사람을 멘토링하는 동료 멘토가 발전할 기회 제공	−프로테제들 간에 경쟁이 생길 수 있음 −기밀 사항이나 개인적 문제에 대한 피드백을 얻는 것이 어려울 수 있음

멘토링 유형	정의	이점	문제
영감을 주는 멘토	역할 모델, 이상적인 멘토이면서 동시에 배우고 모방할 만한 중요한 인물 ; 대개 프로테제는 이 사람과 직접적 접촉이 없음	−프로테제에게 비전과 정체성, 목적 의식을 심어줌	−실체적인 커리어상의 또는 감정적인 지원을 얻는 것이 불가능하거나 어려움
일시적 멘토	상황에 따른 열정적이고 집중적인 관계로 단순한 제휴나 역할 모델, 또는 조언 덕택에 영속적이고 때로는 인생을 바꿀 만한 영향력을 가짐	−가장 필요로 할 때 종종 발생 −단기간의 관계지만 영속적인 교훈	−기간이 짧고 일시적 −계획이나 전략에 따른 것이라기보다는 우연의 의한 것으로 보임
동료이자 한 발 앞선 멘토	같은 단계에 있거나 겨우 한 단계 위에 있는 프로테제이지만 다른 종류의 기술을 갖고 있거나 또는 다른 것을 보완해 주는 경험을 가진 멘토	−일 또는 생활에서 상황을 강조할 수 있음 −동등하고 즉각적인 이익의 교환이 가능	−상위 멘토가 제공하는 파워나 연고가 없음 −경쟁의 근원이 될 수 있음
역 멘토	나이가 어리고 경험이 적은 쪽이 연장자이자 경험이 더 많은 쪽에게 멘토 역할을 하는 것	−새로운 형태의 테크놀로지 교육처럼 종종 특정 목적 지향적임 −어린 세대에게는 보유력 증강, 구세대에게는 신선한 아이디어의 교환 및 제공 가능	−이득과 목적을 구분하기가 어려울 수 있음 −양쪽 모두 잠재적인 망신과 체면 상실의 위험을 가짐
전통적 멘토	대개 조직 내에서 좀 더 경험이 많은 연장자가 경험이 부족한 젊은 사람을 일 대 일로 멘토링 하는 것	−젊은이를 후원하고 코치하며 동기를 부여할 수 있음 −이상적 멘토라고 할 때 사람들이 보통 추구하는 멘토임	−미리 갖춰지지 않을 수도 있음 −한 사람에게만 의존하게 되면 프로테제의 잠재력을 제한할 수 있음

네트워크 목록 만들기

실현 가능한 멘토링 관계를 위해 적극적으로 네트워크 목록을 만들 것을 권한다. 시작 방법은 표 7.7의 연습 문제에 나와 있다. 멘토링 관계의 모든 유형

표 7.7 가능성 있는 멘토 네트워크 목록 작성하기

멘토의 유형	가능한 후보	그들이 제공해 줄 수 있는 혜택	이 사람을 멘토로 삼음으로써 발생 가능한 약점
경계를 넘어서는 멘토	1. 2. 3.	1. 2. 3.	1. 2. 3.
보스 멘토	1. 2. 3.	1. 2. 3.	1. 2. 3.
e-멘토	1. 2. 3.	1. 2. 3.	1. 2. 3.
가족 멘토	1. 2. 3.	1. 2. 3.	1. 2. 3.
고용된 멘토	1. 2. 3.	1. 2. 3.	1. 2. 3.
그룹 멘토	1. 2. 3.	1. 2. 3.	1. 2. 3.
영감을 주는 멘토	1. 2. 3.	1. 2. 3.	1. 2. 3.
일시적 멘토	1. 2. 3.	1. 2. 3.	1. 2. 3.
동료이자 한 발 앞선 멘토	1. 2. 3.	1. 2. 3.	1. 2. 3.
역 멘토	1. 2. 3.	1. 2. 3.	1. 2. 3.
전통적인 멘토	1. 2. 3.	1. 2. 3.	1. 2. 3.

에 무언가를 적어야 할 필요는 없다. 관심이 가는 멘토링 관계 유형만 고르면 된다. 관심을 갖고 있는 유형에 거기서 제공받을 수 있는 혜택들을 적고 동시에 있음직한 결점들도 적는다. 이렇게 여러 유형의 멘토링 관계가 가능할 만한 자신의 네트워크를 평가하는 것은 잠재적인 멘토와 프로테제를 식별하는 효과적인 방법이다. 연습하는 데 많은 시간이 걸리겠지만 일단 목표로 삼고자 하는 개개인의 유형이 명확해진 다음에는 RDP의 다음 단계가 매우 수월해진다.

이상적인 멘토 또는 프로테제의 윤곽을 잡기 위해 모든 것을 종합한다

훌륭한 파워 멘토링의 로드맵을 전개해 나가기 위한 첫 번째 단계로 다음 몇 가지를 행하도록 한다.

1. 완벽한 멘토 또는 프로테제를 그려 본다.
2. 본인의 요구에 맞는 멘토링 철학 유형을 결정한다.
3. 자신의 커리어에 도움이 될 만한 멘토링 유형과 인물의 유형을 확인한다.

표 7.8에 있는 연습 용지에는 완벽한 멘토링 관계를 위한 이상적인 멘토나 프로테제의 특성을 기록하게 되어 있다. 목표로 삼고 있는 사람이 한 명 이상이라면 복사본을 여러 장 만들어 기록하면 된다. 한 사람을 골라 그 사람에 맞게 서식을 완성한다. 마음에 두고 있는 특정 인물이 없다면 목표로 삼고자 하는 유형의 사람을 선택해 서식을 완성하도록 한다.

관계 맺기 : 필요한 것을 어떻게 얻는지 알기

멘토나 프로테제에게서 구하고자 하는 특징이 무엇인지를 확인하고 적절한 후보를 정한 다음에 해야 할 일은 그 사람과의 멘토링 관계를 어떻게 시작할 것인지를 정확하게 결정하는 것이다. 단순하게 들리지만 과연 그럴까? 예상하다시피 실제로 그렇게 쉬운 일이 아니다. 잠재적 멘토든 프로테제든 간에 성공한 사람들은 다른 사람들의 관심을 받게 마련인 만큼 그들에게 접근할 때는 상대의 시간을 낭비하게 해서는 안 된다. 그러므로 계획을 세워야 한다. 당신만의 승부수를 띄워야 한다. 예를 들면 인터뷰에서 밝혀진 대로 성공적인 멘토들에게는 프로테제가 되고자 하는 사람들이 꾸준히 커리어에 대한 조언을 구한다. 하지만 많은 멘토들이 이 잠재적인 프로테제에게 멘토링을 할 가치가 있는지 없는지를 즉각적으로 결정하는 데 어려움을 겪는다.

숙련된 프로테제는 자신이 멘토에게 실질적인 이득을 제공할 수 있다는 것을 명백하게 드러낸다. 앞의 4장에서 언급했듯이 멘토 쪽에서 볼 때는 특정한 자질과 기술을 가진 프로테제가 매력적이다. 프로테제는 자신의 커리어를 증강시켜 줄 혜택을 많이 제공할 수 있는 멘토를 찾고 있다. 멘토의 경우 자신이 프로테제에게 제공할 수 있는 기회의 유형을 파악하는 것이 중요한데, 이로써 커리어 지도에 있어 프로테제에게 매력적인 멘토가 된다.

여기서는 멘토링 관계에서 당신이 제공할 특정 이익에 초점을 맞춤으로써 처음부터 잠재적인 멘토나 프로테제의 마음을 사로잡는 데 도움이 될 만한 방법에 집중할 것이다. 특히 프로테제는 자신이 어떻게 잠재적인 프로테제가 될 수 있는지를 점검해 보도록 하자. 그런 다음에는 자신이 제공하는 혜택이 앞에서 목표로 삼은 잠재적인 멘토나 프로테제와 어떻게 균형을 이루는지 점검해 보도록 한다. 멘토에게는 관계의 성격을 정하기 위해 프로테제와의 첫 만남을 어떻게 이끌어 나가야 할 것인지에 관해 조언을 줄 것이다. 프로테제와 멘토 모두 계획을 세워서 잠재적인 파트너와의 첫 만남이나 처음 부딪칠 시험과 도전에 대처하는 데 있어 최고의 실력을 발휘하기를 바란다.

표 7.8 희망하는 멘토링 관계

내가 멘토링 관계에서 원하는 가장 중요한 혜택은 이런 것이다.

1.
2.
3.

나는 멘토(또는 프로테제)에게 다음의 것들을 바란다.

1.
2.
3.

다음의 멘토링 관계 유형(보스, 역, 경계를 넘어서는 등등)이 나의 기대에 부응할 것이다.

1.
2.
3.

이 사람들(또는 이런 유형의 사람들)이 내가 목표로 생각하고 있는 잠재적인 멘토(또는 프로테제)이다.

1.
2.
3.

잠재적인 멘토나 프로테제의 마음을 끈다

 잠재적인 멘토나 프로테제의 마음을 사로잡기 위해서는, 먼저 자신이 제공해야 하는 것이 무엇인지를 파악하는 일이 가장 중요하다. 멘토링 관계에서 당신이 제공할 수 있는 여러 가지 이익에는 어떤 것이 있는지 살펴보는 데 도움이 될 만한 연습 과정을 제시하도록 하겠다. 먼저 당신의 장점이 무엇인지 가까운 직장 동료들을 인터뷰하도록 한다. 다음에는 3장에서 인용한 혜택 목록과 대조하여 당신이 제공 가능한 혜택들을 평가한다. 마지막으로 프로테제와 멘토 모두 이상형의 멘토와 프로테제의 특질과 자신의 기술과 특질이 어떻게 필적하는지 평가하도록 하자.

자신이 제공할 수 있는 혜택을 확인한다

표 7.9에서 우리는 당신이 멘토링 관계에서 제공해야 할 여러 가지 것들을 목록으로 만들라고 요청할 것이다. 목록을 작성하기 위해 거래처나 직장 동료, 또는 직장 내 친구 중 3명을 비공식적으로 인터뷰하고 표 7.9 혜택 인터뷰에 나와 있는 질문들을 하도록 하라. 프로테제로서든 멘토로서든 커리어 성장을 위해 멘토링 관계를 추구하는 데 있어 당신의 관심사가 무엇인지를 이야기하는 것으로 대화를 시작할 수도 있다. 앞의 3장과 4장에서도 이야기했듯이 멘토링 관계에서 멘토가 얻는 혜택은 상당하다. 하지만 당신이 멘토든 프로테제든 간에 멘토링 관계에서 당신이 제공할 것이 무엇인지를 식별하는 것은 중요하다.

이제 이렇게 다른 사람들의 견해를 들어 봤으니 무엇이 진실인지를 정리하는 것은 당신의 몫이다. 어쩌면 당신이 느끼는 것이 진실에 덜 가까운 것일지도 모른다. RDP를 소개할 때 언급한 것처럼 당신의 선호도와 기대치에 대한 통찰력을 얻기 위한 방법은 여러 가지가 있다. 이런 유형의 연습을 더 하기 위해 다른 자료들을 참조할 수도 있다. 멘토나 프로테제에게 제공해야 할 것이 무엇인지 정확히 평가하기 위해 사용할 수 있는 몇몇 방법들이 여기 있다.

- 최근의 업무 평가 결과를 세밀히 살펴보자. 당신의 강점과 약점이 무엇인가?
- 어느 부분이 개선 가능한지 알기 위해 다음 업무 평가 인터뷰 때 보스에게 물어보자.
- 직장 내 그룹 동료들을 활용하는 것이 편안하게 느껴진다면, 당신의 장

표 7.9 혜택 인터뷰

지인 1

업무에 있어 나의 강점이 무엇이라고 생각합니까?

멘토(또는 프로테제)가 나의 커리어에 어떻게 도움이 될 수 있을까요?

멘토나 프로테제의 도움에 대한 답례로 내가 제공할 수 있는 혜택에는 어떤 것이 있을까요?

지인 2

업무에 있어 나의 강점은 무엇이라고 생각합니까?

멘토(또는 프로테제)가 나의 커리어에 어떻게 도움이 될 수 있을까요?

멘토나 프로테제의 도움에 대한 답례로 내가 제공할 수 있는 혜택에는 어떤 것이 있을까요?

지인 3

업무에 있어 나의 강점이 무엇이라고 생각합니까?

멘토(또는 프로테제)가 나의 커리어에 어떻게 도움이 될 수 있을까요?

멘토나 프로테제의 도움에 대한 답례로 내가 제공할 수 있는 혜택에는 어떤 것이 있을까요?

점이 무엇이고 개선 가능성이 무엇인지 피드백을 구하는 데 그들을 이용한다.

앞의 3장에서 프로테제와 멘토 모두가 멘토링 관계에서 제공할 수 있는 혜택의 광범위한 목록을 작성한 바 있다. 표 7.10과 7.11에서 그것을 재구성해 보았는데, 이 표를 통해 당신이 무엇을 제공해야 할지 결정할 수 있을 것이다.

두 표에는 프로테제로서 당신이, 또 멘토로서 당신이 제공할 수 있는 혜택만이 포함되어 있다. 앞으로 맺을 관계에서 개인적으로 제공할 수 있는 당신만의 고유한 혜택을 갖고 있을지도 모른다. 각 표의 하단에 공간을 두어 당신이 제공할 수 있는 다른 혜택들을 적도록 했다. 멘토건 프로테제건 당신이 제공할 수 있다고 생각하는 것들 옆에 표시를 하면 된다. 동료들의 이야기에 귀를 기울이다가 자각하게 된 혜택들에 관해서도 솔직하게 답하도록 하자.

이 연습을 완성하려면 두 종류의 표를 모두 사용해야 할 것이다. 먼저 멘토의 견지에서 이 연습지를 작성 중이라면 프로테제에게 제공할 수 있다고 생각하는 이익의 유형을 체크해 표 7.10을 채운다. 표 7.11에서는 프로테제를 멘토링하면서 당신이 받고자 하는 혜택들에 체크한다. 그리고 프로테제는 멘토에게 받기를 원하는 혜택 유형을 구체적으로 생각하면서 표 7.10을 채운다. 표 7.11에 있는 목록은 멘토링 관계에서 당신이 멘토에게 제공할 수 있다고 생각하는 이익의 유형을 파악하는 데 사용하도록 한다.

어떻게 잠재적인 프로테제가 될 것인가?

앞의 4장에서 멘토가 프로테제에게 끌리게 되는 10가지 속성에 대해 논의한 바 있다. 지성, 야망, 기꺼이 위험을 감수할 의향, 이니셔티브, 에너지, 신뢰감, 성실성, 높은 감성적 사고, 낙관주의, 보완적 기술이 바로 그것이다. 당신도 이

표 7.10 프로테제의 혜택

커리어 지원	체크	개인적 / 감정적 지원	체크
승진 기회	☐	직장 내 자아 효능감	☐
직업 이동성	☐	대인 관계 성장	☐
임금 인상	☐	스폰서십과 후원	☐
직무 관여	☐	옹호	☐
커리어, 직무 성공	☐	우정과 사회적 관계	☐
조직 몰입	☐	카운셀링과 경청	☐
직무, 커리어 관련 피드백	☐	지원과 확인	☐
힘든 과제	☐	용인	☐
자원, 정보, 사람에 대한 접근	☐		
시선을 끌고 선전하는 능력	☐		
그 밖의 다른 혜택들 _____		그 밖의 다른 혜택들 _____	

속성들 중에 많은 것을 갖고 있겠지만 그것을 깨닫고 그 특질을 나눌 방법을 판단하기 위해서는 약간의 도움이 필요할 것이다. 가장 좋은 방법 몇 가지를 소개한다.

연습 1 : 자신의 이력서를 분석하라. 먼저 이력서를 잘 살펴보자. 당신에 대해 무엇을 말해 주고 있는가? 일반적으로 사람들은 자신의 이력서가 미국의 유명 TV쇼 《Saturday night Live》에 나오는 스튜어트 스몰리 Stuart Smalley의 말처럼 "나는 충분히 착하고 영리하죠. 사람들이 나를 좋아한다고요." 라고 말해 주길 원한다.

표 7.11 프로테제로서 멘토에게 제공할 수 있는 혜택

커리어 지원	체크	개인적 / 감정적 지원	체크
다른 사람을 발전시키는 개발자라는 인식	☐	회춘	☐
		개인적 만족	☐
리더라는 인식	☐	다양한 그룹과 관련된 지식, 공감, 기술 증가	☐
평판 강화	☐		
영향력과 파워 증가	☐	보다 강화된 협력 관계	☐
네트워크 증강	☐	우정	☐
커리어 만족감	☐	프라이드와 개인적 만족	☐
커리어, 직업적 자극	☐	지원과 확인	☐
관리 및 리더십 기술 개선	☐	존경과 권력 위임	☐
직무 수행 개선	☐	보다 강력한 신뢰	☐
직업 관련 피드백	☐	대인 관계 기술 발전	☐
직무 수행에서의 조력	☐	멘토로서의 역할에 대한 만족감	☐
조직 또는 직업 내에서 다른 역할이나 영역에 대한 식견	☐	지식, 기술, 가치의 전달	☐
		흥분과 영감	☐
도전과 자극	☐	다른 사람을 가르침으로써 자신이 하고 있는 일에 대한 좀 더 큰 자각	☐
다른 사람의 이목을 끌고 자신을 드러냄	☐		
그 밖의 다른 혜택들 _____		그 밖의 다른 혜택들 _____	

당신의 이력서는 당신의 지성과 야망, 위험을 감수할 의향 그리고 다른 중요한 프로테제의 특징을 얼마나 잘 전달하고 있는가? 자신을 위해 이것을 분석하는 것은 물론 친구나 동료들에게도 같은 일을 하도록 권유하는 것이 도움이 될 것이다(주목 : 커리어 워크숍을 계획 중이라면 훌륭한 훈련이 될 것이다).

첫 번째 특성부터 생각해 보자 : 지성. 당신의 아이큐나 뛰어난 지능을 가진 학생으로 지명되었던 일을 적으라는 것은 아니다. 하지만 거만하게 보이지 않으면서도 그런 메시지를 전달하는 다른 방법들이 있다. 최근에 대학을 졸업했다면 성적을 통해서도 할 수 있고, 명문 학벌이나 직업 경력, 심지어는 자원 봉사 경력 등 여러 가지를 통해 자신의 총명함을 나타낼 수 있다.

기꺼이 위험을 감수할 의향이나 야망의 경우는 어떠한가? 당신의 이력이 그런 자질들을 충분히 반영하고 있다고 생각하지 않는다면 그것을 나타내기 위해 어떤 일을 했는가? 멘토를 구할 목적에서 전통적인 관심사나 업적뿐만 아니라 업무 이외의 관심사와 성취 등을 반영하는 당신만의 이력서를 특화시킬 수 있다. 물론 다른 직업을 얻기 위해서는 이력서를 개인적으로 특화시키는 것이 중요하다는 것을 알고 있을 것이다. 그와 함께 자신의 다른 면을 잠재적인 멘토와 함께 나누는 것이 멘토와의 연결 고리를 만드는 데 중요하다는 사실에도 수긍할 것이다.

연습 2 : 잠재적인 멘토를 만나 대화하며 정보 수집을 목적으로 하는 인터뷰를 수행하라. 멘토가 되어 줄 이에게 간단한 인터뷰를 요청하는 방법을 통해 접근하자. 관계 수립을 위해 원칙적으로 이 인터뷰는 직접 만나서 해야만 한다. 정보를 알아내기 위해 직접 만날 경우 인터뷰는 종종 일방적인 질문에서 시작해 대화로 변해 간다. 당신은 중요한 속성에 관한 질문들을 명확히 할 수 있다. 예를 들어 이 직업에서 위험을 감수하는 것이 얼마나 중요한지, 위험을 감수했다가 보상을 받은 경우를 예를 들어 줄 수 있는지 등을 물을 수 있다. 그리고 적당하다고 생각된다면 이 분야에서의 자신의 경험도 함께 나눌 수 있다. 이런 방법을 통해 멘토와 동질성을 쌓고, 당신 역시 이런 중요한 기술들을 갖고 있음을 전달한다.

멘토와의 만남에서는 당신이 에너지가 가득하고 낙관적 태도를 가진 사람이라는 것을 확실히 나타내도록 한다. 에너지를 나타내는 가장 좋은 방법은, 말보다는 눈을 맞추고, 목소리와 어조, 자세 그리고 활기찬 태도를 드러내는 것이다. 에너지라는 관점에서 자신을 얼마나 잘 드러내고 있는지를 평가하는 가장 좋은 방법은 프레젠테이션을 하거나 대화를 나누는 당신의 모습을 비디오카메라에 담는 것이다. 물론 이렇게 하기가 힘들다는 것은 알고 있지만 이것은 당신에 대해 많은 것을 보여 준다. 같은 학력과 경험을 가진 구직 후보자들 중에 원기 왕성해 보이는 사람이 합격할 확률이 훨씬 높다는 것을 연구 결과들이 보여 준다.[4]

낙관주의는 요즘 들어 매우 높이 평가받는 흥미로운 개념이다. 연구 결과에 따르면 낙관주의자들은 우울증이나 다른 정신적 질환에 걸릴 확률이 낮다고 한다.[5] 낙관주의에 관한 전통적 견해에 따르면 낙관주의자들은 일이 전체적으로 최선의 방향으로 풀릴 것이라고 예상하는 사람들이다. 좀 더 최근의 연구에 의하면 낙관주의는 자신의 성공과 실패의 원인을 어디에 돌리느냐 하는 것과 관련이 있다고 한다. 좋은 일이 일어났을 때 낙관적인 사람은 그것을 개인적인 공로로 돌리고 부정적인 사건에 대해서는 자신의 역할을 어느 정도 축소시키는 경향이 있다고 한다. 그에 반해 비관론자는 정반대로 행동한다. 사람들은 낙관주의자 곁에 있고 싶어 하며, 회사 내 비관론자를 피한다. 자신이 극복한 도전에 대해 그 일을 어떻게 낙관적으로 생각할 수 있는지 그리고 그것을 멘토에게 어떻게 전달할지 생각해 보자.

---

4. 일례로 행복한 기질의 혜택에 관해서는 마틴 셀리그만 Martin P. Seligman 의 긍정 심리학 Authentic Happiness 참조 New York : Free Press, 2002

5. Martin P. Seligman, Learned Optimism : How to change your mind and your life New York : Free Press, 1990 and 1998

정보를 알아내기 위한 인터뷰가 끝나면 즉각 감사의 표시를 보내자. 관심이 가는 뉴스 기사나 자신의 발전에 대한 최신 정보를 보냄으로써 잠재적인 멘토와 계속 연락을 유지하도록 한다. 만약 둘 사이의 공감대가 제대로 형성된 경우라면 점심 식사나 커피를 함께 하자고 접근한다. 기꺼이 먼저 접근하려는 의지를 보이는 데는 많은 노력이 필요할 것이다. 자신이 가진 전문 지식으로 멘토의 기술적 측면을 보완하여 멘토의 네트워크 내에서 중요한 일원이 될 수 있을 것이라는 점을 생각하도록 한다.

갖고 있는 기술과 이점을 자신이 목표로 삼은 멘토나 프로테제와 조화시키기

대화를 통해 그리고 앞의 체크 리스트들을 완성해 가면서 주워 모은 정보를 RDP의 첫 번째 섹션에서 물망에 오른 멘토와 프로테제들의 정보와 결합하여 표 7.12의 질문에 답하도록 한다. 아직까지 특정 인물을 정하지 않았다면 마음에 두고 있는 멘토나 프로테제의 유형을 갖고 표를 완성하면 된다.

멘토라 하더라도 역시 잠재적인 프로테제에게 자신이 어떤 점을 어필하는지를 생각할 필요가 있다. 연구 결과에 의하면, 유능한 멘토는 멘토링에 숙달되어 있고, 커리어적 · 감정적 · 역할 모델적 기능을 제공하며, 감정 이입을 잘한다.[6] 우리의 연구에 따르면 밀접한 관계를 유지하고, 가치 있는 테스트와 도전 과제들을 고안해내며, 결과 지향적 관계를 발전시키기 위해 노력한 멘토들이 프로테제들의 눈에는 유능하게 보였다고 한다.

---

6. 일례로 Tammy D. Allen and Lillian T. Eby, "Factors Related to MentorReports of Mentoring Functions Provided : Gender and Relational Characteristics," Sex Roles 50, nos. 1~2(2004) : 129~139.

표 7.12 목표로 삼은 멘토나 프로테제와의 이익 조화시키기

1. 목표로 삼은 멘토나 프로테제와 어떤 점이 닮았는가? 그리고 그 유사성을 어떻게 전달할 수 있는가?

2. 멘토나 프로테제에게 도움을 주는 측면에서 다른 이들과 어떤 차별성을 갖는가(보완적 기술이나 견해라는 측면에서)?

3. 어떤 특질이나 기술을 소유하고 있는가 또 그러한 특질과 기술을 멘토나 프로테제에게 어필할 수 있도록 발전시킬 수 있는가?

4. 과거의 공적 또는 실제로 보여 준 잠재력에는 어떤 것이 있는가(이력서를 업데이트할 수 있는 좋은 기회다.)?

5. 프로테제라면, 기꺼이 배우고자 하는 자신의 의지를 어떤 방법으로 전달할 수 있는가?

멘토 : 프로테제뿐만 아니라 멘토 자신에게도 이득이 되는 관계 수립하기

이쯤에서 프로테제의 잠재력을 개발시키는 것이 당신의 최대 관심사라는 것을 스스로 주지했기를 바란다. 다행스럽게도 다음에 나오는 5가지 조언을 따른다면 프로테제가 되고자 하는 사람을 개발하기 위해 그렇게 많은 일을 할 필요는 없을 것이다. 왜냐하면 프로테제들이 당신에게 올 것이기 때문이다.

1. 명성을 확립하고 나면 당신에게 몰릴 것이다.[7] 다른 말로 하면, 탁월하다는 평판을 얻으라는 것이다. 자신의 직업 커뮤니티에 참가하여 남의 눈에 띄는 기회를 잡는다. 이는 프로페셔널 조직을 위한 칼럼을 쓸 기회로 이어지거나 리더십 역할을 맡는 기회가 될 수 있다. '미디어를 잘 다루는 법' 같은 과목을 수

강하거나 PR 전문가에게 개인 코치를 받는 방법을 통해 미디어를 잘 활용하는 사람이 되자. 전문적인 기술 영역을 발전시키고 이를 다른 사람과 함께 나누자.

2. **일단 프로테제들이 접근하면 가까이하기 쉬운 사람이 되자.** 당신에게 멘토가 되어 주기를 바라는 사람이 접근하면, 설령 그 접근 방법이 그다지 매끄럽지 못할지라도 존중하는 마음을 갖고 그 사람을 대해야 한다. 우리와 대화를 나눈 대부분의 멘토들은 잠재적인 프로테제와 전화로라도 일단 한번 대화를 나누고 나면 그 다음에는 그들을 멘토링 대상으로 여겼다.

3. **기본 원칙을 정한다.** 가까이하기 쉽되 만만한 사람이 되어서는 안 된다. 그렇지 않으면 사람들이 지나치게 몰린다. 폴라 매디슨은 자기가 연설을 하러 갈 때마다 프로테제가 되고자 하는 사람들의 요청이 쇄도해 비서가 몸서리를 친다는 농담 섞인 말을 했다. 시간 제약이라는 점에서 당신이 할 수 있는 것이 무엇이고 할 수 없는 것이 무엇인지 미리 생각해 보라. 잠재적인 프로테제들에게 다른 대안을 제시하도록 하자. 경영 컨설턴트 일을 하고 있는 우리의 한 멘토는 자신의 시간을 너무 많이 잡아먹기 때문에 점심 약속을 거절한다고 했다. 대신 그녀는 토요일 오전 10~12시 사이를 멘토링 시간으로 정해 놓고 동네 스타벅스에서 프로테제들을 맞는다. 우리의 초기 멘토였던 어떤 사람은 우리의 관계에 대해 언제든 현금으로 바꿀 수 있는 백지 수표와 같은 것이라고 말하곤 했다. 그의 관점에서 보자면 자신은 도와주러 온 사람이지만 은행에 가야 할 사람은 우리라는 것이다. 연락을 먼저 취하고 그의 제안에 따름으로써 우리는 '입금'하는 사람이 되어야만 했다.

---

7. 이 문구는 《꿈의 구장 Field of Dreams》이라는 영화에서 빌려온 것이다. 캐빈 코스트너가 주연하고, 필 알덴 로빈슨 Phil Alden Robinson 이 감독을 맡았으며, 로렌스 고든 Lawrence Gordon 과 찰스 고든 Charles Gordon 이 제작하고, 유니버설이 배급한 1989년도 영화다.

4. **계속해서 연락을 취한다.** 많은 파워 멘토들이 주기적으로 프로테제들을 추적하는 시스템을 개발했는데, 이는 프로테제에게 때때로 이메일을 보내도록 기억을 환기시켜 주는 장치가 될 수 있다.

5. **자원을 공유한다.** 자격이 되는 다른 멘토들에게 자신의 프로테제들을 위탁함으로써 점점 늘어나는 네트워크를 관리하도록 한다. 폴라 매디슨은 과거의 프로테제와 지금의 프로테제들을 연결시키는 것을 좋아한다. 이는 자신을 지지하는 충성스런 프로테제 그룹을 양성하고 양쪽 모두가 성장하고 발전할 수 있는 기회를 제공한다.

잠재적 멘토나 프로테제에 접근하기

꿈에 그리던 멘토나 프로테제를 발견했는가? 그렇다면 어떤 식으로 그 사람에게 접근하여 그토록 갈구하던 관계를 시작할 것인가? 앞의 5장에서 언급했듯이 여러 가지 방법이 있겠지만 가장 적합한 전략은 그 사람과 당신의 현재 관계에 달려 있다. 만약 당신이 찾고 있던 사람의 유형을 이제 막 발견한 경우라면 연락을 취하기 전에 몇 가지 단계를 밟아야 할 것이다. 반면 오랜 시간 함께 일해 온 사이라면 접근이 한결 쉬울 것이다. 점심 식사를 함께 하자고 초대하는 것으로 시작할 수도 있다. 대신 당신 또는 그들의 커리어에 대해 이야기하고자 한다는 것을 분명히 해야 한다. 앞에서도 언급했듯이 우리 연구의 많은 관계들이 멘토와 프로테제 양쪽 모두에게 있어 상대가 제공해야 할 것이 무엇인지를 알게 됨과 동시에 시작되었다. 지금쯤이면 관계 발전 계획에 있어 잠재적인 멘토나 프로테제에게 당신이 제공해야 할 것이 무엇인지에 대한 개념이 생겼을 것이다. 그러므로 목표로 삼은 멘토나 프로테제에게 어떻게 접근할 것인지를 결정해야 한다. 다음에 나오는 설명을 이용해서 접근 계획을 만들도록 한다.

1. 앞부분에서 확인한 멘토나 프로테제의 유형을 찾는다.
   a. 사람을 직접 만나든 온라인을 통하든 전문 기관의 자료를 이용한다.
   b. 직장 내에서 멘토나 프로테제를 찾는다.
   c. 친구나 지인의 도움을 얻어 연결 고리를 찾는다.
2. 할 수 있는 한 철저하게 그 사람의 배경을 조사한다.
3. 계획을 세운다.
   a. 첫 번째 만남의 형식 : 점심 약속, 사무실에서의 만남, 이메일을 통한 소개, 전화 중에서 결정한다.
   b. 토론에 관한 원고 작성 : 무슨 얘기를 할 것인가? 목적이 무엇인가? 성취하고자 하는 것이 무엇인가? 관계가 얼마만큼 공식적이길 바라는가? 상대가 어떻게 반응할 것인가?
   c. 토론에서의 역할 체험 : 동료 한 사람을 골라 당신의 계획을 밝히고 무엇을 말하고자 하는지 이야기한다. 그의 반응을 알아본다.
   d. 계획 완성을 위한 목표를 세운다.
   - 몇 월 며칠까지 잠재적 멘토나 프로테제 몇 명에게 전화를 걸겠다.
   - 몇 월 며칠까지 잠재적 멘토나 프로테제 몇 명과 미팅 약속을 잡겠다.
   - 몇 월 며칠까지 다음의 사람들과 최초의 대화를 나누겠다. 1._____ 2._____ 3._____ 그리고 관계에 관해 대화를 나누겠다.

감성 지능을 이용해 멘토나 프로테제 매료시키기

멘토링 관계에 있어 멘토와 프로데제 모두에게 감성 지능^{EQ}이 중요하다고 계속해서 언급해 왔다. EQ는 멘토링 관계 전반에 걸쳐 중요한 작용을 하는데, 잠재적 프로테제나 멘토에의 접근을 결심하는 초기 단계에는 특히 더 중요하다. 최근 들어 인기가 높아지긴 했지만 사실 감성 지능이라는 아이디어는 매우 오랜 역사를 갖고 있다. 여기에는 자신의 감정을 조절하는 능력이나 다른 사람의 감정을 인지하는 것은 물론 이해하고 만족시키는 능력을 포함해 중요한 요소들이 여러 가지 포함되어 있다.

감성 지능의 몇 가지 측면을 평가하는 데 우리가 사용하는 방법 중 하나는 사회기술척도Social Skills Inventory라고 부르는 것이다.[8] 이것으로 한 사람의 감성과 사회 지능의 수준을 알 수 있다. 사회 지능은 사람들이 사회 상황에서 다른 사람들과 상호 작용을 얼마나 잘하는지를 추가함으로써 감성 지능의 개념보다 한 발 더 나아간 것을 말한다. 표 7.13에는 사회기술척도를 축약한 버전이 포함되어 있다.[9] 점수를 해석하는 데 도움이 될 만한 몇 가지 해석 방법은 다음과 같다.

- 어떤 부문에서 6~8점의 점수를 얻었다면 상대적으로 이 분야에 숙련된 것이다.
- 4~5점의 점수를 얻었다면 조금 개선할 여지가 있는 중간 정도의 숙련도를 의미한다.
- 3점 또는 그 이하의 점수를 얻었다면 덜 숙련되어 있다는 것을 의미한다.

기술 척도에 나타난 점수를 살피기 위해서는 3가지 감성 특질과 3가지 사회적 특질을 함께 고찰하는 것이 중요하다. 이런 다양한 특질들은 직장 내 업무 효용성의 많은 영역에 있어 중요하다고 판명된 것이다. 예를 들어 감성 표현

---

8. Ronald E. Riggio, 사회기술척도 설명서 : 학술판Palo Alto, CA : Consulting Psychologists Press, 1989 ; Ronald E. Riggio and Dana R. Carney, 사회기술척도 설명서, 2판.Redwood City, CA : MindGarden, 2003
9. 사회기술척도를 평가할 수 있는 온라인 버전이 곧 가능해질 www.mindgarden.com을 점검해 보자.

능력이 뛰어난 리더와 경영자들이 좀 더 효율적인 사람으로 보인다는 것이다. 그러나 같은 맥락에서 볼 때 감성 제어 수준 역시 그에 상응해야 할 필요가 있다. 만약 어떤 사람이 높은 수준의 제어력과 낮은 수준의 표현 능력을 갖고 있다면 많은 사람들은 그 사람과 함께 일하는 데 어려움을 느낄 것이다. 왜냐하면 그 사람이 무엇을 생각하는지 전혀 모를 것이기 때문이다. 사회적 측면에서도 비슷한 결과가 나타난다. 사회성 표현 능력은 오늘날의 직업 세계에서 중요한 속성이지만 주어진 상황에 적합한 행위라는 것을 확실히 알기 위해서는 상당히 높은 수준의 사회성 제어 능력도 필요하다. 게다가 사회적 상황을 읽어 내 어떤 것이 적합한 행위인지를 알아내는 능력은 매우 중요하다. 어떤 사회적 상황에 처했을 때 그 상황을 읽어 내고 모든 이들이 편안하게 느낄 수 있도록 상황에 맞게 적절히 행동하는 사람들이 있다. 당파를 불문하고, 전직 대통령인 빌 클린턴과 로널드 레이건이 이 방면에 매우 능숙했다는 데는 당신도 동의할 것이다.[10]

그렇다면 어떻게 해야 점수를 높일 수 있을까? 때로는 각기 다른 부분의 중요성을 인식하는 것만으로도 가능하다. 예를 들어 우리들 대다수는 의사 표현을 별로 많이 하지 않는 다른 사람의 감정을 읽는 데 능숙하다. 하지만 항상 말이 많은 사람의 감정을 해석하는 일에는 어째 더 서툴다. 어떤 사람의 얼굴에 나타난 표정이 그가 하는 말과 일치하는지 천천히 시간을 갖고 판단하는 것은 이 분야에 좀 더 능숙해지는 데 있어 중요한 단계이다. 만약 다른 사람들이 당

---

10. 사회기술척도에 관한 연구 결과를 검토하려면 다음을 참조할 것. Ronald E. Riggio and Heidi R. Riggio, "Self-Report Measures of Emotional and Nonverbal Expressiveness," in Valerie Manusov(ed.), The Sourcebook of Nonverbal Measures" Going beyond Words, 105-111 Mahwah. NJ : Lawrence Erlbaum Associates, 2005.

표 7.13 사회기술척도

	나 같지 않음	나와 비슷	나와 많이 비슷	나와 완전히 같음
1. 사람들이 내게 얼굴 표정이 풍부하다고 한다.	4	3	2	1
2. 사람들이 자신의 진심을 숨기기 위해 아무리 힘들게 노력한다 한들 나는 그 사람의 진심을 알 것 같다.	4	3	2	1
3. 나는 화가 나 있을 때조차 겉으로는 평온을 유지한다.	4	3	2	1
4. 다른 사람들이 나를 좋아하는 것이 매우 중요하다.	4	3	2	1
5. 낯선 사람에게 내 소개를 할 때 보통 내가 먼저 하는 편이다.	4	3	2	1
6. 종종 내 느낌이나 감정을 내보인다.	4	3	2	1
7. 파티에 가고 새로운 사람들을 만나는 것을 즐긴다.	4	3	2	1
8. 내 감정을 조절하는 것은 매우 쉬운 일이다.	4	3	2	1
9. 어떤 사람을 만나자마자 그 사람이 겉치레뿐인 사람인지 아닌지를 즉각 알 수 있다.	4	3	2	1
10. 나는 어떤 상황에 처해도 쉽게 적응할 수 있다.	4	3	2	1
11. 특정 상황에서 내가 제대로 행동하는 건지, 맞는 말을 하고 있는 건지 걱정하게 된다.	4	3	2	1
12. 여러 사람과 함께 있을 때 어떤 얘기를 할지 생각하느라 어려움을 겪는 일이 거의 없다.	4	3	2	1

점수 매기기

다음의 각 빈 칸에 위의 점수를 적고 숫자를 더해 각 부문의 점수를 매긴다.

감성 표현 능력 : 이 점수는 자신의 감정을 다른 사람들에게 전달하는 데 있어 얼마나 표현력이 풍부한가를 나타낸다. 경영자들은 자신의 열정이나 의사 소통에 중요할 수도 있는 다른 느낌들을 내보이기 위해서 감정을 잘 표현해야 한다.

  1._____ 사람들이 내게 얼굴 표정이 풍부하다고 한다.
  6._____ 종종 내 느낌이나 감정을 드러낸다.

감성 표현 능력 점수 _____

감성 민감도 : 이 점수는 다른 사람들이 느끼는 감정이 어떤 것인지 당신이 얼마나 잘 말할 수 있는가를 나타낸다. 이는 다른 사람에게 동기를 부여하는 것이 어떤 것인지를 이해하는 데 도움을 주고, 당신의 아이디어에 대한 다른 사람의 반응을 읽어 냄으로써 당신의 아이디어를 다른 사람에게 확실히 이해시키는데 도움이 되는 매우 중요한 기술이다.

  2._____ 사람들이 자신의 진심을 숨기기 위해 힘들게 노력해도 나는 그 사람의 진심을 알 것 같다.

9. _____ 어떤 사람을 만나자마자 그 사람이 겉치레뿐인 사람인지 아닌지를 즉각 알 수 있다.

감성 민감도 점수 _____

감성 제어 : 이 점수는 자신의 감정을 얼마나 제어할 수 있는지 그리고 다른 사람에게 내보이는 감정을 얼마나 제어하고자 하는지를 반영한다.
1. _____ 나는 화가 나 있을 때조차 겉으로는 평온을 유지한다.
8. _____ 내 감정을 조절하는 것은 매우 쉬운 일이다.

감성 제어 점수 _____

사회성 표현 능력 : 이 점수는 다른 사람과 소통하는 데 있어 말로써 얼마나 자신을 표현할 수 있는가 하는 능력을 나타낸다. 능력 있는 경영자와 리더라면 다른 사람들에게 동기를 부여하고 함께 일하도록 만들기 위해 풍부한 표현력이 필요하다.
5. _____ 낯선 사람에게 내 소개를 할 때 보통 내가 먼저 하는 편이다.
7. _____ 파티에 가고 새로운 사람들을 만나는 것을 즐긴다.

사회성 표현 능력 점수 _____

사회성 민감도 : 이 점수는 사회적인 상황에서 얼마나 눈치가 빠른지를 보여 준다. 이 부문에서 높은 점수를 얻은 사람은 어떤 특정한 상황에서 무슨 일이 일어나고 있는지를 쉽게 알아채는 능력이 있다. 이는 매우 중요한 리더십 기술이다. 왜냐하면 어떤 그룹이든 간에 그 그룹의 규칙이 어떤 것인지를 빨리 알아채는 데 도움이 되기 때문이다.
4. _____ 다른 사람들이 나를 좋아하는 것이 매우 중요하다.
11. _____ 특정 상황에서 내가 제대로 행동하는 건지, 맞는 말을 하고 있는 건지 걱정하게 된다.

사회성 민감도 점수 _____

사회성 제어 : 이 점수는 당신의 사회적 행위를 상황에 맞도록 변화시킬 수 있는가를 나타낸다. 당신은 새로운 상황에서 사회적 행위를 잘하는 사람이 되는 법을 알고 있다. 훌륭한 리더들은 어느 종류의 사람과도 잘 어울림으로써 사회적 상황에서 나른 사람을 편하게 해 주는 방법을 알고 있다.
10. _____ 나는 어떤 상황에 처해도 쉽게 적응할 수 있다.
12. _____ 여러 사람과 함께 있을 때 어떤 얘기를 할지 생각하느라 어려움을 겪는 일이 거의 없다.

사회성 제어 점수 _____

신의 감정을 읽는 데 어려움을 느낀다면 당신은 자신의 감정을 좀 더 자주 다른 사람과 나누려는 노력을 해야 한다. 이에 반대로 당신이 계속해서 당신의 감정을 내보이는 경우라면 사람들은 당신의 감정 표출을 무시하기 시작할 것이다. 사회적 환경에서 이러한 기술을 향상시키는 방법은 많다. 예를 들어 많은 사람들이 화술 강좌를 듣고 있는데, 이는 단지 화술만 향상시키는 것이 아니라 네트워킹 기술을 발전시키는 방법이 되기도 한다.

감성 지능의 여러 국면을 평가하는 데 도움이 되는, 좀 더 시간이 오래 걸리는 방법도 있다. 예를 들어 국제적인 컨설팅 회사인 헤이 그룹Hay Group은 다니엘 골맨Daniel Goleman과 연합하여 감성 지능의 여러 면을 측정하는 척도를 개발했는데, 웹사이트에서 이용이 가능하다.*11 감성 지능은 또한 멘토링 관계의 초기 단계에서 주어진 특정 테스트와 도전을 잘 수행해내는 데도 중요한 역할을 한다.

최초의 테스트와 과제에 대비하라

관계의 초기 단계에서는 테스트와 과제의 역할에 대해 멘토와 프로테제 모두가 잘 알고 있어야 한다. 첫 번째 단계는 과제가 주어졌을 때 그것을 인식하는 일이다. 파멜라 토마스-그레이엄과 밥 라이트의 서로에 대한 긍정적인 첫인상이 파멜라로 하여금 CNBC를 맡게 했고, 닷컴 부문이 부침을 거듭하던 엄청난 시기에 조직을 이끌어 나가도록 했다는 이야기를 상기해 보면 될 것이다.

앞의 4장에서 기술한 4가지 초기 테스트를 떠올려 보자. 이 테스트들을 다음과 같은 방법으로 활용할 것을 권한다. 멘토의 경우 4가지 테스트를 잘 살펴

---

11. http://www.hayresourcesdirect.haygroup.com/Competency/Assessments_Surveys/Emotional_Competency_Inventory_University/Overview.asp에서 평가가 가능하다.

보고, 자신에게 맞게 설정을 바꾸도록 한다. 이 목록에 무엇을 더하고 무엇을 삭제하고 싶은가? 이는 첫 번째 만남에서 프로테제에 대한 기대치를 설정하는 데 도움이 될 수 있다. 또한 프로테제와의 첫 만남 후 물망에 오른 프로테제를 평가하는 도구로도 사용할 수 있다. 프로테제의 경우 멘토와의 첫 만남을 가진 뒤 자신이 전달하려고 했던 바가 무엇인지를 평가하는 데 도움이 될 것이라고 생각한다. 이 4가지 초기 테스트를 얼마나 잘 수행했다고 생각하는가?

1. 프로테제가 목표를 갖고 있는가?
   - 프로테제의 목표가 무엇인가? 그리고 그 목표는 멘토가 기꺼이 제공할 의사가 있고, 제공할 수 있는 것과 과연 일치하는가?
   - 프로테제가 커리어의 최종 목표로 삼고 있는 것이 무엇인가?
2. 이 관계가 윈-윈 관계가 될 수 있는가?
   - 이 관계를 통해 멘토가 얻는 것은 무엇인가?
   - 구체적으로 어떤 방식으로 멘토가 프로테제를 도와주게 되는가?
3. 프로테제에 대한 멘토의 첫인상은 어떤가?
   - 프로테제의 비언어적 소통 스타일은 어떠한가?(예를 들어 시선을 마주친다거나 보디랭귀지, 에너지 등)
   - 프로테제에게 '특별한 무엇' 또는 임원적인 면모가 있는가, 아니면 그것을 계발할 잠재력이 있는가?
4. 이 프로테제는 승자가 될 사람인가 아니면 징징거리는 사람인가?
   - 프로테제가 자신의 커리어나 일에 있어 문제점이나 과제를 묘사하는 방식이 건설적인가?(즉 우는 소리를 내거나 다른 사람을 깎아 내리지 않고 얘기하는가?)

가까워지기 : 어떻게 관계를 수립하고 심화시킬 것인가

여기서는 현재 속해 있는 멘토링 관계의 적정성에 초점을 맞추고, 이 관계를 개선하고 심화시킬 수 있는 방법을 파악하는 데 도움이 되는 연습 문제와 점검표를 줄 것이다. 당신의 관계가 생산적인 것인지 알 수 있도록 돕기 위해 6장을 비롯해 여러 장에서 설명했던 결과를 참조하도록 한다.

현재 관계를 평가한다

연구 결과에 따르면 멘토가 제공하는 도움은 크게 3가지로 나눌 수 있다. 커리어, 감성 그리고 역할 모델이 그것이다. 또한 이 3가지가 프로테제에게 더 많이 제공될수록 관계에 대한 프로테제의 만족감도 크다고 한다.[12] 표 7.14에 나와 있는 주제들은 멘토링 기능의 평가에서 비롯된 것으로, 지원이 필요한 모든 부문에 있어 자신의 관계에서 어느 범위까지 지원이 가능한지를 판단하는 데 멘토나 프로테제 모두가 사용할 수 있는 것이다.[13]

표 7.14에 나와 있는 행위 목록을 잘 살펴 현재 자신이 속한 관계에서 빠져 있는 것은 무엇이고 현존하는 것은 무엇인지 그리고 자신이 받고 있는 지원을 더 배가시키기 위해 할 수 있는 일은 무엇인지를 구체적으로 생각해 보자. 예를 들어 프로테제라면 관계에서 필요로 하는 다른 종류의 지원에 대해 멘토에

---

12. 일례로 Raymond A. Noe "An Investigation of the Determinants of Successful Assigned Mentoring Relationships," Personnel Psychology 41(1988) : 457~479; Belle Rose Ragins and John L. Cotton, "Mentor Functions and Outcomes : A Comparison of Men and Women in Formal and Informal Mentoring Relationships," : Journal of Applied Psychology 84 (1999) : 529~550 참조하라.
13. Terry Scandura and Ralph J. Katerberg, "Much Ado about Mentors and Little Ado about Measurement : Development of and Instrument." 1988년 8월, 캘리포니아 애너하임에서 열린 National Academy of Management 연례 회동에서 발표된 논문.

표 7.14 관계 내의 멘토링 기능

커리어
1. 나의 멘토는 나의 커리어에 개인적으로 관심을 갖고 있다.
2. 나의 멘토는 나에게 중요한 업무를 할당한다.
3. 나의 멘토는 일에 있어 내게 각별한 지도를 해 준다.
4. 나의 멘토는 승진 기회에 대한 조언을 아끼지 않는다.
5. 나의 멘토는 나의 커리어를 위해 특별히 시간과 정성을 기울인다.
6. 나의 멘토는 귀중한 정보를 나와 함께 공유한다.
7. 나의 멘토는 직업적으로 도움이 될 만한 사람들과 만날 기회를 만들어 나를 도와준다.
8. 나의 멘토는 내가 승진을 준비할 수 있도록 도와준다.

감정적인 면
1. 나는 멘토를 나의 친구로 생각한다.
2. 나는 멘토와 개인적인 문제도 공유한다.
3. 나는 퇴근 후 나의 멘토와 교제한다.
4. 나와 멘토는 서로의 속내를 털어놓는다.
5. 나는 종종 멘토와 식사(예를 들어 점심 식사)를 함께 한다.

역할 모델
1. 나는 나의 멘토의 작업 습관을 흉내낸다.
2. 나는 다른 이들에게 동기를 부여하는 멘토의 능력에 감탄한다.
3. 나는 전문 분야에 관한 내 멘토의 지식이 존경스럽다.
4. 나는 다른 이들을 가르치는 멘토의 능력을 존경한다.

게 말할 수 있다. 멘토의 경우라면 관계를 개선하기 위해 당신이 제공할 수 있는 다른 종류의 지원이 어떤 것인지를 프로테제와 이야기할 수 있다. 당신이 속해 있는 특정 멘토링 관계에 어떤 다른 행동을 추기했으면 하는지도 파악할 수 있다. 이 목록을 기준으로 자신이 적절한 보상을 받는 관계에 놓여 있는지 아닌지를 측정해 보는 것이 도움이 될 것이다.

현재 관계의 신뢰도를 평가한다

앞의 여러 장에서 신뢰가 성공적인 멘토링 관계의 강력한 구성 요소라는 것을 밝힌 바 있다.

연구원들은 신뢰의 감정을 발생시키는 수많은 요소들과 '한쪽이 다른 한쪽에 기꺼이 약한 모습을 보이는 것은 다른 편이 (a) 유능하고 (b) 개방적이며 (c) 관심을 갖고 있고 (d) 믿을 만하다는 믿음에 근거하고 있다.' 는 것을 알아냈다.[14] 표 7.15에 나와 있는 문제들은 현재의 멘토링 관계를 신뢰라는 측면에서 등급을 매기도록 하고 있다.

현재 관계의 평균 신뢰도를 측정하려면 점수를 모두 더한 뒤 10으로 나누면 된다. 평균 점수가 3이나 4가 나왔다면 신뢰 수준이 매우 높다는 것을 의미한다. 3보다 낮지만 2보다 높은 점수라면 개선의 여지가 있다고 볼 수 있다. 2보다 낮게 나왔다면 관계의 신뢰도가 낮음을 의미한다.

이 척도는 당신이 얼마나 믿음직한 사람인지를 평가하는 데도 사용할 수 있다. 다시 말해 현재 멘토링 관계에서 당신이 믿을 만한 사람이라면 신뢰의 모든 측면에서 당신 자신에게 높은 점수를 매길 수 있다는 것이다. 앞의 5장에서 단순한 사건들로 믿음이 쌓여 가는 관계의 많은 예를 들었다. 한 사람의 개인으로서 어떤 것이 당신에 대한 다른 이들의 신뢰를 증명할 만한 것인지 결정해야만 할 것이다. 연구 결과는 관계 내에서 신뢰가 싹트는 데는 시간이 걸리는 반면 한쪽이 조심하지 않으면 그 믿음은 바로 사라져 버릴 수 있다는 것을 보여 준다.

---

14. Aneil K. Kishra, "The Centrality of Trust," in Roderick Kramer and Tom Tyler(eds), Trust in Organizations, 261~287 Thousand Oaks, CA : Sage, 1996

표 7.15 신뢰 척도

	전혀 사실이 아니다	사실이 아니다	어느 정도 사실이다	사실이다
1. 나는 이 사람이 그의 일에 있어서 유능하다고 생각한다.	4	3	2	1
2. 이 사람은 유능한 멘토/프로테제다.	4	3	2	1
3. 나는 이 사람과 내가 일치하는 점을 알고 있다.	4	3	2	1
4. 이 사람은 자신의 개인사를 적당히 드러낸다.	4	3	2	1
5. 이 사람은 의사 소통을 정직하게 한다.	4	3	2	1
6. 이 사람이 나의 커리어에 관심을 가져 준다고 느끼고 있다.	4	3	2	1
7. 이 사람은 직장 내 다른 사람들을 걱정해 주는 것으로 보인다.	4	3	2	1
8. 내 생각에 이 사람은 나를 한 인간으로써 배려해 주고 있다.	4	3	2	1
9. 자신이 하겠다고 한 일을 할 것이라고 나는 이 사람을 믿을 수 있다.	4	3	2	1
10. 이 사람은 말과 행동이 일치한다.	4	3	2	1

깊어진 관계에서의 테스트와 도전을 평가한다

앞의 4장에서 관계가 진전됨에 따라 멘토가 프로테제에게 부과하는 테스트와 도전이 어떻게 변화하는지를 살펴보았다. 게일 앤 허드의 말을 예를 들어 보자. "로저 콜먼$^{Roger\ Corman-멘토}$ 과 함께 한 모든 것이 테스트였습니다." 로저 콜먼은 지속적으로 그녀에게 새로운 도전 과제들을 내놓았기 때문이었다. 이 단계의 테스트와 도전은 멘토와 프로테제 모두에게 영향을 끼친다. 프로테제는 여러 유형의 테스트를 능숙하게 처리하는 것과 더불어 그것을 통해 배움을 얻는 것이 중요하다. 멘토의 경우 6가지 종류의 테스트가 있음을 확인한 바 있다. 이제는 논의의 범위를 확장하여 프로테제와 함께 하는 당신의 관계에서 이 테스트들을 사용하는 구체적인 방법들을 제공할 것이다. 종종 첫 번째 테스트의 본질은 어떤 산업인지, 어떤 관계인지 그리고 멘토와 프로테제의 전문가적 수준은 어떠한지에 따라 상당히 다양하다. 하지만 여기서는 여러분이 적용해 볼 만한 일반적인 예제 목록을 제시하겠다.

 1. "프로테제는 '자신이 한 말을 실제 행동으로 보여' 줄 수 있는가?"가 최초의 주목할 만한 테스트가 되는 경우가 종종 있다. 다른 말로 하면, 멘토가 프로테제에게 첫 번째 과제를 주었을 때 프로테제가 그것을 완수했는지 또 그랬다면 얼마나 잘했는지를 말한다. 전형적으로 첫 번째 과제의 실패는 프로테제에게만 타격을 줄 뿐이다.—멘토에게 유일한 손실은 충고나 제안을 하는 데 든 시간뿐이다. 멘토가 내놓을 법한 과제의 유형은 다음과 같다.

- 프로테제에게 뭔가 중요한 읽을거리나 검토할 만한 내용을 주어라. 당신이 직접 쓴 보고서나 당신의 사고에 중심이 되는 한 권의 책이 될 수도 있다. 예를 들어 론 델럼스는 그의 첫 번째 멘토 중 한 사람에게《Shoes of the Fisherman 어부의 신발》이라는 책을 읽으라는 과제를 받았다. 그것은 멘토 자신의 리더십에 관한 철학을 알려 주는 방법이었던 것이다. 다음 만남에서 프로테제의 생각과 견해에 관해 토론하라.
- 프로테제에게 어떤 일에 관한 조사를 하도록 시켜라. 그것은 ASTD American Society of Training and Development의 다음 회의를 어디에서 개최할지를 결정하는 것처럼 간단한 일일 수도 있고 좀 더 복잡한 일이 될 수도 있다.
- 당신이 속한 산업이나 흥미가 있는 다른 분야에 대해 추가적인 정보가 필요할 때 프로테제로 하여금 동료나 친구들에게 연락해 보도록 제안하라. 프로테제들이 그 일을 얼마나 철저히 잘 해내는지 그리고 다른 사람들이 프로테제에게 받는 인상이 어떤 것인지를 알아보는 좋은 방법이 될 것이다.
- 다음 토론이나 회의의 기초 자료를 작성할 수 있는, 간단하지만 중요한

일을 프로테제에게 맡겨 보라. 이 작업은 그들의 이력서를 갱신하거나 직업 목표 목록을 작성하는 것 같은 간단한 일이 될 수도 있다.
- 프로테제에게 직업과 밀접한 관련이 있는 테스트를 주어 보라. 힐다 솔리스의 경우에는 샤론 마르티네즈에게 선거 운동에 필요한 초기 자금 1만 달러를 모금하도록 했다.
- 당신이 생각하는, 적당하고 의미 있는 첫 번째 테스트로 다른 아이디어는 무엇이 있는가?

2. 두 번째 테스트는 이 프로테제와의 관계가 멘토에게 해가 될 것인지 도움이 될 것인지를 묻는 것과 연관된다. 궁극적으로 이 테스트에 있어서 프로테제의 수행 능력은 그들의 관계가 멘토에게 득이 될 것인지 해가 될 것인지 여부를 알려 줄 것이다. 직접적으로 업무와 연관이 있거나 멘토의 이력에 간접적으로 영향을 미치는 첫 번째 도전 과제를 프로테제가 얼마나 잘 수행했는가? 일반적으로 두 번째 도전 과제는 좀 더 심각하다. 실패가 멘토의 중요한 작업이나 명성에 영향을 미칠 수 있기 때문이다. 이 도전은 종종 업무와 관련되며, 멘토의 명성과 단단히 얽혀 있다. 이 두 번째 도전 과제는 물론 정황에 따라 달라진다. 하지만 일반적인 예를 살펴보면 프로테제에게 전문적인 프레젠테이션을 하도록 하거나 프로테제가 멘토를 대신하여 전문가 자격으로 말하거나 행동하도록 허용하거나 프로테제에게 연구의 주요 부분을 믿고 맡기는 것 등이 포함된다.

- 당신의 프로테제에게 내줄 만한 적당한 '혜택 테스트'는 무엇이라고 생각하는가?

3. 세 번째 도전 과제 세트는 '과오는 인간의 몫이고, 용서는 신의 몫이다.'라는 생각에 기반을 두고 있다. 즉 당신이 무언가를 배웠다면 말이다. 이번 테스트는 프로테제가 실패했을 때 작용하기 시작한다. 이런 형식의 테스트는 조작될 수 없으며, 일반적으로 가장 불편한 시기에 일어난다. 하지만 어떤 것이 잘못될 가능성이 있는지 미리 내다보고 그에 적합한 반응을 예상하는 것은 관계의 파열을 피하기 위한 한 가지 방법이 될 수 있다. 다음의 질문들은 당신의 과거와 현재의 멘토링 관계를 평가하는 데 유용할 것이다.

- 과거에 당신은 어떻게 실패했는가? 서툴렀던 관계에 대해 생각해 보라. 관계를 끝나게 만든 결정적인 요인은 무엇이었는가? 또 어떻게 그 상황에서 벗어날 수 있었는가?
- 멘토나 프로테제와 연결된 관계에 자신의 과거 관계들을 연관시켜 생각해 보라. 당신의 관점에서 본, 용서받지 못할 행동은 무엇이었는가? 그들이 행한 최악의 행동은 무엇인가?
- 당신을 화나게 만든 것은 무엇이었는가? 만일 프로테제가 진심으로 사과했다면 용서할 수 있었던 것은 무엇인가?
- 당신의 프로테제가 실패한 상황을 상상해 보라. 당신의 프로테제는 방어적이고, 당신의 비판을 수용하며, 즉시 잘못을 개선할 것인가?
- 당신에게 있어 '거래를 깨는' 실패는 무엇인가?
- 당신의 프로테제로 인해 당신의 명성이 손상되거나 더럽혀졌다면 어떤 방법으로 복구했는가?
- 프로테제가 실제로 배운 것은 무엇인가? 당신은 무엇을 배웠는가? 그 배움이 그만한 가치가 있었는가?
- 관계는 지킬 만한 가치가 있는가?

4. 이 프로테제가 나에게 진실을 말하고, 진심으로 내 말을 듣고 있는지 믿을 수 있는가? 다른 말로 하면 프로테제가 멘토에게 유용한 의견과 충고 그리고 피드백을 얼마나 잘 제공하고 있는가?

- 당신의 프로테제에게 고맙게 받아들일 솔직한 피드백을 3개의 분야로 열거하라.

5. 관계가 계속해서 발전해 갈 때는 프로테제가 그 일을 할지 여부 그리고 프로테제가 멘토에게 고마워하고 있는지 여부에 관한 테스트를 해 보라. 조심스럽게 다음의 문제들을 검토하고 당신의 프로테제가 당신의 기대에 얼마나 잘 부응하고 있는지 평가해 보자.

- 프로테제는 당신의 제안에 따른 행동을 계속하고 있는가?
- 프로테제는 당신의 제안과 교정, 충고에 따라 자신이 어떻게 행동했는지 당신에게 이야기하고 있는가?
- 프로테제는 멘토인 당신에 대한 고마움을 표시하고 있는가?
- 솔직하게 말하라. 프로테제가 어떻게 감사하기를 바라는가? 예를 들어 우리는 감사 카드나 조그만 감사의 선물을 고맙게 생각하고, 우리의 프로테제가 다른 이들에게 우리에 대해 긍정적으로 말한다는 얘기를 듣고 싶다. 당신은 프로테제가 어떤 식으로 감사의 뜻을 표하기를 바라는가?

6. 마지막 테스트는 프로테제가 한 사람의 인간으로서 어떤 사람인가를 판단하는 것과 관련된다. 다음의 질문들에 대해 생각해 보라.

- 당신의 프로테제는 사회적으로 다른 환경에서 어떻게 행동하는가? 그리고 일 외적인 부분에서 서로 얼마나 편안하게 느끼는가?
- 당신의 프로테제는 압박받는 상황에 어떻게 반응하며, 그것이 당신에게 어떤 도움이 되는가?
- 프로테제는 함께 있으면 재미있는 사람인가?
- 점심이나 운동을 함께 하는 것처럼 사무실 밖에서 당신의 프로테제를 평가해 보자. 사회적으로 다른 환경에서 그들의 행동은 일에서의 행동과 어떻게 부합하며, 당신과 당신의 조직을 어떻게 대표할 것인가?

현재 관계를 발전시킨다

앞의 6장에서 우리는 현재의 멘토링 관계를 심화시키는 8가지 조언과 함께 몇 가지 예를 제공했다. 표 7.16은 이런 조언들을 담고 있을 뿐만 아니라 조언에 담겨 있는 뜻이 무엇이든 당신이 취해야 하는 단계들을 기록하기 위한 공간도 준비해 놓았다. 예를 들어, 서로에 대해 감탄하고 칭찬하는 것이 어떤 면에서는 부족하다는 것을 깨닫게 될 수도 있다. 왜 그럴까? 서로의 실수 때문일까? 그렇다면 이것을 해결할 방법은 없을까? 당신의 책임은 무엇인가? 또 상대의 책임은 무엇인가?

이번 연습 문제를 끝내는 동안 당신은 당신의 관계를 좀 더 깊이 발전시키기 위해 어떤 행동을 취해야 할 필요가 있음을 느끼게 될 것이다. 당신은 현재의 관계가 자신의 직업적 요구에 부응하지 않거나 아니면 관계와 관련된 당신의 요구에 부합하지 않다거나 하는 결정을 내려야 할지도 모른다. 만일 당신의 현재 관계가 더 이상 깊어질 가능성이 없다고 느낀다면 다음 단계로 나아가야 할 때일 수도 있다.

당신의 관계가 역기능을 하거나 더 이상 유용하지 않다는 것을 어떻게 알 수 있는가? 멘토링 관계에 속한 개인들은 종종 관계 속에서 많은 기복을 거쳐 온다. 관계가 수렁에 빠져 꼼짝하지 않는 것처럼 느껴질 수도 있다. 우리는 6장에서 멘토가 멘토링 관계에서 느낀 부정적인 경험 몇 가지를 덮어 두었다. 우리는 이런 아이디어로 다시 돌아와 당신의 관계를 주의 깊게 살펴보기를 원한다. 당신의 현재 프로테제는 다음 항목에서 어느 정도인지를 말이다.

- 이용하려는
- 이기적인
- 남을 잘 속이는
- 사보타주에 참여하는
- 심하게 복종하는
- 기대 이하의 수행력을 보이는
- 배우기를 꺼려하는[15]

당신의 멘토는 다음 항목에서 어느 정도인지 살펴보라.

- 당신의 작업을 사보타주한다.
- 당신에게 불가능한 선택을 하도록 요청한다.
- 당신의 아이디어를 훔친다.
- 당신을 위협한다.

---

15. Lilian Eby and Stacey McManus, "The Protégés' Role in Negative Mentoring Experiences," Journal of Vocational Behavior 65(2004) : 255~275; Lilian T. Eby, Marcus Butts, Angie Lockwood, and Shana A. Simon, "Protégés' Negative Mentoring Experiences : Construct Development and Nomological Validation," Personal Psychology 57(2004) : 411~447.

표 7.16 현재의 관계를 더 깊은 관계로 만들기 : 당신이 수행해야 할 단계들

1. 서로의 작업 환경과 문제들에 대한 깊은 이해를 발전시켜라.

2. 칭찬 조직을 발전시켜라.

3. 서로를 경쟁자가 아닌 믿을 만한 친구로 대하라.

4. 상대의 영향력과 아이디어에 대해 열린 마음으로 대하라.

5. 풀 수 있는 문제들에 집중해서 서로를 도와라.

6. 양쪽 모두에게 의미 있는 관계로 발전시켜라.

7. 관계의 성별과 인종 또는 세대 차이의 중요한 역할을 고려하라.

8. 언제 멘토링 네트워크로 다른 사람들을 데려올지를 인지하도록 하라.

- 복수하려 한다.
- 당신을 이용하려 든다.
- 부정적인 활동에 참여한다.[*16]

이번 섹션을 끝내면서 우리는 당신이 현재 관계를 깊게 만들려는 시도와 관계가 지나치게 부정적인 것은 아닌지 평가하며, 또한 당신의 멘토링 관계가 당신의 경력에 필요한 수준의 이익을 가져다 줄 수 있는지에 관해 생각해 보기를 바란다. 우리는 역기능 관계로 특징지어지는 부정적인 멘토링 경험을 중요하게 표현했다. 관계의 불리한 면이 유리한 면보다 많다면 현재의 멘토링 네트워크를 수정하는 관계 발전 과정을 또 한번 시작해야 할지도 모른다.

"잘 가~" 라고 말하기

이 책을 통해 당신은 당신의 멘토가 우리가 표현한 많은 기능이나 기대를 충족시키지 못한다는 것을 알게 될지도 모른다. 우리는 알고 있다. 관계를 깨는 것은 어려운 일이며, 그것보다 더 어려운 것은 관계를 우아하게 깨는 것이라는 사실을. 불행하게도 우리가 인터뷰한 파워 멘토와 프로테제들 중 매끄러운 이별을 위해 준비된 마법의 약을 갖고 있는 사람은 아무도 없었다. 하지만 우리는 파워 멘토와 파워 프로테제들이 제공한 몇몇 아이디어를 여러분과 공유할 수 있다.

1. 긍정적인 행동으로 시작하라. 가능하면 과거에 당신을 위해 그들이 했던

---

16. Terri A. Scandura, "Dysfunctional Mentoring Relationships and Outcomes," Journal of Management 24 (1998) : 449~467.

모든 일에 대해 감사 표시를 쏟아 내라. 진지하게 하도록 하라. 만일 최근 들어 관계가 나빠졌다면 그들이 초기에 당신에게 무엇을 제공했는지 그리고 당신이 일을 매우 잘 수행해냈던 이유는 무엇이었는지 생각해 보라. 당신의 생각을 글로 표현하거나 멘토나 프로테제에게 당신의 마음을 나타내는 감사의 선물을 할 수도 있다. 다음은 상황에 따라 다르다. 당신의 멘토나 프로테제와 일상적인 대화를 하고 싶거나 교제를 통해 교훈을 얻게 될지도 모른다. 헤어지는 방법이 상호적이고 우호적으로 보인다면, 가장 편안한 접근법이었을 것이다. 그러나 관계가 혼란과 적의로 특징지어진다면 좀 더 일상적인 대화가 필요할지 모른다.

2. 직접적이고 빈틈없이 하라. 관계를 끝내는 이유에 대해 가능하면 진심을 가득 담아 말해야 한다. 다른 누구보다 당신에게 직접적으로 듣는 것이 가장 좋다. 고등학교 때 당신이 친구들과 '이성 친구와 헤어지는 것'에 대한 이야기를 나누었듯이 여기서도 같은 방법을 쓸 수 있다. 믿을 만한 조언자에게 얘기해 보라(직장 동료가 아니라면 배우자나 부모 또는 심리 치료사). 멘토나 프로테제에게 어떻게 말할 것인지 그리고 어떤 말을 할 것인지 예행 연습도 해 보라. 추론이나 감상보다는 행동의 특정한 예를 들어줄 준비를 하라.

3. 시간과 장소를 신중하게 선택하라. 중립적인 위치에서 만남을 갖고 만남에 필요한 시간을 충분히 주는 것에 대해 신중히 생각하라. 감정이 고조될지도 모르니 마음의 준비를 하라. 상냥하게 이야기하되 관계를 바꿔야 할 필요성에 대해서는 똑부러지게 주장하라.

4. 끝마무리를 잘하라. 멘토와 프로테제는 종종 서로의 업무를 곤란에 빠뜨리기도 한다. 우아하고 관대하게 행동하고, 나를 괴롭혔던 사소한 일을 풀지 않은 채 그대로 두지 마라. 가능하면 대안을 제시하거나 아니면 추천할 만한 다른 사람을 말해 줘라.

5. 기밀로 유지하라. '좋게 말해 줄 게 아무것도 없다면 아예 말을 하지 말라.'는 말이 있다. 멘토링 관계를 끝낼 때 적용하면 좋은 말이다. 공개적으로 공표하고 싶은 충동이 들어도 억제하라. 그래도 굳이 공개하고 싶다면 진정으로 신뢰할 만한 사람에게 사적으로 이야기하라. 상대가 당신의 직업과 관련된 사람이 아닌 경우가 가장 좋다.

◼︎ 결론

커리어와 관련하여 진정 만족스러운 멘토링 관계를 발전시키는 것이야말로 결정적인 목적이다. 이 장에서 우리는 특정 경력에 관한 목표에 부합하는 멘토링 관계를 찾는 데 기울인 당신의 노력에 초점을 맞춘 활동들을 제공했다. 관계 발전 계획 환경 안에서 당신은 관계를 깨고 싶어 하는 이유가 무엇인지 식별할 것을 요구받았다. 당신이 찾는 것이 무엇인지를 일단 결정하고 난 뒤에는 당신이 필요로 하는 것을 가질 수 있게 해 주는 수많은 팁들이 있을 것이고, 잠재적인 멘토나 프로테제에게 접근하기 위한 방법들이 있을 것이다. 마지막으로 우리는 당신이 발전시킨 관계가 지속적으로 발전하고 개선되는 데 필요한 방법들을 알려 준다. 이번 장의 시작에서 언급했듯이 이런 활동들은 모두 독자의 신중한 계획과 자기 분석을 통해 행해져야 한다. 자기 자신을 좀 더 완전하게 이해함으로써 만족스러운 멘토링 관계를 찾아내는 여정을 시작할 수 있다. 다른 말로 하면, 당신이 꿈에 그리던 멘토링 관계를 가질 수 있다는 뜻이다.

이번 장에서 우리가 보여 준 정보는 당신이 갖고 있는 멘토링 관계나 정규 멘토링 프로그램의 한 부분인 다른 관계들 속에서 찾아낸 관계를 증진시키는 데 사용될 수 있다. 정규 멘토링 프로그램에서 형성된 인맥을 단단하게 만드는 도구들은 매우 중요하다. 불행히도 몇몇 개인들은 그들의 조직이 제공한 멘토링 프로그램이 실패에 그치는 것을 보게 된다. 왜냐하면 그들은 그들의 파트너가 된 멘토나 프로테제에 관해 말할 것이 거의 없거나 프로그램과 관련된 트레이닝 과정이 매우 적기 때문이다.

    다음 장에서 우리는 정규 멘토링 프로그램을 개선할 수 있는 방법에 관한 여러 가지 레슨들에 대해 토론한다. 정규 프로그램 중 몇몇에게 배운 레슨과 이번 장에서의 여러 가지 활동을 결합한 내용은 당신이 현존하는 정규 멘토링 프로그램을 만날 기회 중 최고의 기회를 선택할 수 있게 해 줄 것이다.

8장

결론

: 현대의 직업(노동) 환경에서
멘토링에 관해 우리가 배운 것들

Conclusion : What We Have Learned About
Mentoring in Today's Work Environment

8 결론

: 현대의 작업(노동) 환경에서 멘토링에 관해 우리가 배운 것들

> 우리가 오늘날의 노동 환경에서의 멘토링에 대해 배운 것은 무엇인가?
> 일은 사랑을 드러내 보이는 것이다. 만일 사랑으로 일할 수 없고 일에 대한 혐오감뿐이라면 일터를 떠나 사원의 입구에 앉아 즐겁게 일하는 사람들에게 동냥을 얻도록 하라.
>
> — 칼린 지브란, 《예언자》

우리는 당신 경력의 당면 과제와 일에 대한 당신의 태도를 둘러싼 어렵고 중요한 몇몇 질문을 던짐으로써 이 책을 시작했다. 우리는 파워 멘토링이 즐거움을 배가시킬 수 있고 당신을 자신의 분야에서 성공을 가져올 수 있다는 확신을 이미 하고 있으며 또 바라고 있다. 이 책 전체를 통해 우리는 여러분의 멘토링 관계를 고무시키는 중요한 강의가 되기를 바라는 마음에서 여러분에게 성공적인 멘토링 관계에 관한 이야기를 공유해 왔다. 이 마지막 장에서 우리는 우리의 연구 결과와 다른 사람들의 연구 결과를 통해 오늘날의 멘토링 전망에 관해 우리가 배운 것들을 간단하게 요약했다. 우리는 또한 부가적인 발견을 통해 여전히 이익을 낼 수 있는 멘토링의 측면을 지적한다.

다음 페이지들에 나오는 우리의 요약 내용은, 우리가 개인적으로 배운 것들을 적용시키는 것부터 우리가 조직에 대해 알고 있는 것들을 적용시키는 것까지 포함한다. 이렇게 함으로써 우리는 훌륭한 프로그램을 설계하는 것에 관해 일반적으로 알려진 것들을 잘 살펴본 다음, 우리의 연구에 참여했던 사람들이 일하는 회사 중 선택한 멘토링 프로그램 연습 몇 개를 기술한다. 우리의 추천 사항들은 조직 전문가들이 성공적인 멘토링 프로그램을 설계하는 것(또는 현재 프로그램을 개량하는 것)을 도울 뿐만 아니라 개인적인 멘토들과 프로테제들이 그들이 다니는 회사의 공식적인 멘토링 프로그램을 완벽하게 이용할 수 있도록 해 줄 것이다.

◆ 평범한 멘토링에서 파워 멘토링으로의 변환

파워 멘토링은 현대의 조직을 위한 전통적인 멘토링을 바라보는 새로운 시각을 상징한다. 21세기를 사는 우리에게 있어 주변에서 일어나는 변화와 우리의 경력에 대한 책임을 떠맡을 필요성 그리고 멘토링에 관한 새로운 견해는 매우 중요하다. 이는 기업과 비영리 단체들이 모두 앞으로 나아가기 위해 필요한 것이기 때문이다. 2장에서 우리는 우리의 인터뷰 참가자들이 파워 멘토링이 어떤 일을 하고, 어떻게 보이며, 어디에 존재하는지에 관해 전통적인 멘토링과 어떻게 다른지를 설명해 주는 주목할 만한 예들을 공유했다. 우리는 파워 멘토링이 어떻게 전통적인 멘토링의 많은 측면들을 포함하면서 더 발전하는지 그리고 어떤 경우에는 우리가 전통적인 멘토링이라고 생각하는 멘토링을 완전히 벗어나 있기도 한다고 설명했다. 다시 한번 반복하자면 파워 멘토링은 경력 성장과 발전과 관련된 상호 이익을 내는 성과를 제공하는 멘토링에 대한 조직망 접근으로 정의할 수 있다.

다음 섹션에서 우리는 우리가 알아낸 내용들과 다년간 멘토링에 관한 연구해 온 다른 사람들이 알아낸 내용들을 재검토한다.

■ 효과적인 멘토링 관계에 대해 우리가 알고 있는 것들

앞에서도 언급했듯이 멘토링에 관한 연구는 공식적·비공식적으로 프로테제에게 엄청난 이익을 가져다 준다. 연구 결과에 의하면 멘토가 있는 사람은 멘토가 없는 사람들보다 많은 급여를 받고 있으며, 승진 기회도 더 많고, 더 훌륭한 경력과 직업에 대해 만족한다고 한다.[1] 연구는 또한 멘토링의 질이 차이를 만들어 낸다는 사실도 증명하고 있다. 바꿔 말하면 모든 멘토링 관계가 동일한 결과를 낳지는 않는다는 것이다. 효과적인 멘토들은 경력과 감정적인 지원을 제공할 뿐만 아니라 프로테제들에게 긍정적인 역할 모델이 되어 주기도 한다. 연구는 같은 성별과 인종 멘토링 관계를 맺는 것이 초기에는 매력, 후반에는 멘토링 관계자들의 성공을 내포하고 있다는 것을 보여 준다.[2] 우리는 멘토링 관계가 다른 인간관계처럼 단계를 거친다는 것과 멘토링 관계가 최고의 잠재력에 닿을 수 있게 하기 위해 멘토와 프로테제 쪽에서 다른 기술을 요구할지도 모른다는 것을 알고 있다.[3]

---

1. Kathy E. Kram, Mentoring at Work: Developmental Relationships in Organizational Life Glenview, IL: Scott, Foresman, 1985; Georgia T. Chao, Pat M. Walz, and Phillip D. Gardner, "Formal and Informal Mentorships: A Comparison on Mentoring Functions and Contrast with Non-mentored Counterparts," Personnel Psychology 45(1992): 619~636; Terri A. Scandura, "Mentorship and Career Mobility: An Empirical Investigation of the Determinants of Successful Assigned Mentoring Relationships," Psychology 41(1988): 457~479; Tammy D. Allen, Lillian T. Eby, Mark L. Poteet, Elizabeth Lentz, and Lizzette Lima, "Career Benefits Associated with Mentoring for Protégés: A Meta-Analysis," Journal of applied Psychology 89(2004): 127~136.

좀 더 최근의 멘토링 연구는 멘토링의 복잡성의 일부를 보기 시작했다. 관련 연구자들은 초기에 예상했던 것보다 멘토링 관계가 더욱 효과적이라는 것을 인정했다. 멘토링의 다른 형태는 존재할 수 있으며, 상호 간에 더 많은 이익이 산출될 수 있다.[4] 우리는 또한 많은 사람들이 한 발 앞서 있는 사람들이나 동료 집단들처럼 기존과는 다른 출처들에서 멘토링을 찾고 있으며, 자신들의 경력을 발전시키는 데 도움을 주는 개인적 인맥을 사용한다는 것을 알고 있다.[5]

우리는 당신이 미래의 멘토링 관계를 따라가 보는 것뿐만 아니라 당신의 현재 멘토링 관계에 대한 자세한 조사 평가를 하게 해 주는 다음의 단계들을 수

---

2. George F. Dreher and Ronald A. Ash, "A Comparative Study of Mentoring among Men and Women in Managerial, Professional, and Technical Positions," Journal of a Applied Psychology 75(1990) : 539~546; George F. Dreher and Taylor H. Cox Jr., "Race, Gender, and Opportunity : A Study of Compensation Attainment and the Establishment of Mentoring Relationships," Journal of Applied Psychology 81(1996) : 297~308; Belle Rose Ragins and John Cotton, "Mentor Functions and Outcomes : A Comparision of Men and Women in Formal and Informal Mentoring Relationships," Journal of Applied Psychology 84(1999) : 529~550.
3. Kram, Mentoring at Work; Raymond A. Noe, David B. Greenberger, and Sheng Wang, "Mentoring : What We Know and Where We Might Go," Research in Personnel and Human Resource Management 21(2002) : 129~173; Ellen A. Fagenson, "The Mentor Advantage : Perceived Career/Job Experiences of Protégés versus Non-Protégés," Journal of Organizational Behavior 10(1989) : 309~320.
4. Monica C. Higgins and Kathy E. Kram, "Reconceptualizing Mentoring at Work : A Developmental Network Perspective," Academy of Management Review 26, no. 2(2001) : 264~-288; Richard L. Daft, Organization Theory and Design Minneapolis/St. Paul : West Educational Publishing, 1995; Monica C. Higgins and David A. Thomas, "Constellations and Careers : Toward Understanding the Effects of Multiple Developmental Relationships," Journal of Organizational Behavior 22(2001) : 223~247.
5. Kathy E. Kram and Lynn A. Isabella, "Mentoring Alternatives : The Role of Peer Relationships in Career Development," Academy of Management Journal 28(1985) : 110-132; and Ellen A. Ensher, Craig Thomas, and Susan E. Murphy, "Comparison of Traditional, Step—Ahead, and Peer Mentoring on Protégés' Support, Satisfaction and Perceptions of Career Success : A Social Exchange Perspective," Journal of Business and Psychology 15(2001) : 415~438.

행해 보기를 추천한다.

1. **현재의 멘토링 관계에 필요한 변화의 조종자들을 인식하라.** 1장에서 언급했듯이 경쟁적인 글로벌 경제에서 오늘날의 직업 전망은 계속해서 극적으로 진화해 오고 있다. 노동의 성격 자체가 많이 바뀐 만큼 점점 더 많은 지식 기반 인구가 생겨나고 있다. 신생 노동 인구는 조직 안에 명확한 승진 사다리가 없음을 알고 있다. 대신 여러 다른 출처들을 통해 승진에 대한 정보를 수집한다. 자신의 일에서 앞서 나갈 수 있게 도와줄 멘토를 찾는 것은 멘토가 존재하는 이상 당신에게 엄청난 이익을 안겨 줄 것이다.

2. **자신의 멘토링 정의를 확대하라.** 연구 과정에서 우리는 멘토링의 개념 정의를 확장시키는 것이 중요하다는 사실을 알게 되었다. 다른 말로 하면 멘토링에 관한 전통적인 개념을 담고 있는 우물(또는 상자)에서 빠져나와 생각하라는 것이다. 전문 인력 리크루트 회사인 하인릭 앤 스트러글스$^{Heinrick\ \&\ Struggles}$에서 후원하는 한 연구에 의해 '멘토를 가진 사람은 모두 성공한다.' 라는 말이 증명되었다.*6 하버드 비즈니스 스쿨의 린다 힐$^{Linda\ Hill}$은 자신의 기사에서 완벽한 멘토는 존재하지 않는다고 주장하며 경력 내내 발전 지원을 제공하는 인물 네트워크를 찾을 것을 추천했다.*7 우리는 동의한다. 효과적이며 강력한 멘토링은 어디서나 이용 가능해야 한다. 오직 전통적인 멘토링 관계만 생각하는

---

6. Franklin S. Lundling, George E. Clements, and Donald S. Perkins, quoted in Eliza G. C. Collins and Patricia Scot, "Everyone Who Makes It Has a Mentor," Havard Business Review, July—August 1978, 89-101; mentioned in Gerard R. Roche, "Much Ado about Mentors," Havard Business Review, January—February 1979, 1~10.

7. Linda Hill and Nancy Kamprath, "Beyond the Myth of the Perfect Mentor : Building a Network of Developmental Relationships," Harvard Business School Case, Case No. 9-491-096, 1991. https://harvardbusinessonline.hhsp.harvard.edu/b01/en/common/item_detail.jhtml?id=491096.

것은 한정적이다.

3. **멘토와 프로테제의 이익에 관한 자신의 가정을 확장하라.** 인터뷰를 통해 우리는 프로테제와 멘토들이 멘토링 관계에서 받게 되는 이익의 여러 가지 형식들의 부가적인 예들을 발견했다. 우리는 종종 프로테제에게 이익이 돌아간다고 생각하는데, 최근의 연구 결과와 우리가 갖고 있는 멘토들의 이야기들을 종합해 본 결과 여러 가지 부가적인 이익들이 드러났다.[8]

4. **가능하면 성공적인 멘토링 계보에 들어가라.** 큰 조직에서는 당신의 멘토가 조직 내 강력한 개인의 핵심 그룹에 속해 있느냐 아니냐 하는 것도 중요한 일이 될 수 있다. 강력한 개인을 멘토로 구하려는 노력은 많은 장점이 있는데, 강력한 개인은 다른 사람이 갖고 있지 못하는 조직 내부에 대한 자원과 통찰력에 접근할 수 있다. 더욱이 이런 관계는 당신의 경력 초기에 인식해서 얻을 수 있다. 하지만 '플러그드 인plugged-in' 관계 중 이런 형식을 추구하는 것은 단점이 있는데, 그것은 조직 내 여러 다른 사람들이 같은 전략을 시도한다는 것이다. 이런 엄청난 힘을 가진 관계를 추구하기 위해 일을 행한다면 충성심으로 일을 열심히 하는 것으로 뒷받침해야 하며 다른 사람들이 믿을 만한 존재가 되어야 한다. 이것은 위험 부담이 높은 전략이지만 그만큼 많은 이익을 가져다 준다.

5. **다른 멘토링 철학의 중요성을 인식하라.** 사람들은 이상적인 관계를 만드는 다른 아이디어를 갖고 멘토링 관계를 시작한다. 이런 아이디어들은 그들이 경험했을지도 모르는 이전의 멘토링 관계 또는 사람들이 동경해 왔던 인기 있

---

8. Tammy D. Allen, Marc L. Poteet, and Susan M. Burroughs, "The Mentor's Perspective : A Qualitative Inquiry and Future Research Agenda," Journal of Vocational Behavior 51, no. 1(1997) : 70~89.

는 가상의 멘토링 관계에서 도출된다. 출처가 무엇이든 간에 이런 아이디어들은 개인이 갖는 기대 속에서 멘토링 관계를 풀어 내는 데 큰 역할을 한다. 앞의 4장에서 멘토링 철학의 4가지 주요 형식을 소개하면서 그 밖의 형식들도 좀 더 주지했다. 우리는 그들을 기업 시민 멘토, 실용주의적 멘토, 세계 시민 멘토 그리고 마스터 멘토를 포함하는 것으로 분류했다. 7장에서 우리는 당신 고유의 철학을 식별하도록 요청했고, 당신은 철학이 당신의 기대와 당신이 추구하기에 계획한 멘토링 관계의 형식을 결정하는 데 큰 역할을 한다는 사실을 알게 되었다.

6. 프로테제로서 당신에게 도움이 되는 멘토링 관계의 형식을 결정하는 데 큰 역할을 하라. 우리가 연구 중에 알게 된 파워 멘토링의 또 다른 흥미로운 특징은 영향력이다. 그것은 1명의 프로테제가 자신의 멘토링 관계를 넘어설 수도 있다는 말이다. 종종 전통적인 멘토링의 관점에서 보면 프로테제들은 멘토에게 선택되기를 기다리고, 그 다음에는 멘토가 프로테제를 멘토링하는 방법을 결정하는 것으로 나타났다. 다른 말로 하면 대부분 멘토가 관계를 제어한다는 것이다. 우리가 본 바에 의하면 인터뷰 참가자 중 프로테제였던 사람들은 멘토링 관계를 형성하는 데 있어 대부분 자신이 할 수 있는 무언가를 했다. 앞에서 언급한 대로 많은 사람들이 그들의 관계에 목표 지향적이며 그들의 경력에 이익이 되는 멘토링 형태를 구별했다.

7. 멘토링 관계를 극대화하기 위해 목표 설정이나 자기 인식을 이용하라. 5장과 7장에서 우리는 프로테제가 멘토링 관계의 결과를 결정하는 목표 설정과 자기 관리 기술을 이용할 수 있는 방법을 알려 주었다. 멘토에게 있어 목표 지향적인 프로테제는 매우 매력적이다. 하지만 목표 설정 하나만으로 여러 개의 효과적 자기 관리 전략을 짜고 파트너를 맺지 않는 한 그것은 유용하지 않다. 한 사람의 수행 능력에 대한 모니터링하기, 다른 사람들의 반응 조사하기, 목

표 달성 시 스스로에게 보상하기, 성취할 수 있는 목표를 확신할 만한 임무 설정하기 등은 당신이 목표 설정 작업을 확신할 수 있는 몇몇 방법들이다.

8. 멘토링 관계에서 일어날 수 있는 테스트와 도전을 준비하라. 멘토와 프로테제 모두 멘토링 관계의 시작은 물론 나중에 행해질 테스트와 도전의 역할을 알아야 한다. 테스트와 도전은 멘토링 관계의 성장을 확신해 주는 결정적인 요인이다. 멘토는 프로테제에게 바랄 수 있는 테스트의 목적을 확실히 알고 있어야 한다. 그리고 프로테제는 자신이 시험대에 오르고, 도전 과제를 만나는 것을 인식하고, 그것에 대한 자신의 수행 능력이 관계의 지속성을 결정하는 것임을 인식해야 한다. 프로테제에게 다음으로 중요한 것은 테스트와 도전을 수행하고 그것을 견디는 것이다. 도전을 통해 배운 것과 미래에 대한 당신의 노력을 도전 과제들과 함께 구체화하는 것은 멘토가 행한 노력뿐만 아니라 당신의 노력이 헛되지 않았음을 보증해 줄 것이다.

9. 훌륭한 멘토링 관계 기술을 발전시켜라. 우리가 인터뷰한 사람들은 소통에 능숙한 사람들이다. 그냥 중계되는 사실들에만 능한 것이 아니라 감성 지능이 높고 사람들의 말을 잘 듣는 훌륭한 기술을 갖고 있으며, 자신이 누구인지를 사람들이 알게 만드는 중요한 통찰력을 갖고 있다. 자아노출의 사용을 이해하는 것과 친밀감의 초대에 응하는 방법도 매우 중요한 관계 기술인데, 이것이 상대방과의 약한 멘토링 관계를 만드느냐 양쪽 모두 만족하는 강한 멘토링 관계를 만드느냐 하는 차이를 만든다.

10. 결정적인 순간들을 인식하라. 결정적인 순간은 예약할 수 없다. 결정적인 순간은 갑자기, 운 좋게 그리고 종종 바쁘거나 편하지 않을 때 찾아올 수도 있다. '예기치 못한 것을 기대하라.'는 말을 여기에 적용할 수 있다. 요점은, 관계의 전환점에 필요한 기회를 나타내는 이런 순간들을 인식하라는 것이다. 결정적인 순간이라는 것을 캐치했다면 그 순간을 기회로 인식하고 그 일을 최우

선 과제로 삼아라. 결정적인 순간에 대한 반응을 어떻게 효과적으로 할 것인지를 생각해 두는 것은 가능하다. 다른 예기치 못한 상황에서의 반응도 연습해 볼 수 있다.

■ 우리가 멘토링 관계에 대해 여전히 배워야 할 것들

멘토링 관계의 많은 측면들은 아직도 잘 이해되지 않고 있다. 왜 그럴까? 첫째, 이런 관계의 모든 측면을 연구하는 것은 어려운 일이기 때문이다. 도움을 주거나 받는 행동에 대해 정확하게 반응하는 개인을 만나기란 쉬운 일이 아니다. 사람들은 일반적으로 상대방과 어떻게 지내고 있는지를 공정하게 보기보다는 자신을 약간 유리하게 보는 사람들이 갖고 있는 지각 성향에 의해 윤색되는 경향이 있다. 둘째는 정확한 과학적 연구를 통해 면밀히 측정하기 어려운 감정을 포함하는 멘토링 관계에서 일어날 수 있는 어떤 것들 때문이다. 좋은 뉴스는 멘토링 관계에 관한 우리의 지식과 실제 멘토링 관계에 존재하는 지식 사이에 큰 차이가 있다는 것을 알고 있다는 것이다. 즉 더 많은 연구가 필요하다는 뜻이다. 멘토링 관계의 올바른 형태를 확립하고 유지하는 것에 관해 생각하는 데 있어서는 다음의 도전 과제들과 주의 사항이 주어진다.

1. 우리는 모든 멘토링 관계를 동등하게 성공적으로 만드는 방법에 대해 좀 더 연구할 필요가 있다. 연구 결과는 멘토링 관계가 멘토에게는 도움이 될 수 있지만 모든 멘토링 관계가 똑같은 이익을 제공하는 것은 아니라는 사실을 보여 준다. 결국 멘토들은 프로테제의 모든 문제를 풀어 줄 수 있는 기적을 행하는 일꾼이 아니라는 말이다. 우리가 언급했듯이 프로테제들은 주도력(독창성)

을 가져야만 한다. 동시에 지나친 주도력은 어떤 멘토에게는 흥미를 잃게 만들 수도 있다는 것을 기억해야 한다. 우리는 적당한 존경심이 함께 하는 적당한 주도력의 균형이 멘토링 관계에 있어 좋은 초기 인상을 만들어 준다는 연구 결과를 갖고 있지 않다. 또한 프로테제들이 그들이 바라는 멘토링 관계의 형태를 찾기 위한 그들만의 경력 관리 전략을 이용하는 방법은 좀 더 많은 조사를 필요로 한다. 게다가 멘토링 관계의 질이 보증되지 않았음에도 불구하고 질은 중요한 결과를 확신하는 데 있어 매우 중요한 요소다. 과거의 연구 결과들은 효과를 거의 보지 못한 멘토들(즉 고효율도 아니고 비효율적인 연속의 끝)이 그들의 프로테제들에게 보여진 만큼 효율성이 높은 이익을 제공하지 못했다는 것을 알려 주었다.[*9]

2. 우리는 성공적인 멘토링 관계를 유지하는 데 있어 무엇이 필요한지에 관한 정보를 더 많이 필요로 한다. 인간관계가 부드럽게 흘러가도록 유지하는 것이 힘들다는 것을 아는 것처럼 관계에 속해 있는 각각의 참여자에게 모두 생산적인 관계가 되도록 보장하려면 멘토링 관계에 어떤 노력이 행해져야 한다. 연구자와 상담자들은 시간을 두고 노력하는 것으로써 멘토링 관계를 부드럽게 유지하는 방법에 대한 답을 하지는 않는다. 더 많은 연구 결과들은 그러한 문

---

9. See Belle Rose Ragins, John Cotton, and Janice Miller, "Marginal Mentoring : The Effects of Type of Mentor, Quality of Relationship, and Program Design on Work and Career Attitudes," Academy of Management Journal 43(2000) : 1177~1194. According to these authors, "marginal mentoring" describes relationships where mentoring is not destructive but is also not really beneficial. They also cite other researchers who developed the same ideas earlier. For example, Kathy E. Kram, Mentoring at Work : Developmental Relationships in Organizational Life [Glenview, IL : Scott, Foresman, 1985], claimed that mentoring relationships should be viewed as dynamic and changing. And see Daniel Levinson with Charlotte N. Darrow, Edward B. Klein, Maria H. Levinson, and Braxtom McKee, The Seasons of a Man's Life [New York : Knopf, 1978].

제점들이 관계 안에서 고유하다는 것을 주지해야만 한다. 프로테제나 멘토들이 그들의 관계에 부정적인 영향을 미친 어떤 일을 바라보는 것으로 좋은 시작을 할 수 있다. 이런 내용들은 6장 뒷부분에서 좀 더 많이 토론되었다.

  3. **멘토와 프로테제들은 그들이 기대한 이익에 대해 솔직해야 할 필요가 있다.** 우리는 멘토링 연구 이전보다 더 광범위하게 연구되어 온 최근의 멘토의 이익에 관해 언급했다.[10] 이런 이익에 관한 인식이 증가함에 따라 그들이 멘토링 관계에서 원하는 것이 무엇인지 명확하게 인식하는 데 더 많은 책임이 멘토에게 부여된다. 하지만 우리는 정확히 그 과정이 어떻게 이루어지는지는 모른다. 공식적인 프로그램에서 관계에 대한 그들의 기대를 인식하는 멘토를 훈련하는 것은 이 일을 성취하도록 하는 한 가지 방법이다. 하지만 비공식적인 관계 속에서 멘토들은 그들이 특정한 이익을 이해하는지 확인하기 위해 시간을 쓰지 않으려 한다.

  4. **우리는 멘토링의 부정적인 측면에 관해 이해할 필요가 있다.** 멘토링은 많은 장점을 제공함에도 불구하고 우리가 6장에서 언급한 것처럼 어두운 측면도 가지고 있다.[11] 다음의 예들은 그런 문제를 드러내고 있다. 2004년 《월 스트리트》 저널에는 자신에게 멘토링을 해 준 사람과 매우 친밀하게 일해 온 성공

---

10. Tammy D. Allen, Marc L. Poteet, and Susan M. Burroughs, "The Mentor's Perspective : A Qualitative Inquiry and Future Research Agenda," Journal of Vocational Behavior 51, no. 1(1997) : 70~89.
11. Lillian Eby and Stacy McManus, "The Protégé's Role in Negative Mentoring Experiences," Journal of Vocational Behavior 65(2004) : 255~275; Lillian T. Eby, Marcus Butts, Angie Lockwood, and Shana A. Simon, "Protégés' Negative Mentoring Experiences : Construct Development and Nomological Validation," Personnel Psychology 57(2004) : 411~447; Terri Scandura, "Dysfunctional Mentoring Relationships and Outcomes," Journal of Management 24(1998) : 449~467.

한 개인에 대한 인물평이 실렸다.*12 그러나 그 기사는 강력한 멘토와 오랫동안 일하면 프로테제가 멘토의 그늘에서 빠져나오기 힘들다는 점을 간과하고 있었다. 멘토에게서 변이되는 방법에 대해 좀 더 많은 이해를 배워 두는 것은 중요한 기술이다. 특히 여러 명의 멘토와 연결되어 있을 때 더욱 그렇다. 우리의 프로테제 중 몇몇은 이런 이유 때문에 자신의 과거 멘토들에게서 빠져나오려는 의식적인 노력을 한다고 했다.

5. 우리는 최종 결과인 멘토링의 부가적인 효과에 대해 터놓고 얘기할 필요가 있다. 멘토링은 인력 보유, 조직 몰입, 이직률, 조직 시민 행위^{OCB}에 긍정적인 영향을 미친다. 그러나 최종 결과에 영향을 주는 다른 방식으로 조직을 돕는 멘토링 방법에 관한 이해를 넓히는 것이 조직 개입으로써 멘토링의 중요성을 강조하는 데 도움이 될 것이다.

우리가 멘토링에 대해 알고 있는 것과 여전히 알아야 할 필요가 있는 것들은 멘토와 프로테제들이 동등해지기 위한 멘토링 관계의 복잡성을 표현하고 있다. 이것은 또한 당신이 새로운 멘토링에 투자함에 있어 이해하고 실행하고 있거나 현재 진행 중인 관계를 개선하는 방법에 대해 생각하는 것에 대한 중요한 개념을 표현하고 있다. 앞에서 우리는 멘토링 관계를 개선하거나 발전시킬 수 있는 단계별 과정을 제공했다. 이제 우리는 우리가 배운 것이 조직 내의 공식적인 멘토링 프로그램에 어떻게 적용되는지를 결정하기 위한 내용들을 소개할 것이다.

---

12. Joann S. Lublin, "Protégé Finds Mentor Gave Her a Big Boost, But Shadow Lingers," Wall Street Journal, September 7, 2004.

■ 공식적인 멘토링 프로그램을 위한 파워 멘토링 레슨

다양한 회사들이 그들의 조직에서 멘토링을 통해 이익을 얻어 왔다. 《포천》지가 뽑은 최고의 100대 기업 가운데 60%가 공식적인 멘토링 프로그램을 갖고 있다.[*13] 그들은 그들의 조직에 필요한 수많은 사업과 문제를 처리하는 데 포괄적인 멘토링 프로그램을 발전시켜 왔다. 이 중 많은 회사들이 멘토링 프로그램을 개발하는 것과 그들이 최종 결과에 기여하고 있다는 것을 확신하고 있다.

이 중 몇몇 기업은 초기에 공식적인 멘토링 프로그램을 여성과 소수 민족이 조직 내에서 강력한 인맥을 쌓도록 하려는 목적으로 시작했다. 기업은 사람들이 자신과 비슷한 사람을 멘토링하는 경향이 있으며, 그래서 여성과 소수 민족은 그 안에 끼지 못하고 남겨진다는 사실을 깨달은 것이다. 이런 프로그램은 많은 인기를 끌었고, 조직은 대규모 프로그램을 시행하기에 이른다. 그 결과 프로그램이 전체 조직에 많은 이익을 가져다 준다는 사실을 인식하게 되었다. 실제로 기업이 공식적인 멘토링 프로그램을 갖고 있든 아니든 공식적인 멘토링 프로그램은 'Best Companies to Work For 가장 일하기 좋은 회사들'에 뽑히는 판단 기준이 되어 왔다.[*14] 우리가 구조적인 조직들 속의 멘토링 프로그램에 대해 주로 이야기하긴 했지만 멘토링 자원은 자신의 사업을 소유하는 데 흥미가 있는 사람들을 위한 것이기도 하다. 2003년, 미국국립여성사업자문위원회에서는 사업체를 소유한 여성과 남성들에게 필요한 현존하는 공식적인 멘토링 프

---

13. Shelly Branch, "The 100 Best Companies to Work for in America," Fortune, January 11, 1999, 118~130.
14. Branch, "100 Best Companies; cited in Tammy D. Allen, Lillian T. Eby, Mark L. Poteet, Elizabeth Lentz, and Lizzette Lima, "Career Benefits Associated with Mentoring for Protégés : A Meta-Analysis," Journal of Applied Psychology 89(2004) : 127~136.

로그램을 검토했다.[15] 그들은 여러 유형의 멘토를 갖기 위해서는 사업 소유권의 여러 단계에 속해 있는 사람을 찾는 것이 유용하다는 사실을 알게 되었다. 한 예로 이제 막 사업에 착수한 사람에게는 성공가도를 달려온 사람을 찾는 것이 도움이 된다는 말이다. 그 예로 실리콘밸리 사업 인큐베이터들과 여성의 기술 클러스터 Women's Technology Cluster는 새로운 사업에 대한 도움을 제공하는 데 집중했다. 조직이 커져 감에 따라 기업가들은 동료 대 동료간의 접촉을 통해 만족할 수 있을 만한 다른 멘토링 형태들을 필요로 했다.

대체로 규모가 큰 연구는 존재하며, 공식적인 멘토링 프로그램은 일터에서의 성공을 도와줄 수 있다. 하지만 우리는 인터뷰를 통해 전통적인 공식 멘토링 프로그램을 파워 멘토링 관계로 전환하는 데 필요한 몇몇 추가적인 교훈들을 찾아냈다. 다음의 사항에서 우리는 우리의 연구에 참여한 고용인이 속한 조직의 선택 그룹에서 나온 최고의 경험 중 몇 가지 개요를 구체화했다. 인터뷰 과정에서 우리는 운 좋게도 미국 최고의 회사에 다니는 최고의 개인들과 접촉할 기회를 얻을 수 있었다. IBM, Cisco, 디즈니-ABC, NBC-유니버설 영화사 같은 데서 일하는 사람들과 인터뷰하는 과정에서 우리는 멘토링이 다양한 조직들에 둘러싸여 있다는 것을 알게 되었다. 이런 조직들은 다른 많은 조직과 마찬가지로 최첨단 기술의 보유, 관리로의 승진 준비, 강력한 조직 문화 확립, 주주로 부 창출, 계속적인 성공을 위해 필요한 멘토링의 중요성을 강조하는 인재들의 관심을 끌고 그들을 보유하고 싶어 한다.

우리는 인터뷰를 통해 멘토링이 꽤 중요하다고 생각하는 회사에 근무하는

---

15. National Women's Business Council, "Women's Business Mentoring Programs Demonstrate Unique Characteristics." News release, July 24, 2003. http://www-8.ibm.com/employment/th/life/mentoring.html

개인들의 여러 가지 다른 사례들을 찾았다. 그들은 각기 다른 조직들도 자신들의 공식적인 멘토링 프로그램을 개선하는 방법에 관한 고유한 식견을 보여 주었다. 이런 식견들은 다음의 추천 사항들을 이끌어 냈다.

1. 다른 형식의 멘토링을 체험하라. 이것은 그룹 멘토링, 역 멘토링, 다중 멘토링, e-멘토링은 물론 그 외 다른 형식의 모든 멘토링을 포함한다. 우리는 조직에게 전통적인 멘토링과는 다른 멘토링을 생각해 보라고 장려한다. 멘토링 프로그램의 주요 목적을 정한 다음에는 대안적인 형태의 멘토링이 전통적인 멘토링보다 효과가 좋은지를 결정하라.

2. 조직 문화의 한 부분으로 멘토링과 코칭을 독려하라. 조직 내에서 우리는 프로파일링을 했고, 수많은 많은 기업의 지도자들이 멘토링과 코칭의 중요성을 깨닫고 있다. 그런 만큼 그들은 이런 활동을 그들의 공인된 관리 성과 평가 시스템의 한 부분에 포함시킨다. 한 예로 IBM은 우리가 초기에 언급한 대로 멘토링을 새로운 인재를 개발하는 중요한 도구로 사용해 왔다.[*16] 우리는 IBM에서 일하는 사람 중에 IBM의 멘토링 프로그램과 밀접하게 연관되어 있는 수많은 개인들과 이야기할 수 있는 행운을 가졌다. 그중 IBM의 인사팀에 근무하는 조앤 부잘리노는 멘토링이 조직에서 어느 정도의 부분을 차지하는가에 대해 이렇게 이야기했다.

상위 55나 그와 비슷한 수준의 회사 임원들이 모인 WMC[World Wide management Committee, 전세계경영위원회]에 적합한 역 멘토링은 그들의 PBCs

---

16. IBM의 인재 개발에 관한 멘토링 정보는 http://www-8ibm.com/employment/th/life/mentoring.html 에서 찾아볼 수 있다.

Personal business commitments, 개인사업공약 에 있습니다. 그러므로 그들은 이 질문에 답할 수 있어야만 합니다. '당신의 역 멘토는 누구입니까?'

우리는 많은 자료가 있는 관리 개발 데이터베이스에 온라인으로 연결되어 있습니다. 어떤 사람들에게는, 빠른 가이드는 그들에게 큰 역할을 하죠. 어떤 가이드는 가이드들이 멘토링 동의서에 사인한 것을 갖고 있습니다. 이는 모든 것을 서면으로 작성하는 것을 좋아하는 전문가들이 선호하는 방식입니다. 다른 사람들은 그냥 편하게 "이봐, 내가 멘토가 되어 주었으면 하지?"라고 묻습니다.

우리의 고객인 임원이나 컨설턴트들 중 몇몇의 직무 내용 설명서에는 이 단계에 도달하게 되면 '당신은 멘토링할 수 있다.'고 적혀 있습니다. 그것은 보여지고 관찰되고 평가됩니다. 당신의 직무 내용 중 일부입니다. 나머지 고용인들에 관한 것은 그들의 성과 계획 안에 있을지 모릅니다. 이처럼 멘토링은 사업의 다른 단계에도 있습니다.

IBM에 존재하는 멘토링 프로그램이 흥미로운 것은 프로그램이 종종 회사 외부에서 시작되며, 과학 분야에서 경력을 쌓는 데 흥미가 있는 졸업생이나 대학생, 고등학생, 특히 여성과 소수 민족을 포함하고 있기 때문이다. 이런 개인들이 IBM에 입사한다면 그들은 이미 IBM의 멘토링 문화에 익숙해져 있으며, 입사하기 전부터 멘토링을 받은 것이나 다름없다.
파워 멘토링 이면의 이런 아이디어를 활용하게 된 뒤로 우리는 그들의 보상 시스템에 속해 있는 멘토링의 참여를 만들어 낸 조직들을 강력히 추천한다. 다시 말해 멘토링을 당신의 고용인의 업무 능력을 평가하는 데 일부 이용하라는 것이다. 고용인이 멘토링을 통해 보상받고 인정받았다고 느낀다면 그들은 멘토링에 참여하려고 할 것이다.

  3. 조직 내의 공식적·비공식적 멘토링을 모두 활용하라. 공식적인 멘토링 관계와 자생적으로 발달한 멘토링 관계는 상호 배타적이어서는 안 된다. 두 멘토링 형식은 함께 존재할 수 있고 서로에게 보완적일 수 있다. IBM에서 그랬듯이 말이다.

  4. 멘토링을 관리직 인재를 개발하는 중요한 방법으로 생각하라. 지난 2000년, 링키지 사Linkage Incorporated. 조직 관행의 트렌드를 모으는 컨설팅 그룹 는 많은 회사들에게 앞으로 만나기를 기대하는 최고의 리더십 계발 도전 과제들의 목록을 만들어 달라고 요청했다.*17 다음은 그들이 인식한 몇몇 문제다.

- 세계화
- 생산성 향상
- 경쟁에 의한 압력
- 고객의 초점
- 급성장
- 회사의 비전에 대한 초점
- 새로운 시장으로의 진입
- PMI 합병 후 통합
- 전략적 파트너십

---

17. Daivd Giver, Louse Carter, and Marshal Goldsmith,(eds.), Best Practices in Leadership Development Handbook San Francisco : Jossey-Bass/Pfeiffer, 2000; see especially 439~447.

많은 이유들로 조직들은 공식적인 멘토링 프로그램을 사용함으로써 다뤄질 수 있는 리더십 잠재력을 계발하는 데 압력을 느끼고 있다. 예를 들면 세계화의 효과가 각 기업에 적용되는 바는 서로 다름에도 불구하고 이 과정은 당신이 필요로 하는 리더십의 형식에 영향을 받을지 모른다. 세계 곳곳에서 세계화를 위해 할 수 있는 것을 이미 다한 회사들은 적절한 세계관을 갖고 있으며, 세계 곳곳에 분산되어 있는 사업을 통합할 수 있는 지도자나 관리자의 필요성을 느끼고 있다. 조직 내 전도 유망한 젊은이들에 대한 그들의 멘토링은 이런 고용인들이 조직의 성공을 위해 세계화와 협력 전망 같은 종류의 일에 능력을 발휘할 수 있도록 그들을 도울 수 있다. 세계화에 대응하기 위한 단계를 밟아 가기 시작한 회사들이 이미 시작된 경제 발전에 뒤떨어지지 않기 위해 일하듯 조직은 새로운 고용인을 멘토링하는 관리자를 필요로 할 것이다. 이 경우 지도자와 관리자들은 경쟁 시장에서 나타나는 변화들을 지속적으로 주시해야 한다. 멘토들은 회사에 필요한 세계화의 중요성에 대해 통감할 수 있는 프로테제들로 그에 기여할 것이다.

링키지 사가 프로파일링했던 다우 케미컬 Dow Chemical 사는 자신들의 리더십 계발 프로그램에 있는 멘토링과 코칭의 중요성을 파악하고 있었다. 그들은 이런 기술을 그들의 새로운 관리자나 리더들을 문화의 리더십 요건에 정통한 사람이 되도록 하는 데 사용했다.[18] 다른 회사들도 비슷한 프로그램을 구현했다. 디즈니사의 앤 스위니, 캐슬린 본 더 아의 대화를 통해 우리는 디즈니의 프로그램에 대해 많이 배웠다. 그것은 개인이 조직 내에서 적절히 승진해 나가도록

---

18. Beverly Kaye, "Coaching and Mentoring : New Twists, Old Theme An Introduction," in Lous Carter, David Giber, and Marshall Goldsmith(eds.), Best Practices in Organizational Development and Change, 438-441 San Francisco : Jossey-Bass/Pfeffer, 2001 ; and see also in same volume chap. 16, "Dow Corning," 442~487.

해 주는 프로그램으로 적소에 존재해 왔다. 우리는 디즈니가 규모가 매우 큰 회사임에도 불구하고 교차 조직적인 멘토링의 중요성을 인식했다는 것을 알게 되었다. 조직의 다른 부분은 멘토링의 중요성도 강조한다. 예를 들어 ABC 법인의 멘토링 프로그램은 한 해 동안 선임 관리자가 프로테제와 함께 파트너를 이룬다. 이 프로그램은 선임 관리자 수준에서 자신의 능력과 회사에 대한 헌신을 증명해 보일 능력 있는 소수자와 여성 고용인이 주요 타깃이다. 이 프로그램은 프로테제에게 미디어 네트워크에 걸친 사업 전략뿐만 아니라 사업의 크로스 섹션에서 일하는 다른 임원들과의 네트워킹 기회에 그들을 노출시켜 준다. 조직은 또한 프로그램이 멘토와 프로테제 모두에게 리더십 기술을 향상시킬 기회를 제공한다는 것을 인정하고 있다.[19]

5. **지식 근로자들의 중요성을 이해하라.** 조직에 있어 인적 자본이 매우 중요하고, 근로자들이 조직에 가져다 주는 지식이 매우 가치 있는 자산이라는 사실을 깨달아야 한다. 그리고 조직은 근로자들이 소유하고 있는 지식에 접근하는 것이 쉬운 일은 아니라는 사실도 알아야 한다. 그러나 정보의 용이한 교환과 효과적인 활용에 필요한 모델을 만드는 것이 멘토들에게 중요한 역할이 될 수도 있다. 몇몇 전문가들에 따르면 시스코나 IBM 같은 IT 업계에서 멘토링은 좀 더 어려운 감이 있는데, 그것은 총 노동 인구를 지배하는 한층 높은 선형적인 사고 때문이라고 한다. 전문가들은 IT 기업들이 멘토링 프로그램을 충분히 갖추고 있어야 하며, 멘토링 프로그램에의 참여라는 뚜렷한 목표를 갖고 있어야 한다고 시사한다.[20] 휴렛패커드나 마이크로소프트, 인텔, SBC 통신 같은

---

19. KABC—TV Los Angeles Annual EEO Public File Report August 1, 2004. http://abclocal.go.com/kabc/aboutus/073004_EEOfile.html

20. Jim Welp, "How to Set Up a Formal Mentoring Program," May 8, 2002. http://techrepublic.com.com/5100-6317_11-1051313.html?tag=search

첨단 기업들은 오랫동안 멘토링을 이용해 왔다. 이 중 시스코는 분명 다른 기술도 찾은 듯하다. 그것은 프로테제로 하여금 뚜렷한 발전 목표를 정하도록 도와줄 뿐만 아니라 조직의 멘토링 노력의 성공을 도와주는 목적을 배우는 정확한 기술들을 말한다. 첨단 기업과 일하는 컨설턴트들은 체크 리스트와 작업 계획표(워크시트)뿐만 아니라 온라인 트레이닝 가이드를 포함한 다양한 도구들이 중요하다고 말한다. 하지만 이런 조직들이 이처럼 최첨단임에도 불구하고 컨설턴트들은 이메일을 더 좋아하는 문화에 일 대 일로 만나는 시간을 좀 더 늘리는 것을 독려하는 것이 매우 가치 있는 일임을 알고 있다.

마지막으로 그들은 멘토링 관계에서 칭찬을 하는 것은 쓸모가 있는 일이라고 주지한다. 왜냐하면 조직 내에 있는 사람들은 자신이 일을 잘하고 있을 때도 대외적인 칭찬을 받지 못하는 경우가 종종 있기 때문이다.

6. 공식적인 멘토링 프로그램 철학을 발전시켜라. 우리가 연구한 사내 공식적 멘토링 프로그램들은 멘토링의 회사 철학을 계발하기 위한 특별한 노력의 결과로 보인다. 앞의 4장에서 우리는 멘토와 프로테제들이 멘토링 관계의 기대치에 관한 완벽한 이해를 갖도록 하기 위해 자신의 멘토링 철학을 명백하게 설명하는 것이 중요하다고 밝혔다. 공식적인 프로그램과 함께 단일화된 철학을 계발하는 것은 프로그램 내에 있는 사람들이 기대하는 것을 관리하고 회사 문화를 따라가는 멘토링의 형식에 따라 그들의 가이드로서 다른 이들을 보살피는 것을 돕는다.

7. 상호 보완적인 기능의 접근을 강조하라. 우리가 인터뷰한 개인들은 자신의 멘토나 프로테제들과의 관계를 반드시 끝낼 필요가 없었다. 그들에게는 공통점도 있었지만 그들이 서로 상호 보완적인 기능을 했다는 것이 더 크게 작용했다. 다른 말로 하자면 가장 성공적인 멘토링 관계 중 몇몇은 멘토링 관계에 속한 사람들이 서로 이익을 얻는 파트너십에 가까웠다는 것이다. 멘토링에 대

해 NBC가 강조하는 것은 덜 공식적인 듯하다. 적어도 우리가 NBC 고용인들과 가진 인터뷰 내용을 인용하여 말할 수 있는 한 그렇다. 밥 라이트나 파멜라 토마스-그레이엄, 폴라 매디슨은 모두 밥 라이트가 GE에서 잭 웰치의 경영 하에 일했을 때 했던 같은 방식으로 함께 일했다.

8. 공식적인 멘토링의 토대에 발전 기대감을 만들라. 왜냐하면 우리는 멘토링 관계에서 기대가 커다란 역할을 한다는 사실을 알아냈고, 또한 이것을 멘토링 관계나 공식적인 멘토링 프로그램에서 명백하게 만드는 것이 기대 이익에 투자하는 데 유용하다고 생각하기 때문이다. 예를 들어 멘토링 관계 동반자들은 비밀 계약을 발전시킬 수 있고, 그들의 멘토 트레이닝의 한 부분으로써 믿음을 쌓고 유지해 가는 과정을 택하고, 명성이 점점 퍼져 나가고, 기대에 대한 관심이 더 커지도록 노력한다. 기대에 대한 생각은 멘토링 윤리에서 큰 부분을 차지하는 트레이닝 모듈의 일부일 수 있다.

◆ 궤도에 오른 공식적인 멘토링 프로그램 얻기

운 좋게도 공식적인 멘토링 프로그램을 만들어 내는 데 있어 이런 특성의 프로그램들을 기획하고 구현하고 평가하는 것에 관한 다양한 충고가 가능했다. 이번 섹션에서 우리는 프로그램 관리자들에게 필요한 조언을 요약했는데, 그것은 우리가 해 온 많은 인터뷰와 다른 출처들을 통해 얻은 구체적인 레슨 몇 가지를 공유하고 구현하는 과정을 통해 어떻게 최적의 상황에서 일할 수 있었는지에 관한 것들이다.

최고 경영층의 지원

최고 경영층의 지원은 성공적인 공식 멘토링 프로그램의 필수 요건이다. 우리는 조직 문화에 스며들어 있는 멘토링을 갖고 있는 회사들을 통해 이것이 사실이라는 것을 알았다. 멘토링은 최고 경영층에 의해 격려되고 지원되고 보상받고 설계된다.

자발적 참여

프로그램에 의무적인 형식으로 참여하지 않는 사람을 벌하는 대신 참여자에게 보상을 하는 것이 중요하다. 관계에서 얻는 보상을 깨달으면 프로그램에 합류하려는 열의를 보일 것이다.

적절한 미리 보기

우리는 당신이 당신의 잠재적인 멘토나 프로테제들을 조심스럽게 미리 알아볼 것을 권유한다. 그들의 동기 수준을 평가하라. 또 그들의 능력을 전체적으로 평가하라. 그리고 이렇게 알아본 정보를 이용해서 그들과 비슷한 가치를 지녔지만 상호 보완적인 기능을 갖춘 개인들을 짝 지어 보라. 그리고 그들이 관계를 통해 기대하는 이익 형태에 관한 그들의 기대에 접근하라.

적절한 짝 지우기

오늘날의 조직들은 여러 가지 방법으로 멘토링 파트너를 선택한다. 가능하면 자발적으로 발달한 관계와 비슷해 보이고 느낄 수 있도록 하라. 사람들에게 선택권을 주어라. 사람들에게 파워 멘토링 옵션들의 광대한 배열에 대해 가르쳐라. 우리는 여러분이 멘토와 프로테제들을 짝 지우는 것에 관한 어떤 초기 목표를 제공한 다음 그들이 마지막 선택을 할 수 있게 허용할 것을 제안한다. 초기 매칭은 당신이 속한 조직에 따라 매우 쉬울 수도 있고 매우 복잡할 수도 있다. 간단히 접근하자면 당신은 참가자들에게 1페이지짜리 질문지를 주어 그들의 흥미나 기능, 선호하는 것들을 알려 주도록 할 수 있다. 반대로 매우 복잡하고 혁신적으로 접근하자면 공식적인 온라인 멘토링 프로그램인 멘토넷 MentorNet을 구매하는 방법이 있다.[21] 멘토넷은 컴퓨터 알고리즘 프로그램을 사용하여 멘토와 프로테제들을 짝 지어 주는데, 그 결과는 매우 성공적인 것으로 나타나고 있다.

훈련과 지원 강화

우리는 모든 회사들이 최고의 훈련 표본과 진행 중인 프로그램을 지원하는 역할을 해 줄 것을 주장했지만 실제로는 필요한 시간과 자원을 가지고 있지 못한 회사들도 많다. 7장은 개인적으로 사용될 수 있거나 훈련 프로그램에서 사용되는 데 적용할 수 있는 많은 훈련들을 포함하고 있다. 개인은 자신보다 먼저 멘토링 관계를 확립한 다른 사람들의 도움을 필요로 한다. 그들이 멘토링에서 얻은 자신들의 경험을 공유하기 위해서이다. 한 예로 ABC-디즈니의 앤 스위니는 자신이 초기에 겪은 걱정이나 의혹을 극복한 뒤에 초기 멘토링 관계에서 얻은 자신의 경험을 이야기했다.

---

21. MentorNet Web site address : http://www.mentornet.net

회사에 들어온 지 얼마 되지 않았을 때 나는 '멘토링 프로그램의 일부가 되는 것'에 대해 조금 예민한 상황이었습니다. 사람들이 나에 대해 완벽하다거나 무엇이든 다 아는 사람으로 기대하면 어쩌나 하는 걱정이 많았던 거죠. 멘토와 멘티의 관계는 서로를 있는 그대로 받아들이는 것이 가장 좋다는 게 제 생각이었습니다. 정말 마음을 터놓고 이렇게 이야기할 수 있어야 합니다. "내가 했던 가장 큰 실수에 대해 말해 줄게요." 또는 "하루를 통째로 망쳐 버렸어. 고객이 말하는 것을 진심으로 듣지 않았거나 그의 사업이 어떤 방향으로 흘러가는지를 듣지 않았기 때문이야." 이런 종류의 일을 함께 나눌 수 있는 것은 가치를 따질 수 없을 만큼 소중한 것입니다.

앤의 사례는 새내기 멘토들에게 매우 효과가 있다. 멘토링 관계의 초기 단계에 불확실성이 나타나는 것은 자연스러운 일이지만 관계가 발전됨에 따라 그러한 불확실성은 사라진다.

상호 이익

지금쯤 당신은 멘토와 프로테제 모두에게 가능한 상호 이익에 대해 수긍하고 있어야 한다. 공식적인 멘토링 프로그램이 양쪽 모두를 위한 이익을 강조하고 있음에도 불구하고 대부분의 프로그램은 프로테제들을 위한 이익에 대해 집중하는 것처럼 보인다. 공식적 프로그램을 홍보할 때 다양한 이익에 대한 잠재적 멘토들을 경계하는 것은 멘토들이 프로그램을 통해 가치 있는 경험을 할 수 있다는 것을 확신함으로써 성공할 수 있다. 그리고 그것은 멘토의 경력이 성장하는 데 도움을 줄 것이다.

테스트와 도전의 확장된 역할

테스트와 도전이 멘토와 프로테제 간의 멘토링 초기 단계와 전체 관계에 어떤 영향을 끼칠 것인지에 관해 교육하라. 멘토와 프로테제들이 직면할 테스트와 도전 중 몇 가지를 도와줄 수 있는 코치들을 제공하라.

적절한 피드백과 프로그램 가치 평가

공식적인 프로그램을 관리하는 전문가들은 어떤 조직이든 간에 기업 경영 마인드의 결과를 보여 줘야 한다는 것을 잘 알고 있다. 어떤 이들은 그들의 결과를 최종 결과에 묶어 둔다. 반면 어떤 이들은 참가자의 만족 정도와 다른 프로그램의 결과를 추적한다. 우리는 프로그램 관리자들이 전형적인 인덱스를 사용하는 것 외에 공정 측도 process measure를 평가해야 한다고 제안한다. 예를 들어 멘토와 프로테제를 짝 짓는 방법론이 완성되면 바로 평가하는 것이다. 초기 상대가 만족스러웠는가? 각각의 개인들이 그들의 관계를 형성할 수 있을 만한 공통의 가치와 목표를 찾았는가? 멘토링 관계에 대한 멘토나 프로테제들의 준비 능력을 평가하라. 그리고 당신이 조직의 일반적인 코칭 행동의 발생 빈도 증가와 같은 뚜렷한 노동력 산출에 흥미가 있다면 그것은 관리자의 연간 수행 평가 리뷰에 포함되는 부가적인 행동 측도가 될 수 있다.

시간 제한

멘토링 관계를 끝낼 적당한 시간을 아는 것도 정규 멘토링 프로그램의 중요한 특징이다. 참가자들에게 멘토링 관계를 얼마나 오래 지속할 것인지를 결정하는 데 필요한 시간을 주는 것은 어떤 목표가 주어진 시간 내에 그것이 현실적으로 이루어질 수 있는지를 결정하는 데 도움을 준다. 관계의 종결 시간이 없다면 참가자들은 관계의 유용성이 좀 더 오래 남는다는 것을 느낄 수 있는 반면 여전히 관계를 계속해야 한다는 압력을 받을 수도 있기 때문이다. 참가자들이 할당된 시간을 지나서도 정규 멘토링 관계를 유지하고 싶어 한다면 그것은 필시 성공적인 관계일 것이므로 멘토와 프로테제 양쪽 모두에게 이득이 될 것이다.

결론

이 책을 연구하고 쓰면서 우리는 우리가 가능하다고 생각했던 것보다 더 효과적인 멘토링에 대해 많이 배웠다. 우리가 인터뷰한 사람들은 좋은 결과를 냈을 뿐만 아니라 그들은 자신의 이력에 대한 열정과 놀라운 통찰력으로 가득한 사람들이었다. 우리는 그들이 우리에게 시간을 내 주고 파워 멘토링의 사례들을 제공해 준 것에 대해 감사한 마음을 갖고 있다. 우리가 이 책을 쓰기로 결정한 것은 학술적인 연구와 실천자의 노하우 같은 지식의 본질 사이에 다리를 놓고 싶었기 때문이다. 우리는 또한 당신과 당신이 존경하는 멘토와 프로테제들 사이에도 다리를 놓기 원한다. 우리의 지식과 경험을 통합하면 서로가 이득을 얻을 수 있을 것이다.

인터뷰 참가자들에 의해 공유된 지혜와 많은 사례들은 이 작업의 마무리 단계에서 명확히 드러난다. 멘토에게 접근하기 전 그들은 친근해져 있었던 아라셀리 곤잘레스가 자신의 멘토 로사리오 마린에 대해 밝힌 초기 인상을 회상한다. 아라셀리는 확신을 갖고 말했다. "그녀는 저 높은 곳에 있었고 나는 아래에 있었습니다." 아라셀리가 로사리오를 알았을 때 그녀는 자신이 제안해야 하는 것에 대해 확실히 알고 있었던 반면 자신이 로사리오보다 아래에 있다는 것에 대해서는 좀 더 적게 느꼈다. 로사리오 또한 아라셀리를 알게 되었을 때 그녀를 있는 그대로 받아들였다. 당신이 '아래에 있다'는 느낌을 받거나 당신이 관심 있어 하는 당신의 멘토감이 '저 위에 있다'면 우리가 이 책에서 요약한 몇 가지 전략을 사용하여 당신이 꿈에 그리던 멘토들과 연결될 가능성이 있음을 기억하기 바란다. 기억하라, 구하지 않으면 얻지 못할 것이다. 당신이 필요로 하는 도움을 요청하라. 그리하면 당신의 경력이라는 여정에 당신을 돕기 위해 기다리고 있는 멘토들이 있다는 사실에 대해 놀라게 될 것이다.

반대로 당신이 멘토라면 멘토가 되는 것으로 얻는 이익들을 상기하라. 여기에 아라셀리의 멘토 로사리오 마린의 말이 우리에게 울려퍼진다. 우리는 그녀가 이렇게 말할 때 열정과 진심이 담긴 그녀의 목소리를 들을 수 있기를 바란다. "나는 멘토가 됨으로써 엄청난 즐거움을 느꼈습니다." 우리는 당신이 바쁘다는 것과 타인과의 관계를 맺는 데 시간과 에너지가 소요된다는 것을 알고 있다. 그러나 우리는 당신이 이 책에서 중요한 아이디어를 가져가기를 바란다. 그 아이디어는 프로테제들의 동아리를 갖는 것이 지금 당장 당신의 일과 생활에 엄청난 의미를 가져올 수 있는지 그리고 당신에게 커다란 도움이 될 것인지를 말한다. 주는 만큼 돌려 받는다. 주는 것부터 시작하라. 그리하면 당신이 나중에 받을 보상에 대해 엄청나게 놀랄 것이다.

인생에서 가장 중요한 결정들은 종종 우리에게 한 가지만 선택하라고 한다. 그리고 우리는 꽤 많은 시간 동안 그 결과인 인생을 살아야만 한다. 이것에 대해 생각해 보라. 당신은 당신이 다닐 대학이나 대학원을 한곳만 선택해야 한다. 또 한 번에 하나의 경력이나 직업을 선택해야만 한다. 배우자나 상대를 선택할 때도 마찬가지다. 종종 우리는 일부 일처제 또는 적어도 연속 단혼 형식을 우리가 다니는 학교나 직장 그리고 인생의 동반자를 선택하는 데 있어 강요 당하곤 한다. 그런데 우리가 인생을 진행해 나가거나 이력을 진행시켜 나갈 때 우리가 필요로 하는 것들은 모두 일정한 흐름 안에 있다.

빠르게 변화하는 삶 속에서도 당신과 계속 관계를 유지할 수 있는 당신의 인생에 존재하는 사람들을 생각해 보라. 물론 친구들은 당신의 상황과 흥미에 따라 변할지도 모른다. 논문을 함께 쓸 직장 동료, 테니스 친구, 조깅 친구, 영화를 함께 보는 친구가 있을 수 있다. 엘렌 굿맨과 패트리샤 오브라이언은 우정에 관해 쓴 자신들의 책에서 길에서 온 친구들과 마음에서 온 친구들에 관해 이야기했다.[22] 길에서 온 친구들은 당신의 인생에서 어느 정도는 중요하지만 당신이 직업을 바꾸거나 이사를 할 경우 연락이 뜸해지는 경우가 종종 있다. 반대로 마음에서 온 친구는 길고 괴로운 시간 동안 당신과 함께 한다. 이런 생각은 당신에게 필요한 여러 가지 다른 것들을 충족시켜 줄 친구들이나 커뮤니티를 가져야 한다고 말한다. 그래서 파워 멘토링과 함께 해야 한다.

여러 다른 멘토들은 다양한 시간에 당신의 이력이라는 여정을 따라 여러 가지 다른 것들을 필요로 하는 당신을 만난다. 그중 어떤 멘토는 당신의 커뮤니티의 핵을 형성할 것이고 매우 오랫동안 당신과 함께 할 것이다. 또 어떤 멘토들은 당신의 커뮤니티의 일부로 잠시 동안만 머물 것이지만 당신의 사고와 작업 태도에 지속적인 영향을 미칠 것이다.

당신이 여러 다른 우정들의 커뮤니티를 효과적으로 양성할 수 있듯이 멘토들에게도 같은 태도로 대할 수 있다. 멘토링에 들어설 때 딱 한 가지만 고를 필요는 없다. 당신은 모든 것을 다 가질 수 있다.

---

22. Ellen Goodman and Patricia O'Brien, I Know Just What You Mean : The Power of Friendship in Women's Lives New York : Simon & Schuster, 2000.

부록 A 인터뷰에 참여해 준 유명인과 세부 약력

여기에서 다양성은 인종, 민족, 성적 소수자 등의 다양성을 말합니다.

게일 앤 허드Gale Anne Hurd, 1955년 생 는 엔터테인먼트 업계에서 가장 존경받는 영화 프로듀서 중 한 명으로, 자신이 소유한 프로덕션인 발할라 모션 픽처 Valhalla Motion Pictures의 회장이다. 《Terminator터미네이터》 3편의 블록버스터, 《Alien에일리언》, 《The Abyss어비스》, 《Hulk헐크》, 《The Incredible Hulk인크레더블 헐크》, 《Ion Flux이온 플럭스》, 《Armageddon아마겟돈》 등을 비롯해 독립 영화제 수상작인 《The Waterdance워터댄스》를 포함 24편 이상의 장편 영화를 만들었다. 현재는 2011년에 나올 《Terminator터미네이터5》를 제작 중이다. 그녀의 영화들은 박스오피스에서 엄청난 이익을 올렸으며, 오스카상 수상 경력도 화려하다. 스탠포드 대학 파이 베타 카파 졸업생인 허드는 대학에서 경제와 커뮤니케이션을 전공한 뒤 전설적인 영화 제작자 로저 콜먼의 행정 비서로서 경력을 쌓기 시작했다. 뉴월드 픽처 사에서는 마케팅 팀장과 프로듀서를 거쳤다. 그녀는 자신이 제작한 작품과 자선 사업으로 수많은 상을 받고 명예를 얻었다. 이 중에는 우먼 인 필름Woman in Film, 미국의 여성 영화 단체 이 연예 산업에서 여성의 지위를 향상시키는 데 기여한 여성에게 수여하는 크리스털 상도 있다. 2004년 전미비평위원회는 그녀에게 '프로듀싱 특별상Special Achievement in Producing Award'을 수여했다. 2004년 3월에는 전 러시아 대통령 미하일 고르바초프의 녹십자로부터 연예 산업 환경 리더십 분야에 공헌한 바를 인정받아 밀레니엄 상을 받았다.

니키 로코Nikki Rocco는 1996년 이후 유니버설 픽처스 배급사의 회장으로 재직 중이며 1967년 이후 유니버설 픽처스의 직원이다. 니키가 배급 전략을 이끌면서 유니버설 스튜디오는 수익이 5,000만 달러가 넘는 3편의 흥행작《브루스 올마이티》,《분노의 질주 2》,《헐크》을 연달아 내고, 여름 한철에만 1억 달러 이상의 수익을 올린 5편의 영화를 배급했다. 그 후《폴리와 함께》,《새벽의 저주》등을 배급 감독하면서 더 큰 성공을 거두었다. 여름을 겨냥한 블록버스터《본 슈프리머시》, 아카데미상 후보였던《레이》,《미트 페어런츠 2》등도 배급했는데, 이 중《본 슈프리머시》와《레이》는 15주 이상 영화관에서 상영되었고,《미트 페어런츠 2》는 라이브 액션 코미디 분야에서 두 번째로 높은 수익을 내기도 했다. 2000년에 그녀가 선택한《그린치》와 2000년 최고의 성공작이자 오스카상을 수상한《에린 브로코비치》를 대파한《미트 페어런츠》그리고《너티 프로페서 2》는 박스 오피스에서 10억 달러의 수익을 넘기면서 유니버설 스튜디오에 연간 최고의 수익을 안겨 줬다. 로코는 뉴욕에서 유니버설 스튜디오의 영업부에서 이력을 쌓기 시작했다. 유니버설 스튜디오에 종신 재직하는 동안 그녀는 영업부 보조, 영업부장, 부사장, 선임 부사장, 마케팅 및 총괄 관리 부사장으로 일했다.

닉 M. 도노프리오 Nick M. Donofrio 1945년 생 는 2008년까지 IBM 기술 생산 부문의 수석 부사장이었으며 현재는 AMD의 이사회 임원이다. IBM의 기술 전략 리더로서 IBM과 IBM의 글로벌 에코시스템 전 세계에 분포하는 IBM 관련 사용자와 기업, 유통 관련 업체 등을 말함.—역자 주 전체에 걸쳐 혁신을 이룬 챔피언이다. IBM 리서치, 통합 공급 체인, 통합 생산 발달팀, 정부 프로그램, 환경 안전과 제품 안전, 제품의 품질 그리고 IBM의 기업 온 디맨드 전환팀의 책임을 맡고 있다.

1967년 IBM에 입사한 이래 IBM 생산 부서들의 부서장과 수많은 기술 관리직을 이끌었다. 7개의 기술 분야 특허를 갖고 있으며, 유명 기술·과학 분야 협회의 회원으로 활동하고 있다. 뉴욕 은행 감독위원회와 렌슬레어 공과대학 이사협의회의 회원이기도 하다. 렌슬레어 공과대학에서 전기공학 학사 학위를 받았으며, 같은 전공으로 시라큐스 대학에서 석사 학위를 받았다. 뉴욕에 있는 폴리테크닉 대학에서는 공학 분야의 명예 박사 학위를, 영국 워윅 대학에서는 과학 분야 명예 박사 학위를 받았다. 그 밖에도 전략적 사업 임무에서 IBM의 기술 인력 발전과 보유를 이끌고, 다양한 민족의 문화와 사고가 공존하는 커뮤니티의 질을 높이는 데 주력했다.

다이앤 L. 로비나 Diane L. Robina 는 Comcast 주식회사 미국에서 가장 큰 케이블 TV이자 두 번째로 큰 인터넷 서비스 제공 업체-역자 주 의 신흥 네트워크 컴캐스트 프로그래밍 그룹의 회장이다. 이전에는 MTV 네트워크에서 오랫동안 일해 온 베테랑이다. Viacom 사에서는 MTVN을 위한 인수 전략 부문 최고 부사장을 지냈고, TNN에서는 유선 방송망의 총 관리자이자 총괄 부사장이었다. 그 과정에서 그녀는 18~49세에 이르는 타깃층을 100% 증가시켰을 뿐만 아니라 기본 케이블 네트워크 중 28위에 머물러 있던 순위를 10위로 급상승시키는 능력을 발휘했다. 뉴 TNN을 일으켜 세우는 과정에서 그녀는 케이블 TV에서 높은 평가를 받은 프로그램인 WWE RAW로 이 네트워크의 성공적인 전환을 지휘했다. 또한 텔레비전의 최상위 프랜차이즈들 중 몇몇을 획득하려는 뉴 TNN의 노력에도 큰 힘을 보탰다. 그 프랜차이즈들은 《스타트렉 : 넥스트 제너레이션 Star Treck : The Next Generation》, 《Star Treck : Voyager 스타트렉 : 보이저》, 《CSI : 과학수사대》 등이다. 이 전까지는 1997년에 시작한 TV랜드의 프로그래밍 부문 선임 부사장과 총괄 관리자였으며, 《Nick at Nite》와 《TV 랜드》를 위한 프로그래밍 전략팀에서 중요한 역할을 담당했다. 《TV랜드》의 배급과 광고를 이끄는 동안에는 구매 담당 이사에서 구매 담당 부사장이 되는 빠른 승진을 했다. 《Nick at Nite》와 《TV랜드》의 프로그래밍 분야 부사장을 역임했으며, 새로운 방송망으로의 착수를 프로그래밍하는 역할도 담당했다. 1년 후에는 방송 네트워크 최고 위치로 승진했다.

도널드 P. 페티트 Donald P. Petit는 퇴역한 공군 준장으로, 28년 간 우주 비행 임무와 전략 공군 임무 분야에서 일하며 수많은 고위 사령관직과 관리직을 수행했다. 공군으로서의 마지막 복무지인 플로리다 주에서는 패트릭 공군 기지의 제45 스페이스 윙 사령관으로 재직했는데, 그의 임무는 세상에서 가장 바쁜 우주선 기지와 이스턴 레인지 Eastern Range, 케네디 우주 센터와 케이프 캐나베럴 발사장을 합쳐서 부르는 용어-역자 주에서 우주선 발사대 작동(민간용, 상업용, 국방용)에 관한 모든 일을 책임지는 일이었다. 그는 미공군우주사령부 총사령관, 핵무기조종분과, 작동보좌관, 핵물질관리센터 NMCC, 합동참모, 미국에서 가장 큰 ICBM 대륙간 탄도 미사일 단지가 있는 말름스트롬 공군 기지의 제341 스페이스 윙 사령관 등의 요직을 두루 거쳤을 뿐만 아니라 미공군우주위원단, 미공군과학고문단 SAB의 회원이며 현재 미 정부가 임명한 최고 수준의 연구/비평 그룹 중 몇 곳에서 활동 중이다. 그는 현재 공학 관련 업무, 설계 및 분석, 프로그램 관리, 탄도 미사일 기술 개발 분야에 있어 기술적 관리적으로 최고의 경력을 갖고 있는 사람들로 이루어진 Aero Thermo Technology AT2 사에서 오퍼레이션 및 프로그램 부문의 전무이사로 있다. 아내 캐롤과 함께 플로리다 주 마르코 아일랜드에서 살고 있다.

데브라 미르투치 Debra Martucci 는 시놉시스 Synopsys 사의 IT 분야 부회장이자 CIO Chief Information Officer 이다. 시놉시스 사에서 오랫동안 일한 그녀는 수많은 M&A를 성공적으로 이끌어 자신의 역할을 충실히 해냈을 뿐만 아니라 릴리스 엔지니어링 직무를 관리하고 포팅과 라이센싱 팀을 경영하는 책임도 수행해 왔다. 그녀의 열정과 능력은 시놉시스 사에 필요한 전략적 강점을 제공했다. 시놉시스 사에 입사하기 전에는 소프트웨어 시뮬레이션 분야에서 일했다. 우주 왕복선 훈련 분과에서 NASA와 함께 일한 경험도 있다. 뿐만 아니라 고급 항공기 레이더 시뮬레이션에 필요한 초고밀도 실시간 마이크로프로세서와 데이터베이스 생성 시스템을 위한 객체 지향 설계 방법으로 코드를 개발하는 팀을 관리하기도 했다. 메사추세츠 주의 노스 아담스 주립대학교에서 물리학 학사 학위를 받고, 휴스턴 대학에서 물리학 석사학위를 받았다. 보스턴 출신인 그녀는 캘리포니아 주 산 마테오에서 남편과 2마리의 개와 함께 살고 있다.

데이빗 드라이어 David Dreier 1952년 생 는 1981년 1월부터 현재까지 하원 의원으로 활동하고 있다. 자신의 가족이 운영하는 부동산 투자 회사가 있는 미주리 주 캔사스 시티에서 태어나 1975년 클레어몬트 맥케나 칼리지를 우등으로 졸업한 뒤 이듬해 클레어몬트 대학원에서 미국 행정 분야로 석사 학위를 받았다. 1976년부터 1978년까지 클레어몬트 맥케나 칼리지의 단체 교섭 관계corporate relations 분야 감독으로 재직했다. 1980년 국회의원으로 당선되기 전까지 산 디마스 산업San Dimas industrial firm의 마케팅 분야에서 일했다. 그는 공정하고, 청렴하고, 책임감 있는 지도자로서의 기록을 갖고 있다. 1999년 1월 106번째 미 연방 국회를 시작으로 하원 지도부에 합류했는데, 이때 그는 하원 의사운영위원회의 지도적 지위를 얻었다. 사상 최초로 캘리포니아 주민의사운영위원회 회장이 되었을 뿐만 아니라 가장 젊은 회장 중 한 명으로서 주요 입법을 다루는 데 주요 역할을 했다. 2001년 5월에는 캘리포니아 주의회 동료들의 만장일치로 주의 공화당 국회 대표단 단장으로 선출되었다. 대표단 단장으로서 그는 캘리포니아 주의 중요한 일들을 다루며 국회에서 가장 큰 규모의 공화당 대표단을 이끌었다. 2003년 가을에는 아놀드 슈워제너거 캘리포니아 주지사에게 인

수위 회장직을 맡아 달라는 요청을 받았다. 하원의 공화당 지도부 회원으로써 그는 초당파적인 해법을 장려한 반면 개개인의 자유와 경제 기회, 미국의 강력한 글로벌 리더십, 제한적이지만 효율적인 정부를 장려하는 일에 대해서는 원칙을 고수했다.

딕시 가Dixie Garr는 인터넷 통신 솔루션의 선도 주자인 시스코 사의 고객 성공 엔지니어링 부문 부사장으로 10년 간 재직하고 있다. 그녀의 직속 팀들은 특화된 기술 지원, 연구소, 고객 펀드로 구성된 전략적 교차 회사 구상 등을 포함한 일을 하고 있다. 전속 기간 동안 고객 만족도는 5점 만점을 기준으로 3.85에서 4.78로 향상되었으며, 단일 교차 기능 향상 프로그램은 많은 경비를 줄이는 데 기여했다. 시스코에 입사하기 전에는 6개의 대기업에서 임원직을 맡아 수행했다. 텍사스 인스트루먼트 사의 소프트웨어 엔지니어링 담당 이사로 있을 때는 사무 자동화뿐만 아니라 수백여 개의 개발 프로젝트를 맡고 있는 900명이 넘는 소프트웨어 엔지니어들로 이루어진 팀을 운영했다. 그녀의 산업 표창 경력은 다음과 같다. 2004년에는 50인의 가장 중요한 아프리칸-아메리칸 기술인 부문에 올랐고, 2002년에는 NSBE 올해의 여성 기술인, 2000년에는 커리어 커뮤니케이션 그룹 여성과 소수민족의 위상을 높이는 데 주력하는 잡지 그룹이 주는 올해의 IT 전문가, 산업 분야에 있어 전문가적 업적을 나타낸 올해의 흑인 공학자, 샌프란시스코 만 지역의 영향력 있는 아프리칸-아메리칸 회사 중역 등에 선정됐다. 여성 리더십을 교육하는 프로그램인 리더십 아메리카와 리더십 텍사스의 졸업생이기도 하다. TI 텍사스 인스트루먼트에서는 소수 민족 리더십 구상의 공동 창립자로서 회장직을 역임하기도 했다. 데이비드 슐츠David Schultz와 결혼했으며, 아직 진행 중인 최고의 작품은 그녀의 딸인 알렉산드라 가-슐츠Alexandra Garr-Schultz로, 현재 예일대학교 졸업반이며 시스코 인턴으로 있다.

래리 R. 카터Larry R. Carter 1943년 생 는 시스코 이사회의 임원으로, 이전에는 홍보 수석실의 선임 부사장이었다. 1995년에 CFO로 시스코에 입사했으며, 8년의 계약 기간 동안 시스코를 세계적인 재정 조직으로 발전시켰다. 시스코의 재정 조직은 그의 지휘 아래 회사 중역들에게 필요한 중요 측정 기준이 되는 일일 재정 보고 사업을 개척하기 위해 차입금을 이용하여 인터넷 기술에 투자했고, 전 세계에 퍼져 있는 시스코의 장부를 매일 볼 수 있는 '가상 장부 마감virtual close' 시스템을 현실화하여 재정 비용을 절반 수준으로 줄였다.

시스코에서 CFO로 이력을 쌓는 동안 그의 재정 조직은 《포천》이나 《하버드 비즈니스 리뷰Harvard Business Review》, 《파이낸셜 이그제큐티브Financial Executive》 같은 주요 금융 잡지들의 조명을 받았다. 그의 이러한 전문 지식은 CFO Excellence Awards 같은 상을 수상함으로써 인정받았다. 2000년 7월에는 시스코 이사위원회 위원으로 임용되었다. 사업과 금융 전망으로 산업에 대한 전반적인 이해뿐 아니라 25년 이상의 경력을 쌓았다. 2003년 5월에는 재정 관리직인 CFO에서 물러나 시스코 홍보수석실 선임 부사장으로 임용되었다. 로욜라 메리마운트 대학교 평의원 위원회의 평의원과 QLogic사 이사위원회의 위원으로도 활동하고 있다.

로널드 V. 델럼스Ronald V. Dellums 1935년 생 는 자신의 고향인 캘리포니아 주 오클랜드 시의 45번째 시장으로 아프리카계 미국인으로는 3번째로 시장에 당선되었다. Dellums and Associates, L.L.C.의 창설자이자 사장이기도 했다. 1970년 처음으로 국회의원에 당선된 뒤 1998년까지 하원 의원으로 활동하다 은퇴했다. 하원 의원으로 재직하는 동안 미 하원 군사위원회의 회장직 등 몇몇 최고위직을 거쳤다. 흑인의원연맹 회장이던 시절 남아프리카공화국의 인종차별주의 정책인 아파르트헤이트에 대한 미국의 지원을 끊는 데 지원한 환상적인 리더십은 유명하다. 하원직에서 물러나면서는 국제의료관리회사Healthcare International Management Company의 회장직을 수락했다. 로널드 델럼스는 아프리카를 위한 에이즈 마셜 플랜을 고안하기도 했는데, 그것은 현재 에이즈와 결핵, 말라리아와의 전쟁에 필요한 글로벌 펀드로 발전했다. 클린턴 대통령은 지난 1999년 로널드 델럼스를 HIV/AIDS에 대한 대통령 자문위원회의 회장으로 위촉했다. 아프리카선거구감독위원회의 회장직도 역임했다. 캘리포니아 주 오클랜드의 빌딩 두 곳에 그의 이름이 명명된 사실이 증명해 주듯 그는 수많은 명예 훈장과 상을 받았다. 대학 교육에 대한 기여 또한 널리 인정받고 있다. 《Lying Down with the Lions : Public Life from the Streets of Oakland to the Halls of Power》2000년를 포함하여 2권의 책도 출간했다. 그의 가족은 2000년에 개봉한 디즈니 영화 《The Color of Freindship》의 주역으로, 이 영화는 1970년대 남아프리카공화국의 백인 교환 학생과 미국의 흑인 홈스테이 가정 델럼스가 간의 경험을 묘사했다.

로널드 커크Ronald Kirk 1954년 생 는 현재 오바마 행정부의 무역대표부 대표로, 한국에는 '교육 경쟁력이 미국보다 우수한 국가의 하나로 한국을 예로 들었던 사람'으로 유명하다. 빈슨&엘킨스 유한책임조합Vinson & Elkins LLP. 1917년에 만들어진 미국 법률 회사-역자 주의 댈러스 지부 공동 경영자이기도 하다. 1979년에 텍사스대학교 로스쿨에서 법학 박사 학위를 받았다. 1995년부터 2001년까지 댈러스시의 시장직을 역임하고, 1994년에는 텍사스 주의 장관직을 역임했다. 20년이 넘게 주 입법 심의회에서 수많은 공기업과 사기업을 위해 일했다. 전 댈러스 지방 검사보로 정부 관계GR 일을 담당했으며, 미 상원 의원 로이드 벤트슨 보좌관으로 활동하기도 했다. 현재는 브링커 인터내셔널Brinker International, 딘 식품Dean Foods Company, 펫츠마트사PetsMart, Inc. 의 이사회의 임원이자 미국소아마

비구제 연구 모금운동의 국립 수탁자이기도 하다. 아내 마트리스 엘리스-커크와 두 딸 엘리자베스 알렉산드라 커크, 캐서린 빅토리아 커크와 함께 댈러스에 거주하고 있다.

로라 J. 메디나Laura J. Medina의 인생과 쇼 비즈니스는 모두 뉴욕에서 시작되었다. 로라는 오하이오 주 옐로우 스프링스에 있는 안티오크 칼리지Antioch College에서 정치학 학사 학위를 받고, 뉴욕 대학교의 필름 & 텔레비전 대학원인 티시 예술 학교Tisch School of Arts에서 영화 인생을 시작했다. 그녀는 이곳에서 영화 감독 분야로 석사 학위를 받았다. 대학원 졸업 후 학생 시절에 만든 단편 다큐멘터리 영화 《레슬리 튤립스Leslie Tulips》(젊고 이국적인 댄서/스트리퍼와 그녀의 엄마에 관한 영화)로 아스토리아 스튜디오/뉴욕 주립 예술 위원회가 주는 장학금을 받아 영화 감독 일을 배울 수 있는 자격을 얻었다. 그러나 몇 년 뒤에 로라는 영화 제작 쪽으로 관심을 돌린다. 처음에는 뉴욕에 근거를 두었다가 후에는 LA로, 프로덕션 매니저에서 라인 프로듀서로, 결국에는 10편이 넘는 영화의 프로듀서로 활동하며 미국, 멕시코, 유럽, 북아프리카에 걸쳐 다른 미디어 프로젝트 그룹과 다양한 작업을 했다. 2000년을 앞두고는 단편 코미디 영화 《Heart Attack 심장마비》를 쓰고 감독하고 제작함으로써 감독 역할로 돌아간다. 이 영화는 수많은 영화제의 공식 상영작으로 선택되었다. 그 후 로라는 영화와 TV 작품을 감독하는 데 주력하는 동시에 자신만의 영화 프로젝트를 쓰고 개발하는 데 힘쓰고 있다.

로사리오 마린Rosario Marin 1958년 생 은 2001년 4월 미국의 41대 재무부 출납국장으로서 취임 선서를 했다. 그녀는 조지 W. 부시 대통령의 1기 내각에서 이민자로서는 처음으로 최고위직 라틴계 여성 관료가 되는 영예를 안았다. 1994년 헌팅턴 파크 시의원이자 시장으로 선출되었고, 1999년에는 압도적인 표 차로 시장에 당선되었다. 마린은 피트 윌슨 주지사가 이끄는 주 정부에서 7년 간 일했다. 그녀의 최종 직위는 인종 관계 부문의 주지사 보좌관이었다. 그녀의 첫 아들인 에릭은 다운증후군이 있었는데, 이 때문에 그녀는 장애인과 함께 하는 사람들의 대변인이 되었다. 이러한 노력을 인정받아 1995년에는 UN이 수여하는 로즈 피츠제럴드 케네디 상도 받았다. CSULA LA 소재 캘리포니아 주립대학에서 경영학 학사 학위를 받고, 하버드 대학 존 F. 케네디 스쿨에서 주 정부와 지역 정부의 선임 책임자 프로그램을 수료했다. 2002년에는 모교인 CSULA에서 명예 법학 박사 학위를 받았다. 현재 헌팅턴 파크 시에서 남편 알바로 알레한드로 마린과 3명의 자녀 에릭, 카르멘, 알렉스와 함께 살고 있다.

론 메이어 Ron Meyer는 1995년 8월 1일 유니버설 영화사의 회장 겸 총 책임자 COO로 임명되어 현재까지 일하고 있다. 유니버설 영화사에 들어오기 전까지 메이어는 1975년 윌리엄 모리스 에이전시에 있던 4명의 동료 에이전트들과 함께 세운 크리에이티브 아티스트 에이전시 사의 회장이었다. 몇 년 뒤 그들은 크리에이티브 아티스트 에이전시를 업계에서 가장 영향력 있고 재능 있는 사람들을 대신하는 뛰어난 수완을 가진 에이전시로 만들었으며, 후에는 서비스 범위를 확장하여 미국을 선도하는 미국인들과 국제적인 기업에게 컨설팅을 해주는 업무도 맡아 했다. 1970년부터 1975년까지는 윌리엄 모리스 에이전시에서 TV 에이전트로 일했고, 그 전인 1964년부터 1970년까지는 LA의 폴 코너 에이전시에서 심부름꾼으로 일했다. 그리고 폴 코너 에이전시에 입사하기 전까지는 미군 해병대에서 복무했다. 그는 현재 캘리포니아 주 말리부에서 아내 켈리 채프만과 세 딸 그리고 아들과 함께 살고 있다.

루이스 J. 웨이니어 Louise J. Wannier는 2009년 12월 15일 온라인 패션 쇼핑몰인 마이쉐이프MyShape 이사회의 총 회장으로 선출되었다. MyShape.com은 몸에 딱 맞고 기분 전환에도 도움이 되는 패션을 찾는 데 정보를 제공하는 사이트다. 인피시Enfish 소프트웨어 사는 검색 기술을 제공하는 '구글google'을 만들었다. 인피시를 설립하기 전 웨이니어는 VCRPlus+ 제작사인 Gemstar Development Corporation을 공동 창설하고 이사회 임원과 COO를 지냈으며, 젬스타 유럽Gemstar Europe의 CEO를 지내기도 했다. 젬스타는 3년 6개월 만에 엄청난 수익을 거두며 총 수익 6,500만 달러 규모의 회사로 성장했다. VCRPlus+는 소니 사의 워크맨 이후 가장 성공적인 제품으로 인정받고 있다. 나스닥에 상장된 젬스타의 시가 총액은 10억 달러가 넘는다. 젬스타 이전에 그녀는 스웨덴의 Chalmers Industriteknik산업 기술 R&D 연구소—역자 주를 위해 멀티미디어, 대화형 학습 시스템을 만드는 벤처 회사인 스킬웨어Skillware 사를 창설했다. 그녀는 LA에 소재한 Ernst & Whinney현재는 Ernst & Young에서 6년 간 서비스 담당 부서 관리 컨설팅 일을 했다. 그녀는 이곳에서 CP와 기업 합병 업무를 관리하는 선임부장으로 일했다.

웨이니어는 UCLA 경영 대학원 경영학 석사와 칼텍Caltech의 천문학 학사 과정을 모두 우등으로 졸업했다. CPA 자격증도 가지고 있으며 CEO들의 국제적 조직인 TEC의 회원으로 10년 넘게 활동 중이다. 1993년에는 Advertising Age가 선정한 마케터 분야 상위 100명 중 1명으로 뽑히기도 했다. 2000년 12월에는 Bridgegate20 어워드가 뽑은 남부 캘리포니아의 상위 20명의 과학 기술자 가운데 1명으로 선정됐다. 하이테크 기업의 성장을 돕는 데 주력하고 있는 비영리 재단 엔트레텍Entretec의 이사로 재직 중이다.

레슬리 링카 글래터 Lesli Linka Glatter는 자신이 처음으로 감독한 영화 《Tales of

Meeting and Parting》으로 아카데미상 후보에 올랐다. 장편 영화 데뷔작은 성인 코미디물인 《Now and Then 나우 앤 덴》이다. HBO 채널의 인기 드라마 《State of Emergency 응급실 대기 상황》를 감독하기도 했다. 이 작품은 Cable ACE Award for Cable Excellence 상 중 베스트 픽처 부문 후보와 영화 대본과 TV 극본 중 사람의 존엄성과 자유를 표현하고 깊은 내용을 가진 작품에 주는 상인 Humanitas상 후보에 올랐다. 존 웰스 프로덕션에 소속되어 있으며, 수많은 영화와 TV 프로젝트를 개발하고 있다. 그녀는 데이비드 O. 셀처 David O. Seltzer 가 제작하고 빌 풀먼 Bill Pullman 이 주인공을 맡은 NBC 미니시리즈 《Revelations 요한계시록》의 마지막 2편을 감독하기도 했다. 《The O.C., Jonny Zero 오렌지카운티 조니 제로》와 《House M.D 하우스》, 《The Mentalist 멘탈리스트》, 《Lie to Me 라이투미》, 《Heroes 히어로》, 《The Closer 클로저》, 《Grey's Anatomy 그레이스 아나토미》, 《Numb3rs 넘버스》의 몇몇 에피소드를 감독하기도 했다. 뿐만 아니라 《The West Wing 웨스트 윙》, 《ER》, 《Third Watch 서드 와치》, 《NYPD Blue》, 《Brooklyn South 브룩클린 사우스》, 《Murder One 머더 원》의 다양한 에피소드를 감독하고, 많은 인기를 누렸던 《Freaks and Geeks 프릭스 앤 긱스》, 스티븐 스필버그 감독의 《Amazing Stories 어메이징 스토리》, 데이빗 린치의 《Twin Peaks 트윈 픽스》로 영화감독조합 Director's Guild 상 후보에 오르기도 했다. 프랜시스 포드 코폴라 감독의 American Zoctrope 1969년 코폴라와 조지 루카스가 함께 설립한 인디 영화사—역자 주 아 위너브 러더스 사가 제작한 파일럿 프로그램 《In My Life 인 마이 라이프》, 워너 브러더스 사와 조엘 실버가 제작한 《Newton 뉴턴》을 감독하기도 했다. AFI의 교육과 훈련 위원회, 미국 영화감독조합의 서부영화감독위원회, 여성 영화인들 모임인 〈실버 서클〉의 회원이며, IFP 독립영화 프로젝트 의 프로젝트 인볼브 Project Involve 의 멘토로 활동하고 있다.

리사 링Lisa Ling 은 오랫동안 TV 방송계에서 일해 온 인물로, 현재는《내셔널 지오그래픽 익스플로러》에서 일하고 있다. 2009년 미국 여기자 북한 억류 사건의 주인공 중 한 명인 로라 링의 언니이기도 하다. 최근에는《The view》에서 바바라 월터스Babara Walters, 메레디스 바이에라Meredith Vieira, 스타 존스Star Jones, 조이 베하르Joy Behar와 함께 공동 진행을 맡기도 했다. 북부 캘리포니아 출신인 링은 16세 때 새크라멘트 시의 10대 잡지 쇼인《Scratch》오디션에 응모하여 진행자 중 1명으로 발탁되었다. 18세 때는 전국의 중학교와 고등학교에 방송되는 채널 원 뉴스로 자리를 옮겨 가장 어린 리포터로서 활동했다. 일주일에 40시간이 넘는 업무 시간에도 불구하고 USC남부 캘리포니아 대학교 의 우등생 명단에 이름을 올리기도 했다. 채널 원에 있는 동안 그녀는 아프가니스탄, 이라크, 콜롬비아, 알제리, 캄보디아, 베트남, 중국, 일본, 인도, 이란을 비롯한 24개국이 넘는 곳을 오가며 리포터로 일했으며, PBS에서 사용하는 8개의 다큐멘터리를 제작하기도 했다. 이 중 몇몇 작품은 수상 경력도 있다. 이러한 열정과 노력 덕분에 링은 25세가 되기도 전에 채널 원의 선임 종군 특파원이 되었다. 2000년 10월에는 여러 가지 현안에 대한 독점 기사를 연구하고 쓰는《USA Weekend》의 기고 편집인이 되었다. 2001년 2월에는 TV 특집 프로그램《10대가 뽑은 세계를 변화시킬 10대 20인Teen People's 20 Teens Who Will Change the World》의 진행을 맡기도 했다.

리자 기본스Leeza Gibbons, 1957년 생 는 20년 넘게 미국의 안방을 넘나들고 있다. 2004년에는 미국 최대의 라디오 네트워크인 웨스트우드 원과 라디오 방송《Leeza at Night》를 시작했다. 리자 기본스는 현재 라이프타임 TV의 프라임 타임 프로그램인《What Should You Do?》를 진행하고 있다. 리자 기본스 기념 재단을 만들기 위해 그는 엑스트라EXTRA 뉴스 매거진의 진행자와 편집국장

자리에서 물러났다. 《Entertainment tonight》의 국민 앵커이자 리포터로서 프로그램을 진행했으며, 《Leeza》라는 자신의 주간 토크쇼를 연출하고 진행했다. 매년 〈Outstanding Talk Show〉와 〈Outstanding Talk Show Host〉 부문 후보에 오르고 있다. 에미상 주간 방송 프로그램 부문에서도 27회나 수상 후보로 지명되고 3회의 수상 영광을 안았다. 할리우드 워크 오브 페임 Walk of Fame 에 스타로 지명되기도 했다. TV 프로젝트들은 LGE 리자 기본스 엔터프라이즈 에서 제작하거나 공동 제작했다. 이 중 CBS의 IWON.com과 공동 제작한 《E!'s Assignment E! with Leeza Gibbons》는 CBS 채널 역사상 비뉴스 시리즈 부문 중 최고의 작품으로 인정받았으며, 《Tesen Files》로 에미상을 수상했다. 리자 기본스는 어려움에 처한 어린이와 가족을 돕는 단체인 어린 Kids Peace의 국민 대변인이자 아동 학대를 방지하고 치유하는 데 힘쓰는 단체인 ChildHelp USA의 명예대사이며, 실종 및 유괴에서 어린이를 보호하려는 단체인 마크 클라스 Marc Klass 의 Beyond Missing의 임원이다. 어린이 문제에 관한 노력을 인정받아 어린이들의 복지에 기여한 바가 큰 사람에게 주는 상인 Congressional Horizon Award를 수상하기도 했다. 건축가이자 배우인 스티븐 메도우스와 결혼했으나 2005년 11월에 이혼했으며, 슬하에 딸 렉시와 아들 트로이, 네이션이 있다.

리 버틀러 Lee Butler, 1939년 생 제독은 1991년 1월부터 1994년 4월까지 미국 전략핵사령부를 이끌었다. 그동안 그는 장거리 폭격기와 1만 개의 핵탄두를 실을 수 있고 육상 기지와 해상 기지에서 모두 발진 가능한 대륙간 탄도 미사일을 완성하는 임무를 수행했다. 그 자리에 있으면서 핵전쟁 계획을 발전시키는 임무를 맡았으며, 대통령에게 핵전쟁 계획의 실행에 관해 말하는 최고 조언자였다. 1961년 공군사관학교를 졸업한 뒤 올름스테드 장학생으로 파리 대학에서 국제관계학 석사 학위를 받았다. 3,000시간이 넘는 비행 기록을 갖고 있는데 여기에 포함된 비행기는 무려 15종으로, 월남전에서는 F-4 전투기로 비행했다. 국제관계협회, 국립과학아카데미의 국제보안 및 무기제어위원회를 비롯한 많은 시민 단체의 회원으로 활동하고 있다. 네브라스카 주 오마하에 사는 동안에는 몇몇 봉사 단체의 위원회를 맡기도 했다. 버틀러 제독은 하인츠상의 공공 질서 부문을 비롯해 군대와 시민 단체가 주는 수많은 상과 명예 훈장을 받았다. 캘리포니아 주 노워크 출신인 도린 넌리Dorene Nunley와 결혼했으며, 부인과의 사이에 2명의 딸, 브렛과 리사 그리고 6명의 손자가 있다. 캘리포니아 주의 라구나 비치에서 부인과 함께 살고 있다.

린다 샌포드Linda Sanford는 엔터프라이즈 온 디맨드 트랜스포메이션 & 인포메이션 테크놀로지 사의 선임 부사장이다. 이 회사는 IT 산업 최고의 온 디맨드 비즈니스에 대한 IBM의 본질적인 전환을 이끌어 낸 회사다. 이런 위치에 있는 샌포드는 IBM과 함께 작업하는 데 책임 권한을 가지고 있다. 린다 샌포드는 IBM이 코어 비즈니스로 모든 과정을 전환하고 이 과정을 지원하는 IT 인프라를 만들어 내는 데 기여하였으며, IBM으로 온 디맨드 리더십이 IBM으로 가져올 만한 가치가 있다는 것을 인식하도록 하는 데 기여했다.

이전에 샌포드는 IBM 스토리지 시스템 그룹의 선임 부사장이자 그룹 책임자였다. 그녀는 스토리지 마켓에서 5위를 달리고 있던 IBM을 2년 만에 2위로 끌어올렸다. 샌포드는 그룹 책임자 자리를 맡기 전에 세계 곳곳에 퍼져 있는 IBM 고객들과의 관계를 관리하며 IBM 수입의 약 70%를 차지하는 IBM 글로벌 인더스트리즈를 이끌었다. 그 전에는 대형 컴퓨터 시스템을 개발, 제조하고 마케팅하는 IBM S/390 부서의 총괄 부장이었다. 1990년대 초반, 그녀는 S/390 부서를 컴퓨터 산업 분야에서 한 번도 본 적 없는 종합 생산 전환 방식으로 이끌어 S/390을 오픈, 엔터프라이즈 레벨 서버로 재발명했다.

IBM의 상위 랭킹에 있는 여성 중 한 명이자 Women in Technology International Hall of Fame과 National Association of Engineers의 회원이기도 하다. 《포천》지가 뽑은 '사업 부문에서 50인의 가장 영향력 있는 여성', 《인포메이션 위크》지가 뽑은 '기술 산업 분야에서 상위 10명의 혁신자',《워킹 우먼》지가 뽑은 '기술 분야에서 가장 영향력 있는 최상위 10명'에도 이름이 올랐다. ITT 산업, 세인트존스 대학교, 렌슬래어 공대 이사회 회원으로 활동하고 있으며, 뉴욕 시 협력이사회, 뉴욕 주 사업위원회, 웨스트체스터 예술위원회에서도 활동하고 있다. 세인트 존스 대학교를 졸업하고 렌슬래어 공대에서 오퍼레이션 연구로 석사 학위를 받았다.

릴락 에소프스키Lilach Asofsky는 리즈 클레어본Liz Claiborne 그룹 마케팅 부문의 부회장으로, 이전에는 CNBC의 마케팅·리서치·크리에이티브 서비스 부문 부사장이었다. 전 세계 1억 7,500만이 넘는 가정에 실시간 자금 시장 방송과 사업 정보를 제공하는 비즈니스 뉴스의 글로벌 리더로서 네트워크 홍보와 영업 마케팅을 포함한 전체 마케팅 그리고 CNBC 브랜드 관리 책임을 맡았다. 뉴저지 잉글우드 클립스에 있는 CNBC의 리서치 오퍼레이션도 감독했다. 릴락 에소프스키는 1999년에 CNBC.COM 상품 개발 및 마케팅 업무 부사장으로 CNBC에 들어갔다. 그곳에서 그는 광고, 프로모션, 리서치를 비롯해 핵심 재정 수단 및 응용 프로그램, 사이트 내비게이션, 컨텐츠 확장, 사이트 성과 혁신 등 고객이 체험하는 모든 것을 책임지는 세계적 수준의 팀을 만들어 이끌었다. 이전에는 시티 그룹의 계열사인 e-Citi의 인터넷마케팅사업전략 부서의 부사장이었다. 그곳에 있는 동안 온라인 마케팅, 웹사이트 구축, 포털 사이트 거래 협상 및 계약 체결 그리고 다른 계열사들의 관계 관리에 중점을 둔 조직을 세웠다. 그런 역할을 수행하던 중 시티 그룹의 소비자 사업부 전체의 성공적인 커뮤니케이션과 정보 전송을 최대화하기 위해 GISC글로벌인터넷운영위원회, Global Internet Steering Committee를 이끌기도 했다. 액세스 마케팅 네트워크 마케팅에 브랜드 광고를 섞는 방법의 마케팅—역자 주 의 부사장으로 있을 때는 직접적으로 접근 가능해진 대중 시장 진출과 시티 은행의 온라인 뱅킹 서비스를 관리했는데, 방송과 인쇄 광고, DM 발송, 판촉 행사, 시사회 전략 창안 등으로 구성된 통합 마케팅 캠페인을 통해 1년 남짓한 기간 동안 사용자 수를 650% 증가시키는 성과를 올렸다.

수상 경력을 가지고 있는 금융 서비스 연계 '후불제(구매 전에 미리 사용해 보는)' 와 같은 온라인 캠페인을 포함한 성공적인 프로그램들 덕분에 컨벤션이나 학술 포럼에서 '브랜드 액션 마케팅' 을 주제로 많은 강연도 하고 있다.

마사 J. 모리스Martha J. Morris 는 뉴욕 주에 있는 IBM 글로벌 서비스 조달 부문 부회장으로 있다. 1980년에 녹스빌에 있는 테네시 대학교에서 공학 학사 자격을 취득했다. IBM 사에 다니는 동안 월드와이드 서버와 스토리지 디바이스 제작 부문의 부회장직을 포함하여 여러 차례 임원직을 맡았다. Global Women's Board의 위원으로 활동했고, 뉴욕 주에 있는 마리스트 칼리지 학교 재단 이사회에서 활동하고 있다. YWCA를 비롯한 많은 비영리 재단들에게 멘토링에 대한 그녀의 노력을 인정받고 있다. 테네시 주에서 남편 존과 함께 살고 있다.

마사 쿨리지Martha Coolidge, 1946년 생 는 할리우드에서 일하고 있는 걸출한 여성 감독 가운데 한 명이다. 로드아일랜드 디자인 스쿨Rhode Island School of Design, 뉴욕 비주얼 아트 스쿨New York's School of Visual Arts, 뉴욕대학교 영화 TV 대학원New York University Institute of Film and Television graduate school에서 집중 훈련을 받았다. 수업을 받는 동안에도 그녀는 많은 영화제에서 상을 받은 영화와 다큐멘터리를 만들었다. 그녀가 처음 감독한 작품은 1975년에 만든 단편 《낫 어 프리티 픽처 Not a Pretty Picture》로, 고등학생들의 데이트 강간을 고찰한 작품이다. 이 작품은 그녀의 1983년 장편 《시티 걸 City Girl》과 마찬가지로 사람들의 주목과 환호를 받았다. 이런 성공은 배우 니콜라스 케이지가 첫 주연을 맡은 영화인 《벨리 걸 Valley girl》을 감독할 수 있게 해 주었다. 예상치 못한, 이 영화에 대한 긍정적인 리뷰 덕분에 쿨리지는 메이저급 스튜디오와 일하게 되었다. 쿨리지는 TV 분야에서도 인정받았을 뿐만 아니라 영화로도 히트작을 냈다. 그의 히트작은 남부의 작은 마을에 살고 있는 자유로운 영혼의 젊은 여성을 다룬 1991년 작 《덩쿨장미 Rambling Rose》로, 이 작품으로 로라 던 Laura Dern 과 다이앤 랏드 Diane Ladd 는 오스카상 후보에 올랐다. 줄리아 스타일즈 Julia Stiles 가 주연한 2004년 작 《내 남자 친구는 왕자님 The Prince and Me》도 그녀의 작품이다. 2006년에는 힐러리 더프의 《머티리얼 걸즈 Material Girls》를 제작했다. 오랫동안 미국감독협회에서 활동하던 그녀는 2002년 3월 최초로 여성 회장으로 선출되어 2003년까지 자리를 유지했다. 현재 쿨리지는 2010년 개봉 예정인 영화 《조로 2110 Zorro 2110》을 제작 중이다. 그 외에도 TV 연속극 《환상 특급 The Twilight Zone》 3편, 《섹스 앤 더 시티 Sex and the city》 2편, 《CSI》 2편을 감독했다.

마크 버클랜드 Marc Buckland 는 스티븐 보치코 프로덕션에서 프로덕션 어시스턴트로 경력을 쌓기 시작했다. 제작 지휘자의 자리에 오른 뒤 시나리오와 제작, 감독을 맡아 만든 16분짜리 단편 영화 《데드 가이》는 영화제에서 수상을 했을 뿐만 아니라 전문가들에게도 주목을 받았다. 그 후 엄청난 인기를 누린 보치코 시리즈 중 《머더 원 Murder One》의 2개 시즌을 제작 감독했고, 드라마 《브룩클린 사우스 Brooklyn South》를 제작 관리 및 감독했다. 그 후 《The West Wing》, 《NYPD Blue》, 《Felicity, Sports Night》, 《Buddy Faro》, 《Maximum

Bob》, 《Popular》, 《Scrubs》 등의 에피소드를 감독했으며, 에미상을 수상하기도 했다. 《My Name Is Earl》, 《Medical Investigation Cracking Up》, 《Partners》, 《It's Not About Me》, 《Couples》, 《News from the edge》, 《Brutally Normal》의 파일럿 에피소드 감독, 《Ed》, 《It's Not About Me》, 《Brutally Normal》, 《Medical Investigation》 시리즈의 총 제작 및 감독을 맡았다. 《My Name Is Earl》로 에미상, DGA상, BAFTA TV상을 수상했다.

미첼 코스Mitchell Koss, 1956년 생는 미시간 대학교에서 정치학 학사 학위를 받고 존스홉킨스 대학교에서 작문 세미나Writing Seminars 과정으로 석사 학위를 받았다. 1983년 가을 KCET, PBS의 LA 지역 방송에서 TV 뉴스와 다큐멘터리 사업 분야에서 일을 시작했다. KCET에서는 PBS의 《Newshour》에서 작가, 조연출, 프로듀서로 일했고, PBS의 다큐멘터리와 과학 시리즈 《Nova》의 프로듀서로서도 일했다. 그중 《Peabody》를 포함한 몇몇 작품은 수상 경력도 가지고 있다. 《내셔널 지오그래픽》을 프로듀싱한 경험도 있다. 1992년 가을에는 채널 원 뉴스에 참여하여 1994년부터 1999년까지 리사 링Lisa Ling과 함께 일했다. 채널 원을 통해 그는 ABC 뉴스, 나이트라인, 투데이 쇼, CBS 뉴스, CNN, KCET, PBS, 워너브러더스 네트워크 그리고 HBO의 다큐멘터리와 단편을 제작하기도 했다. 세레나 알출Serena Altschul, 로라 링Laura ling, 2009년 북한에 억류되었던 기자 중 한 명이자 리사 링의 동생—역자 주, 팻 로페Pat lope와 함께 2000년부터 2002년까지 방송된 MTV의 부정 폭로 다큐멘터리 《Breaking It Down with Serena》의 제작을 맡기도 했다. 《Detroit News》, 《Advertising Age》, 《National Review》, 《New York Times》, 《NewsAmerica syndicate》, 《Los Angeles Herald Examiner》, 《Los Angeles Weekly》, 《Los Angeles Times》 등에 글을 기고하고 있다. 2009년 미국 여기자 북한 억류 사건 때 프로듀서 겸 카메라맨으로 함께 했다.

바바라 코르데이 Barbara Corday, 1944년 생 는 세계적으로 유명한 USC 남부 캘리포니아 대학교 영화 TV 전문 학교 School of Cinema Television 의 프로덕션 부문 교수이자 임원이었다. 과거 콜럼비아 픽쳐 텔레비전의 회장이었던 그녀는 할리우드 메이저 영화사에서 회장직에 오른 첫 번째 여성이다. CBS 방송국의 황금 시간대 프로그램을 결정하는 여성이기도 했다. 바바라는 여러 번의 수상 경력이 있는 TV 시리즈 《캐그니 앤 레이시 Cagney & Lacey》의 공동 크리에이터이자 에미상 후보작 《아메리칸 드림 American Dream》의 공동 크리에이터였으며, 다른 작품들의 작가와 프로듀서로 활동했다. 남편 로저 로웬스타인 Roger Lowenstein, 딸과 함께 LA에 살고 있다.

밥 라이트 Bob Wright, 1943년 생 는 2004년 5월 NBC와 Vivendi 유니버설 엔터테인먼트의 연합으로 NBC 유니버설 사의 회장 겸 CEO가 되었다. 2007년 2월에는 제프 주커의 뒤를 이어 NBC 유니버설의 회장 겸 CEO가 되었다. 2007년 5월까지 미디어 회사의 회장직을 유지하고, 2008년 5월까지는 GE의 부회장직도 유지했다. 그리고 2008년 5월부로 Thomas Lee Equity 사에서 미디어 M&A 부문의 지휘를 맡고 있다. 1986년 9월 1일 NBC의 사장 겸 CEO로 취임했고, 2001년 6월 4일에는 회장 겸 CEO가 되었다. 라이트는 언론사 CEO 중 가장 성공적이고 긴 종신 기간을 채운 인물이다. 그의 지휘 아래 NBC는 TV 프로그래밍, 방송국 소유, TV 프로덕션의 지도력을 가진 세계적인 언론사로 탈바꿈했다. NBC 유니버설의 성공으로 라이트는 세계에서 가장 빨리 성장하고 최고의 수익을 내는 미디어 & 엔터테이먼트 회사의 통솔자가 되었다. 라이트는 방송인협회에서 주는 골든 마이크 어워드, 뉴욕 주의 UJA 연맹이 수여하는 스티븐 J. 로스 올해의 인도주의자 어워드, 국제 라디오 텔레비전 소사이어티 협회가 주는 골든 메달 어워드 등을 수상했다. 아내인 수잔과 함께 《자폐의 목소리Autism Speaks〉를 공동 창설하여 활동하고 있기도 하다. 〈자폐의 목소리〉는 자폐증에 관한 해답을 찾기 위한 연구 자금과 대중의 인식을 끌어올리는 데 목적을 둔 단체다.

베타니 루니Bethany Rooney는 100시간이 넘는 황금 시간대 네트워크 TV 시리즈와 TV용 영화 8편을 감독했다. 그녀가 감독한 시리즈물은 《Joan of Arcadia》, 《크로싱 조던》, 《One Tree Hill》, 《앨리 맥빌》, 《비버리 힐즈의 아이들》, 《St. Elsewhere》, 《위기의 주부들》, 《Melrose Place, 2009년》, 《어글리 베티》, 《라스베이거스》 등이다. 오하이오 주에 있는 보울링 그린 스테이트 대학에서 석사 학위를 받았으며, 현재는 LA에 있는 연기 워크숍과 UCLA에서 영화 연출에 대한 강의를 하고 있다. 결혼해서 가족과 함께 LA에 살고 있다.

샤론 마르티네즈Sharon Martinez는 SMART Temporary Personnel Services임시직 공급 서비스의 창업주이자 회장이다. 이 회사는 여성과 소수 민족이 소유한 고용 에이전시로 특히 사무직과 2개 언어를 구사하는 사람, 성공 가능한 사람들을 공급하는 업체다. 몬테레이 파크에서 창업했으며 현재는 캘리포니아 주 알함브라에 있다. SMART 임시직 공급 서비스는 1993년 6월에 창업했으며 현재는 오렌지, 리버사이드, 산 베르나르디노, 벤추라 카운티를 포함한 LA 지역에 서비스를 하고 있다.

샤론 마르티네즈는 또한 정치 무대를 즐기는 사람으로, 2003년부터 2004년까지 몬테레이 파크 시장직을 맡기 전까지 2001년 11월 몬테레이 파크 시의회 위원으로 활동했으며, 2005년 3월에는 재선에도 성공했다. 지역 봉사 활동에도 집중했다. 주정부의 LA 카운티 위원, 몬테레이 파크/로즈미드 소롭티미스츠, 몬테레이 파크 로터리, 산 가브리엘 밸리 정부 의회SGVCOG, 캘리포니아 도시 지역 봉사 활동 위원회 연맹, 산 가브리엘 밸리 동물 단속 기관, 웨스트 산 가브리엘 밸리 리빌딩 투게더, MTA 산 가브리엘 밸리 지역 위원회, 아메리카 미션 아미고스 보이스카웃 지역 위원회, 몬테레이 파크 상공회의소, 몬테레이 파크 도서관 재단, 몬테레이 파크 병원에서 임명한 위원이다. 그 밖에도 라틴계 사업 협회 위원회 위원, 웨스트 산 가브리엘 밸리 YMCA, 몬테레이 파크 시 예술 & 문화 위원회, 도서관 위원회 의장, 라틴계 미국시민 청년 연맹 국립 부회장, 히스패닉계 여성들의 정치적 동등권을 위한 정치 활동 위원회 간사, 미국 공민권 위원회-캘리포니아 자문 위원회의 회원으로도 활동했다.

USC^{남부 캘리포니아 대학교}에서 행정학으로 학사 학위를 받고 동 대학원에서 행정학 석사 학위를 받았다. 대학 시절에는 해외 교환 학생 자격으로 스페인 마드리드에 갔었고, 텍사스 주 오스틴의 린든 B 존슨 공공 정책 스쿨에서 장학금을 받아 공부했다.

아니타 보그^{Anita Borg, 1949~2003}는 IWT^{여성기술인학교, Institute of Women and Technology}의 창립자이다. 그녀가 죽은 뒤 IWT는 그녀를 기리는 의미에서 '아니타보그여성기술인학교'로 이름을 바꿨다. 이 학교는 제록스, 선 마이크로시스템, 휴렛패커드, 컴팩, 마이크로소프트 등 기업과 여러 개인들의 지원을 받고 있다. 더 나은 세상을 위해 필요한 미래 기술 발달에 여성들의 시각과 필요성, 탁월함을 지원하는 일을 하고 있기 때문이다. CBS의 《60Minutes》를 비롯한 수많은 국내 신문과 TV, 라디오, 웹 편집물이 아니타 보그를 특집으로 다뤘다. 1999년에는 클린턴 대통령에 의해 과학 · 공학 · 기술 분야에서의 여성과 소수민족 촉진위원회^{CAWMSET}에 임명되었고, 2002년에는 기술 · 경제 · 고용 분야의 상인 하인츠상을 받았다. 그녀는 전 생애에 걸쳐 여성이 컴퓨터 분야에서 경력을 쌓아 갈 수 있도록 독려하는 일을 했다. 1987년에는 컴퓨터 분야에 있는 여성 기술인을 위한 전자커뮤니티시스터즈 systers를 만들었다. 오늘날, 시스터즈는 38개 국에 2,500명의 회원을 갖고 있으며, 국제적인 커뮤니티로서 조언과 지원을 제공하고 있다.

보그는 1949년 일리노이 주 시카고에서 아니타 보그 나프츠 Anita Borg Naffz로 태어났다. 일리노이 주 팰라틴, 하와이 카네오헤, 워싱턴 주 무킬테오 등에서 성장하다 1986년 캘리포니아 팔로알토로 이주했다. 하이킹, 배낭 여행, 산악자전거, 스쿠버 다이빙, 정원 관리, 비행 등을 즐기는 야외 스포츠 애호가이기도 했다.

아라셀리 곤잘레스 Araceli Gonzalez, 1970년 생 는 멕시코계 미국인으로 공화당원이다. 2007년, 캘리포니아 주지사 아놀드 슈워제네거는 주지사의 LA 사무소 지역 사회 교섭 담당 처장으로 아라셀리 곤잘레스를 임명했다. 일하는 가족들을 돕고 삶의 질 향상을 위한 그녀의 노력은 새로운 사업을 시작하고 꿈을 키우려는 많은 기업가를 돕고 있다. 2001~2005년까지는 소규모 기업 컨설팅, 서류 준비 서비스, 사업 계획 준비를 제공하는 AG 비즈니스 서비스 사의 소유주였다. 1996년 곤잘레스는 최초의 라틴계 여성이자 최연소 라틴계 여성이라는 이력으로 캘리포니아 주 커다하이 시의 부시장과 시의회 회원으로 선출되었다. 2000년 대선 때는 지역 부대표와 함께 국립 스페인계 매스미디어 대변인을 맡았으며, 필라델피아 주 공화당 전당 대회 때는 대의원을 지냈다. 2002년, 조지 W. 부시 대통령은 그녀를 뛰어난 스페인계 지도자로 인정했다. 2003년에는 American Institute of Young Political Leaders 후보로 활동했으며, 2004년에는 뉴욕주 전당대회에서 대의원으로 일했고, 캘리포니아 주 정강 선언회 회장으로 발탁되었다. 오렌지카운티의 NLBWA-OC 국립라틴계여성사업가협회 의 창립자로서 회장직과 이사회 회원직을 역임했으며 JACEES 청년상공회의소 회원이다.

안소니 헤이터 Anthony Hayter는 110만 달러 규모의 마블 슬랩 크리미어리 Marble Slab Creamery 아이스크림 업체 2곳을 2003년부터 2007년까지 소유하고 경영했다. 2007년부터 2008년까지는 컴퓨터 소프트웨어 회사인 Kapow Technologies에서 사업 개발팀 이사를 맡았고, 그 다음에는 경영 컨설팅 회사인 CLASS에서 리드 컨설턴트 프로젝트 매니저 일을 맡아 했다. 현재는 IvySys Technologies LLC의 사업 개발팀 이사로 있다. 1996년에 프레리 뷰 A&M 대학교에서 전기 공학 학사 학위를 받았고, 1998년에는 조지아 공대에서 전기 공학 석사 학위를 받았다. 그 후 텍사스 인스트루먼트 사에 입사하여 기술 판매 및 마케팅 부문에서 경력을 쌓았다. 텍사스 인스투르먼트 사에서 일하다 몇 군데의 하이테크 창업 업체를 거쳐 2003년 갑자기 반도체 칩과 실리콘 세상에서 아이스크림 스쿱과 콘의 세계로 넘어갔다. 그는 위험에 처한 젊은이들에게 사업가적 기술을 훈련하는 동시에 대입 준비에 도움을 주는 BUILD라는 조직에 기부하는 것을 좋아한다. 산호세에서 부인 비키 헤이터와 함께 살고 있다.

앤 스위니 Ann Sweeney는 월트 디즈니 사의 미디어 네트워크사 부회장이자 디즈니-ABC 텔레비전 그룹의 회장이다. 《할리우드 리포터》지가 뽑은 '엔터테인먼트 분야의 가장 영향력 있는 여성', 《포천》지가 뽑은 '사업 분야에서 가장 영향력 있는 여성 50인', 《포브스》지가 뽑은 '세계에서 가장 영향력 있는 여성 100인' 중 1명으로, ABC 텔레비전 네트워크, 터치스톤 텔레비전, 디즈니 ABC 케이블 네트워크 그룹을 포함한 디즈니 사의 비스포츠 분야, 케이블, 위성, 방송 자산에 관한 총 책임을 맡고 있다. 그녀는 또한 월트 디즈니 텔레비전 애니메이션과 부에나비스타 도메스틱 & 인터내셔널 텔레비전을 감독하고 있으며, 라이프타임 엔터테인먼트 서비스, A&E 텔레비전 네트워크, E! 엔터테이먼트 네트워크의 디즈니 사의 지분 할당도 관리하고 있다.

2000년부터 2004년까지 ABC 케이블 네트워크 그룹과 디즈니 채널 월드와이드의 회장직에 맡아 수행했다. 1996년에 디즈니 채널의 회장과 디즈니-ABC 케이블 네트워크의 총괄 부회장으로 합류했다. 1993년부터는 FX 네트워크 사의 CEO 겸 회장직을 역임했으며, 그 전에는 〈Nickelodeon〉, 〈Nick at Nite〉에서 관리직으로 12년 간 일했다. 2004년 영화와 TV 분야에 종사하는 뉴욕 여성들이 주는 뮤즈 어워드를 수상하고, 1995년에는 라디오와 TV 분야에 종사하는 미국 여성들이 주는 STAR 어워드를 수상했으며, 1996년에는 미국 광고 연합회의 광고 명예의 전당에 이름을 올렸다. 2002년에는 영화 분야 여성인들이 주는 루시 어워드와 케이블 TV 공무 협회의 회장상을 수상했다.

윌리엄 A. 울프William A. Wulf, 1939년 생 는 1996년부터 2007년까지 미 국립공학원NAE의 원장을 지냈으며, 현재는 버지니아 대학교 컴퓨터 공학과 교수로 있다. 형제 사이라 할 수 있는 미 국립과학원과 미 국립공학원은 명예로운 조직으로, 정부에 과학과 기술에 관련된 문제를 조언하는 독립적이고, 권위 있는 고문 기관이다. 이전에 울프는 미 국립과학재단의 부이사Assistant director이자 Tartan Laboratories의 창설자 겸 CEO였고, 버지니아 대학과 카네기 멜론 대학의 컴퓨터 공학과 교수였다. 미 국립공학원 회원, American Academy of Arts and Sciences의 특별 연구원, 알렉산드리아 도서관 회원, 일본 공학원의 해외 회원, 러시아 과학원의 해외 회원 자격도 갖고 있다. 그는 또한 ACM미 컴퓨터협회, IEEE미 전기전자기술자협회, AAAS미국선진과학협회, IEC국제전기표준회의, AWIS여성과학인 협회 등 5개 전문 학회에 속한 특별 연구원이기도 하다. 100편이 넘는 논문과 기술 보고서와 3권을 책을 저술했으며, 2개의 특허권을 가지고 있으며, 25편이 넘는 컴퓨터 과학 분야의 박사 논문을 심사했다.

재클린 E. 우즈Jacqueline E. Woods는 교육자, 행정가, 컨설턴트, 선임 중역으로서 수십 년 간의 경험과 리더십을 가지고 있다. 현재 우즈는 IHEP미국의 대표적인 원격 대학, The Institute for Higher Education Policy—역자 주, Rentway사뉴욕 증권 거래소 상장 법인, Pivot Point사가족 기업, 아메리칸 대학교 이태리 로마 분교의 이사진, 전국여성단체협의회 그리고《Ms.》잡지 등을 통해 자신의 역량을 발휘하고 있다. 그녀는 아메리칸 대학교 행정 대학의 계약직 외래 교수이자 이사회에서 지배 구조 컨설팅 일을 하고 있다. 최근에는 미국 여학사협회AAUW의 총국장으로 재직했다. 또한 UN, 유네스코, IFUW국제여학사연맹 모임인 AAUW에 필요한 국제 문제/여성의 권리 분야에 적극적으로 참여하고 있다. 또한 그녀는 비전통적인 방법으로 학습한 사람들의 평등권 문제와 교육에 관한 지원 그리고 WAHE고등 교육을 받은 여성 관리자들의 격이 없는 모임—역자 주의 창립 멤버이자 역대 회장을 지내기도 했다. 백악관 여성부 대변인 겸 컨설턴트, 미국과 세계의 대학교, 정부 기관, 커뮤니티, 전국적인 중역 그룹들에서도 오랫동안 같은 활동을 해 왔다. 대통령 임명으로 교육부 커뮤니티 칼리지 연락 사무국 국장직을 역임하기도 했다.

조앤 부잘리노Joan Buzzalino는 IBM의 기술·생산 분야 인사 관련 부문의 부사장으로 있다가 2005년 3월에 은퇴했는데, IBM 근속 연수가 무려 36년이었다. 1969년 뉴욕에 있는 IBM에 교육 서비스 부문 대리로 입사하여 뉴지지주의 모리스타운 지점 관리자, 필라델피아 지점의 영업 관리자 자리를 포함한 모든 영업 분야를 거쳤다. 1990년에는 IBM 미국 마케팅 & 서비스 조직의 인사 관리 이사직을 맡으면서 최초의 여성 중역이 되었다. 1994년에는 중역 프로그램 이사가 되어 IBM 북미 지부에서 승계 계획Succession planning과 중역 보상 프로그램을 관리했다. IBM 글로벌 인더스트리의 인사 관리 업무 부사장으로 127개국 1만 7,000명의 고용자들을 위한 인사 관리 프로그램을 관리했다. 또 IBM의 글로벌 브랜드 단위 그룹(개인용 컴퓨터 그룹과 저장 장치 그룹) 2곳의 인사 관리 부사장직을 역임하기도 했다. IBM의 인사 관리 부사장으로 있는 동안에는 문화적 충돌의 주요 전환에 초점을 맞춰 최고의 e-비즈니스 온 디맨드^{비즈니스 솔루션}이 되도록 하는 IBM의 새로운 전략을 수행했다. 2004년에는 IBM의 19만 5,000명의 기술 인력을 관리하는 인사 관리 리더로 일했다. 펜실베니아 주 래드너에 있는 카브리니 칼리지^{Cabrini College}에서 교육학 학사 학위를 받고 동 대학의 평의원으로도 활동하다 2005년 은퇴한 뒤 스탠포드 박물관 자연 센터의 평의원으로 활동하고 있다.

주디스 과스메이^{Judith Gwathmey}는 과스메이 사의 창업자이며 CEO CSO^{Chief Scientifc Officer}이다. 2009년 12월에는 연방 정부 및 소규모 사업체와 28년 넘게 일한 경력이 있는 로잘리 던^{Rosalie Dunn} 박사를 CEO로 영입했다. 과스메이 사는 임상 실험 전 계약 실험 연구소로, 바이오테크놀로지 관련 중소 기업들이 임상 실험을 거쳐 FDA로부터 안전 약품 인증을 받을 수 있도록 지원해 주는 회사다. 하버드 의대 부교수였으며, 현재는 보스턴 대학 메디컬 센터에서 의학과 생리학 교수로 있다. 하버드 의대 의학과의 선임 강사^{Senior lecturer}로도 활동 중이다. 그녀는 오하이오 주립대학교가 주는 최고의 상인 윌리엄 옥슬리 톰슨 상을 2회나 수상했다. 35세 이전에 과학 부문에서 뛰어난 업적을 나타낸 동문에게 주는 윌리엄 옥슬리 톰슨^{William Oxley Thompson, 오하이오 주립대에 26년 간 재직한 교수이자 5대 총장}상과 수의학 대학이 과학과 멘토링에서 걸출한 업적을 낸 뛰어난 동문에게 주는 윌리엄 옥슬리 톰슨 상이다. 과스메이는 심혈관계 질환 분야에서 주목하는 인물로, 미국국립보건원과 미국립과학재단에서 1,200만 달러가 넘는 지원을 받기도 했다. 이런 지원을 이용하여 160편이 넘는 논문을 출판했다. 과스메이 박사는 심혈관 질환 교본으로 인정받는 《Heart Failure : Basic

Research and Clinical Aspacts 심장 기능 장애 : 기본 연구와 임상적 측면》을 쓰고 발행했는데, '심장 기능 장애에서 칼슘의 역할'에 대한 연구에 관련하여 이 책에 인용된 논문의 대부분은 그녀가 쓴 것이다. 그녀는 미국심장학회에서 선출된 특별 연구원으로, 미국 대학 심장학회에서 의사가 아닌 특별 연구원으로 선출된 것은 그녀가 처음이다. 2001년에는 과학 · 수학 · 공학 분야에서 멘토링 대통령상 Presidential Mentoring Award을 수상했다. 《Journal of Social Issues 사회 문제에 관한 저널》에 나오는 주요 멘토링 기사에 글을 쓰기도 했다. 현재 그녀는 가족과 함께 버지니아 주에 살고 있다.

주디 추 Judy Chu, 1953년 생 는 2009년 7월 캘리포니아 주의 32번째 선거구에서 하원 의원으로 당선되었다. 그녀의 멘토인 힐다 솔리스가 오바마 행정부의 노동부 장관이 되면서 32번째 선거구 하원 의원직을 내놓게 되었고, 보궐 선거를 통해 프로테제인 주디 추가 당선되었다. —역자 주 2001년부터 2006년까지 캘리포니아 주 하원 의원으로 활동했다. 2006년 11월에는 캘리포니아 주 평등위원회 회원으로 선출되었다. 2009년 1월에는 평등위원회 회원 만장일치로 부회장으로 선출되었다. 2008년에는 평등위원회 BOE 회장직을 역임했으며 BOE 입법위원회 회장도 역임했다. 2001년에 처음으로 캘리포니아 주 하원 의원으로 선출되었다. 남부 캘리포니아 주의 알함브라, 엘몬테, 몬테레이 파크, 로즈미드, 산 가브리엘, 산 마리노, 사우스 엘몬테를 포함한 49번째 주 하원 의원 선거구를 대표하고 있으며, 주 재정에 영향을 미치는 모든 법률의 제정을 관장하는 주 하원 세출위원회의 의장이기도 하다. 그 자체로 주디 추는 하원 이장 누네즈의 수너부 팀원으로, 주 의회를 통해 정책 개발 및 통과에 주된 역할을 담당하고 있다. 캘리포니아의 990억 달러 예산안의 최종안을 협상해야 하는 예산안협의위원회의 회원으로서 그녀는 중대한 의료 프로그램과 고령자와 어린이, 발달 장애인을 위한 사회 복지 사업을 유지하기 위해 일했다. 증오범죄 특별조사위원회와 캘리포니아 주의 아시아인과 태평양 섬 주민을 위한 입법 간부 회의의 의장직도 맡고 있다. 하원의 세입과 과세, 노동과 고용, 환경 안전과 독성 물질 위원회의 회원으로도 활동하고 있다.

그녀는 세금을 올리지 않으면서 주 예산의 세입이 3억 달러를 넘길 수 있는 획기적인 세금 사면 법안도 만들어 냈다. 그녀는 폭행이나 강간 등의 피해를 입고 구조된 여성들의 DNA 권리장전 Sexual Assault Survivors' DNA Bill of Rights과, 가정 폭력에서 구조된 사람들의 자산을 보호하는 법안을 통해 피해자 보호에도 앞장서고 있다. 사기 이민 컨설턴트에 의한 피해와 구매자를 현혹하는 자동차 대리점의 유인 상술에서 이민자들을 보호하기 위한 대책도 세웠다. 그녀의 이러한 노력은 증오 범죄 피해자들을 위한 자동 보호 명령을 만들었고, 증오 범죄의 기소 과정을 개선하고, 법원으로 하여금 공정한 상담을 하게 만들었다. 그녀의 입법은 낡은 학교들로 하여금 주의 현대화 펀드들을 이용할 수 있도록 하기도 했다. 그녀의 환경 법안들은 독성 화학 물질로 만들어진 포장 용기를 금지시켰고, 환경 정의 소기금 사업을 제정했다. 그녀가 낸 건강 보호 법안들은 지역 사회에 있는 병원들을 이용하여 의료 및 건강 가족 프로그램의 이용을 개선하는 데 일조하고 침술사 교육을 늘렸으며, 처방 약물에 대한 주 정부의 계약에 대한 회계 감사를 요구하는 책임을 강화했다.

주 하원 의원으로 일하기 전 그녀는 1988년부터 2001년까지 13년 간 몬테레이파크 시의회에서 일했는데, 그동안 3회나 시장으로 당선되었다. 수십 년 간 교직에 몸담으며, 20년 간 커뮤니티 칼리지의 심리학 교수로 재직했다.

짐 로빈스Jim Robbins 는 Business Cluster Development의 공동 경영자로, 1993년에 BCD를 창설하여 전자 산업 특수 분야에 초점을 맞춘 창업 지원을 통해 많은 조직들을 도왔다. 캘리포니아 주에 있는 첫 번째 소프트웨어 인큐베이터인 소프트웨어 비즈니스 클러스터SBC의 전무이사이기도 하다. 지난 2000년, 소프트웨어 비즈니스 클러스터는 내셔널 비즈니스 창업지원협회에 의해 육성 회사로 명명되었다. 5억 5,000만 달러가 넘는 벤처 투자가 SBC 회사를 만들어 냈고, 그중 4곳은 나중에 공사가 되었다. 짐은 캘리포니아 주 산 호세에 있는 Environmental Business Cluster의 이사직도 맡고 있다. EBC는 1994년에 창설된 미국 최초의 환경 육성 회사로, 청정하고 재생 가능한 에너지 기술을 상업화하는 전문 회사다. 1999년에는 파나소닉 인큐베이터를 개발했는데, 이것은 파나소닉에 필요한 기술적 파트너십을 만들어 내기 위한 초기 단계의 회사들을 육성하는 것이다. DEC 사와 미연방 대법원에서 일한 경력과 함께 재판 변호사로도 일한 경험이 있다.

찰스 리켈Charles Lickel 은 IBM의 소프트웨어 부문의 상무vice president이다. IBM 토탈 스토리지 솔루션 개발 활동, IBM eServer iSeries, pSeries, xSeries, zSeries 그리고 리눅스 테크놀로지 센터에 필요한 소프트웨어 개발 업무에 참여했다. 리켈은 알바니에 위치한 뉴욕 주립대학교에서 학사 학위를 받은 뒤 1978년도에 소프트웨어 엔지니어로 IBM에 입사했다. IBM에 근무하는 동안 그는 S/390을 '재고안' 하고 OS/390 운영 체제를 만들어 냈으며, IBM의 자료 관리 제품을 업계에서 지도적인 위치까지 추진하는 선도적인 노력으로 IBM에 많은 기여를 했다. 실리콘밸리 어메리칸 리더십 포럼의 선임 연구원이자 남부 애리조나 주 유나이티드 웨이 이사회의 회원이며, 애리조나 주정부와 연방 정부에서 선출된 관료들과 중요하게 연결되어 있는 IBM 애리조나 주 지부 부사장이기도 하다. 이러한 능력을 인정받아 1998년에는 당시 회장이던 루이스 거스너Lou Gerstner에게 IBM의 GLBT 다양성 태스크 포스의 공동 회장으로 임명받았다. 2001년에는 업계에 다양성 친화적인 풍조를 가져온 영향력과 비즈니스 리더십 역할 모델로서의 노력을 인정받아 '남성 동성애자 금융 네트워크 25^{Gay Financial Network 25}의 1명으로 선정되는 영예를 얻었다. 리켈은 현재 애리조나 주 투산에서 그의 파트너와 함께 살고 있다.

캐슬린 본 더 아^{Kathleen Von Der Ahe}는 ABC 텔레비전 네트워크의 제휴 관계 부문 부사장이다. 슬리퍼리락 대학에서 커뮤니케이션과 방송 전공으로 학사 학위를 받고 시몬스 경영 스쿨을 졸업했다. 1988년부터 ABC에서 경력을 쌓기 시작하여 방송 분야에서 내셔널 TV 세일즈, ABC 스포츠, 브로드캐스트 오퍼레이션과 엔지니어링을 포함한 다양한 직위를 거쳤다. 그리고 1994년 제휴 관계 부문에 투자 상담가로 들어갔다. 이후 퍼시픽/마운틴 지역 부국장, 남동부 지역 국장, 퍼시픽/마운틴 지역 국장 등으로 승진을 거듭했다. 남편 팀 본 더 아와 두 자녀와 함께 톨루카 레이크에 살고 있다.

케이 코플로비츠^{Kay Koplovitz 1946년 생}는 USA 네트워크, Sci-Fi 채널, USA 네트워크 인터내셔널의 창립자로, 회사가 매각되기 전까지 회장이자 CEO였다. 미디어 투자 회사인 코플로비츠 유한책임회사^{Koplovitz & Co.,LLC}의 사장이기도 하다. 2000년에는 여성 사업가들에게 벤처 자본을 늘려 주기 위한 스프링보드 엔터프라이즈^{Springboard Enterprise}라는 단체를 만들어 많은 회사에 자본을 지원하고 있다. 2001년에는 볼드캡 벤처^{Boldcap Ventures}라는 벤처 캐피탈 펀드를 창설하여 기술과 생명 과학 관련 회사들에 투자했다. 그녀는 현재 리즈 클레어본^{Liz Claiborne}의 이사회 회장이며 인스티넷^{Instinet} 이사회의 임원이자 리얼리티 24/7 네트워크^{Reality 24/7 Network}의 회장이며, 디렉터즈 카운슬^{The Directors' Council, 기업체 이사회에 독립성·유효성·다양성을 부여하고자 하는 평의회로, 능력 있는 여성과 소수 민족의 이사회 진출을 도와 이사회의 혁신과 발전을 자극하려는 단체. http://www.directorscouncil.com}의 공동 경영자이다. 그 밖에도 몇몇 비영리 조직의 이사직을 맡고 있으며, IT 관리 소프트웨어 회사인 CA사의 이사직도 맡고 있다. 2002년에는 여성 기업인들이 공평함을 통해 부를 만들어 갈 수 있도록 정보를 주고 격려하기 위해 《Bold Women, Big Idea 대담한 여인들, 통 큰 아이디어》라는 책을 펴내기도 했다.

킴 피셔 Kim Fisher 는 기업가 정신을 장려하는 혁신적인 월드 클래스 센터를 효율적으로 구축하는 데 요구되는 기술과 전문가를 제공하는 컨설팅 회사인 프롤로그 인터내셔널 Prologue International 의 공동 창립자이자 이사이며, 캘리포니아 산 호세에 있는 국제 비즈니스 인큐베이터의 전무이사로 있다. 프롤로그 사에서 그녀는 여러 개의 인큐베이터와 테크놀로지 파크, 비즈니스 센터에 필요한 지속적인 수익 창출 모델을 구축했다. 이전에는 여성이 이끄는 기업을 위한 세계적인 인큐베이터인 WTC Women't Technology Cluster 의 전무이사로 일했다. 그곳에서 피셔는 3억 5,000만 달러가 넘는 벤처 캐피탈을 마련하여 50군데 이상의 회사를 도왔다. WTC에서 일하기 전에는 오디오 배스킷 Audio Basket 의 CEO이자 공동 창업자로서 마이크로소프트, AOL, 타임워너, 도이치 텔레콤 등의 잘 나가는 회사와 파트너십을 형성하여 2,500만 달러를 마련했다.(오디오 배스킷은 EMotion으로 넘어갔다.) 모토롤라 벤처스에서도 일했으며, 리투아니아에서는 무선 오퍼레이터의 마케팅 이사직을 맡아 수행하면서 제로였던 수익을 2억 달러로 성장시켰다.

잘 나가는 여성 CEO로서 그녀의 이야기는 4권의 책으로 다뤄졌고, US 뉴스 앤드 월드 리포트 US News & World Report 의 표지를 장식했으며, 수많은 언론 매체의 주인공이 되었다. 기업가 정신 부문에서 프라이스 펠로우십을 수상했으며, 하스 경영 스쿨 Haas School of Business, 레스터 센터의 기업가 정신 부문, 노키아 이노벤트 노키아의 투자 전담 부서 의 자문 위원으로도 활동했다. 와튼 경영 스쿨

Wharton School of Business에서 경제학으로 학사 학위를 받았으며, 버클리 소재 캘리포니아 주립대학의 하스 경영 스쿨에서 MBA를 받았다.

파멜라 토마스-그레이엄Pamela Thomas-Graham 은 CNBC의 회장을 역임한 뒤 리즈 클레어본에서 그룹 회장직을 지냈다. 사설 투자 관리 회사인 안젤로 고든 앤 컴퍼니 사모펀드 분야의 전무이사직을 역임하고 현재는 클로락스Clorox 사의 이사와 Idenix Pharmaceutical 사의 이사를 겸하고 있다. CNBC는 전 세계 2억이 넘는 가정에 비즈니스 뉴스 프로그램과 금융 관련 소식을 전하고 있는 네트워크로, 토마스-그레이엄은 회장으로 승진하기 전 CNBC의 CEO 겸 사장이었다. 토마스-그레이엄의 지휘 하에 네트워크는 기록적인 수익을 냈다. 그 전에 토마스-그레이엄은 CNBC.com의 CEO이자 사장이었다. 하버드 대학의 파이 베타 카파 졸업생으로 하버드 비즈니스 스쿨과 하버드 로스쿨을 졸업했으며, 재학 시절에는 《Harvard Law Review》의 편집자였다. 1999년 9월 NBC에 입사하기 전까지는 글로벌 관리 컨설팅 법률 회사인 맥킨지 & 컴퍼니의 공동 경영자였다. 1989년에 맥킨지 & 컴퍼니에 입사하여 6년 뒤 최초로 흑인 여성 공동 경영자의 자리에 올랐다. 《글래머》 지와 《Ms.》지 그리고 금융 여성 협회에서 주는 '올해의 여성상', 《포천》 지가 선정한 '비즈니스 업계의 가장 영향력 있는 흑인 50인' 에 선정되기도 했다. 사이먼 & 슈스터 출판사에서 발행한 3권의 베스트셀러 소설 《아이비리그 미스터리 시리즈》의 저자이기도 하다.

패티 아치벡Patty Archibeck은 유럽, 중동, 아프리카에 있는 시스코 사에서 IR투자자 홍보 업무를 관리하고 있다. 시스코에 9년 넘게 적을 두고 있는데, 원래 그녀는 캘리포니아의 산호세에 위치한 홍보 수석실the Office of the President과 CFO자금 담당 최고 책임자를 위해 일하는 임원 커뮤니케이션 담당 이사였다. 지난 1991년,

산타클라라 대학에서 경영회계학 학사 학위를 받고, Coopers & Lybrand에서 일하는 중 1993년에 CPA 자격증을 취득했다. 남편 데이비드 찰스, 아들 아치 찰스와 함께 런던에 살고 있다.

폴라 매디슨^{Paula Madison, 1953년 생} 은 NBC 다양성 분야의 부회장이며 GE에서 일한 17년의 경력으로 GE의 이사^{Company Officer}가 되었다. 2000년부터 2007년까지 NBC가 소유하고 관리하는 LA 소재 방송국인 NBC4 ^{KNBC} 의 회장 겸 총괄 지배인이었다. 그녀는 미국에서 상위 5위 안에 드는 전국 방송망을 가진 방송국의 총괄 지배인이 된 첫 번째 아프리카계 미국 여성이다. 그녀는 또한 2002년 4월 NBC가 텔레문도^{Telemundo}를 사들였을 당시 LA에 있는 NBC/텔레문도^{Telemundo} TV 방송국의 지역 총 지배인을 맡기도 했다. 그녀는 사장과 총괄 지배인 역할 외에도 NBC의 다양성을 대표하는 선임 부사장으로도 일했다. 1996년 3월에는 뉴욕 시에 있는 NBC 방송국인 WNBC의 NBC4 방송국의 부사장 겸 뉴스 감독으로 합류했다.

2004년에는 The city of Los Angeles Marathon이 주는 올해의 시민상^{Citizen of the Year Award}을, 2003년에는 캘리포니아 국립 재단에서 미디어 분야에서 뛰어난 성과를 거둔 훌륭한 여성에게 주는 미디어 상을, 2002년에는 국립 소수민족 미디어 총책임자들이 수여하는 다양성 상과 주 위원회에서 뛰어난 로스앤젤레스 여성에게 수여하는 올해의 여성상을, 2001년에는 로스앤젤레스 NAACP 회장상과 흑인연합대학펀드가 수여하는 프레데릭 C. 패터슨 상을 그리고 아시아-태평양계 미국인 기업 영향력 상과 중국계 미국인 단체가 수여하는 훌륭한 로스앤젤레스 챕터 이미지 상의 기업 공로 부문 상을 받는 등 화려한 수상 경력을 가지고 있다.

프랜시스 알렌Francis Allen, 1932년 생은 지난 40여 년 간 프로그래밍 언어 분야에 독보적인 기여를 한 인물로, 컴퓨터 과학 커뮤니티 전반에 걸쳐 엄청난 영향을 미쳤다. 최적화 컴파일러 분야의 개척자로, 컴파일러, 코드 최적화, 병렬화 등의 독창적인 작업을 했다. 1980년대 초반, 그녀는 병렬 머신에 필요한 컴파일 작업에 관련된 문제를 연구하는 피트란PTRAN 그룹을 만들었다. 이 그룹은 병렬 처리 문제와 관련된 일을 하는 세계 최고의 연구 그룹 중 하나다. 이런 프로젝트들에 관한 그녀의 업적은 알고리즘과 기술 분야에서 최고다. 이런 알고리즘과 기술들은 프로그램 최적화 이론의 토대를 만들었으며, 현재 업계 전반에서 쓰이는 상업용 컴파일러에 널리 쓰이고 있다. 미 국토안보부NSA에서 사용하는 보안 암호 작업도 담당했다.

　　IBM 커뮤니티에서 프랜시스 알렌의 영향력은 그녀가 IBM의 특별 연구원으로 임용된 것만 보아도 알 수 있다. 그녀는 IBM 커뮤니티의 특별 연구원이 된 첫 번째 여성이다. 회사에 기술적인 리더십을 제공하고 주요 기술 분야의 이해를 진보시키며 인재를 육성하는 기관인 IBM기술아카데미IBM Academy of Technology의 회장직도 역임했다.

　　미국립공학아카데미NAE : National Academy of Engineering, 미국철학회American Philosophical Society, 미국학술원American Academy of Arts and Science의 회원이자 ACM컴퓨터 학회, Association for Computing Machinery, IEEE전기전자공학 학회, Institute of Electrical and Electronics Engineers, Inc 그리고 컴퓨터역사박물관의 특별 연구원이기도 하다. 2개의 명예 박사 학위를 갖고 있으며, 컴퓨터 분야에서 일하는 여성들을 위한 노력을 인정받아 여러 차례 상도 수상했다. WITI국제기술여성인, Woman in Technology International의 명예의 전당에 올랐으며, 2002년에는 컴퓨터여성인협회가 수여하는 아우구스타에이다러브레이스영국의 시인 바이런의 딸이자 세계 최초의 프로그래머-역자 주 상을 받았다. IBM 사는 IBM에 다니는 모든 여성을 대표하는 그녀의 업적을 기려 지난 2000년 '프랜시스 E. 알렌 IBM 여성기술멘토링상'을 만들고 그녀를 첫 번째 수상자로 선정했다. 2006년에는 여성으로서는 처음으로 컴퓨터 부문의 노벨상인 튜링상Turing Award을 수상했다.

후안 노케즈Juan(John) Noquez는 LA 도심에서 동쪽으로 3마일 정도 떨어진 조그만 지방인 보일 하이츠의 다양한 인종이 사는 지역에서 성장하여 LA에 있는 캘리포니아 주립 대학교에서 정규 교육을 받았다. 그의 관심 분야는 부동산이었는데, 18년이 넘는 손해 사정인 이력이 그에게 큰 도움이 되었다. LA 다운타운에 있는 특별한 부동산들의 가치를 감정하는 그의 일은 많은 사람들의 인정을 받고 있다. 또한 그는 여가 시간을 이용해 헌팅턴 파크 커뮤니티에서 적극적인 활동을 펼쳤다. 2000년 9월에는 시의 사무직으로 임명되었고, 2003년 3월에는 시의회 선거에서 엄청난 표를 받았다. 의회의 동료 의원들은 즉시 그를 부시장으로 선출했다. 그리고 2004년 3월에는 헌팅턴 파크 시의 시장으로 선출되었다. 헌팅턴 파크 시와 LA 남동부 지역을 고적 보전 지역으로 육성하는 데 노력하고 있으며, 도시 운송 수단 문제 및 노인 건강, 청년 활동에도 매우 적극적으로 참여하고 있다. 2007년에 부시장으로 당선되었으며 임기는 2011년 3월까지다.

헨리 유엔Henry Yuen 1948년 생은 젬스타의 공동 창설자이자 전 CEO로 다니엘 고Daniel Kwoh와 함께 VCR Plus를 발명했다. 이 제품을 사용하려면 소비자인 전자 회사들이 젬스타Gemstar의 프로그램 액세스 코드 회로를 TV와 VCR, 셋톱박스에 넣는 권한에 대해 로열티를 지불해야 한다. 머독의 《TV 가이드》와 같은 인쇄 매체들은 VCR Plus 코드를 TV 프로그램 목록에 게재하는 대가를 지불하고, 인쇄 매체 고객들은 자신의 VCR 예약에 그것을 사용한다. 젬스타는 그 후 TV 가이드와 합병하여 젬스타-TV 가이드 인터내셔널이 되었다. 2002년 유엔이 젬스타를 떠날 때 젬스타는 글로벌 미디어와 기술 전문 분야에서 선두를 달리고 있었다. 상품 개발, 라이선싱, 마케팅, 배포, TV 가이던스, 고객 엔터테인먼트 증진 및 단순화 서비스를 모두 하는 회사였다.

헨리 유엔은 중국에서 태어났지만 매우 어렸을 때 홍콩으로 이주했다. 17세 때는 미국으로 이민하여 매디슨 소재의 위스콘신 대학에서 수학을 전공했으며, 1973년에 칼텍 Caltech에서 박사 학위를 받았다. 로욜라 메리마운트 대학에서 법학박사 학위도 받았다.

힐다 L. 솔리스 Hilda L. Solis 는 현재 오바마 행정부의 노동부 장관으로 재직 중이다. 노동부 장관이 되면서 궐석이 된 하원 의원 자리는 보궐 선거를 통해 당선된 그녀의 프로테제 주디 추가 맡게 되었다. 2000년에 처음으로 연방 의회 의원에 당선되었다. 솔리스는 에너지와 교역 위원회에서 일했는데, 이 위원회에서 활동한 첫 번째 라틴계 여성이다. 환경과 독극물에 관한 분과 위원회에서 맹활약했으며, 연방 의회의 라틴계 간부 회의의 의료에 관한 특별팀의 의장이자 여성 문제에 관한 연방 의회 간부 회의 민주당 부의장을 지냈다. 환경 정의를 위해 싸운 그녀의 열정과 엄청난 업무량은 전국적으로 유명하다. 2000년 8월에는 캘리포니아 주 환경 정의 문제에 관한 선구자적 업적을 인정받아 Courage Award의 존 F. 케네디 프로파일 상을 받았다. 환경 보호, 의료의 질 향상, 일하는 가족들의 권리를 위한 투쟁에 앞장섰다.

부록 B 파워 멘토링 관계 연구

◆ 연구의 목적

이 프로젝트의 전반적인 목적은 멘토링 관계를 파악함과 동시에 그 관계가 과거의 전통적인 멘토링 관계와 어떻게 다른지를 알아보기 위해 선명한 입장을 취하고 있는 개인들의 멘토링 관계를 연구하는 데 있다. 멘토링에 관한 문헌들을 살피는 과정에서 우리는 멘토링에 관한 다수의 전통적 견해가 가진 세부 항목들은 상당수 존재하지만 오늘날 직업 속의 도전들이 어떻게 다른 형태의 멘토링 관계나 다른 형태의 관계 기술을 요하는 멘토링 관계를 필요로 하고 있는지에 관해서는 연구자들이 이제 막 관심을 기울이기 시작했다는 사실을 깨달았다. 게다가 지난 10년 간 폭발적으로 증가한 멘토링에 관한 연구는 성공적인 관계를 만들어 주는 것이 무엇인지는 가르쳐 주고 있지만 그 정보의 상당수가 인력 자원 전문가들이 형식적·통합적 멘토링 프로그램을 디자인하는 과정에서 사용된 것이라 통합 프로그램 외에서 멘토링 관계를 시작하고자 하는 개인들이 접근하기에는 어려움이 있다는 사실도 알게 되었다. 결국 우리는 멘토링을 연구하는 과정에서 그리고 멘토링 프로그램의 제작자로서 고객과 학생들에게 성공적인 멘토링 관계의 비밀을 상세히 밝혀 주는 안내 책자에 대한 요구를 끊임없이 받아 왔다. 우리는 종종 우리가 쓴 논문이나 다른 사람들이 쓴 논문을 제공하긴 했지만 멘토링을 더 이해하기 위해 한층 더 방법론적인 시도에 착수했고, 또 그렇게 얻은 지식을 보다 많은 독자들이 접할 수 있도록 책 속에 담아 내는 것이 많은 직업인들에게 도움이 되리라고 생각했다. 이런 이유로 우리는 연구를 수행해 나가는 데 있어 다음과 같은 목표들에 초점을 맞추었다.

1. 오늘날의 조직체나 직종에 제한을 두지 않는 직업 환경 속에서 성공에 결정적이라고 할 수 있는 새로운 형태의 멘토링 관계를 자세히 설명할 것.
2. 다양한 시각에서 본 성공적인 멘토링 사례가 실려 있고, 백인 남성이나 백인 여성, 다른 인종의 견해와 경험을 모두 포함하고 있는 최신의 독창적인 멘토링 관련 책을 확보할 것.
3. 멘토링 관계에 있어 양쪽의 입장을 모두 제시함으로써 일차적으로 프로테제에게 초점을 맞추는 경향이 있는 연구의 지식들과 멘토에게 접근하는 방법을 강조하는 실천인들의 경험 사이에 다리를 놓을 것.
4. 파워 멘토링 커플이나 집단의 고무적인 이야기 그리고 실례를 통해 얻을 수 있는 교훈 및 전략을 알림으로써 비법처럼 보이는 멘토링 이론이나 지식, 새로운 접근 방식을 일반 관리직 독자들에게 호소할 것.

◼◆ 이론상의 배경

학구적인 측면으로서의 멘토링은 직업이나 리더십 그리고 경영 발달에 관한 논문에 속한다. 멘토링에 관한 연구는 이 귀중한 직업 발전 수단의 다양한 단면들을 탐구해 왔다. 학구적인 논문과 대중적인 논문 사이를 연결해 준 초기 문헌 중 하나는 1984년에 초판 출간된 마이클 제이 Michael Zey의 《멘토 커넥션 The Mentor Connection》이라는 책이다.[*1] 그는 이 책에서 인터뷰 결과를 통해 멘토링 관계의 형태와 기능을 이끌어 내고 있을 뿐만 아니라 많은 장점들을 밝히고 있다. 캐시 크램 Kathy Kram 은 1983년 작 《매니지먼트 저널 아카데미 Academy of

---

1. Michael Zey, The Mentor Connection Homewood, IL : Dow Jones-Irwin, 1984.

Management Journal》와 1985년에 쓴 책을 통해 멘토와 프로테제가 경험한 발전적 과정을 약술하는 또 다른 중요한 연구 결과를 발표했다.[*2] 그녀의 접근 방법은 포부를 가진 전문가들에게 멘토링의 중요성과 발달 단계 그리고 사람들이 관계를 발전시켜 감에 따라 접할 수 있는 문제에 대해 이해할 수 있게 해 주었다.

1990년대의 조직들은 여성과 소수 인종의 성공을 위해 형식적 멘토링 프로그램을 채택했다. 이 중 일부 프로그램은 진보된 직업에 많은 도움을 주었지만 이러한 형식적 멘토링 프로그램은 프로테제에게 상당히 유익하다고 할 수 있는 자발적인 관계를 전적으로 모사하지는 못했다. 한 예로, 조지아 차오Georgia Chao와 그녀의 동료들은 형식적 멘토링 관계에 있는 멘토들은 비형식적이거나 자발적인 멘토링 관계의 경우보다 훨씬 적은 이득을 얻는다는 사실을 밝혀 냈다.[*3] 멘토와 프로테제의 선택과 트레이닝, 추후 활동에 대한 이슈는 형식적 관계가 잘 이루어졌는지를 확인하는 데 있어서 매우 중요하다. 그래서 어떤 형태의 프로테제가 더 쉽게 멘토를 찾는지 그리고 프로테제나 멘토의 인종과 성별에 대한 이슈 또는 유사성이 관계의 질적인 측면과 그에 수반되는 이득에 어떠한 차이를 미치는지에 관한 심도 깊은 연구가 행해지게 되었다.[*4] 벨 로즈 레긴스Belle Rose Ragins는 종합적인 연구를 통해 다양성과 파워의 강력한 영향을 테스트함으로써 멘토링 분야에 커다란 공헌을 했다. 그녀는 멘토링 관계에 있어서

---

2. Kathy F. Kram, "Phases of the Mentor Relationship," Academy of Management Journal 26, no.4(1983) : 608~625; Kathy F.Kram, Mentoring at work : Developmental Relationships in Organizational Life Glenview, II: Scott, Foresman, 1985.
3. Georgia T.chao, Pat M. Walzand Philip D.Camden "Former and Informer Memberships; A Comparison on Mentoring Functions and Contrast with Nonmentored Counterparts," Personal Psychology 45(1992) : 619~636
4. 실례로 다음을 참조, Ellen A.Ensher and Susan E. Murphy, "Effects of Race, Gender, Perceived Similiarity, and Contact on Mentor Relationships," Journal of Vocational Behavior 50(1997) : 460~481. 이 주제와 관련된 다른 연구는 이 책의 6장에 포함되어 있음.

인종이나 성별 그리고 멘토의 기능에 관한 이슈에 대해 우리가 가지고 있는 사고의 많은 부분에 공헌했다.[5]

1999년에 출판된 우리의 연구 작업물뿐만 아니라 릴리안 에비[Lillian Eby]와 스테이시 블레이크-비어드[Staceey Blake-Beard] 그리고 헤르미니아 이바라[Herminia Ibarra] 같은 학자들도 급증하는 조직 내 멘토링 관계의 여러 가지 유형에서 흥미를 강조했다.[6] 이처럼 여러 가지 유형의 멘토링 관계를 연구한 사람으로는 게일 보[Gayle Baugh], 테리 스칸두라[Terri Scandura], 모니카 히긴스[Monica Higgins], 데이비드 토마스[David Thomas], 크램[Kram] 등을 들 수 있다. 이들은 직업적 성공에 있어 관계의 네트워크를 공유하는 것이 얼마나 중요한지를 보여 준다.[7] 조직 내에서 증가하는 의사 소통 기술의 출현과 함께 엔셔[Ensher]나 그녀의 동료들이 발표

---

5. Belle R. Ragins, "Power and Gender Congruency Effects in Evaluations of Male and Female Managers," Journal of Management 15(1989) : 65~76
6. Lillian Eby, "Alternative Forms of Mentoring in Changing Organizational Environments : A Conceptual Extension of the Mentoring Literature," Journal of Vocational Behavior 51, no.1(1997) : 125~144; Stacey D. Blake—Beard, "At the Crossroads of Race and Gender : Lesson from the Mentoring Experiences of Professional Black Women," in Audrey J.Murrell and Faye J.Crosby(eds.), Mentoring Dilemmas : Developmental Relationships within Multicultural Organizations, 83~103 Mahwah, NJ : Lawrence Erlbaum Associates, 1999; Herminia Ibarra, "Race, opportunity, and Diversity of Social Circles in Managerial Networks, "Academy of Management Journal 38, no.3(1995) : 673~703.
7. S. Gayle Baugh and Terri A. Scandura, "The Effects of Multiple Mentors on Protégé Attitudes Toward Work Setting," Journal of Social Behavior & Personality 14, no.4(1999) : 503~521; Monica C. Higgins, "The More the Merrier? Multiple Developmental Relationships and Work Satisfaction," Journal of Management Development 19, no.4(2000) : 277~296; David A. Thomas and Monica C. Higgins, "Mentoring and the Boundaryless Career : Lessons from the Minority Experience," in Michael B. Arthur and Denise M. Rousseau(eds.), Boundaryless Career : A New Employment Principle for a new Organizational Era New York : Oxford University Press, 1996; Monica C. Higgins and David A. Thomas, "Constellations and Careers : Toward Understanding the Effects of Multiple Developmental Relationships," Journal of Organizational Behavior 22, no.3(2001) : 223~247; Monica C. Higgins and Kathy E. Kram, "Reconceptualizing Mentoring at Work : A Developmental Network Perspective, "Academy of Manegement Review 26, no.2(2001) : 264~288.

한 e-멘토링에 관한 최신 논문에서 윤곽이 드러난 것처럼 일련의 멘토링 관계는 새로운 형태를 시도한다.[8] 한층 더하여 많은 회사들이 코칭, 멘토링, 또는 2가지 모두를 관리적 책임으로 묘사하듯 우리도 근로자를 관리하고 멘토링하는 것 사이에 새로운 연구가 진행되고 있다고 본다.[9] 2가지 경우를 모두 고려한 이러한 아이디어들이 우리가 행한 인터뷰의 질문과 분석을 특징지었다.

비록 포괄적으로 다루어져 왔지만 멘토링 연구는 3가지 주요 결점을 가지고 있다. 첫째, HR 실무자나 관리자들은 다수 학구적인 연구 결과에 대해 개인적으로 관여하지는 않았다. 예를 들면 조이스 러셀Joyce Russel과 그의 동료들은 《Journal of Vocational Behavior 직업적 행동 양식에 관한 저널》의 멘토링 특별호에서 무려 500편 이상의 멘토링 관련 기사를 발견했는데, 그중 대부분은 학술 연구지에 기인한 것이었다.[10] 지금까지 멘토링에 관한 다수의 실용적 연구는 학구적 자료와 실용적 자료를 이어 주는 몇 안 되는 책에 집결되어 있었다. 둘째, 비록 정보를 제공한다 할지라도 지난 10년 간 학구적 자료의 상당수는 멘토링 관계의 본질과 이점을 설명하기 위한 질문과 여론 조사에 의존하고 있다. 그러

---

8. Ellen A. Ensher, Christian Heun, and Anita Blanchard, "Online Mentoring and Computer—Mediated Communication : New Directions in Research," Journal of Vocational Behavior 63(2003) : 264~288. Betti A. Hamilton and Terri A. Scandura, "Implications for Organizational Learning and Development in a Weird World," Organizational Dynamics 31, no.4(2003) : 388~402 참조.
9. On the Behavior of supervisors who also act as mentors, Terri A. Scandura and Chester Schriesceim, "Leader—Member Exchange and Supervisor Career Mentoring : Mentoring as a Complementary Construct in Leadership Research," Academy of Management Journal 37, no.6(1994) : 1588~1602, and Terri A. Scandura and Ethyn A. Williams, "Mentoring and Transformational Leadership : The Role of Supervisory Career Mentoring," Journal of Vocational Behavior 65, no.3(2004) : 448~468 참조.
10. Joyce E. A. Russell and Danielle M. Adams, "The Changing Nature of Mentoring in Organizations : An Introduction to the Special Issue on Mentoring in Organizations," Journal of Vocational Behavior 51, no.1(1997) : 1~14.

나 수적 여론 조사 연구가 풍부한 멘토링 관계를 제대로 잡아내기는 어렵다. 학구적 연구의 세 번째 단점은 관계 속의 한 단면만을 배타적으로 조명하고 있다는 것이다. 대개의 경우 초점이 프로테제의 견해에 맞춰져 있고, 멘토의 견해는 찾아보기 힘들며 (1997년의 알렌^{Allen}이나 포티트^{Poteet} 그리고 버러우스^{Burroughs}의 경우를 제외하고는), 동시에 양쪽의 관점을 다룬 경우는 전무했다는 것이다.[11] 그래서 이 프로젝트의 목적은 통합된 학구적 결과물과 더불어 사람들에게 잘 알려져 있는 성공한 지도자들의 자료와 깊이 있는 인터뷰 자료에서 얻은 실례를 제공함으로써 연구 지식의 결함을 표명하고, 멘토와 프로테제 모두의 시각을 모두 조명하는 데 있다.

인터뷰 사항을 발전시키는 과정에서 자료를 분석하던 중 우리는 작동하기 시작할 다수의 이론적인 관점을 염두에 두었다. 예를 들면 흡인, 양성, 재정의/분리의 과정을 거친다는 크램^{Kram}의 단계 이론을 이용하여 각 단계에서 어떤 예상과 과정이 중요한지, 또 이들이 어떻게 다음 단계로 연결되는지를 심도 있게 탐구하고자 했다.[12] 그래서 우리가 최근에 출판한 모델의 수정판을 이용했다.[13] 우리는 개인이 역할 조성 이론의 렌즈를 통해 어떻게 멘토나 프로테제로의 역할에 도달하게 되는지에 관심을 두었다.[14] 또한 일련의 멘토링 관계가 어느 정도까지 사회적 교환 이론의 인식 결과를 따르는지, 또 멘토링 교환의 가

---

11. Tammy D. Allen, Marc L. Poteet, and Susan M. Burroughs, "The Mentor's Perspective : A Qualitative Inquiry and Future Research Agenda," Journal of Vocational Behavior 51, no.1(1997) : 70~89.
12. Kathy E. Kram, "Phases of the Mentor Relationship," Academy of Management Journal 26, no.4(1983) : 608~625.
13. Susan Elain Murphy and Ellen A. Ensher, "The Effects of Culture on Mentoring Relationships : A Developmental Model," in Stuart Oskamp and Cheryln Granrose, Cross-Cultural Work Groups, 212~233 Thousand Oaks, CA : Sage, 1997.

치 기준과 태도에 있어 이미 감지된 유사성의 역할에 대해 리더십에서의 지도자와 멤버 교환 이론을 통해 어떤 부가적인 식견을 얻을 수 있을 것인지에 대해서도 관심을 두었다.[*15] 가혹한 시련의 순간에 중점을 두고 있는 워렌 베니스Warren Bennis의 리더십 관련 작업은 멘토와 프로테제의 본질이 밝혀지는 결정적인 순간에 대한 우리의 생각을 알려 준다.[*16] 우리는 또한 모니카 히긴스Monica Higgins와 캐시 크램Kathy Kram이 제시한 네트워크 연합과 멘토링의 대안이 되는 한 형태가 오늘날의 멘토링에서 어떻게 제 역할을 하는지, 또 관계의 이점에 대한 멘토의 견해가 발생하는 멘토링 유형에 어떤 영향을 끼치는지에 관해서도 진지하게 고찰했다.[*17] 그리고 마지막으로 발전하는 멘토링 관계를 이해하기 위한 수단으로서 친밀한 관계 발전의 중요한 양상에 대한 논문들을 재검토했다.

연구 참여자

우리가 목표로 한 세 군데 기업의 최고 지도자들을 찾아내기 위해 《포천》

---

14. George B. Graen, "Role Making Processes within Complex Organizations," in Marvin D. Dunnette(ed.), Handbook of Industrial and Organizational Psychology, 1201~1245 Chicago: Rand-McNally, 1976 ; George B. Graen and Terri Scandura, "Toward a Psychology of Dyadic Organizing," in Barry Staw and Lawrence L. Cummings(eds.), Research in Organizational Behavior, Vol.9, 175~208 Greenwich, CT : JAI Press, 1987.
15. George G. Homans, Social Behavior : Its Elementary Form New York : Harcourt, Brace, and World, 1974 ; George Graen and William Schiemann, "Leader—Member Agreement : A Vertical Dyad Linkage Approach," Journal of Applied Psychology 63(1978) : 206~212.
16. Warren G. Bennis and Robert J. Thomas, Geeks and Geezers Boston : Harvard Business School Press, 2002.
17. Monica C. Higgins and Kathy E. Kram, "Reconceptualizing Mentoring at Work : A Developmental Network Perspective," Academy of Management Review 26(2001) : 264~288.

지의 최고경영자(최고여성경영자와 최고흑인경영자를 포함한다.) 같은 리스트와 구체적인 기업 출판물《할리우드 리포터》등을 통해 연구에 참여할 사람들을 추렸다. 그런 다음 이들과 함께 멘토나 프로테제로서 그들의 경험에 대해 대규모 배경 조사에 착수했다. 그리고는 우리가 느끼기에 단지 표본적인 리더일 뿐만 아니라 멘토링을 통해 다른 사람들을 발전시키는 데 숙련되어 있는 사람들의 리스트를 작성했다. 마지막으로 우리는 프로젝트에 함께 할 가치가 있는 참여자들에 대한 피드백을 제공하기 위하여 기업 전문가 조직망을 고용했다. 이 단계에서 우리는 우리가 인터뷰하고 싶은 사람들을 소개해 줄 수 있는 중요한 기업 지도자들과 40여 회에 달하는 미팅을 가졌다. 또한 우리는 스노우볼 기술을 이용하여 표본을 증가시켰다.[18] 이 기술을 이용해 우리는 피면접자들로 하여금 우리의 기준에 적합하면서도 저마다 다른 이야기를 해 줄 수 있고 가능하면 서로 다른 회사에 근무하고 있는 동료들에게 우리를 추천해 줄 것을 요청했다.

  50명의 피면접자들은 17명의 남성(34%)과 14명의 유색 인종(29%)으로 구성되었으며, 대략 30에서 70세의 범주에 속하는 평균 연령 48세의 사람들이었다. 우선 세 기업체의 개인들을 연구에 포함시키는 것이 목표로 설정되었다. 대부분의 사람들은 좋든 나쁘든 다른 나라에 끼치는 미국의 경제 효과가 정부나 텔레비전, 영화 그리고 제품들에 의해 일어난다는 데 동의할 것이다. 이러한 기업들은 사람들을 지배하고, 그들 자신의 삶을 살며, 일하고 노는 것에 영향을 미침으로써 거부할 수 없는 승인권을 갖게 된다. 우리는 이 세 곳의 기업에서 대략 비슷한 수의 사람들을 인터뷰했다. 직업의 경계가 점점 사라지고 있

---

18. Earl Babbie, The Practice of Social Research Belmont, CA : Wadsworth Publishing Company, 1986.

는 만큼 이 연구에 포함된 뛰어난 개인들에게 있어 멘토링이 어떤 방식으로 중요하게 여겨져 왔는지를 고찰하는 것이 다양한 분야에 종사하는 직업인들에게 유용할 것이라고 생각했다. 이 세 기업체들 또한 가상의 조직 구조나 경계가 없는 직업(시간적 · 조직적 · 지리적으로)을 모두 지원한다. 가상적인 조직 구조 Virtual organizational structures란 개인이 조직적인 멤버십이나 지형적인 위치로 연결되어 있기보다 그들이 만든 생산품과 서비스로 연결되어 있는 구조를 말한다. 한 예 서비스 중개인으로 활동하는 동시에 고객의 요구에 부응하기 위해 다양한 분야의 전문적 지식을 갖고 있는 동료들의 핵심 그룹에 의존하고 있는 독립적 정치 컨설턴트를 들 수 있다. 필립 머비스Philip Mirvis나 팀 홀Tim Hall 그리고 마이클 아서Michael Arther 같은 작가들이 발견했듯이 경계가 없는 직업boundaryless career은 항상 소지 가능한 기술, 지식, 여러 회사에서 사용 가능한 능력, 의미 있는 일을 통한 개인의 능력, 현장에서 습득한 지식, 동료에게 습득한 다양한 관계의 발전 그리고 직업 관리를 위한 개인적 책임감 등으로 특징지어진다.[19] 직업 전문가들은 많은 다른 산업체와 그 종사자들을 위한 미래의 물결은 경계가 없는 직업과 조직적 구조에 있다고 예측한다. 그런 만큼 우리는 이 3가지 기준과 경계가 없는 분야에서 많은 것을 배울 수 있다. 만약 새로운 형태의 멘토링이 자유 경쟁과 변형된 경력 통로가 있는 이러한 산업체 속에서 번성할 수 있다면 이러한 새로운 형태의 멘도링은 비슷한 도전을 마주하고 있는 다른 산업체 속에서도 제대로 작용할 것이다.

---

19. Philip Mirvis and Douglas T. Hall, "Psychological Success and the Boundaryless Career," Journal of Organizational Behavior 15, no.4(1994) : 365~380 ; Michael Arthur and Denise M. Rousseau, "The Boundaryless Career as a New Employment Principle," in Michael B. Arthur and Denise M. Rousseau(eds.), The Boundaryless Career, 3~20 New York : Oxford University Press, 1996.

인터뷰 방법

참여자 50명과의 인터뷰는 1년 6개월이 넘는 기간에 걸쳐 행해졌다. 대면 인터뷰는 약 1시간 정도가 소요되었고, 약 25페이지 정도의 복사 자료는 줄 간격 한 줄 텍스트로 1,250페이지가 넘었다. 거의 모든 인터뷰는 2명의 저자에 의해 행해졌고, 그 결과 우리는 문서화된 기록에 접근할 수 있는 기회를 가졌을 뿐만 아니라 해석에 도움을 주는, 말로는 표현되지 않는 측면까지 진행시킬 수 있었다. 모든 참여자들은 우리가 그들의 이야기를 공유해도 된다는 허락을 해 주었다.

최초의 질문은 피면접자가 가지고 있는 현 멘토링 관계의 다양한 양상들에 관해 일반적인 질문을 하기 위해 개발되었다. 일단 시험(테스트), 도전, 구체적인 멘토 기능에 관한 최초 주제가 예비 인터뷰에서 언급되면 우리는 이러한 양상을 심도 있게 연구하기 위해 인터뷰 원안을 수정했다. 마지막 인터뷰 원안은 직업 경력의 역사, 멘토링 관계의 발전, 결정적 순간 그리고 프로테제와 멘토의 특성에 대한 아이디어에 초점을 맞춘, 결말이 정해져 있지 않은 질문들로 구성되었다. 표 B.1에서 볼 수 있다. 인터뷰가 프로테제와 멘토의 관계에 초점이 맞춰지면 원안을 약간 수정했다. 참여자에 대한 추가 정보는 그들의 직원들로부터 얻은 그들의 전기와 신문이나 기관지 그리고 인터넷 자료를 통해 얻은 정보를 통해 수집했다.

인터뷰 분석하기

우리는 테일러^{Taylor}와 보그단^{Bogdan}이 제시한 질적 데이터 분석 기술을 이용했다.[*20] 이 기술을 보고 저자들은 이러한 질적 분석이 주제 식별의 목적과 새로운 견해의 발견을 결합시켜야 한다고 논의하는 한편 이들 자료가 현존하는 이론에 어떻게 들어맞을지를 고민했다. 그래서 첫째로, 여러 다른 형태의 멘토링 관계, 테스트와 챌린지의 역할, 결정적 순간이 어떻게 관계를 강화시키는지 그리고 신뢰의 역할에 관한 구체적 가설을 발전시키기 위해 충분히 근거 있는 이론을 이용했다.[21] 인터뷰 자료를 이해하기 위해 우리가 사용한 두 번째 접근 방식은 분석적 유도라고 정의할 수 있다. 이 접근 방식의 목적은 자료를 사회적 현상에 대한 현존하는 설명에 맞추는 것이다. 멘토링 관계를 위한 이론을 정교하게 만드는 과정의 보조 수단으로서 우리는 질적 소프트웨어 도구 QSR International인 NVivo를 이용했다. 우리는 단어와 문구의 자동 검색 기능과 수동 내용 분석 해독 기능을 조합했다. 기본적으로, 전산화된 프로그램을 이용하는 것은 결과적으로 나타나는 내용의 범주를 쉽게 다룰 수 있게 해 준다.

우리의 자료 분석은 다음과 같은 단계를 따랐다.

1단계: 일단 모든 인터뷰가 완성되면 예비 자료의 분석 시도는 완전한 상태의 인터뷰 자료를 적어도 두 번 읽는 것을 포함했다.

2단계: 인터뷰 기록은 중요한 주제를 파생시키기 위해 재검토되었다. 주제를 위한 최초의 검토에는 확실한 이론 접근 방식을 이용했는데, 그 과정에서 흥미로운 주제가 도출되었다. 이런 주제들의 상당수는 직접직인 질문에서 도

---

20. Steven J. Taylor and Robert Bogdan, Introduction to Qualitative Research Methods : A Guidebook and Resource New York : Wiley, 1998.
21. Barney G. Glaser and Anselm L. Strauss, The Discovery of Grounded Theory : Strategies for Qualitative Research Chicago : Aldine, 1967; Anselm Strauss and Juliet Corbin, "Grounded Theory Methodology : An Overview," in Norman K. Denzin and Yvonna. S. Lincoln(eds.), Strategies of Qualitative Inquiry, 158~183 Thousand Oaks, CA : Sage, 1998.

표 B.1 인터뷰 질문들

멘토 되기에 관한 의견

당신의 프로테제에 대한 첫인상과 처음에 어떻게 만나게 되었는지를 생각해 보십시오. 관계의 초기 단계에서 당신들이 서로를 좀 더 알게 된 계기가 될 만한 이야기가 있습니까?

당신과 당신의 프로테제 사이의 가장 주된 유사성과 차이점을 무엇이라고 생각합니까(예를 들면, 가치, 개인의 특성, 협상 방식, 관리 접근 방식, 문제 해결 방식, 목표 등등)?

멘토가 된다는 것은 어떤 의미입니까? 멘토링에 대한 당신의 철학을 말씀해 주십시오. 멘토링에 관한 당신의 접근 방식과 관련이 있거나 접근 방식의 성격을 알려 주는 책, TV 프로그램, 또는 영화가 있습니까? 현재 경영 논문 중에 영적 측면과 경영 측면의 통합에 관한 흥미로운 새로운 경향이 있다고 합시다. 당신의 영적 수행은 어느 정도까지 멘토링에 관한 당신의 접근 방식을 반영하리라고 보십니까?

당신의 멘토 방식에 기준이 되었던 모델은 누구입니까? 과거에 당신의 멘토였던 사람과 관련된 어떤 이야기가(말하자면 인생의 교훈이나 자랑스러웠던 순간, 거래상의 비밀 등) 이와 관련되어 있습니까? 리더십 계발, 협상 전략, 고용인에게 힘 북돋워 주기 그리고 일상생활과 직업의 균형과 같은 분야에서 당신이 배운 것들을 고려해도 좋습니다.

현명한 관계

멘토링에 관한 과거의 많은 연구들을 보면 성공적인 관계란 그 속에서 멘토와 프로테제가 서로에게 무언가를 주고 받는—비록 그것이 서로 다른 것이라 할지라도—교환 관계라고 합니다. 당신은 당신의 프로테제와의 관계에서 무엇을 제공하고 무엇을 받는다고 생각하십니까?

멘토와 프로테제 사이의 신뢰는 우리의 과거 인터뷰에 있어서 공통되고 강조되는 부분입니다. 당신과 당신의 프로테제/멘토에 대한 신뢰를 적어 주십시오(일화나 관찰한 사항 또는 단순한 회상을 적어도 좋습니다).

연구 결과들은 종종 멘토가(후원자나 스승, 정보 제공자, 양육자, 조언자 그리고 연결자를 포함하여) 자신들의 프로테제에 대해 명백한 역할을 했음을 보여 주고 있습니다. 후원자나 스승으로서 당신의 프로테제에게 끼친 영향을 말할 수 있습니까? 마지막으로 당신은 어떤 방식으로 조언자나 연결자 역할을 해 왔습니까?

요약하기

우리는 멘토와 프로테제가 그들의 성장 과정이나 발달 과정에서 그들의 관계를 재정의하거나 다음 단계로 넘어가야 할 필요성을 느낀다는 것을 알고 있습니다. 당신은 현재 당신이 유지하고 있는 관계의 위치를 어떻게 특징 지을 수 있으며, 그것이 어떻게 변화해 가리라고 생각하십니까? 다시 말해서 다음은 무엇이겠습니까? 이러한 관계의 재정의를 야기한 중요한 계기나 사건이 있었습니까?

당신이 프로테제를 위해서 광고 문구를 작성한다면 어떤 이유에서 뭐라고 쓰시겠습니까(말하자면 어떤 구체적인 특성 또는 전략이 예비 프로테제에 대한 좋은 예가 되리라고 생각하십니까)?

멘토링에 있어서 인종이나 성별에 관한 엄청나게 많은 연구 자료가 있습니다. 당신이 성공한 여성이나 유색 인종에 대한 절대적인 지지자이거나 멘토라고 가정합시다. 이성 간 또는 다른 인종 간의 멘토링 관계가 가지고 있는 장점 또는 단점이 있다고 생각하십니까? 좀 더 구체적으로 남성과 여성은 멘토링 관계에서 다르게 행동한다고 생각하십니까? 만약 그렇다면 어떻게 다른지를 설명해 주십시오.

멘토링에 관한 일반적 의견

멘토링을 행하는 것이 기업 전체에 변화를 가져온다고 생각하십니까?

당신의 기업에서 가장 훌륭한 멘토링을 했던 사람을 누구입니까?

질문지에는 없었지만, 당신의 경력 전반에 걸쳐서, 또는 당신의 구체적인 멘토링 경험과 관련하여 우리에게 들려주고 싶은 이야기가 있습니까?

출된 것이 아니라 다른 질문에 대한 또는 언뜻 보기에는 관련이 없어 보이는 질문에 대한 확장된 대답을 통해 도출된 것이다. 예를 들면 분석 최초 단계에서 다음과 같은 최초의 포괄적 주제가 도출되었다.

- 파워 멘토링을 어떻게 얻어 낼지, 누가 줄 것인지, 필요로 하는 이유에 관한 질문에 관한 지원책
- 충성도와 신뢰도
- 테스트와 주요 도전 과제들
- 성별이 대화를 어떻게 변화시키는가.
- 쾌감대 대부분의 사람이 쾌적하게 느끼는 기온·습도·풍속의 범위—역자 주로 호출되거나 퇴출되기
- 상호 존경과 상호 이익

3단계: 분석의 다음 단계에서는 패턴을 찾는 과정에서 보이는 '무엇이 흥미로운가, 놀라운가, 또는 유사한가' 등의 답변 단계를 넘어섰고, 더욱 엄격한 접근 방식을 사용했다. 여기서 좀 더 심도 깊은 데이터 분석을 위해 멘토링, 리더십 그리고 사회적 심리학 분야에서 이미 설명된 다양한 이론적 관점들을 적용했다.

4단계: 주제에 따라 자료를 분류하기 위하여 NVivo를 사용하고, 주요 테마를 정제하는 반복적 과정을 시작했다. 연구를 지도하는 과정에서 사용한 모델은 이론적 배경 부분에서 다뤘던 멘토링 관계 발전의 현존하는 일부 모델을 따랐으며, 구체적으로는 다음 사항에 중점을 두었다.

- 본질이 밝혀지는 결정적인 순간

- 멘토를 알게 되는 과정
- 무엇이 사람들을 프로테제나 멘토에게 끌리도록 만드는가
- 멘토와 프로테제가 멘토링 관계에서 서로 주고 받는 이익들
- 테스트와 도전의 역할

일단 자료를 주요 테마 문서로 정리하고 난 뒤에는 수시로 떠오르는 아이디어들의 주요 범주를 최종 결정할 수 있었고, 이렇게 선택된 주요 범주들은 이 책의 각 장의 바탕이 되었다.

지은이 소개

엘렌 엔셔Ellen A. Ensher 박사는 캘리포니아 주 LA 소재 로욜라 메리마운트 대학Loyola Marymount University의 경영관리학과 부교수다. 1990년 남가주 대학University of Southern California에서 행정학 석사 학위를 취득하고, 1997년 클레어몬트 대학원Claremont Graduate University에서 조직 심리학으로 박사 과정을 마쳤다. 엔셔 박사는 현재 인력 관리 제도 및 그 관련 분야, 즉 고용주와 노동자의 관계, 유기적 구조의 개발, 교육과 개발 등을 포함한 분야를 강의하고 있다. 학생들의 평가에 의해 LMU의 경영학 교수 중 상위 5% 내에 연이어 랭크되기도 했다.

엔셔 박사의 주요 연구 분야는 직업과 다양성 그리고 멘토링을 포함한다. 그녀의 조력자인 수잔 머피Susan Murphy와 함께 멘토링과 인종, 성별, 문화적 이슈, 멘토링 관계의 유형, 직업의 수입과 이점, 지도력 그리고 최근에는 전자 멘토링e-mentoring에 관련된 문제에 대해 저술해 오고 있다. 2001년에는 초기 직업적 성과를 인정받아 어센던트 스칼라Ascendant Scholar에 이름을 올렸으며, 2002년에는 웨스턴 경영 아카데미Western Academy of Management가 주는 베스트 페이퍼Best Paper 상을 수상했다. 2002년에는 대학여성미연합American Association of University Women이 주는 '경쟁력 있는 아메리칸 펠로우십American Fellowship Award' 상을 수상했다. 2004년에는 멘토넷MentorNet의 온라인 동료 멘토링 포럼의 연구 논문 기금을 위한 교직원 연구 보조금을 수여받기도 했다. 여러 차례에 걸쳐 LMU 교직원 연구비를 받았으며, 현재는 전국적으로 전자 멘토링 프로그램으로 인식되어 있는 멘토넷MentorNet의 자문 위원회를 위해 일하고 있다.

25편의 논문과 책 단원을 출판했고, 70회 이상의 전문 강연회를 열었다. 경영진 아카데미Academy of Management Executive, 인력 자원 개발의 특질Human Resource Development quality, 직업 개발 저널Journal of Career Development, 직업적 특성에 관한 저널Journal of Vocational Behavior, 유기 구조 역학Organizational Dynamics 등과 같은 학술지에도 글을 실어 왔다.

그 밖에도 아코Arco, 로스앤젤레스 타임즈Los Angeles Times, 말레이시아의 페트로나스Petronas 그리고 USCUniversity of Southern California를 포함한 국내외 다수 기관을 위해 자문 역할을 하고 있다. 현재는 마크 밴드수치Mart Bandsuch와 함께 경영자와 기업가의 결정적인 순간에 관한 책을, 수잔 머피와 함께 멘토링 관계의 테스트와 도전의 멘토링 프로토타입에 관한 논문을 작업하고 있다. 남편 숀 맥나마라Sean McNamara와 아들 마크 맥나마라Mark McNamara와 함께 LA에 거주하고 있다.

수잔 엘레인 머피Susan Elaine Murphy 박사는 클레어마운트 메케나 대학Claremount Mckenna Collage에서 심리학 조교수로 재직하고 있으며, 캘리포니아 주 클레어마운트 시의 헨리 크래비스 지도자 양성협회Henry R. Kravis Leadership Institute의 부국장으로 일하고 있다. 워싱턴 대학University of Washington에서 조직 심리학으로 석·박사 학위를 받고, 같은 대학 경영학부에서 경영학 석사학위를MBA 받았다. 현재 유기직 심리학과 유기 구조 개발을 강의하고 있으며, 클레어몬드 대학원Claremont Graduate University의 부교수로 있으면서 산업 심리학 및 팀과 지도자에 관련된 과목을 가르치고 있다.

그녀는 지도력, 지도력 개발 그리고 멘토링에 관한 25편이 넘는 논문과 책 단원을 출판해 왔다. 최근에는 《지도력 개발의 미래The Future of Leadership Developmen》Ron Riggio와 공저와 《직장-가족의 균형으로부터 직장-가족의 상호 작용; 상징의 변화Work-Family Balance to Work-Family Interaction : Changing the Metapho》

Diane Halpern과 공저 라는 2권의 책을 편집했다. 멘토링에 관한 봉사 학습 대학 강좌와 팀워크를 포함한 청소년 멘토링 프로그램의 평가를 통해 로스앤젤레스 지역의 청소년 멘토링 프로그램 개발, 강연, 평가 등의 분야에서도 활발한 활동을 하고 있다. 이러한 노력은 수많은 학생들에게 멘토링을 제공하고 있다. 지도력의 유효성 및 고등학교와 대학 그리고 성인 레벨의 지도자에 대한 교육 응용에도 초점을 맞추고 있다.

최근에는 그룹의 학습 의욕을 증가시키는 데 있어 카리스마 있는 지도력의 중요성에 관한 연구 논문 두 편을 출간했다. 멘토링 분야에서의 이러한 경력과 기여에 힘입어 클레어마운트 메케나 대학Claremount Mckenna Collage 신입생들을 위한 Posse Foundation 멘토로 선정되는 영광을 안기도 했다.

지금까지 그녀는 미국과 일본에 있는 클라이언트들을 위해 조직적인 변화뿐만 아니라 지도력과 경영 관리 분야의 고문 역할을 하는 연구원으로서 바텔레Battelle에서 일해 왔다. 토요타 모토 세일즈Toyota Motor Sales, RGL Gallagher, Brain & Co., 로스앤젤레스 시 소방국 그리고 클레어몬트 시the City of Claremont 와 같은 조직을 위한 조직적 개발 활동뿐만 아니라 지도력 개발 프로그램의 지속적인 고안 및 강의 활동도 하고 있다. 남편인 코필 야네즈Copil Yanez와 함께 LA에 거주하고 있다.

이들은 파워 멘토링에 관한 작업 외에 몇몇 다른 연구와 저술도 병행하고 있다. 최근에는 영화와 TV 연출자들의 경영 관리에 관한 비밀을 밝히는 프로젝트를 진행 중이다. 25명에 달하는 연출가와의 인터뷰를 통해 연출직의 지도자적 본질을 밝히는 작업이다. 이 작업은 2004년 뉴올리언즈에서 열린 경영 관리 아카데미Academy of Management에서 발표된 바 있다. 2003년에는 청소년 멘토링 연구를 위한 전국정상회담National Summit for Youth Mentoring Research에서 발표를 하기도 했다. 그들은 또한 멘토링 분야에서 지도자적 역할을 하고 있는 학자들의 교본인 《멘토링 편람The Handbook of Mentoring》 2007년 출간에 기고를 수락하기도 했다.

찾아보기

360도 평가 방식 : 338~339
6단계 법칙 : 243
e-멘토(e-mentors)- 관련 논문 : 456 이점과 도전 과제 : 105, 350 e-멘토와 연결하기 : 269~271 e-멘토에 관한 설명 : 80~81, 350 e-멘토의 형태로 고용된 온라인 멘토 : 68~71
General Electric : 56, 266 [참조] 잭 웰치(Welch, Jack), 밥 라이트(Wright, Bob)
IBM - IBM과의 멘토링 관계에서 생기는 이점들 : 156~160 마스터 멘토(master mentor) 철학 : 179~182 조직 문화 : 157~159, 160, 404 파워 멘토링 : 75~82 IBM 내 멘토링 네트워크 속에서의 상호 작용 : 142~146 역 멘토링 프로그램 : 266 [참조] 프랜 알렌(Allen, Fran), 닉 도노프리오(Donofrio, Nick), 루이스 거스너(Gerstner, Lou), 찰스 리켈(Lickel, Charles), 마사 모리스(Morris, Martha), 린다 샌포드(Sanford, Linda)
NVivo 소프트웨어 도구 : 465, 468
T.S. 엘리엇(Eliot, T.S.) : 225
"성공한 모든 사람들에게는 멘토가 있다." : 46

ㄱ

가상 공간에서의 멘토링 [참조] e-멘토(E-mentors)
가상적인 조직 구조 : 461~463
가족 멘토- 이점과 도전 과제 : 106, 350 가족 멘토와의 연결 : 258~259 가족 멘토에 관한 설명 : 91~94, 350
감성 지능(EQ)- EQ를 이용하여 멘토/프로테제의 주의 끌기 : 367~372 감성 지능의 중요성 : 194~195 멘토링 관계를 유지하기 위해 사용하는 EQ : 316~317
감정적 지원/지지- [참조] 개인적/감정적 지지
개인적 특성- 멘토가 끌리는 개인적 특성 : 189
개인적/감성적 지지- 파워 멘토를 위한 이익으로서 : 158 파워 프로테제를 위한 이익으로서 : 156 프로테제에 대한 멘토의 개인적/감성적 지지 : 29~30, 237 전통적 멘토링에서 : 50
개인적인 것- 234~237 [참조] 개인적/감정적 지지
게이와 레즈비언 : 158~159, 309~310
게일 보(Baugh, Gayle) : 458
게일 앤 허드(Hurd, Gale Anne) : 21 약력 : 418 멘토의 테스트 : 209~210, 377~378
결정적인 순간 : 304~313 게이/레즈비언임을 커밍아웃하는 결정적인 순간 : 158~159, 결정적인 순간을 인지하는 것의 중요성 : 397~398 앞서 언급했던 결정적인 순간에 관한 경험의 유형 : 304~306, 직장과 가정의 균형 : 307~309
결혼- 관계 : 290, 319
경계를 넘어서는 멘토- 이점/문제 : 106, 350 접목시키기 : 271~272 설명하기 : 94~96, 350
경영층의 지원- 공식적인 멘토링 프로그램을 위한 : 411
경쟁- 경쟁 회피하기, 멘토링 관계에서의 경쟁 : 320~321 파워 멘토의 잠재적 원천 : 271~272
경청- 부정적인 피드백 경청하기 : 320~321 관

계 기술로서의 경청 : 397 멘토링 관계를 유
지시키기 위한 기술로서의 경청 : 318~319
계승 방안－파워 멘토링 Vs. 전통적 멘토링 :
54, 56~57
고용된 멘토－혜택과 도전 과제 : 106, 350 연
결하기 : 273~274 설명 : 85~87, 350
고전적 멘토링(Classic mentoring), [참조] 전통적
멘토링(Traditional mentoring)
공식적인 멘토링 프로그램 미리 알아보기 : 410
공식적인 멘토링 프로그램 [참조] 멘토링 프로그
램, 공식적
공유 가치 : 227~229
공유 관심 분야 : 299~301
공유 목적 : 321~322
공유하는 가치관 : 227~229
과학 기술－과학 기술 습득에 관한 역 멘토링 :
266~267 과학 기술로 인해 불분명해진 직
장 생활과 사생활의 경계 : 24
관계 기술 : 396 [참조] 감성 지능(EQ)
관계 내의 멘토링 기능 체크 리스트 : 374, 375
관계 발전 계획(RDP) : 337~387 멘토링 관계 끝
맺기 : 385~387 멘토링 관계 설립하기 :
354, 355~373 멘토링 관계 유지하기 :
374~383 관계 개선 방안 개요 : 337~340
멘토링 관계 준비하기 : 340~354, 355
관계－친근한 : 285~287 직장 사람들과의 : 13
[참조] 멘토링 관계
관심 분야 공유하기 : 299~301
괴짜와 기인들(Geeks and Geezers), 베니스와 토
마스(Bennis and Thomas) : 304, 328
규대－멘토링 관계에서 보이는 호혜성 : 150~153
[참조] 리 버틀러(Butler, Lee)
그레이스 나폴리타노(Napolitano, Grace) : 272
그룹 멘토－이점과 도전 과제 : 106, 350 그룹
멘토와 관계 형성하기 : 268 설명 : 83~84,

350 그룹 멘토의 실례 : 16
글로리아 몰리나(Molina, Gloria) : 323
급여 [참조] 보상
긍정적인 초기 접촉과 연결 : 288~293
기네스 팰트로(Paltrow, Gwyneth) : 47
기술 산업－파워 멘토링 : 75~82 멘토링 관계
속의 상호 작용 : 128~132, 142~146. [참
조] 특정 회사, 특정 멘토, 특정 프로테제

ㄴ

네트워크－비공식적인 네트워크, 접근할 권리
획득 : 124 잠재적 멘토를 찾기 위한 네트
워크 목록 작성 : 352~353 멘토링 관계 네
트워크 : 15, 33 네트워크를 만드는 데 필요
한 스노우볼(snowball) 기술 : 243~244
노동 인력(커리어 판도)－변화하는 : 24
노동력 이동에 따른 비용 : 28
니키 로코(Rocco, Nikki) : 22, 163 약력 : 418~
419 멘토가 니키 로코에게 끌린 이유 : 190
프로테제 테스트하기 : 199~200 멘토링 관
계에 있어서의 신뢰 : 240~242
닉 도노프리오(Donofrio, Nick) : 20 약력 : 419~
420 멘토링 관계에서 목표 설정하기 :
254~256 닉의 파워 멘토링 : 75~76, 80~
81, 157

ㄷ

다니엘 골맨(Goalman, Daniel) : 195
다양성－승진에 필요한 공식적인 멘토링 프로
그램 : 456~459 인터뷰 대상자의 다양성 :
17~18 파워 멘토링 관계 속의 다양성 :
67~68 파워 멘토링 대 전통적 멘토링 관
계 : 67~68 경계를 넘어서는 멘토 [참조] 게
이와 레즈비언, 성별, 인종
다우 케미컬(Dow Chemical) : 407

다이앤 로비나(Robina, Diane) : 22 약력 : 420 멘
  토링 관계에서 보이는 (본질이 밝혀지는) 결
  정적 순간 : 308~309 첫인상, 멘토링 관
  계 : 296 멘토링 관계 속의 상호성 : 140
대인 관계 기술 : 397 [참조] 감성 지수
데브라 마르투치(Martucci, Debra) : 22 약력 :
  421~422 멘토링 관계 : 16, 66, 67 프로테
  제와의 개인적 관계 : 234~237 멘토링 관
  계에서 보이는 호혜성 : 128~132 프로테제
  테스트하기 : 199~203
데이비드 린치(Linch, David) : 103
데이비드 코트(Cote, David) : 57
데이비드 토마스(Thomas, David) : 458
데이빗 드라이어(Dreier, David) : 20 경계를 넘어
  서는 멘토링 관계 : 271~272 약력 : 422 스
  캔들에 빠진 프로테제에게 그가 보여 준 지
  지 : 127, 208
도널드 페티트(Pettit, Donald) : 22 약력 : 150~
  151, 421 멘토링 관계에서 보이는 상호 의
  존성 : 303 공유되는 관심 : 301 멘토링 관
  계에서 보이는 호혜성 : 150~153 멘토링
  관계에서 보이는 신뢰 : 238~239
도니 브래스코(Brasco, Donnie) : 220~221
도전 과제 [참조] 테스트와 도전 과제
동료 멘토―혜택과 도전 과제 : 106 동료 멘토
  사이의 경쟁 : 321 연결하기 : 264~265 설
  명 : 97~100, 351
동시성 : 238~239
디즈니(Disney) : 54, 407 [참조] 앤 스위니(Sweeney,
  Anne)
딕시 가(Garr, Dixie) : 21 약력 : 17~18, 186, 423
  직장에서의 다양성과 딕시 가 : 187, 329 딕
  시 가와 프로테제의 최초 접촉 : 245, 288~
  290 멘토링 관계에 있어서의 친밀도 :
  297~298 프로테제의 경청하는 기술에 관
  해 : 318~319 딕시 가의 멘토링 철학 : 173~
  174 : 딕시 가의 프로테제 테스트 : 211
딜로이트 앤드 투쉬(Deloitte and Touche) : 267

ㄹ

라인―멘토링 관계의 유형으로서의 : 16, 395
  [참조] 루이스 거스너(Gerstner, Lou), 잭 웰
  치(Welch, Jack)
래리 카터(Carter, Larry) : 20, 83 프로테제의 매
  력 : 188 약력 : 424 멘토링 관계에서 목표
  설정하기 : 251~254 그룹 멘토링 : 15, 65~
  67, 83~84 첫인상 관리 : 268~269 프로테
  제 관찰 : 213 멘토링 관계에서의 상호성 :
  128~132
러스 도허티(Dougherty, Russ) : 151
레슬리 링카 글래터(Glatter, Leslie Linka) : 21,
  102, 428~429
레이몬드 노(Noe, Raymond) : 51
로널드 레이건(Reagan, Ronald) : 369
로드 홀콤(Holcomb, Rod) : 133
로드니 엘리스(Ellis, Rodney) : 322
로라 J. 메디나(Medina, Laura J.) : 22 약력 : 426
  멘토링 관계에서 보이는 호혜성 : 132~137
  테스트, 멘토가 보는 로라 메디나 : 210~211
로버트 보그단(Bogdan, Robert) : 464
로버트 와이즈(Wise, Robert) : 101
로버트 콜린스(Collins, Robert) : 57
로버트 토마스(Thomas, Robert) : 304, 328
로사리오 마린(Marin, Rosario) : 21 프로테제의 매
  력 : 188 멘토링의 이점 : 415~417 약력 :
  19, 186, 426~427 민족, 멘토링 관계 : 328
  멘토링 관계에서 보이는 생성성 : 63~64 멘
  토와의 개인적 관계 : 237 파워 멘토로서
  의 : 58, 59 프로테제가 본 로사리오 마린의
  첫인상 : 415 멘토링 관계에서 보이는 상호

성 : 61, 125~128 도전하는 프로테제에 대한 지원 : 13, 59~61
로저 콜먼(Corman, Roger) : 209~210, 377
론 델럼스(Dellums, Ron) : 20 약력 : 186, 424~425 멘토링 관계에서(본질이 밝혀지는) 결정적 순간 : 307, 311 가족 멘토 : 91~94 : 영감을 주는 멘토 : 88~91 멘토링 철학 : 171~174
론 메이어(Meyer, Ron) : 22 존경, 프로테제를 위한 : 319 프로테제의 매력 : 189, 190 약력 : 427 목표 달성의 중요성 : 251~257 존경받는 파워 멘토로서 : 162~163
론 커크(Kirk, Ron) : 21 약력 : 186, 425 멘토링 관계에서 대화의 주제 : 322 특정 순간의 멘토 : 273~275 멘토링 관계에서 보이는 자아노출 : 298
루이스 거스너(Gerstner, Lou)-보스 멘토로서 : 75~76, 77~79 과학 기술 분야 여성 종사자 장려하기 : 180~181 라인 멘토링 관계의 창시자 : 16, 157 루이스 거스너에 의해 변화된 조직 문화 : 157~160
루이스 왓츠(Watts, Lewis) : 307
루이스 웨이니어(Wannier, Louise) : 23 약력 : 428 루이스 웨이니어가 설립한 사업 관련 네트워크 : 244~245 동료 멘토링 관계 : 265~266
루퍼트 머독(Murdoch, Rupert) : 141, 168
리 버틀러(Butler, Lee) : 20 약력 : 151, 431 멘토가 바라본 첫인상 : 224~225 멘토링 관계에서의 상호 의존성 : 303 공유된 관심 : 301 대인 관계 기술의 필요성 : 317 멘토링 관계에서의 상호성 : 150~154 멘토링 관계에서의 신뢰 : 238
리더(지도자)-좋은 리더 Vs. 위대한 리더(good vs. great) : 19

리더십 향상-리더십 향상 요소로서의 멘토링 : 407~408
리사 링(Ling, Lisa) : 15, 21 약력 : 430 세계 시민 멘토 철학 : 175~179 멘토링 관계에서 보이는 충성도 : 234
리자 기본스(Gibbons, Leeza) : 21, 275~277, 430~431
리차드 로베트(Lovett, Richard) : 163, 320
리차드 웨일랜드(Weiland, Richard) : 47
린다 샌포드(Sanford, Linda) : 22 약력 : 432~433 프로테제와의 의사 소통 : 294~297 : 멘토링 관계에서 보이는 결정적 순간 : 309~311 : 프로테제가 본 첫인상 : 249~250 멘토링 관계에 있어서 성별의 차이에 대하여 : 325~328 파워 프로테제/파워 멘토로서 : 75~79, 79~80, 158~159 멘토가 린다 샌포드에게 끌린 이유 : 196~197 멘토링 관계에서 보이는 호혜성 : 142~146, 157~160 프로테제 테스트하기 : 199 멘토링 관계에서 보이는 신뢰 : 242
린다 힐(Hill, Linda) : 394
릴락 에소프스키(Asofsky, Lilach) : 20 약력 : 433~434 멘토링 관계에서 목표 설정하기 : 254~257 멘토의 개인적 지지 : 234~237 멘토링 관계에서의 상호성 : 119~121 웰치 멘토링 라인 : 244 애착 이론 : 302
릴리안 에비(Eby, Lillian) : 458
링키지 사(Linkage Incorporated) : 407

◼

마돈나(Madonna) : 47
마크 버클랜드(Buckland, Marc) : 20 약력 : 132, 435~436 관계에서의 상호성 : 132~137 테스트하기 : 206~207, 210~211
마사 모리스(Morris, Martha) : 22 약력 : 142,

432 멘토링 관계에서 보이는 호혜성 : 142~146 멘토링 관계에서 보이는 신뢰 : 241~242

마사 쿨리지(Coolidge, Martha) : 20 약력 : 186, 434~435 영화 산업에 있어서 성별의 차이 : 325~328 일시적 멘토 : 100

마시 카시(Carsey, Marcy) : 99, 260~264

마이어스-브릭스의 성격 유형 검사(Myers-Briggs Type Indicator : MBTI) : 338~339

마이클 아서(Arthur, Michael) : 463

마이클 아이스너(Eisner, Michael) : 54

마이클 오비츠(Ovitz, Michael) : 56, 163, 241

마이클 제이(Zey, Michael) : 50, 193~194, 195~196, 456

마커스 버킹엄(Buckingham, Marcus) : 29

마크 맥도널드(McDonald, Marc) : 47

마크 벌리스(Burliss, Mark) : 56

마크 윌리스(Wills, Mark) : 78

마크 한센(Hansen, Mark) : 110

마티 스콜세이지(Scorsese, Marty) : 241

마틴 루터 킹 주니어(King, Martin Luther Jr. : MLK) : 89~90, 198

맞벌이 부부 : 308

매체-파워 멘토링 : 96~104 미디어 속의 멘토링 관계에서 보이는 호혜성 : 117~125, 132~142 [참조] 특정 회사들(specific companies)

맨 파워 플러스(Man Power Plus) : 26

메이나드 H. 잭슨(Jackson, Maynard H.) : 274

멘토 커넥션(제이 : Zey) : 50, 456

멘토(그리스어로 현명한 연장자) : 48~49

멘토-멘토링 관계의 이익 : 31, 174, 415~417 구체적 유형에 따른 멘토의 이점 : 104~107, 350~351 혜택 제시하기 연습 : 356~360 중심적 역할 : 73 멘토에 의해 관계 시작하기 : 222 멘토와 프로테제 짝 지우기, 공식적 멘토링 프로그램에서의 멘토 : 411~412 : 멘토가 필요한 이유 : 46~47 멘토의 시점에서 본 '완벽한' 프로테제 : 192~197, 216~218 멘토의 마음을 끄는 프로테제의 특징 : 184~192, 216, 246, 249~250, 277~279, 185, 246 프로테제가 멘토에게 끌리는 이유 : 222~225 멘토를 위한 조언, 멘토링 관계 형성에 대하여 : 364~366 [참조] 멘토와 연결하기, 멘토링 철학, 파워 멘토 연구 참여자

멘토넷(MentorNet) : 270, 412, 470

멘토링 관계 끝맺기-공식적인 멘토링 프로그램에 있어서 : 414~415 멘토링 관계 끝내기 단계 : 385~387 역기능화 : 333

멘토링 관계 확립-참조 멘토링 관계, 확립하기

멘토링 관계-참조 심화하기, 멘토링 관계, 유지하기

멘토링 관계-유지하기 : 314~333 현재 관계 평가하기 : 374~376 : 테스트와 도전 과제 평가하기 : 377~382 신뢰 평가하기 : 374~376 경쟁 피하기 : 320~321 관계에서 파트너에게 개방적으로 대하기 : 320 타인을 네트워크에 참여시키기 : 332~333 공유 목적 발전시키기 : 321~322 멘토링 관계에 필요한 EQ : 316~317 멘토링 관계에 대한 미래 연구 : 394~395 성별의 차이와 멘토링 관계 : 322~327 세대 차이와 멘토링 관계 : 327 멘토링 관계에 필요한 경청 기술 : 318~319 상대방을 이해하기 위한 노력 : 314~322 멘토링 관계에 필요한 상호 존중 : 320 멘토링 관계에 필요한 문제 해결 : 321 인종과 민족에 따른 차이 : 328~331 관계 발전 계획(RDP) 연습/워크시트 : 374~385

멘토링 관계-준비하기 : 340~353, 355 다양한 유형의 멘토링 관계 고려하기 : 348, 350~351, 353 희망하는 멘토링 관계 워크시트 : 354, 355 잠재적 멘토의 네트워크 목록 만들기 : 351, 352 멘토링 은유 연습 : 344, 348~349 멘토를 위한 선호도 퀴즈 : 344~346, 348 프로테제를 위한 선호도 퀴즈 : 340~341, 343 이상적인 관계 시각화하기 : 340~342

멘토링 관계-확립하기 : 353~354, 355~373 잠재적 멘토/프로테제에게 접근하기 : 366~367 : 멘토에게 제공할 수 있는 가능한 혜택 식별하기 : 355~364 멘토나 프로테제와의 이익 조화시키기 : 364~366 : 긍정적인 초기 접촉과 연결 : 288~294 테스트와 도전 과제에 대한 준비 : 372~373 멘토링 관계에 있는 멘토에게 주는 조언 : 364~366 멘토/프로테제의 관심을 끌기 위해 EQ 이용하기 : 367~373

멘토링 관계-장점 : 30~31, 112~114, 155, 174, 415~417 기능 장애가 있는 멘토링 관계 : 331~333 멘토링 관계 끝맺기 : 333, 385~387, 414~415 멘토링 관계에 대한 미래의 연구 : 398~401 비공식적, 유효성 : 30~31 시작하기 : 59, 222~223, 245 효과적인 멘토링 관계의 형성을 위한 조언 : 382~398 유형 : 16 [참조] 멘토링 관계 확립하기, 멘토링 관계 유지하기, 멘토링 관계 준비하기, 파워 멘토링 관계, 관계 발전 계획 (RDP)

멘토링 관계 시작하기-멘토에 의한 : 222 파워 프로테제에 의한 : 59, 66, 244~245 파워 멘토링 Vs. 전통적 멘토링

멘토링 관계 준비하기-[참조] 멘토링 관계, 준비하기

멘토링 관계의 유지-[참조] 멘토링 관계, 유지하기

멘토링 은유 연습 : 344, 348~349

멘토링 철학 : 164, 166~184 기업 시민 (corporate citizen) : 167~171, 347 공식적 멘토링 프로그램을 위한 : 409 세계 시민 (global citizen) : 175~179, 347 중요성 : 395~396 마스터 멘토 : 179~183, 347 실용적 멘토 : 171~174, 347 선호도를 결정하는 퀴즈 : 341~346

멘토링 퀴즈에 대한 프로테제의 선호 : 340~341, 343

멘토링 프로그램-공식직, 멘토링 프로그램과 연결시키기 : 264~266 다양성 다루기 : 456~461 실행하기 : 410~415 향상시키기 : 403~409 비효율성 : 33~35 전통적 멘토링 방법 제시하기 : 49~50 보급 : 402~403

멘토링-부가적인 접근 : 53 멘토링 정의를 확대하라 : 394 코칭 Vs. 멘토링 : 182 위임된 멘토링 : 182~183 효과, 최종 결과 : 398~400 한계 : 398~400 부정적 측면 : 400 멘토링에 대한 구시대적인 조언 : 33 [참조] 멘토링 철학, 멘토링 관계, 파워 멘토링, 전통적 멘토링

멘토링과 코칭의 차이 : 182

멘토링의 기업 시민 철학(Corporate citizen philosophy) : 167~171, 347

멘토링의 마스터 멘토 철학(Master mentor philosophy of mentoring) : 179~183, 347

멘토링의 세계 시민(global citizen) 철학 : 175~179, 347

멘토링의 실용적 멘토 철학 : 171~174, 347

멘토에 관한 명예의 전당 웹사이트(Mentor Hall of Fame Web site) : 47

멘토와 연결하기 — 경계를 넘어서는 멘토 : 271~273 보스 멘토 : 260~264 본질이 밝혀지는 결정적 순간 : 304 e-멘토 : 269~271 가족 멘토 : 258~260 그룹 멘토 : 271 영감을 주는 멘토 : 275~277 고용된 멘토 : 270~271 일시적인 멘토 : 273~275 동료이자 한 발 앞선 멘토 : 264~266 역 멘토 : 267

멘토와의 의사 소통 : 294~296 멘토링 관계에서 보이는 상호성 : 142~143, 159~160

멘토의 멘토링 선호도 퀴즈 : 344, 346~347

멘티(Mentees) — [참조] 프로테제

모니카 히긴스(Higgins, Monica) : 461

목표 — 멘토링 관계에 있어서의 : 251~257, 396

목표로 삼은 멘토나 프로테제와의 이익 조화시키기 질문지 : 363~364

문제 해결 — 멘토링 관계에 있어서 : 321 문제 해결 방식 : 338

미국 노동자에게 있어 일에서의 유리 및 이탈 : 28

미국 노동통계국 : 24, 25, 26

미국 국립여성사업자문위원회 : 402

미치 코스(Koss, Mitch) : 16, 21 약력 : 436~437 멘토링 관계에서 보이는 충성도 : 234 멘토링 철학 : 175~178

민족 — 멘토링 관계에서 : 330 [참조] 인종

ㅂ

바바라 리(Lee Barbara) : 310

바바라 아베든(Avedon, Barbara) — 공유된 관심 : 299~300 동료이면서 한 발 앞선 멘토링 관계 : 97~98, 260~261

바바라 월터스(Walters, Barbara) : 53, 275~277, 430

바바라 코르데이(Corday, Barbara) : 20 프로테제의 매력 : 190 약력 : 437 보스 멘토링 관계 : 260~264 공유된 관심 : 299~301 멘토 네트워크 : 99~100 동료이자 한 발 앞선 멘토링 관계 : 97~100

밥 라이트(Wright, Bob) : 23 프로테제의 매력 : 189 약력 : 117~118, 437~438 프로테제와의 최초 접촉 : 117~119 : 마스터 멘토로서의 밥 라이트 : 18 근무 환경이 아닌 곳에서 사람들 관찰하기 : 316 파워 멘토로서 : 57 파워 멘토링 관계에서 보이는 상호성 : 117~125 멘토 테스트하기 : 205~206 멘토링 관계에서 보이는 신뢰 : 227~229, 229~231, 238~242 잭 웰치 멘토링 라인에 있어서 : 244

밥 로젠크랜스(Rosencranes, Bob) : 227

방법론 : 455~469 인터뷰 분석 : 464~465, 468~469 : 인터뷰 방법 : 464 인터뷰 질문 460, 466~467 인터뷰 대상 선정 : 15~17, 462 연구의 목적 : 455~456 연구 참여자 : 461~463 이론상의 배경 : 456~464

배우고자 하는 의지 — 멘토가 관심을 갖는 : 190

배우고자 하는 — 개방된 자세 : 190~191 방식 : 338

배타성 — 파워 멘토링 대 전통적 멘토링 관계의 배타성 : 66~67

버드코(Budco) : 268

베타니 루니(Rooney, Bethany) : 22, 프로테제의 매력 : 190 약력 : 438 파워 프로테제로서 : 69~71, 71~72 직업에 대한 충성도 : 72

벨 로즈 레긴스(Raigins, Belle Rose) : 68, 457

보상 [참조] 혜택

보상 — 직원들을 남아 있게 하는 주요 요인 : 28~29 멘토링과 보상 사이의 관련 : 30~31, 50~51, 112~113

보스 멘토 — 이점과 도전 과제 : 105, 350 접목

시키기 : 260~264 설명하기 : 77~79, 350
보유, 요인 : 28
브렌다 반즈(Barnes, Brenda) : 308
브렌트 스카우크로프트(Scowcroft, Brent) : 127
브루스 팰트로(Paltrow, Bruce) : 22, 69~70
비벌리 케이(Kaye, Beverely) : 27
비용—이직의 직접 비용 : 28
비정규직 근로자, 수적 측면 : 26
빌 게이츠(Gates, Bill) : 46~47
빌 클린턴(Clinton, Bill) : 47, 305, 369

ㅅ

사교 기술 목록 : 357~367, 368
사람들—사람들의 중요성 : 33 사교 기술 : 261 [참조] 감성 지능(EQ)
사회적 교환 : 111, 200
사회적 인식 : 165
상호 보완적인 기술과 균형—프로테제/멘토를 짝 지우기 위한 접근법으로서의 상호 보완적인 기술 : 409~410 멘토의 관심을 끄는 상호 보완적인 기술 : 188~189, 195~197
상호 의존—파워 멘토링 관계에서의 : 303~304
상호 작용과 빈도—멘토링 관계에서의 : 294~297
생산력—신뢰가 가능하게 만든 : 238~242 멘토링 관계에 의해 향상된 : 159
생식성—세계 시민(global citizen) 멘토링 철학과 생식성 : 175 파워 멘토링의 생식성 Vs. 전통적 멘토링의 생식성 : 63~73
샤론 마르티네즈(Martinez, Sharon) : 21 약력 : 438~439 멘토 식별 : 242~243 멘토링 관계에서 보이는 충성도 : 231~234 멘토링 관계에서 보이는 호혜성 : 148~149 멘토에 의한 테스트 : 205
샤론 조던 에반스(Jordan Evans, Sharon) : 28

성과—성과에 끌리는 멘토 : 189~190
성별—이성 간의 멘토링 : 185~186 성별에 따른 차이, 멘토링 관계에 있어서의 성별 : 322~327 인터뷰 대상자들의 성별 : 17 백인 남성과의 멘토링 관계 : 185 [참조] 다양성
세대 차이 : 328
스노우볼 기술(Snowball technique) : 243~245
스테이시 블레이크-비어드(Blake-Beard, Stacey) : 458
스테이시 스나이더(Snider, Stacy) : 163
스티브 데이비드(David, Steve) : 267
스티브 발머(Ballmer, Steve) : 47
스티븐 J. 테일러(Taylor, Steven J.) : 464
스티븐 보치코(Bochco, Steven) : 133, 206~207
스티븐 스필버그(Spielberg, Steven) : 102, 103
승진—멘토링 관계에 의해서 증진된 : 19, 31, 113
시각화—이상적인 멘토링 관계의 : 340~341
시드 쉐인버그(Sheinberg, Sid) : 241
시스코(Cisco) : 82, 83, 268 [참조] 패티 아치벡(Archibeck, Patty), 래리 카터(Carter, Larry), 존 챔버스(Chambers, John), 딕시 가(Garr, Dixie)
신뢰 척도 연습(Trust Scale exercise) : 377
신뢰도 평가—현재 관계의 : 374~377 신뢰란 개인적인 것 : 234~237 이상적인 프로테제의 특징으로서 : 193 공식적인 멘토링 프로그램의 발전 : 409 피드백은 신뢰의 기본 요소 : 229~231 중요성 : 225~226 신뢰의 표현은 충성도 : 231~234, 237 신뢰가 상호 간의 직무 생산성을 증가시킴 : 238~242 신뢰를 발전시키는 자아노출 : 236~237 신뢰의 기본이 되는 공유하는 가치관 : 227~229 프로테제 테스트하기 : 210~211
실리콘밸리(Silicon Valley) [참조] 기술 산업
실수—[참조] 실패, 위험 부담

실패 — 프로테제가 만든 실패 : 207~208, 214~215 신뢰와 실패 : 239~240 [참조] 위험 부담

ㅇ

아니타 보그(Borg, Anita) : 20, 439~440

아라셀리 곤잘레스(Gonzalez, Araceli) : 21 약력 : 440 "옳은 일을 하라." 사건 : 14, 60~61 멘토의 민족에 대하여 : 326 멘토의 첫인상 : 415~416 멘토링 관계에서의 생식성 : 63~65 파워 프로테제로서의 곤잘레스 : 58 멘토가 곤잘레스에게 끌린 이유 : 186 멘토링 관계에서 보이는 상호성 : 62, 125~128

안소니 헤이터(Hayter, Anthony) : 21 약력 : 441 멘토링 관계의 친밀도 발전 : 298~299 멘토와의 최초 접촉 : 245~246, 289~290 경청하는 기술 : 318

알리스 웨스트(West, Alice) : 71

앤 리차즈(Richards, Ann) : 298

앤 스위니(Sweeney, Anne) : 22 프로테제의 매력 189 약력 : 137, 441~442 멘토링 관계의 결정적 순간 : 304 리더십 계발 프로그램에 대하여 : 407~408 멘토링 철학 : 170~171 : 앤 스위니와의 멘토링 관계에서 프로테제의 첫인상 : 296 관계와 시간의 질에 관하여 : 412~413 멘토링 관계에서 보이는 상호성 : 137~142 테스트하기 : 211~212

앤더슨 쿠퍼(Cooper, Anderson) : 176~177

에드 코크(Koch, Ed) : 93

에릭 에릭슨(Erikson, Erik) : 63

엘렌 굿맨(Goodman, Ellen) : 417

엘렌 앤셔(Ellen, Ensher) : 470

엘시 륭(Leung, Elsie) : 188

여성 — 여성에게 위안이 되는 것, 여성 멘토와 함께 하는 : 183~184 여성들 사이의 유대 관계 : 234~237 [참조] 성별

여성의 기술 클러스터(Women's Technology Cluster) : 83, 403

역 멘토 — 혜택과 도전 과제 : 105, 351 연결시키기 : 267~268 설명 : 79~80, 351 관계 유지하기 : 319 호혜성 : 111

연구 참여자 : 461~463 약력 : 418~454 특징 : 16~17 인터뷰 : 464~469 : 199 목록 : 20~23 선택 : 15~16, 462

연방 정부, 고용인의 수 : 26

열정 — 소통하기 : 201~203 리더의 열정 : 19 세계 시민 철학을 가진 멘토의 열정 : 179

영감을 주는 멘토 — 혜택과 도전 과제 : 106, 351 접촉하기 : 275~277 설명 : 88~91, 351

오디세우스 : 48

오프라 윈프리(Winfrey, Oprah) : 273, 282~283

오픈 — 배우고자 하는 의지 보여 주기 : 190 멘토링 관계 속의 파트너에 대한 마음을 열어 두는 자세 : 320

워렌 버핏(Buffet, Warren) : 47

워렌 베니스(Bennis, Warren) : 304, 328, 461

월 마트(Wal-Mart) : 26

월 스트리트(Wall Street) — 영화 : 162

위임된 멘토링 : 182~183

위험 부담 — 보스 멘토링 관계에 있어서 : 260~264 자아노출 : 286~287 프로테제 테스트 : 206~207 힘을 실어주는 신뢰 : 235~236

윌리엄 울프(Wulf, William) : 23, 251~252, 442

윌리엄 풀브라이트(Fullbright, William) : 47

유대감 발전, 파워 멘토링 관계의 : 297~304

유머 감각 : 188

유사성 — 멘토는 유사성으로 인해 프로테제에게 끌림 : 185~188, 185

의사 소통 — 의사 소통의 빈도, 멘토링 관계에서

의 의사 소통 : 294~297 의사 소통의 질적 수준, 프로테제에 대한 테스트로서의 의사 소통 : 202~203 관계 기술로서의 의사 소통 : 397

이력서-분석하기 : 359~361

이메일(e-mail) : 25, 294

이익 제시하기 연습 : 358, 359, 360

이익-기대하는 이익에 대해 솔직하기 : 400 제공할 수 있는 혜택 확인하기 : 356~358 멘토나 프로테제와 조화시키기 : 363~366 멘토에게 있어서 멘토링 관계 이익 : 30~31, 174, 415~417 프로테제에게 있어서 멘토링 관계 이익 : 29~31, 113, 155 공식적인 멘토링 프로그램의 상호 이익 : 413 조직의 파워 멘토링 이익 : 157~160 구체적인 멘토링 유형의 이익 : 105~107, 350~351

인상 관리-정의 : 247 인상 관리의 기본 요소로서의 감성 지능 : 316~317 인상 관리의 중요성, 프로테제의 인상 관리 : 247~250, 278~279 [참조] 첫인상

인종-모든 인종을 아우르는 멘토링 : 185~188 인종 간의 차이점, 인종과 멘토링 관계 : 324~325 백인 남성과의 멘토링 관계 : 185 [참조] 다양성

인터내셔널 텔레멘토링 프로그램 : 270

인터넷-이용자 수 : 25 사용법 습득을 장려하기 위한 역 멘토링 : 267 [참조] e-멘토(E-mentors)

인터뷰 대상자 [참조] 연구 참여자

인터뷰-장점, 직장 동료/친구와의 인터뷰 : 355, 357 정보를 주는 멘토, 잠재적인 멘토와의 : 362~363 연구를 위한 : 464~469, 199

일과 가정의 균형 : 24~25, 113, 307, 308

일시적 멘토-혜택과 도전 과제 : 107, 351 연결하기 : 273~275 설명 : 100~104, 351

ㅈ

자기 관리-프로테제에 의한 : 255~257, 277~279

자기 인식 : 396

자발적 참여-공식적인 멘토링 프로그램 : 411

자아노출 : 131, 286, 298, 397

잠재적 멘토를 찾기 위한 네트워크 목록 작성 연습 : 348, 352

잠재된-잠재 능력에 끌리는 멘토 : 189~190

재클린 E. 우즈(Woods, Jacqueline E.) : 23, 324, 443

잭 웰치(Welch, Jack)-프로테제가 제시한 피드백 : 229~231 잭 웰치에게서 얻을 수 있는 교훈 : 32 잭 웰치가 시작한 멘토링 관계 라인 : 16, 244, 292~293 잭 웰치의 전설적 멘토링 : 56 잭 웰치가 알린 조직 전반에 걸친 멘토링 : 266~267 잭 웰치가 개념화시킨 역 멘토링 : 112 잭 웰치의 프로테제로서의 밥 라이트(Wright, Bob) : 18

잭 캔필드(Canfield, Jack) : 110

잭 쿠엘러(Kuehler, Jack) : 76

전통적 멘토링-혜택과 도전 과제 : 49, 105, 351 설명 : 48, 351 불리한 점 : 35~36 파워 멘토링 시스템의 기본 요소로서의 : 48~49 전통적 멘토링을 위한 공식적 프로그램 : 49 연구 : 49~50 [참조] 파워 멘토링 Vs. 전통적 멘토링

정신적 모델 : 166~167 기업 시민(corporate citizenship) : 167~171 정의 내리기 : 165 세계 시민(global citizenship) : 175~179 마스터 멘토(master mentor) : 179~183 실용적인 멘토 : 171~174 [참조] 멘토링 철학

정치-정당 라인에 걸친 멘토링 : 126~127,

272 파워 멘토링 : 85~96 멘토링 관계에서 보이는 호혜성 : 125~128, 146~150 [참조] 특정 멘토, 특정 프로테제

제랄딘 레이본(Laybourne, Geraldyne) : 141, 168

제이 킴(Kim, Jay) : 208

제프리 이멜트(Immelt, Jeffrey) : 32, 56

조나단 프란젠(Franzen, Jonathan), 12

조셉 D. 피스톤(Piston, Joseph D.) : 220~221

조앤 부잘리노(Buzzallino, Joan) : 20 프로테제의 매력 : 196~197 약력 : 443~444 조직 문화의 일부분으로서의 멘토링 : 404 멘토링 관계에서의 상호성 : 142~146

조언 — 기꺼이 수용하고자 하는 프로테제 : 277

조이스 러셀(Russell, Joyce) : 459

조지 W. 부시(Bush, George W.) : 127, 224, 237

조지 브라운(Brown, George) : 151

조지아 차오(Chao, Georgia) : 457

조직 문화 — 거스너에 의한 조직 문화의 변화 : 157~159 조직 문화의 한 부분인 멘토링과 코칭 : 404~405

조직 — 조직 파워 멘토링의 장점 : 157~159 조직에서 시작하는 멘토링과 연결하기 : 266~269 조직 내 비공식적 네트워크 이용법 습득하기 : 124 조직에 대한 충성도 : 68~71 멘토의 소속으로서의 조직 : 67 유형, 파워 멘토링 역할을 하는 조직 : 72 [참조] 멘토링 프로그램, 공식적인

조직의 목적 — 파워 멘토링 Vs. 전통 멘토링 : 54, 57

조합원 : 25

존 고트만(Gottman, John) : 319, 290

존 챔버스(Chambers, John) : 130, 132, 187, 202

존경 — 상호, 멘토링 관계에서 : 319~320

주디 추(Chu, Judy) : 20 경계를 넘어서는 멘토링 프로테제 : 94, 271 약력 : 445~446 멘토링 관계에서의 충성도 : 231~234 멘토링 관계에서의 상호성 : 150~154

주디스 과스메이(Gwathmey, Judith) : 21 약력 : 186, 444~445 멘토링 관계에서의 결정적 순간 : 312 프로테제 테스트하기 : 199

지불 — [참조] 보상

지식 근로자 : 408~409

직업 이동성 : 114~115

직업 — 베이비 붐 세대 노동자의 직업 표본 : 25~26 직업에 대한 만족 : 27, 50~51, 115

직업(일) — 변화하는 의미 : 24~27 좋은 직장의 특징 : 28~30 주체성과 삶의 전반적인 만족도의 관계 : 12~14 미국 직장인들이 자신의 일에 소비하는 시간 : 12~13

직업에 대한 충성도 : 31, 67~73

직업적 지원 — 파워 멘토의 혜택으로서 : 158 파워 프로테제의 혜택으로서 : 30, 156 전통적 멘토링에서의 : 49

직장에서의 멘토링(크램, Kram) : 49

직종에 상관하지 않는 직업 경력 : 68~69, 463

질문 사항 — 친구 관계의 질에 대한 : 288 인터뷰 : 466~467, 프로테제 테스트용 질문 : 199~203, 203~204, 214~215

짐 로빈스(Robbins, Jim) : 22, 83, 85, 446~447

ㅊ

찰스 리켈(Lickel, Charles) : 21 약력 : 447~448 멘토링 관계에서 드러나는 (본질이 밝혀지는) 결정적 순간 : 309~310 첫인상, 멘토를 대하는 : 249~250

찰스 스티븐슨(Stevenson, Charles) : 171~172

참여자 — [참조] 연구 참여자

채용 — 멘토링과 함께 향상된 : 159~160

처브 보험 그룹(Chubb Group) : 268

철학 — [참조] 멘토링 철학

첫인상 − 첫인상에서 명백히 드러나는 친근감 : 296~297 첫인상의 중요성, 프로테제가 받는 멘토의 첫인상 : 224 첫인상의 범주를 넘어서는 것에 대한 멘토의 관찰, 프로테제의 첫인상 : 249~250 프로테제에 대한 테스트로서의 첫인상 : 199~203 [참조] 첫인상 관리

충성도 − 이상적인 프로테제의 특징으로서 : 192, 193 직업에 대한 충성도 Vs. 조직에 대한 충성도 : 27, 68~73 충성도로 표현되는 신뢰 : 231~234, 237

친구들 − 혜택 인터뷰 : 355~358 관계의 질에 관한 질문 : 288 길에서 온 친구들과 마음에서 온 친구들 : 417 상황에 따른 우정 : 98~99 [참조] 동료 멘토, 한 발 앞선 멘토

친근감 − 편안함을 느끼는 척도 : 302 친근감의 발전, 파워 멘토링 관계 : 297~304 첫인상에서 명백히 드러나는 친근감 : 296~297 결혼 관계 속의 친근감 : 290 다양한 형태의 친근감, 관계 속의 친근감 : 286~287 [참조] 친밀감(Intimacy)

친밀도 − 정의 : 285~286, 297 친밀도의 발전, 파워 멘토링 관계에서의 : 297~304 친밀도에서 보이는 성별의 차이점 : 322 중요성 : 286~287 [참조] 친근감(closeness)

ㅋ

카렌 휴즈(Hughes, Karen) : 308
칼릴 지브란(Gibran, Kahlil) : 27, 390
캐스린 다우닝(Downing, Kathryn) : 79
케슬린 본 디 이(Von der Ahe, Katheleen) . 23 악력 : 448 공식적인 멘토링 관계 : 168 리더십 계발 프로그램에 관하여 : 407 멘토가 끌린 이유 : 189 멘토링 관계에 있어서 상호성 : 137~142 멘토에 의한 테스트 : 211~ 212

캐시 크램(Kram, Kathy) : 50, 59, 456, 458, 460
커리어 − 경계가 없는 직업 : 72, 463 변화하는 커리어 판도 : 24~28 커리어 만족감 : 31, 49, 113~114
커트 코프맨(Coffman, Curt) : 29
케이 코플로비츠(Koplovitz, Kay) : 21, 227, 448~449
콘돌리자 라이스(Rice, Condoleeza) : 127
콜린 파웰(Powell, Colin) : 151, 224
콜브 학습 양식 검사(Kolb Learning Style Inventory : LSI) : 338
콰이시 옴후메이(Mfume, Kweisi) : 123
크리스 라슨(Larson, Chris) : 47
클린트 이스트우드(Eastwood, Clint) : 102
킴 피셔(Fisher, Kim) : 20 악력 : 82~83, 449~450 가족 관계의 멘토와 접촉하기 : 258~260 직업적 멘토(고용된 멘토) 프로그램에 대하여 : 85

ㅌ

타미 알렌(Allen, Tammy) : 114
톰 폴락(Pollack, Tom) : 241
테리 스칸두라(Scandura, Terri) : 51, 458
테스트와 도전 과제 − 평가하기, 현재 관계에서 : 377~382 공식적 멘토링 프로그램을 이용하여 : 414 중요성 : 198 멘토링 관계의 초기 단계 : 199~203 인터뷰 질문, 파워 멘토링 대 전통적 멘토링에 있어서 : 59~61 준비하기 : 372~373, 397 멘토링 관계를 심화시키는 : 214~217
델레마커스(Telemachus) : 49
팀 홀(Hall, Tim) : 463

ㅍ

파멜라 토마스-그레이엄(Thomas-Graham,

Pamela) : 22 약력 : 186, 450 파멜라가 만든 멘토와의 첫 만남 : 292~293 프로테제에 대한 개인적 지지 : 234~237 파워 프로테제/멘토로서 : 16, 56, 243 멘토링 관계에서 보이는 호혜성 : 118~120 테스트하기, 멘토에 의해서 : 204~206 멘토링 관계에서 보이는 신뢰 : 227~229, 229~231, 238~242

파워 멘토-파워 멘토에게 돌아가는 멘토링 관계의 혜택 : 112~115, 156, 158 정체성 확인, 파워 프로테제가 보는 파워 멘토 : 242~246 파워 멘토를 위한 네트워크 목록 만들기 : 351~353 [참조] 멘토, 파워 멘토, 파워 멘토의 유형

파워 멘토링 관계 : 282~333 친근감과 유대감 : 297~304 결정적 순간 : 304~313 잦은 상호 작용 : 294~297 목표 : 251~257 긍정적인 초기 접촉과 연결 : 288~294 : 테스트와 도전 과제 : 198~215 관계 유지를 위한 조언 : 314~333 신뢰의 발전 : 225~242 [참조] 멘토링 관계 확립하기, 멘토링 관계 유지하기, 멘토링 관계 준비하기, 관계 발전 계획(RDP)

파워 멘토링 Vs. 전통적 멘토링 : 48~74 다양한 관계 : 67~68 배타적 관계 : 66~67 생식성 : 63~64 프로테제의 충성심 : 68~72 멘토의 중심적 역할 : 73 조직의 목적 : 54, 56~58 상호 이익 : 62~63 관계의 시작과 유지 : 59 멘토의 소속 : 67 요약 비교 : 37~38, 55 테스트와 도전 과제 : 59~61 조직의 유형 : 74 [참조] 파워 멘토에서의 전통적 멘토링

파워 멘토링 - 혜택과 도전 과제 : 104~107, 350~351 특징 : 37~38 설명 : 15, 52 전형적인 시나리오 : 52~53 파워 멘토링 Vs. 전통적 멘토링

파워 멘토의 유형 : 75~104 경계를 넘어서는 멘토 : 94~96, 106, 271~273, 350 보스 멘토 : 77~79, 105, 260~264, 350 e-멘토 : 80~83, 105, 269~271, 350, 459 가족 멘토 : 91~94, 106, 258~260, 350 그룹 멘토 : 15~16, 83~85, 106, 268, 350 영감을 주는 멘토 : 88~91, 106, 275~277, 351 고용된 멘토 : 85~87, 106, 270, 350 일시적 멘토 : 100~104, 107, 273~275, 351, 동료 멘토 : 97~100, 106, 264~266, 320~321, 351 역 멘토 : 79~80, 105, 112, 267, 320, 351 한 발 앞선 멘토 : 97~100, 106, 150, 351

파워 프로테제-파워 프로테제를 위한 멘토링 관계의 혜택 : 112, 155~156 목표 지향적 태도 : 251~257 파워 멘토의 정체성 확인 : 242~246 파워 프로테제에 의한 멘토링 관계의 시작 : 59~60, 222, 245~246 멘토 매칭시키기, 공식적인 멘토링 프로그램에서 : 410~413 역할, 멘토링 관계를 결정짓는 데 있어서 : 395~397 테스트와 도전 과제 : 198~215 [참조] 프로테제

패트리샤 오브라이언(O' Brien, Ptricia) : 417

패티 아치벡(Archibeck, Patty) : 20 멘토의 매력 : 187 약력 : 450~451 멘토링 관계 : 16, 65, 66, 67 중압감을 느끼는 상태에서 멘토 관찰하기 : 213 멘토와의 개인적 관계 : 234~237 멘토링 관계에서의 상호성 : 128~132

폴 알렌(Allen, Paul) : 47

폴라 매디슨(Madison, Paula) : 21 약력 : 121~122, 186, 451 다양성을 증가시키려는 노력 : 187 폴라 매디슨이 확립한 멘토링 관계 : 364~367 파워 프로테제로서의 : 16, 47 멘토가 폴라 매디슨에게 끌린 이유 : 190 멘토링 관계 속에 드러나는 상호적인

특성 : 121~125
프랜시스 알렌(Allen, Fran) : 20 약력 : 179~181, 452~453 멘토링 철학 : 182~183
프랜시스 포드 코폴라(Coppola, Francis Ford) : 102
프랭크 비온디(Biondi, Frank) : 99
프랭크 웰스(Wells, Frank) : 56
프레드 라이트(Wright, Fred) : 47
프레드 실버만(Silverman, Fred) : 141, 168~169
프로테제 – 프로테제를 위한 멘토링 관계의 혜택 : 30~31 혜택을 제시하는 연습 : 358, 359, 360 기업 시민 멘토링 철학 : 167 프로테제가 끌리는 멘토의 특징 : 222~223 프로테제를 보는 '완벽한' 멘토의 시각 : 192~197, 216~217 멘토가 프로테제에게 끌리는 이유 : 184~190, 216~217, 245, 277~279, 185, 246 [참조] 파워 프로테제
프록터 앤 갬블(P&G, Procter & Gamble) : 267
프롤로그 인터내셔널(Prologue International) : 20, 86~87
피드백 – 공식적인 멘토링 프로그램을 이용한 피드백 : 414 부정적 피드백, 피드백을 받아들이는 데 있어서의 어려움 : 320~322 기꺼이 듣고자 하는 프로테제의 의사 : 277~278 피드백에 기반을 둔 신뢰 : 229~231
피터 보그다노비치(Bogdanovich, Peter) : 101
피트 윌슨(Willson, Pete) : 19, 237
필 맥그로우(McGraw, Phil) : 283
필립 머비스(Mirvis, Philip) : 463

ㅎ

하인릭 앤 스트러글스(Heinrick & Struggles) : 394
한 발 앞선 멘토 – 혜택과 도전 과제 : 106, 351 설명 : 96~100, 351 실례 : 149~150 [참조]

동료 멘토
한 쌍 – 선택하기, 공식적인 멘토링 프로그램 속에서의 : 410~412 멘토링 관계 유형으로서의 : 16
한계 멘토링 : 398~400
헤르미니아 이바라(Ibarra, Herminia) : 458
헤이 그룹(Hay Group) : 372
헨리 시스네로스(Cisneros, Henry) : 274
헨리 유엔(Yuen, Henry) : 23 약력 : 186, 453~454 동료 멘토링 관계 : 264~266 동료 멘토에게 끌리는 이유 : 188~189, 196
현대적인 멘토링 [참조] 파워 멘토링
현재의 관계를 더 깊은 관계로 만들기 : 382~385
혜택 인터뷰 자료 : 355~356, 357
호혜성 : 111~160 미디어 멘토링 관계에 있어서 : 125~128, 132~142 군대 내의 멘토링 관계에 있어서 : 150~154 정치적 멘토링 관계에 있어서 : 125~128, 146~150 파워 멘토링 Vs. 전통적 멘토링 : 111 역 멘토링 관계에 있어서 : 112 사회적 교환 : 111 과학 기술 산업 멘토링 관계에 있어서 : 128~132, 142~146
후안 노케즈(Noquez, Juan: John) : 22, 453
훈련과 지원 강화, 공식적인 프로그램을 위한 : 412~413
희망하는 멘토링 관계 워크시트 : 353~354, 355
힐다 솔리스(Solis, Hilda) : 22 경계를 넘어서는 멘토로서 : 94~97, 271 약력 : 146~147, 186, 454 멘토링 관계에 있어 성별의 차이에 관하여 : 322~325 프로테제에 의해서 멘토로 증명된 : 245 멘토링 관계 속의 충성도 : 231~234 멘토링 관계 속의 호혜성 : 146~150 프로테제 테스트하기 : 204~205